21世纪普通高等院校系列规划教材

四川省2013—2016年高等教育人才培养质量和教学改革项目

旅游管理本科多维递进式实践教学体系构建研究 [编号：川教函（2014）156号] 成果之一

导游实训教程

Daoyou Shixun Jiaocheng

（第二版）

主　编　李兴荣　李巧玲

副主编　冯明义　王晓晴　余志勇

 西南财经大学出版社

图书在版编目(CIP)数据

导游实训教程/李兴荣,李巧玲主编. —2 版. —成都:西南财经大学出版社,2015.1

ISBN 978 - 7 - 5504 - 1572 - 0

Ⅰ.①导…　Ⅱ.①李…②李…　Ⅲ.①导游—高等学校—教材

Ⅳ.①F590. 63

中国版本图书馆 CIP 数据核字(2014)第 203822 号

导游实训教程(第二版)

主　编:李兴荣　李巧玲
副主编:冯明义　王晓晴　余志勇

责任编辑:邓克虎

封面设计:杨红鹰

责任印制:封俊川

出版发行	西南财经大学出版社(四川省成都市光华村街55号)
网　　址	http://www. bookcj. com
电子邮件	bookcj@ foxmail. com
邮政编码	610074
电　　话	028 - 87353785　87352368
印　　刷	四川森林印务有限责任公司
成品尺寸	185mm × 260mm
印　　张	16
字　　数	365 千字
版　　次	2015 年 1 月第 2 版
印　　次	2015 年 1 月第 1 次印刷
印　　数	1—3000 册
书　　号	ISBN 978 - 7 - 5504 - 1572 - 0
定　　价	35. 00 元

四川省 2013—2016 年高等教育人才培养质量和教学改革项目
旅游管理本科多维递进式实践教学体系构建研究 ［编号：川教函(2014) 156 号］ 成果之一

《导游实训教程》编写委员会

主　编：　李兴荣　西华师范大学 高级经济师
　　　　　李巧玲　南充职业技术学院 讲师

副主编：　冯明义　西华师范大学 教授 博士
　　　　　王晓晴　四川省南充技师学院 博士
　　　　　余志勇　成都理工大学 副教授

编　委：　西华师范大学　曹婉莉　黄　涓　熊　梅　陈　倩
　　　　　　　　　　　　祝　秦　熊艳华　付　净
　　　　　乐山师范学院　但　强
　　　　　成都师范学院　李兴贵
　　　　　四川民族学院　曹晓梅　张更生
　　　　　绵阳师范学院　蔡淑华　谭　颖
　　　　　西南交大希望学院　杨　萍
　　　　　四川省南充技师学院　李　倩
　　　　　四川省旅游学校　潘　莉
　　　　　四川春秋旅游有限责任公司　李华堂
　　　　　广元风光旅行社　向　喜
　　　　　成都市铁路中学　杨朝霞

总 序

　　为推进中国高等教育事业可持续发展，经国务院批准，教育部、财政部启动实施了"高等学校本科教学质量与教学改革工程"（下面简称"质量工程"）。这是深入贯彻科学发展观，落实"把高等教育的工作重点放在提高质量上"的战略部署，在新时期实施的一项意义重大的本科教学改革举措。"质量工程"以提高高等学校本科教学质量为目标，以推进改革和实现优质资源共享为手段，按照"分类指导、鼓励特色、重在改革"的原则，加强课程建设，着力提升我国高等教育的质量和整体实力。为满足本科层次经济类、管理类教学改革与发展的需求，培养高素质有特色应用型创新型人才，迫切需要普通本科院校经管类教学部门开展深度合作，加强信息交流。值得庆幸的是，西南财经大学出版社给我们搭建了一个平台，协调组织召开了普通本科院校经管学院院长联席会议，就教学、科研、管理、师资队伍建设、人才培养等方面的问题进行了广泛而深入的研讨。

　　为了切实推进"质量工程"，第一次联席会议将"课程、教材建设与资源共享"作为讨论、落实的重点。与会人员对普通本科的教材内容建设问题进行了深入探讨，认为目前各高校使用的教材存在实用性和实践性不强、针对性不够等问题，需要编写一套高质量的普通本科教材，以促进课程体系和教学体系的合理构建，推动教学内容和教学方法的创新，形成具有鲜明特色的教学体系，以利于普通本科教育的可持续发展。通过充分的研讨和沟通，与会人员一致同意，共同打造切合教育改革潮流、深刻理解和把握普通本科教育内涵特征、贴近教学需求的高质量的21世纪普通高等院校系列规划教材。鉴于此，本编委会与西南财经大学出版社合作，组织了二十余所院校的教师共同编写本系列规划教材。

　　本系列规划教材编写的指导思想：在适度的基础知识与理论体系覆盖下，针对普通本科院校学生的特点，夯实基础，强化实训。编写时，一是注重教材的科学性和前沿性，二是注重教材的基础性，三是注重教材的实践性，力争使本系列教材做到"教师易教，学生乐学，技能实用"。

　　本系列规划教材以立体化、系列化和精品化为特色，包括教材、辅导读物、讲课课件、案例及实训等；同时，力争做到"基础课横向广覆盖，专业课纵向成系统"；力争把每本教材都打造成精品，让多数教材能成为省级精品课教材、部分教材成为国家级精品课教材。

为了编好本系列教材，在西南财经大学出版社的支持下，经过了多次磋商和讨论成立了由西南财经大学副校长、博士生导师丁任重教授任名誉主任，章道云教授任主任，王朝全教授、李成文教授、花海燕教授、赵鹏程教授、傅江景教授、蒋远胜教授任副主任，二十余所院校的专家教授任委员的编委会。

在编委会的组织、协调下，该系列教材由各院校具有丰富教学经验并有教授或副教授职称的教师担任主编，由各书主编拟订大纲，经编委会审核后再编写。同时，每一种教材均吸收多所院校的教师参加编写，以集众家之长。自2008年启动以来，经几年的打造，现在已出版了公共基础、工商管理、财务与会计、旅游管理、电子商务、国际商务、专业实训、金融、综合类九大系列70余种教材。该系列教材出版后，社会反响好，有9种获评四川省"十二五"规划教材，有多种成为省级精品课程教材。

下一步根据各院校的教学需要，还将做两件事：一是结合转变教学范式，按照理念先进（体现人才培养的宽口径、厚基础、重创新的现代教育理念）、特色鲜明（体现科学发展观要求的学科特色、人才质量水平和转变教学范式的最新成果）、理论前沿（体现学科行业新知识、新技术、新成果和新制度）、立体化建设（基于网络与信息技术支持，形成一本主教材加与之配套的数字化资源，以辅助教学的网络平台提供创新型教学服务为支撑的内容产品体系）、模块新颖（教材应充分利用现代教育技术创新内容结构体系，以利于进行更加生动活泼的教学，引导学生利用各种网络资源促进自主学习和个性化学习，兼具"客观化教材"、"开放性索引"、"研究性资料"和"实践性环节"的功能）的要求，引进先进的教材编写模块来修订、完善已出版的教材；二是重点补充规划旅游类、实训类教材。

希望经多方努力，力争将此系列教材打造成适应教学范式转变的高水平教材。在此，我们对各学院领导的大力支持、各位作者的辛勤劳动以及西南财经大学出版社的鼎力相助表示衷心的感谢！

21世纪普通高等院校系列规划教材编委会

2013年4月

第二版前言

《导游实训教程》系高等院校旅游管理专业技能培训的主干课程之一，为了满足二本院校旅游专业本科教学需要，以及培养应用型专业技术人才，西南财经大学出版社会同四川省二本院校编写了 21 世纪普通高等院校系列规划教材。本书是旅游专业应用本科系列教材之一，由西华师范大学、乐山师范师院、成都理工大学、四川省南充技师学院、成都师范学院等十个院校和四川春秋旅游有限责任公司等两家旅行社合作编写。同时，本教材作为四川省 2013—2016 年高等教育人才培养质量和教学改革项目——旅游管理本科多维递进式实践教学体系构建研究 [编号：川教函（2014）156 号] 的重要组成部分之一，得到了四川省教育厅的立项和经费支持。

本书以二本院校生源来自普通高中这一现状为前置条件，以重基础、强技能为指导思想，以培训各类旅行社急需的专业导游人才和服务于四川省全国导游资格考试为目标，发行范围立足四川，面向中西部，辐射全国。

导游工作技能包括接待服务技能和讲解技能两大核心板块。讲解的基础是导游词的创作，而后才是用正确的讲解方法和语言技巧，传达给游客，实现引领游客发现美、欣赏美、感受美的游览效果。本书按此逻辑并参照新版四川导游资格考试大纲的要求构建框架，全书由上下两卷共同构成一个有机整体。上卷侧重介绍导游词创作技巧、景点和途中讲解技巧、旅游商品及娱乐项目的推介技巧、导游讲解故障的处理技巧、导游岗前模拟训练。下卷包括模拟景点导游和模拟途中导游两个部分，收录了四川五大旅游片区上 56 个景区的导游词和四川五大旅游线路的途中讲解词，供本课程的教学和学生参加导游资格考试使用。附录收录了四川旅游知识问答 100 题及答案，可供学生（考生）参考。

李兴荣、李巧玲担任本书的主编，负责大纲的制定、书稿的修改和审定工作，冯明义、王晓晴、余志勇为副主编。其中上卷由冯明义拟定大纲，曹婉莉、黄涓撰稿；下卷由西华师范大学、四川民族学院、乐山师范师院、成都理工大学、绵阳师范学院、南充职业技术学院、西南交大希望学院、四川省南充技师学院、成都师范学院、四川省旅游学校、四川春秋旅游公司、广元风光旅行社、成都铁路中学等单位各位编委分别撰稿。附录由黄涓撰稿、徐才安审定。本书在编写过程中注重基本理论及技能培训的结合，附有相关案例及点评，以帮助学生进一步思考和深刻理解。

本书在吸收同行业最新成果的同时，也融入了作者多年参与旅行社经营管理和长期带团的经验浓缩，不惜将自己带团心得和经营秘密展示给学生，以帮助学子尽快入门，不走弯路。相信通过学习该课程，有助于学生以"熟练工"身份迈入职场。因此该教材不仅是在校旅游专业学子的入行指南，更是旅行社在岗导游学习深造之必读。

本书在教学过程中，应重视课堂教学与课后模拟训练相结合，指导学生学会创作导游词并能用恰当的方法予以讲解。其中教师理论教学以不超过30学时为宜，学生撰写导游词不少于5篇，对景点和途中试讲不少于6次。教师应予以现场聆听和点评。附录"四川旅游知识问答100题及答案"，以学生自学为主，但须列入学科考试内容，务求扎实有效，如此才能保证学生实现"博学精技"的目标。

本书自2009年出版后，承蒙全国各旅游院校及旅行社同仁的厚爱，很快售罄。第二版紧密结合全国导游资格考试大纲的要求做了以下修改：上卷第二章"导游讲解技巧"新增了"突出重点讲解法"，下卷第一章"模拟景点导游"新增了洛带古镇、成都大熊猫繁殖基地、建川博物馆聚落、邓小平纪念馆、水磨古镇、映秀地震遗址、牟托、禹王祭坛、坪头、唐家河、剑南老街共11个导游考试指定景点；同时删除了第一版的部分景区（景点）导游词。附录中新增"导游资格考试口试景点讲解"和"导游资格考试口试途中讲解评分表"，为方便教学制作了全书电子课件和导游资格考试优秀选手讲解视频，随书发行。通过本次修订使本书的针对性、实用性进一步增强，结构更趋于合理。

本书编写过程中，参阅了国内外同行有关教材和资料（参考文献见书后），有的还未能联系上，在此谨向有关文献的作者表示真诚的感谢。由于时间仓促，加之水平局限，本书尚存诸多不足之处，敬请海内外同行及广大学子批评斧正，以便修改完善。来函请发 E-mail:263723475@163.com。

编　者
2014年3月

目 录

上 卷

下 卷

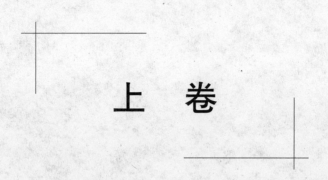

上　卷

第一章　导游词的创作技巧

第一节　导游词的定义与特点

一、导游词的定义

导游词是导游员为引导游客观光游览而对其所作的口头和书面介绍、说明、分析和评价，是导游员同游客交流思想、向游客传播文化知识的工具，也是吸引和招徕游客的重要手段。导游词创作主要指书面导游词的撰写，书面导游词是根据游览景观的实际需要，遵照一定的游览线路和顺序，模拟游览活动创作而成的应用文体。

二、导游词的功能

1. 宣传旅游景点，推介旅游商品

导游词通过对旅游目的地景点和特色旅游商品的介绍和说明，起到向游客宣传旅游目的地景点及推销旅游商品的作用。

2. 引导游客欣赏美景

导游词通过对旅游景观的文字描述、口头讲解和评说，帮助和引导旅游者认识和欣赏景观，达到游览的最佳效果。

3. 传播文化知识

导游词通过对目的地各类景观的历史沿革、地理风貌、风土人情、传说故事、景点特色的介绍，让游客了解当地文化，增长见识，成为传播地方文化的有效工具。

4. 陶冶情操

导游词具有言之有理、有情、有神等特点，通过通俗易懂的文字和生动幽默的表达技巧，给游客勾画出一幅幅立体的图画，把旅游者引入心悦诚服的意境，从而达到陶冶情操的目的。

三、导游词的特点

1. 口语化

导游词是导游讲解工作的底本，从本质上讲是应用文，创作的最终目的是为了方便讲解，而导游讲解的对象在年龄、文化、职业等方面差异较大，为了让每一位游客都能听得明白，获得美的享受，导游词必须具备通俗、清楚、生动、自然的口语化特点。

2. 知识性

导游词对景点的历史、现状、特色、成因、价值提供了翔实的资料，满足了游客的求知欲，具有很强的知识性。

3. 实用性

导游词是为了方便导游与游客沟通而创作的一种应用文，是导游员工作的语言工具，也是引导游客认知景点的基础。因此，导游词对导游员本身和客人都有很强的实用性。

4. 礼节性

旅游是社会经济发展到体验经济时代的产物，是人类的一项高层次的社会精神文化活动。导游词因多应用于公开的社会场合（即导游讲解的现场），涉及迎来送往，因此必须亲切而文明，符合游客的礼节习俗，体现社会活动的礼节性。

5. 文化性

导游词创作的目的不仅仅是对游客作景点和商品的介绍，更重要的是导游员通过对导游词的创作、修改和完善，能不断提高自身的文化修养，概括和提炼对景观的理性认识，然后再经过自己精彩而又具针对性的讲解传达给游客，使其得到高雅的精神文化享受。因此导游词应体现和传播地方文化，具有深刻的人文含义。

6. 审美性

旅游者进行的旅游活动是一项高级审美活动，旅游者的出游动机是强烈的求新、求奇、求异、求美心理。导游词应从恰当的角度指引游客发现、欣赏和品味美，俗话说："景点美不美，全凭导游一张嘴"，这实际上就是对导游词的审美要求。

第二节　导游词的分类和构成要素

常见的导游词根据其运用的目的，分为迎送词、景点解说词和导购词三大类。

一、迎送词

1. 欢迎词

欢迎词是导游接团时必须使用的导游词，也是给游客的见面礼。欢迎词须简短明快、热情友好，给游客宾至如归、安全可靠的第一印象。它包括问候、欢迎语、司陪介绍、游程简介、游览注意事项和良好祝愿六个要素。

[例 1-1] 成都导游欢迎词

来自首都的朋友们：

大家早上好！首先请允许我代表四川春秋旅游公司欢迎你们的到来。我姓宋，大家可以叫我"宋导"或者"小宋"，怎么亲切就怎么叫，正在为我们开车的司机是张师傅。大家来川旅游，可以把两颗心交给我们：一颗是"放心"，请交给张师傅，因为他的车技娴熟，有多年驾龄，已在巴山蜀水安全行驶 20 万千米，从未出过任何事故；另一颗是"开心"，就交给我小宋好了。旅游期间，请大家看清小宋手中这面蓝色的导游旗，随旗帜行进，以免跟错队伍。今天我们上午游览武侯祠，下午参观青羊宫，晚餐后光临锦里夜市，夜间下榻锦江宾馆。旅途中大家有什么问题和要求请尽量提出来，我将尽力解决。最后祝大家这次四川之旅玩得开心、吃得满意、住得舒适。谢谢！

2. 欢送词

欢送词是导游结束游程、送别客人时使用的导游词，包括感谢合作、表示惜别、小结旅游、期盼相逢四个要素。

[例 1-2] 成都导游欢送词

各位朋友：

时间过得真快，我们的四川九寨之行四天即将过去，在此我不得不说那句我最不想说的话："天下没有不散的筵席"，虽然舍不得，但还是不得不说再见了。九寨之行中大家畅游童话世界、置身人间瑶池，品尝了成都小吃，还买了那么多土特产品，真是收获多多，满载而归。四天来大家对我们的工作给予了积极的配合和大力支持，使我们平安而顺利地完成了这次旅行，让我们共同度过了一段美好的时光。在此，我向大家鞠躬致谢了！同时，我们的服务不周之处还请大家多多提出宝贵意见，您的建议将是我们改进的目标。记得佛经中有这样一句偈语："前世五百次的回眸，才换来今生的一面之缘"，相聚虽然短暂，但离别也是为了再相见。我恳请大家不要忘记四川有你们两个永远可以信赖的朋友小宋和张师傅，我们期待着您和您的朋友再来四川，最后祝愿大家一路平安！

二、景点解说词

景点解说词是导游在目的地进行景点讲解所使用的导游词，它包括问候语、景点简介、重点讲解和结束语四个基本要素。

1. 问候语

问候语又叫开场白，是导游进行景点讲解之前对游客的礼节性问候，如"各位朋友，大家好！欢迎大家来到××景点"之类，其目的是为了引起游客的注意，表示讲解就要开始了。

2. 景点简介

景点简介是用简单概述法介绍旅游目的地景点的位置、范围、地位、历史、现状、发展前景及游览所需的时间、游览线路等基本情况，目的是帮助旅游者对景点先有个总体了解。根据景区和游客的实际情况进行简单介绍，尽量简洁，三五分钟即可。

[例 1-3] 万卷楼简介

各位朋友，现在我们要参观的景点是有"三国文化源头"美誉的万卷楼。万卷楼是西晋史学家陈寿早年读书治学和晚年归隐著书的地方，是我国重要的三国历史文化遗迹，举世瞩目的不朽之作《三国志》就是在这里写成的。万卷楼坐落在南充市西北郊西山风景区的玉屏山上，距市中心 2 千米，是一组仿汉纪念性建筑群，主体建筑依次由陈寿读书楼、陈寿纪念堂和藏书楼组成。万卷楼始建于三国蜀汉建兴年间，后因年久失修，20 世纪 60 年代被毁，1990 年由南充市人民政府拨款重建。

（李兴荣. 模拟现场导游 [M]. 成都：四川大学出版社，2008：5.）

3. 重点讲解

重点讲解是对景区重要景观从景点成因、历史沿革、人文背景、审美价值等方面进行详细的讲解，使旅游者对某一景观或景物有一个全面、正确、深刻的认识。这是景点解说词的主干部分。

[例 1-4] 阆中古城的布局

阆中最引人入胜的就是古城。古城是严格按照风水理论建造的。根据风水学，建城选址一定要求北面玄武垂头，南面朱雀翔舞，东面青龙蜿蜒，西面白虎驯俯。那么我们来看看阆中这座城市的布局：北面，玄武垂头，蟠龙山是镇山，它像一把椅子一样稳固。南面，朱雀翔舞，锦屏山是案山，比较形象。打一个比方，这个案山就像是古代衙门里的知府用的书案，如果太高，就有一种欺人的感觉；如果太矮，坐在前面就不舒服没有安全感，所以南面案山的高矮要恰到好处。后面还有很多朝山，也就是连绵不断的小山丘。东面，青龙蜿蜒，也就是说要求山要高大一些，大象山、白塔山是挺高大的。西面，白虎驯俯，西山像一头驯服了的白虎一样低头看着阆中古城。青龙代表着升翔九霄，白虎则意味着战乱杀戮，所以风水学上有一句话："只许青龙万丈高，不许白虎抬头望。"正是此意。所以阆中的山、水形势在风水学上都达到了至善至美的境界。

（李兴荣. 模拟现场导游 ［M］. 成都：四川大学出版社，2008：13.）

4. 结束语

结束语是导游在行程即将结束的时候对整个旅游活动的小结和回顾，加深游客的印象。

[例 1-5] 告别哈尔滨

各位朋友，我们的哈尔滨之行到这里就要结束了。相信中央大街的古典、索菲亚教堂的端庄、冰雪大世界的神奇一定还让您意犹未尽；俄罗斯红肠、东方饺子王的饺子一定还在您的唇齿间留香……

三、导购词

导购词是导游员在推销旅游目的地某种旅游商品时使用的导游词，类似产品说明书、广告词。它由产品名称、工艺、用途、价格等要素构成。导游员通过导购词传达商品信息，引导和帮助消费者选购旅游商品，从而提高团队旅游消费总量，丰富客人的知识，增强客人游览的兴趣。导购词须本着客观真实的原则，用通俗而有鼓动性的言辞撰写。

[例 1-6] 神奇的木鱼石

大家是否还记得 20 世纪 80 年代有一首"木鱼石的传说"唱遍大江南北？"有一个美丽的传说，精美的石头会唱歌，它能给勇敢者以智慧，也能给善良者以欢乐，只要你懂得它的珍贵，山高路远也能获得，嗨……"下一站，我们要去参观山东木鱼石卖场。这神奇的石头到底有什么特殊之处呢？让我来给大家讲一讲。木鱼石是一种非常罕见的空心石头，俗称"还魂石"、"凤凰蛋"，其形状大小不一、形态各异，空腔内有的呈卵形核状，有的呈粉沙状，有的为液体，用手摇动，可发出动听的声响。有诗赞曰:"曾见山有洞,罕闻石中空,虽非珠玉类,可在一绝中。"经实验室鉴定,木鱼石含有偏硅酸、锶、钼、锂、锌、硒等十多种对人体有益的微量元素,有很强的保健和美容作用。用木鱼石浸泡的水,在五分钟后,就可以达到优质矿泉水的标准,甘甜爽口,长期使用木鱼石茶具饮茶,具有调节人体的新陈代谢,软化血管防止动脉硬化之功能。由于木鱼石有奇特的功效,被称为"中华第一神石"。木鱼石在古代还是吉祥如意、辟邪消灾的灵石,有"得者有缘,无福妄得"之说。而木鱼石的产地全世界只有一处,就是我们山东济南长清区张夏镇的两个村庄:丁庄村和长湾村,大家有缘来到这里,就随我一起领略它的神奇吧。(http://baike.baidu.com/view/48818.htm)

第三节 优秀导游词的创作要领

优秀导游词是导游词中的精品,要求内容全面正确、形式活泼生动、逻辑清楚严密。

一、科学性

优秀导游词的科学性首先要求对旅游景点、旅游商品的介绍及所传达的各方面信息正确,能给客人带来相关知识,不是空话套话,即知识性;其次是表述上的准确性;最后是业务上的专业性。

1. 知识性

丰富的知识是导游词中不可缺少的内容。景点讲解一般少不了如地质成因、动植物学知识、力学原理等自然科学知识;还会用到社会科学知识,如宗教常识、哲学美学知识、诗辞歌赋、中外文学等;另外,建筑、园林、书法、绘画等,都会有所涉猎。一篇优秀的导游词往往综合了相关学科知识,多角度多层面对景点进行推介,体现较强的综合性,能给游客和读者带来全方位的信息和多学科的知识。如讲海螺沟冰川,须涉及冰川成因等地理学知识。

[例1-7] 海螺沟冰川的形成

冰川是怎样形成的呢?冰川大都在雪线以下,或高海拔(5 000米以上)、高纬度地区。这些地区积雪越厚,下层的积雪接受的压力就越大,从而就会变得更加密实。上层受太阳辐射,溶化后,雪水向下渗透,遇冷时又冻结起来。天长日久,下层积雪在压力和冰结的双重作用下,形成巨大冰体,这些冰体受地球吸引力的作用,沿坡向下移动、延伸,形成固体冰河,这就是冰川。(http://www.517cts.com)

2. 准确性

导游词对景点位置、景物的大小、人物所处的时代及主要事迹的介绍、引用资料等,都须真实准确,没有歧义。

（1）方位准确

［例1-8］阆中古城的位置

阆中古城，坐落在四川省东北部，嘉陵江中游，它东枕巴山屏障，西倚剑门雄关，北通广元、汉中，南连南充、重庆，历代为兵家必争之地。

（2）数据准确

［例1-9］沪定桥

沪定铁索桥全长103.67米，宽3米，由桥身、桥台、桥亭三部分组成。

桥身由13根碗口粗的铁链组成，其中底链9根，扶手链4根，每根铁链由862~997个铁环相扣，总重量达21吨多。底链上铺满木板，扶手链与底链之间用小铁链相连接，这样就将13根铁链构成一个整体。桥台是固定地龙桩和卧龙桩的基础，桥亭属清式古建筑。（Http://www.zwbk.org）

3. 专业性

特殊的线路和景观，需要特殊的专业知识，如特种旅游，不仅需要正确的表层介绍，还需从专业的角度来升华景点，以引导游客，加深理解，体现导游业务的专业性。如深圳国旅新景界"寻源香格里拉"的导游词。

［例1-10］寻源香格里拉

我们将沿着"洛克的道路"，从成都平原向西，穿过著名的世界上生物多样性最丰富的横断山区，从青藏高原的边缘向腹地攀缘前行，深入民风最为彪悍的康巴藏区，最终到达几年前还保持着一百年前原始状态的稻城地区。在寻源香格里拉的行程中，我们将像探险摄影家一样摄取最为壮美的座座神峰，我们也将像生物学家一样认识特殊的生态环境和最为奇丽的高山野生花卉，以及像博爱的人文主义者那样感受摄人心魄的康巴文化，当然我们也会像一位职业探险家一样，学会登山、骑马和其他求生的技巧以及在艰难困苦中培养出的团队精神，成就你一生中最难忘的经历。（《深圳商报》2001年7月9日）

同类景物和民俗文化的鉴赏，可以进行类比分析或引经据典，以提高导游词的档次和专业化水平。

［例1-11］故宫太和殿广场的鹤与龟

那边有鹤和龟，"千年仙鹤，万年龟"，鹤和龟是长寿的象征。不过，日本和中国不同，是颠倒过来说的，叫做"万年仙鹤，千年龟"。为什么说法不一样呢？大概是过去日本的留学生在中国学了词句之后，乘船归国途中，由于船的颠簸使头脑产生了混乱，记颠倒了。还有许多类似的例子，如：日本讲良妻贤母，中国讲贤妻良母；日本讲平和，中国讲和平；日本讲法政大学，中国讲政法大学。文辞和意思完全一样，只是顺序不同，大概就是乘船颠簸所致。这里的鹤和龟不单是一种装饰物，也是一种香炉。它们的背部都有盖儿。每当大典时，打开盖，放入檀香燃烧，那烟就从它们的嘴里缓缓溢出，就好像它们在吞云吐雾一样。（王连义. 幽默导游词［M］. 北京：中国旅游出版社，2003.）

二、逻辑性

导游词对景区的介绍内容繁多，从一个景点到另一个景点，从历史到现状，从表面到内涵，应该层层铺开，具有严密的逻辑性，让游客随着导游的讲解而"渐入佳境"；否则，将是一盘散沙、味同嚼蜡。

[例 1-12] 唐代诗歌

唐代，连政治、哲学都透着诗歌的芬芳，是典型的诗歌时代。唐代的诗坛，不仅诗人多，而且还挺立着一队让人肃然起敬的巨人，像李白、杜甫、韩愈、白居易等，这一个接一个登场的巨匠"不尽长江滚滚来"。宋朝以后的诗，创作时都极力想跳进他们的磁场却又无从着手，或是极力想跳出他们的磁场却又无能为力……

于是，初唐四杰之一的王勃来了，放声一唱，就是"海内存知己，天涯若比邻"，看看这胸襟气度！

于是陈子昂来了，像巨人一样挺立在幽州台上，面对着无限的时间与无限的空间，如春雷炸响一样高唱着"前不见古人，后不见来者，念天地之悠悠，独怆然而涕下"。多么悲壮的歌声，至今仍在中华大地上产生审美的冲击波！

于是那一群气势磅礴的边塞诗人来了，他们是盛唐的仪仗队，展示着盛唐的国威。歌颂在保卫祖国的战争中一往无前的昂扬斗志，喷发的是永远震撼人心的边塞英雄交响曲。

终于李白来了，他以惊动千古的气势唱出了"君不见黄河之水天上来，奔流到海不复回"。这是巨人昂首天外，用目光提起黄河滚滚狂涛向海里倾倒时才能找到的感觉。正是这个宣言"安能摧眉折腰事权贵，使我不得开心颜"的超级巨人，把盛唐精神推上了照耀千古的最高峰。（徐鸿裕. 现代应用文写作 [M]. 成都：电子科技大学出版社，2008：90.）

上述唐代诗歌导游词，用宏阔的语言向世人展示了唐诗的整个发展脉络，即初唐、盛唐、中唐、晚唐，在这四个阶段，随时间的逻辑顺序层层展开，形散而神不散，使人印象深刻。

三、生动性

导游词应力求文字优美和语言精炼，巧用比喻和幽默，使之顺口、易懂，生动而形象，富有亲和力和感染力。

[例 1-13] 漓江导游词

我们通常所说的漓江是指桂林至阳朔县一段，全长 83 千米。这一段奇峰林立，碧水萦回，人称百里漓江，百里画廊。唐代大诗人韩愈曾经这样赞美它："水作青罗带，山如碧玉簪"，有道是"千峰环野立，一水抱城流"当代诗人贺敬之在《桂林山水歌》中更是深情地咏叹道：

云中的神啊，
雾中的仙，
神姿仙态桂林的山，

情一般的深啊，梦一样的美，

如情似梦漓江的水……

朋友，漓江伸出了热情的双手，欢迎你们的到来，漓江，将为您奏响一曲优美的乐章。

（蒋炳辉. 景点导游教程 [M]. 北京：中国旅游出版社，2006：217.）

[例 1-14] 蓬莱仙洞的仙人送子像解说词

"这里是蓬莱仙洞的仙人送子像，你看她，左手抱一个，背上驮一个，前面跪一个，身后还跟着一大群，哭哭啼啼，一片凄惨景象，真是儿多母苦啊！"有位游客看了说："还是计划生育好哇！"游客们开怀大笑。（http://jpkc.hbxftc.com/jpkc/C282/shouke_4.html）

这一段话全用口语词、短句子，显得生动活泼，便于讲解，听起效果很好。

四、切入准确　过渡自然

万事开头难，面对繁杂的景点信息，我们在创作导游词时，必须选好一个切入口，把游客的注意力引入我们要讲解的题目和内容上来，这个引入不能张冠李戴，要具有内在联系，给人水到渠成、自然而然的印象。切入口的选择必须是从实际以发，因人、因时而异，要有的放矢，即根据不同类型的游客以及当时的情绪和周围的环境而变化。导游员运用导游词要考虑到客人的特点、接受能力和兴趣，预测哪些是客人了解的，哪些是客人不熟悉的，针对不同客人对导游词进行修改，客人知道的多讲，投其所好；客人不知道的少讲，避重就轻。只有量体裁衣、因材施教才能使游客满意。

[例 1-15] 海螺天下奇

各位朋友：巴山蜀水，自古著称于世的景色有"峨眉天下秀，青城天下幽，剑阁天下险，夔门天下雄"。今天我向大家介绍的是："海螺天下奇。"（《游遍甘孜——甘孜州景区（点）导游词》）

五、重点突出　故事性强

每个景区都有主要景点，景点又有重点特色，应根据游客的需求和接受能力，着重讲一点、叙一事、说一人、明一理。即在照顾全面的情况下突出重点，重点剖析那些最能体现景观本质特征的内容。如对园林胜迹进行的讲解，应着重于它的特色和风格；对历史文物的介绍，应着重于它的文化价值和历史意义；对人物的介绍，应着重介绍在他人生中最有影响的经历与功过得失。对游客而言，重点往往也是旅游者最需要了解的内容。导游词创作原则是根据游客的需求，在对景点概况作了简单介绍之后，再把景点内容分成重点、次重点，即分清主次。主，要具体深入；次，要精练简洁，从而使导游词层次分明、路线清楚、结构匀称、布局合理、重点突出。

事实证明，编织故事、巧用传说有助于对导游词的重点进行生动而有吸引力的展开，要有小说的形象，讲到最典型的人物、最生动的事例、最感人的情节，要绘声绘色、细致刻画，使听众如临其境，如见其人，如闻其声。这样可以加深听众和读者对重点景物和导游结论的理解。

[例1-16] 阆中张飞庙

章武元年（221年），关羽大意失荆州，败走麦城，死在了夷陵。张飞非常恼怒，发誓要为关羽报仇，限令部下在3天之内备齐白衣白甲，要挂孝出征讨伐东吴。由于张飞平时粗暴地管教手下，加之在临行前部下张达和范疆误听为要在3天之内造100件孝服和100件盔甲，怕完不成任务被斩头，于是趁夜里张飞醉酒酣睡之际杀死了张飞。然后，张达、范疆二人将张飞的头颅藏入油缸中运到嘉陵江边，驾着一叶小舟连夜驶入长江，顺流而下。快到云阳渡口时，他们发现油缸中渗出腐臭之气，于是将张飞头颅抛入江中，后来被一老渔翁打捞起来，发现已腐烂，依旧抛入江中。但是这颗头颅不但不沉没，反而还在江心旋转。当天夜里，张飞向老渔翁托梦说："老人家，我是张飞，我生与东吴势不两立，死亦不为东吴之鬼，前面将是东吴的土地，你就把我葬在这里吧！"老渔翁也是个忠义之人，他被张飞的忠心所感动，第二天便将他的头颅打捞上岸，埋在了云阳飞凤山下，云阳的张飞墓便由此而生。这就是所谓"头葬云阳，身葬阆中"的故事。（李兴荣.模拟现场导游［M］.成都：四川大学出版社，2008：19.）

故事编织需要言之有据，即有一定的依托，或典故，或传说，让人产生真实的信服感，切忌胡编乱造和无中生有。

六、推陈出新 启迪智慧

优秀的导游词需要不断的创新，即选题要有新内容、分析要有新见解、创作要有新材料、观察要有新角度。

创造导游词时要关注那些前人虽已有涉猎但尚未充分表现的内容，从而获得新意，这也就是我们经常说的"推陈出新"，即不满足于陈旧的材料和结论，在导游词中随时加入新的信息，以古喻今，和现实生活相联系，使其具有时代感，这也是一种创新。

[例1-17] 大观园导游词谈薛宝钗

以前听说有一份非常有趣的调查研究报告，说是有人在大学生中调查这样一个课题：林黛玉和薛宝钗之间，你选择谁作为终身伴侣？结果显示，绝大多数男学生选择了薛宝钗。诚然，从如今现代人的角度观察和理解，薛宝钗自然有爱的权利，甚至有和林黛玉竞争的自由，根本谈不上什么"第三者"或"插足者"。试看天下哪一位不是把追求幸福和美好的爱情生活当成人生一大目标呢？（蒋炳辉.景点导游教程［M］.北京：中国旅游出版社，2006：196-197.）

说到启迪智慧，指的是优秀导游词应借题发挥，引发人的思考，使游客和读者能明白事理，增长见识。

[例1-18] 神奇的数字"9"

圜丘台上下到处蕴藏着"9"这个神秘的数字。这又是为什么呢？原来，根据古代阴阳五行之说，天属阳，地属阴。奇数属阳，偶数属阴。所以理所当然"9"这个阳数中的最大的数就是"天数"了。这个"9"表达了天的至高、至大，同时古人也认为天有九重。皇天上帝就住在九重天上，而普通老百姓就不能住了，这是中国长期封建社会形成的等级观念。随着时代的发展，现在社会人人平等，就不再有此分别了。

（国家旅游局.走遍中国——中国优秀导游词精选［M］.北京：中国旅游出版社，1998：77.）

七、入乡随俗　注重礼仪

导游词是导游语言的文字表述，应该体现文明礼貌和对游客的尊重。导游面对的客人来自五湖四海和社会的各个阶层，有不同的身份、信仰、种族等，对待各界游客，多使用尊称，以表示礼貌。如对宗教界人士，称各位"高僧"、"长老"；对机关干部，称各位"领导"；对知识分子，称各位"学者"；对同龄的游客，称各位"朋友"等。同时还要注意不同文化习惯的差异，如东方文化认为，年长者具有丰富的知识，是权威和智慧的体现。因此，在中国谈论年龄比较随便，我们带老年团的话，可以称呼为"各位老人家"；而在西方文化中，年龄的递增与个人的逐渐衰老、力量的减弱是联系在一起的，欧美人士对年龄非常敏感，如果以老相称，就会引起他们的不悦，甚至反感。导游词中多用"先生"、"女士"，这类通用中性词汇是杜绝礼仪故障的最有效的办法。

第四节　导游（购）词创作常见问题及对策

一、导游词创作常见的问题

1. 言之无物

有的导游词长篇大论，空话连篇，讲了半天不知主题是什么。有的则开中药铺，罗列一大单，这是什么建筑？那是什么河流？如进入寺庙，这是什么佛？那是什么菩萨？什么罗汉？进入古街道，这是卖什么的？那是卖什么的？泛泛而谈，只知其然不知其所以然。

2. 逻辑混乱

创作导游词时，如果对景点不是很了解，就不能够把握导游词的整体结构，而是东拼西凑一些材料。必然没有用严密的逻辑体系，致使前后矛盾、顺序混乱，让人听得一头雾水，看得一盘散沙。

3. 平铺直叙

有些导游词全篇使用叙述方式，面面俱到，把所有东西一股脑倒在游客面前，这会导致导游词缺乏吸引力，毫无起伏和感染力。

4. 滥用幽默

导游词如过分关注语言的优美，而不顾客人的心情和接受能力，堆砌辞藻，片面追求生动幽默，甚至引用"黄段子"等，必然导致滥用幽默，引起游客的反感。

5. 无感而发

导游词应言之有情、富有感情，但是感情的表达方式要恰当，而且所感叹的事物和要讲的景点须有密切联系，千万不能穿靴戴帽、滥用感情、惺惺作态。

6. 歪曲事实、恶意夸张

有的导购词为迎合导游诱导购物获取回扣和佣金的需要，对旅游商品和纪念品的质量、功效、价值等，用尽溢美之词。凡美食老少皆宜，凡药品则包治百病，凡晚会则绝对精彩……更有甚者黑白颠倒，完全成为江湖郎中的台词，这是对导游职业的亵渎。

二、导游词创作的注意事项

1. 主题鲜明，言之有物

主题，是作者在文章中表达的中心思想。它体现了作者创作的主要意图，反映了作者对景观景物的基本认识、理解和评价。导游词的写作也要重视主题的确立和提炼，明确要向旅游者表达一种什么思想、意图，要激发旅游者什么样的情感、认识和评价，从而达到启迪智慧的目的。

[例 1-19] 灵隐寺

各位朋友，在游完整个灵隐寺后，你会发现灵隐寺的造园艺术，归结为一个"隐"字。一般的寺院，前面往往比较开阔，以炫耀法门的气派，而灵隐寺却处在群峰环抱的峡谷中，雄伟的北高峰作为大寺的靠山，嶙峋的飞来峰成了秀美的前屏，使得"灵山、灵峰、灵水、灵鹫、灵隐"浑然天成，使人恍如置身仙灵所隐之地，难怪平身酷爱山水的宋朝诗人苏东坡游灵隐寺之后，吟咏出"最爱灵隐飞来孤"之句。各位朋友，你觉得如何呢？（蒋炳辉. 景点导游教程［M］. 北京：中国旅游出版社，2006：199.）

2. 逻辑清楚，顺理成章

老舍曾经说过："只有逻辑性强而又简洁的语言才是真正的语言。"逻辑，原意是指思想、理性、规律性等，导游词的逻辑性，就是指作者本身运用语言进行表达时的思维规律性。如果说得更直白一些，就是要求导游词中心明确、层次分明、结论正确，以免出现前言不搭后语，言辞混乱的情况。

[例 1-20] 赅春园

赅春园这一组建筑，占地约 4 000 平方米，根据山地的高低落差，分别建有三层。第一层叫"味闲斋"，气氛幽独；第二层有钟亭和主殿，境界开始扩展；第三层的清可轩最高最深，宜于远眺。各层之间用爬山廊或叠石踏步相连通，利用高度和深度的差别，使建筑出现了不同的空间。赅春园把亭、廊、殿、厅等多种建筑形式巧妙地组合在一起，天然和人工浑然一体，视野开阔，意境丰富，是体现中国造园艺术的一个难得的范例。（国家旅游局. 走遍中国——中国优秀导游词精选［M］. 北京：中国旅游出版社，1998：69.）

3. 巧用问答，引而不发

导游词要关注与客人的互动，应使用提问、反问、自然问答等多种启发表达方式，设计悬念，调动游客思维的兴趣。每个人都有好奇心，旅游本身也是求新求异求奇的过程，不能把导游词写成产品说明书，要引导游客去思考，留给游客想象的空间，使之意犹未尽，回味无穷。

[例 1-21] 十三陵

举世闻名的十三陵，是明朝 13 个封建皇帝的陵墓，坐落在北京西北郊昌平县境内的燕山山麓。有人要问明朝是十六帝，为什么叫十三陵呢？大家边走边看边想，我到神道的路口就给大家公布答案。

［例1-22］苏州园林

游览苏州园林网师园"月到风来厅"。此亭傍池而建，厅后装一大镜，将前面的树、石檐、墙尽映其中，每当夜晚，皓月当空，在这里可以看到三个月亮，天上一月、池中一月，还有一个月亮在哪里？大家就到厅后去找吧。（http://www.china927.com/c2006/guide/）

4. 幽默比喻、跌宕起伏

在导游词中须灵活运用比喻和幽默，使动静相伴，有起有伏，才能达到以熟喻生、帮助理解、增强趣味性的效果。

［例1-23］南阳三顾祠

要说这个诸葛亮，也真有点太"摆谱"了，你道刘备是何等人？人家是皇室之后，有贵族血统，大小也是个县级干部，虽没有现在当官的那么威风，但出入最少有车马坐，有随从跟，更厉害的是有个侄子还在中央工作。而你诸葛亮呢？能和人家比吗？布衣出身，草头百姓一个，结庐居住，荷锄躬耕，满脑袋高粱花子，说到天边，大不了你读过几天书，是个有知识的青年农民，要是如今，县长大人坐在红旗牌轿车里隔着车窗和你拉拉手，敢把你激动得几个晚上睡不着觉，信不？（王连义. 幽默导游词［M］. 北京：中国旅游出版社，2003：17.）

5. 触景生情、有感而发

导游词应根据景物抒发真实情感，才能让人有水到渠成之感，增强感染力。

［例1-24］诸葛亮

大浪淘沙，数不尽风流人物淹没在历史的河床中，而极少有像诸葛亮这样不仅能沿着历史的河流从古代走向现代，而且还能走向千家万户，走进千千万万人的心里的人物。诸葛亮是中国人乃至东方人心目中智慧、忠诚、勇敢的化身。史学家称他为政治、军事、经济的三绝，在中华文明史上独领风骚，被后世誉为"千古第一完人"。

让人仰慕不已的诸葛亮，叫人说不完道不尽的武侯传奇……

其人虽已没，千载有余情！（王连义. 幽默导游词［M］. 北京：中国旅游出版社，2003：18.）

6. 实事求是、客观推介

导游词如果针对某一旅游商品或纪念品而创作，那就是导购词了。撰写导购词的目的是推介旅游商品，提高团队旅游消费的质量、扩大消费的总量，同时也能丰富客人的知识和行程，增强客人游览的兴趣。导游词应客观真实，不得张冠李戴、随意夸大。

［例1-25］川贝母

我国的贝母主要产自四川、青海、浙江等省。四川的贝母又叫川贝母，药用价值最高。故有人说中国贝母数四川，四川贝母数松潘。松潘贝母颗粒细小，形状如大人怀抱婴儿，因而称为"怀中抱月"，又称为珍珠贝。贝母主要用于治疗气管炎、哮喘、咳嗽等病症，对于喜欢吸烟或者常常咳嗽的朋友，家中可以常备。购买野生松潘贝母应该注意两点：第一，贝母的颗粒较小宛如米粒珍珠；第二，贝母的颜色不是纯白色，而应呈现出淡淡的暗黄色。大的白的那是在平原上人工种植的。当地藏民用贝母来煲汤、炖鸡治病。贝母的味道略为苦涩，加入少量蜂蜜、白糖可压住贝母的苦味。如果家中有老人、小孩咳嗽，熬雪梨贝母水给他们喝，一夜之间就可以达到止咳的疗效。

（李兴荣. 模拟现场导游 [M]. 成都：四川大学出版社，2008：134.）

第二章 导游讲解技巧

第一节 导游审美

导游活动是一项寻觅美、欣赏美、享受美的过程，既满足人们对美的追求，也起着净化情感、陶冶情操、增长知识的作用。审美意识是一种个人意识，依赖于人的审美知识和审美能力。观赏同一景物，有的人获得了美感，有的人却没有；有的人得到了最大的美的享受，有的人则感到不过如此，究其原因，除了文化修养、审美情趣和思想情绪诸因素外，还存在着审美方法的问题。因此，帮助游客用正确的审美方法去发现和欣赏美景，使不同层次、不同审美情趣的游客都获得最大的美的享受，是导游在旅游过程中的主要使命。观景审美的方法很多，以下介绍几种常用的方法：

一、注意动静结合

任何风景都不是单一、孤立、不变的画面形象，而是生动、多变、连续的整体。有时候，在某一特定空间，观赏者需要停留片刻，作选择性的风景观赏。例如，在峨眉山顶驻足，观看日出；在苏州园林小坐，品茗赏景等。这些都属于静态观赏，其特点是观赏时间长、感受较深。有时候，又需要游客移步于景观之中，从而获得空间转换的流动之美。我们常说"游山玩水"、"浏览风景"，正表明了审美活动处于"动"的状态。例如，在嘉陵江上泛舟，在都江堰虹口漂流等，可以使游客获得特殊的美的享受。然而，至于何时"动观"，何时"静观"，则应视具体的景观及时空条件而定。导游员要灵活运用动静结合的方法，使游客在情景交融中得到最大限度的美的享受。

二、把握距离和角度

距离和角度是两种不可缺少的观景审美因素，风景审美中不仅应该注意空间距离和角度的把握，还应该注意心理距离的调整。

（一）空间距离和角度

俗话说"不识庐山真面目，只缘身在此山中"。自然美景的千姿百态和无穷变幻必须在特定的距离和角度才能领略。有的宜远眺，有的需近看；有的正面看和侧面看各有不同的美感。例如，巴中光雾山的景点之一"巴山背二哥"，只有站在山腰某处远望，并保持一定的空间距离才能看出；广安华蓥山天然大盆景的标志景点"千年一吻"，站在不同角度，其表现出来的内容是不一样的：有时如一对情侣相向而立，有时如一对情侣相拥而吻，有时又如一家三口正在赶集途中。这就是由于观赏角度不同造就的不同景观。作为导游，必须非常熟悉所游览的风景名胜的情况，带团游览时要适时地指导游客从最佳距离、最佳角度，以最佳方法去观赏风景，使其获得美感。

（二）心理距离

心理距离是指游客与景物之间暂时建立的一种相对超然的审美关系，适当的心理距离是审美活动的一项基本原则和显著特征。一般情况下，游客只有从心理上暂时摆脱日常生活中繁琐的、功利的、伦理的、世俗的杂念，才能超然物外，从而独立地、自由地进入审美境界，获得审美的愉悦。例如，恐海者不可能领略大海的波涛澎湃、天水相连、惊涛骇浪的美景；刚失去亲人的游客一般欣赏不了地下宫殿的宏伟、吐鲁番古墓中木乃伊的奇迹；情绪低落的人就是身处蓬莱仙境也不一定能享受审美的愉悦。因此，导游员要善于引导游客暂忘世俗烦忧，进入审美心境，才能尽享景观之美。

三、抓住时机

观赏美景需要抓住时机，即把握季节、时间和气象的变化。有些景观随时令而变化，如春看兰花、秋赏红叶、冬观腊梅等；有些景观只在特殊时间出现，如蓬莱海市蜃楼、峨眉金顶佛光等；有些景观随气象变化而呈现不同的审美感受，如漓江晴天的奇峰侧影、阴天的云雾山中、大雨天的漓江烟雨，每个场景都令人流连忘返。由于这些动态的景观观赏时间长短不一，短的只有几分钟，甚至只有几秒钟，稍有疏忽就可能失之交臂，因此，这就要求导游十分熟悉所游览的景点，并精确地掌握好时机，才能帮助游客及时地抓住观赏美景的大好时机。

四、控制节奏

观赏节奏无一定之规，应视观赏内容、观赏主体的具体情况（年龄、体质、兴趣、情绪等）以及具体的时空条件来确定并随时调整。一般游客的审美目的主要是赏心悦目、轻松愉快，以获得精神上的享受。如果游览活动安排得太紧，观赏速度太快，不仅使精疲力尽的游客达不到观赏目的，还会损害他们的身心健康，甚至会影响旅游活动的顺利进行。因此，在安排审美赏景活动时导游员要注意调节观赏节奏，做到有张有弛、劳逸结合，有急有缓、快慢相宜，让游客在轻松自然的活动中获得最大限度的审美享受。

第二节　导游讲解方法

导游讲解方法是导游工作艺术的重要组成部分，是无数导游长期工作经验的总结。一名成功的导游要善于针对游客的心理活动，灵活地运用导游讲解方法，做到清楚易懂、生动流畅、引人入胜，使旅游活动轻松愉快，让游客的求新、求异、求美的需要得到合理满足。

在导游讲解过程中，每个合格的导游员几乎都有一套自己的讲解方法，且各有特色。下面介绍几种常用的导游讲解方法：

一、概述法

概述法是指在未讲解某景点具体内容之前，导游员用准确、简洁的语言把景点的基本情况简略地介绍给游客，使他们对景点有一个初步印象。概述法适用于所有的景点，不论是自然景观，还是人文景观，运用此种讲解技巧，导游员都能讲清该景点的来龙去脉、规模特点，同时又能有效地控制所要讲解的内容。因此，概述法是导游讲解中使用最为广泛的方法之一。

例如，导游在介绍阆中锦屏山时是这样讲的："锦屏山是国家 3A 级风景名胜区，有'嘉陵第一江山'的美称。'锦屏'二字是取山上的花木繁盛似锦，两峰连列如屏之意而命名的。锦屏山的山脊中间微凹下去，像马鞍，所以又叫马鞍山。锦屏山风光秀丽，所以历代都在山上建造楼阁亭榭。山上有纪念阆中古天文学研究成果的观星楼，有纪念南宋抗金名将张宪的张宪祠，还有建于清代的八仙洞等景观。"

由于概述法是导游一人在讲，游客被动在听，因此，导游采用此法时，应注意掌握好时间、地点、语言、内容，讲解时间不宜过长，三五分钟即可；地点一般选择在景点门口，配合导游图和手势进行。讲解语言要有抑扬顿挫，切忌单调乏味，以免造成游客疲倦；讲解内容点到为止，以引起游客注意为目的，不必长篇大论，否则就会喧宾夺主，把观光旅游变成了听天书。

二、描述法

描述法是指运用生动形象、富有文采的语言对眼前景观进行具体细致地描述，使其细微的特点显现于游客眼前。在旅游过程中，有些景观没有导游员的讲解和指点，很难展现其美之所在，而经过导游员一番浓墨重彩的描绘或画龙点睛之后，游客对美的感受就大不一样了。

例如，对巴中诺水河风景区的溶洞，导游是这样讲解的："景区内有大小溶洞 100多个，可谓山山有洞，洞洞相邻，洞中有洞。其中，龙湖洞犹如水府龙宫，神秘莫测；狮子洞银塔如林，琳琅满目；中峰洞美丽奇特，险峻宏伟；仙人洞内，有的如尊贵的佛像，有的如飞天的仙女，有的如出巡的御史，有的如奔跑的野兽，有的如飞翔的鸟儿。景区给人以'世外桃源'之感，洞洞奇特，各具风姿。"这位导游员情景交融的描述，定能唤起游客对溶洞游览的向往，从而提高对溶洞之奇、之美的理解度。

使用描述法时应注意选择时机，在需要重点讲解的地方进行描述，尽力使游客目光所及与导游讲解聚焦一体，才能使游客感受到美的存在。

三、分段讲解法

分段讲解法是指导游员根据景区中景观的分布情况，将大景区分成前后衔接的若干部分逐步进行讲解的方法。运用分段讲解法时，导游员应首先在前往景点的途中或在景点入口处的示意图前对该景点的概况（包括历史沿革、占地面积、欣赏价值等）

作简单介绍，使游客对即将游览的景点有个初步印象，达到"见树先见林"的效果，进而产生"一睹为快"的心理需求；然后带领游客顺次游览，作分段讲解。

例如，乘船自西往东游览长江三峡，导游员就可将其分为五个部分来讲解。①在游船观景台上介绍长江三峡概况：长江三峡是瞿塘峡、巫峡和西陵峡三段峡谷的总称，西起重庆奉节的白帝城，东至湖北宜昌的南津关，全长约193千米……。②船进瞿塘峡时，导游员介绍：瞿塘峡是长江三峡第一峡，从四川奉节的白帝城到巫山的大溪镇，全长约8千米，是长江三峡中最短也最雄奇险峻的峡谷……。③船过巫峡时，导游员再讲解：巫峡是长江三峡第二峡，从四川巫山县大宁河口到湖北巴东县官渡口，绵延42千米……。④船到西陵峡时，导游员进一步介绍：西陵峡为长江三峡第三峡，西起湖北姊归县的香溪口，东至湖北宜昌的南津关，全长76千米……。⑤最后再向游客讲解举世闻名的三峡工程。

分段讲解时要注意，每一段的讲解内容既要具有相对的独立性，又要有合理的过渡，使导游的讲解一环紧扣一环，环环扣人心弦。

四、突出重点法

景区的景点，要讲解的内容很多，导游人员如果面面俱到，喋喋不休地讲，一天也讲不完。这时就需要采取"突出重点法"。导游人员必须根据不同的时空条件和对象区别对待，有的放矢地做到轻重搭配，重点突出，详略得当，疏密有致。

1. 突出大景点中具有代表性的景观

对于规模大的景点，导游人员必须做好周密的计划，确定重点游览的景观，主要讲解具有代表性的景观，突出重点。如去天坛游览，主要是参观祈年殿和圜丘坛（包括皇穹宇），讲解内容主要也是这两组建筑。如果讲好了这两组建筑，加上绘声绘色地介绍当年皇帝在圜丘坛祭天的仪式和场面，不仅能让游客了解天坛的全貌（历史、面积、用途等），还能使他们欣赏到举世无双的中国古代建筑艺术。如万卷楼讲解的重点是陈寿纪念堂，主要讲南充与万卷楼、万卷楼与陈寿、陈寿与《三国志》、《三国志》与三国文化的演进关系，落脚点是三国文化源。

2. 突出景点的特征

许多宗教建筑，如佛教寺院、道教宫观、伊斯兰教清真寺，各具特色。就是同为佛教寺院，即使是同一佛教宗派的寺院，其历史、规模、结构、建筑艺术、供奉的佛像等也各不相同。导游人员在讲解时必须讲清其特征及与众不同之处，尤其在同一地区或同一次旅游活动中参观多处类似景观时，更要突出介绍其特征，以有效吸引游客的注意力，避免产生"雷同"的感觉。如九寨沟的特点是水、武陵源的特点是山、泰山的特点是雄、华山的特点是险、黄山的特点是奇、青城山的特点是幽、峨眉山的特点是秀等。

3. 突出游客感兴趣的内容

导游人员在研究旅游团的资料时要注意游客的职业和文化层次，以便在游览时重点讲解旅游团内大多数成员感兴趣的内容。

投其所好的讲解方法往往能产生良好的导游效果。如游览故宫时，面对以建筑界人士为主的旅游团，导游人员除一般介绍故宫的概况外，要突出讲解中国古代宫殿建筑的布局、特征，故宫的主要建筑及其建筑艺术，还应介绍重点建筑物和装饰物的象征意义等。如果能将中国的宫殿建筑与民间建筑，以及将中国的宫殿与西方宫殿的建筑艺术进行比较，导游讲解的层次就能大大提高，就更能吸引人。面对以历史学家为主的旅游团，导游人员就不能大讲特讲建筑艺术了，而应更多地讲解故宫的历史沿革，它在中国历史上的地位和作用，以及在故宫中发生的重大事件了。

总之，一切视景点的特色和游客的兴趣而定，尽量避免蜻蜓点水式的参观、讲解方式，可以与游客共同讨论、互相切磋。

4. 突出景点内容之最

在某一景点，导游员可根据这个景点最显著的特点进行阐述，比如，介绍世界（中国、某省、某市、某地）之最（最长、最古老、最高、最小）等内容，这很能引起游客的兴致。如北京故宫是世界上规模最大的宫殿建筑群，长城是世界上最伟大的古代人类建筑工程之一，天安门广场是世界上最大的城市中心广场，洛阳白马寺是中国最早的佛教寺庙等。如果"之最"算不上，第二、第三也值得一提。如仪陇县最平凡的士兵、最伟大的司令为人民服务的思想影响了几代人，其统帅世界上规模最庞大的军队开创了中国历史上最伟大的事业。这样的导游讲解突出了景点的价值，定会激发游客的游兴，给他们留下深刻的印象。不过，导游讲解时，必须实事求是，要有根据，绝不能杜撰，也不要张冠李戴。

五、类比法

类比法是指将游客眼前所见景物与游客熟悉的事物进行比较，以熟喻生、触类旁通，从而使游客感到亲切，容易理解。如此可以提高导游讲解的层次，达到事半功倍的导游效果。

（一）同类相似类比

同类相似类比是指两种相似事物之间的比较，便于游客理解并产生亲切感。如将阆中古城与山西平遥、云南丽江、安徽歙县相比，将二滩水利工程与三峡水利工程相比等。

（二）同类相异类比

同类相异类比是指通过比较显示两种风物在规模、质量、风格、水平、价值等方面的不同。如将青城山与峨眉山、黄山、华山、泰山相比；将邓小平故居和毛泽东故居相比；将石达开覆灭大渡河与红军强渡大渡河相比；将阆中巴巴寺与伊斯兰教圣城麦加相比等。

（三）相同时代类比

相同时代类比是指将在同一时代而不同国家的帝王进行类比，也可将年号、帝号纪年转换为公元纪年。如讲康熙皇帝，可以说他与法国的路易十四和俄国的彼得大帝同一时代，且他们在本国历史上都是很有作为的君主；讲故宫，可以说建成于明永乐十八年，也可以说建成于公元 1420 年，更能给人以历史久远的印象。

正确地使用类比法，要求导游员在对景点及客源地相关情况有比较深刻了解的基础上，将游客知道的景物与眼前的景物相比较，切忌作过于牵强、不相适宜的类比。

六、问答法

问答法是指在导游讲解过程中向游客提问题或启发游客提问题的一种导游方法，其目的是为了活跃游览气氛，加强思想交流和互动，从而使游客产生成就感并对所游览景点有更深刻的印象。

（一）自问自答法

在讲解中，为减少导游员平铺直叙讲解的枯燥性，导游员可适当地穿插着提出问题。不一定期待游客作答，而只是为了激发他们的兴趣，促使他们思考。提问之后作适当停顿，然后由导游员自己简洁明了地给出答案，以给游客留下深刻的印象。例如在游览武侯祠时，导游讲道："从刘备殿出来，低一个台阶就是过厅，为什么要低一个台阶呢？"稍作停顿，引起游客思考之后，导游员再作解答："这是封建社会君尊臣卑等级观念的体现，诸葛亮虽为蜀中人民敬仰，但终究是臣，当然不能跟刘备这个皇帝平起平坐了。"

（二）我问客答法

我问客答法是为吸引游客注意力，加强游客参与性而采用的导游提问游客回答的一种问答法。在运用此法时，导游员一定要根据游客的文化层次和表现出的兴趣恰当地提问，而不要出难题为难客，更不能强迫他们回答。当游客作答时，无论其回答得正确与否，导游员都应给予鼓励，不能随意打断或嘲笑，以免使游客感到尴尬。最后，导游员应给出问题的正确答案。比如，我们在讲解丹巴古城时可以这样设问："中国是一个多民族国家。傣族人居竹楼，蒙古人居帐篷，而作为游牧民族的藏族，本来是逐水草而居，居无定所，那又为什么会有这样高大、坚固、永久性的碉楼呢？"

（三）客问我答法

为调动游客的积极性，激发他们的想象力，导游员应鼓励游客自由提问。游客的提问能反映出他们游览的兴奋点，这也正是导游员应该关注的地方。因此，对游客提出的问题，无论水平如何，导游员千万不要笑话或打击他们，而是应该有选择地回答一些与景点有关的问题，并尽量同自己预先准备的讲解有机地结合起来。在长期的导游实践中，导游员要学会认真倾听游客的提问，掌握游客提问的一般规律，总结出一套相应的回答技巧。运用"客问我答"法时应注意：①不要打乱自己的导游安排，不要一听到问题就立即回答。②应避免只顾自己滔滔不绝地讲解，而一点儿不顾游客的问题。

七、引用法

引用法是指导游员将客人本国本土的谚语、俗语、俚语、格言等引入讲解之中，从而增强语言的生动性，起到言简意赅、以一当十的作用。

例如，一位导游员带日本旅行团游览苏州拙政园，当客人们走过石桥之后，就问他们是否忘记过桥的一道手续，游客们一时不得其解，于是导游员说："贵国不是有句'敲打一下石桥，证实其坚固后再走过去'的俗语吗？刚才各位虽然忘记了'敲打'，但也平安地过来了，这说明中国的石桥坚固，无须'敲打'，就能平安地走过来。"这位导游员引用了日本的俗语，借题发挥，取得了意想不到的效果。又如，另一位导游员接待德国客人时，由于天气炎热，客人们的情绪低落，导游员便说了两句德国俚语："要是神仙来旅游的话，那么他也会笑的"，"口渴比思乡更难受"。顿时，气氛活跃起来，他的客人又一连说出了好几句俚语，炎热的天气给大家带来的倦意也消失了。

需要注意的是，在使用引用法时，一定要正确理解客人的本土文化和特定语言在不同场合的运用规则，不可断章取义、胡乱套用；否则，会闹出笑话，甚至还可能伤害客人的故乡之情。

八、设置悬念法

设置悬念法俗称"吊胃口"、"卖关子"，即导游员在导游讲解时提出令游客感兴趣的话题，却故意引而不发，让游客去思考、琢磨、判断，最后才讲出结果。最高超的方法就是通过连续提出几个环环相扣的问题，直至把游客的胃口吊得不能再高了，才公布答案。设置悬念法是一种"先藏后露、欲扬先抑、引而不发"的手法，在活跃气氛、制造意境、增加游兴、提高讲解效果诸方面都能起到重要作用。

例如，讲解定陵时，可分为门前、展室和地宫三大部分。在门前，讲完概况，再点出发掘年代，要想知道发掘过程吗？请到展室来。在展室，主要讲述发掘过程，然后再点出地宫内所葬何人，要想知道是怎样入葬的吗？请随同一起下地宫。这样整个导游过程就环环相扣，引得游客非听非看不可了。

设置悬念是导游讲解的重要方法，需要注意的是，悬念法不能滥用，"悬念"的设置不能随心所欲，以免起引起客人反感。

九、虚实结合法（故事法）

虚实结合法（故事法）是指导游讲解过程中将典故、传说与景物介绍有机结合起来的一种讲解方法。"虚"是指与景观有关的民间传说、神话故事、轶闻趣事等，一般无证可考；而"实"则是指景观的实体、实物、史实、艺术价值等，一般有据可查。虚实结合可以使导游讲解更加生动形象，产生强烈的艺术感染力。例如，讲阆中张飞墓时，自然要讲到其墓的现状、方位、大小、高度等"实"的内容，但如果再加上张飞"头葬云阳，身葬阆中"的传说就显得更为生动、充实了。

一则娓娓叙来的生动寓言，或优美的神话故事，配上眼前的景致，会激起人们轻松愉快的遐想和兴趣，但如果在讲解景物时注入了太多的故事传说，甚至把传说当成了景物本身，只会使游客感到不真实。因此导游员在运用虚实结合法时应注意"虚"与"实"的有机结合，做到以"实"为主，以"虚"为辅，"虚"为"实"服务，以"虚"加深"实"的存在。

十、触景生情法

触景生情法是指见物生情、借题发挥的导游讲解方法。在导游讲解时，导游员不能就事论事地介绍景物，而是要借题发挥，利用所见景物制造意境，让游客感到景中有情，情中有景，给游客以想象空间，从而提高游客的审美激情。

例如，在欣赏三星堆历史博物馆馆藏文物时，一位导游员讲道："请朋友们凝神专注于这众多的青铜眼睛。这些零零总总的眼睛群像，或圆睁大眼，或闭目冥想，正清楚地表达一种意象——古蜀先民不懈追求着对天地、自然、宇宙的认识。而在数千年之后，我们用自己的眼睛，透过这些青铜眼睛，看到了古蜀先民的灵魂和精神，想象出他们对宇宙、人生的理解和思索。"这样的讲解，不仅使游客感受到了文物自身美的价值，也产生了对古蜀文化的尊重和崇拜。

触景生情法重在自然地发挥，切忌生硬、牵强；否则，不但不能引导游客进入审美对象的特定意境，还会使游客感到莫名其妙。

十一、联想法

联想法是指导游对游客所见景物加以联想，借题发挥，进行扩充讲解，起到以点带面的作用。导游员在日常生活中，要注意培养和提高自己的形象思维能力，才能成功引导游客浮想联翩。

例如，游客初到攀枝花，如对道路两旁满树红花的高大乔木很感兴趣，导游可借机介绍，此树便是攀枝花市的市树凤凰树，可将其与攀枝花市市花攀枝花树作比较，还可以将讲述延伸到攀枝花的植被和气候特征，甚至可以延伸到第一代攀枝花创业者的艰辛等。

运用联想法时应注意，联想要自然合理，切忌生搬硬套。

十二、数字法

数字法是指利用数字来精确地说明事物的年代、形状、特征、功能、角度等的一种方法，也是导游讲解中知识传递的重要手段。导游讲解，尤其是大型景观的讲解，往往离不开数字法的运用。

（一）数字换算

导游员常用数字换算来帮助游客理解景观内容。如游览北京故宫时，导游员介绍故宫建成于明永乐十八年，估计很少有游客能明白究竟建成于哪一年，历史有多久，但如果导游员把它换算成游客熟悉的事物发生或人物诞生的公元纪年，对国内游客说"故宫建成于1420年，距今近600年历史"，对法国游客讲"比法国凡尔赛宫建成早269年"，对美国游客讲"比美国白宫建成早420年"，对英国游客再加上一句"比莎士比亚诞生早144年"，效果就会大不相同。

（二）数字阐释

导游员运用数字阐释可以更准确地说明景观内容。如游客来到北京故宫太和殿广场时，面对高大雄伟的太和殿，心中便会产生一种宽畅开朗的感觉。导游员可以解释，其原因在于太和殿广场东西宽 200 米，南北进深 130 米，两者之间的比值为 0.65，接近黄金分割率的比值 0.618，从而给人宽畅开朗的美的感受。

导游员还可通过数字来暗喻中国传统文化。如武汉黄鹤楼外观为五层建筑，里面实际上有九层。我国古代称单数为阳数，双数为阴数，"九"为阳数之首，且与"久"字同音，暗含"天长地久"之意。

因为数字本身没什么灵性，一串串枯燥的数字常常会给游客以索然无味的感觉，因此运用数字切忌平铺直叙。只有妙用数字，才能起到画龙点睛的效果。

十三、引经据典法

引经据典法是指向游客引证有关历史人物或事物的逸闻典故和名家点评来帮助突出景观的特色、价值，使他们能更形象地理解眼前的景观。

例如，坐落在武汉月湖东畔的古琴台，直观"其形"并无惊人之处，但是导游员采取引经据典法的导游手法后，游客对琴台的了解就深入透彻多了。导游员说："这座古琴台相传是春秋时期的著名琴师俞伯牙弹琴抒怀的地方。有一次，他用十弦竖琴弹了两支曲子，恰好被樵夫钟子期听到，钟子期听完，很快把乐曲的含义说了出来，一曲意在高山，一曲意在流水。伯牙十分钦佩，两人遂成莫逆之交。一年后，钟子期病逝，俞伯牙十分难过，特地到钟子期的墓前弹奏了一曲'高山流水'，弹完后就把琴摔掉了，发誓不再弹琴，这就是后人所说的'伯牙摔琴谢知音'。北宋时，为了纪念他俩，就在当年他们弹琴、听琴的地方建了这座琴台，取名伯牙台'。"游客们纷纷被导游员的讲解所打动，再看这琴台时，"其意"就升华了。

第三节　导游讲解技巧

一、景点讲解技巧

（一）自然景观讲解技巧

自然景观是指大自然自身形成的自然风景，是一切具有美学观赏和科学考察价值的自然资源所构成的自然风光景象。如地貌景观、水体景观、生物景观以及天气景观等。导游员在进行自然景观的讲解中，要紧紧地围绕着自然景观的特征及其美的类型，向游客传达自然美的信息。自然景观的讲解要抓住形式美，突出文化美。

自然景观以其形状、色彩、声音、气味等不同方面，冲击着欣赏者的感觉器官。独特的形体、起伏的线条、缤纷的色彩，能使人产生视觉美；风声、雨声、涛声、鸟鸣虫吟、狮吼猿啼等来自大自然的各种声音，能令人产生听觉美；植物花卉散发出的各种香味，能产生嗅觉美；清凉的泉水、细滑的石头、柔软的皮毛等，能产生触觉美。导游员所要做的，就是通过详细的讲解，调动起游客的审美兴趣，引导其进入到真实的审美意境中。

自然景观的美，还体现在独特的文化内涵上。人类社会活动与自然的关系是密不可分的，许多自然景观的闻名正是因为其蕴含着丰富的文化成果。孔子曾说"智者乐水，仁者乐山"。在这里，孔子已经把山水自然景观与文化紧紧联系在一起。导游员在讲解中，要突出这些自然景观中所表现出的文化美，为游客提供全面的、综合的审美信息。比如，游览峨眉山，自然要讲佛教文化；游览长江三峡，一定要提三国故事。导游员通过突出文化内涵的讲解，可以达到自然景观在形式上给人以美的直观感受，在内容上给人以文化陶冶的双重效果。

1. 山地景观的讲解

（1）从形态美的角度来讲解

山地景观最显著的特征就是形态美，以千姿百态的形象吸引着游客。导游员要把握和描绘山地景观各自不同的形象特征，并引导游客以最佳角度和时机去欣赏，从而感受到自然之美。山地景观的形象特征主要体现为雄、秀、奇、险、幽等几个方面。

雄，是一种壮观、崇高的美感。如山东泰山，以雄伟著称，给人以震撼、雄壮、一览众山小的审美感受。秀，是自然风光中最常见的一种美的形态，表现为柔和、秀丽、优美。如四川峨眉山，山明水秀、色彩碧翠、线条柔和流畅，是我国风景区中典型的秀丽形象。奇，就是自身所独有，其他景观中少见或没有的景观。如湖南张家界，那些拔地而起的石峰，堪称奇特，令人叫绝。险，是山体景观中又一具有吸引力的形象特征。由于游客有求奇、探险的审美心理，对险峻的山体有一种强烈的体验需求，越是险的地方就越想攀登，越是奇异的风景就越想观赏。以险峻著名的莫过于陕西华山，享有"自古华山一条路"、"华山天下险"之称。幽，是一种美的意境。其美在于清秀、静雅，即所谓曲径通幽。青城山之美的最大特点就体现在一个"幽"字上，素有"青城天下幽"的美誉，青城山幽雅古朴，给人一种"鸟鸣山更幽"的静谧感。

（2）从人文美的角度讲解

中国名山遍布神州大地，每一座名山几乎都与历史文化紧密相关，名山与胜迹总是一对孪生兄妹。传统的五岳无一不是在中华历史文化的长期熏陶下，由单一的风景名山转化为历史文化名山的。文化不但塑造了名山，同时也是我们了解名山的有效途径。比如，杜甫的《望岳》使人们不仅对泰山的形态有所了解，还使人萌生了"一览众山小"的气概。因而，导游员在讲解过程中，要充分重视自然景观的人文内容，才能不落俗套，使自然美在人文的烘托下，流溢出更为绚丽的光彩，从而使游客进入形神兼备的审美境界。

[例2-1] 武陵源金鞭溪之骆驼峰

大家请停下来回头向右看，这就是骆驼峰。你看它栩栩如生，有头、有颈、有尾巴，还有那高耸的驼峰。沙漠中的骆驼怎么到了这儿？是不是迷上了这里的无限风光？骆驼曾被称为"沙漠之舟"，如今搬家来到了金鞭溪，我们不妨封它个"护溪使者"的称号吧！（瞿华等合著导游词《湖南武陵源》）

2. 水体景观的讲解

水是自然景观中最活跃、最有灵性的景物，凡是美的自然景色几乎都离不开水。导游员在水体景观的讲解中，要从形、质、色、声等方面进行生动的讲解，为游客展现出水的综合美感。

（1）从自然美的角度来讲解

水体景观具有极强的观赏性，从自然美的角度可以欣赏到它的形态美、倒影美、色彩美、光泽美、声音美。

①形态美。水体景观的形态美有动态和静态两种形式。动态的水以泉、瀑、溪流、江河、海洋为主，充满生机和活力。如九寨沟的诺日朗瀑布，水势浩大、雄伟壮观，独具震撼之美。静态的水主要以湖、池、潭为主，同样充满了无穷的魅力。如杭州西湖、九寨沟的镜海以平静与秀丽而著称，如同一位温婉佳人，楚楚动人。

②倒影美。水是透明的，在光线的作用下，水边的各种景物映入水中，皆形成倒影，实物与倒影真伪难辨，交相辉映，形成水景特有之美。清代袁枚的诗句"江到兴安水最清，青山簇簇水中生，分明看见青山顶，船在青山顶上行"，就是对水景倒影美最形象的描写。在九寨沟镜海也有"鸟在水中飞，鱼在空中游"的奇特倒影景观。

③色彩美。清澈透明的水因水底富含矿物质，在阳光下会呈现出五彩缤纷的色彩，如蔚蓝的大海、蓝色的多瑙河、九寨沟的五彩池等。白居易也用"日出江花红胜火，春来江水绿如蓝"来描绘水的绚丽色彩。

④光泽美。在光线的作用下，水能产生多种光泽。上海外滩夜晚的灯火世界，倒映在黄浦江上形成一片光的海洋，产生令人陶醉的梦幻境界。九寨沟的五花海、孔雀河的缤纷色彩更是令人心醉神迷。导游员的责任，就是将大自然的这些美妙图画，通过自己的讲解来更清晰地展现给游客。

⑤声音美。水，只要流动，就会发出各种声音。泉水叮咚、溪水潺潺、瀑布轰鸣、波涛震耳……这些来自水流的各种声音，常常带给人们独特的审美享受。在山林游览，人们听到掩映在翠绿丛中流水的淙淙响声，会兴致高涨；在大海边，人们听到波浪拍案，会思绪万千。

（2）从人文美的角度讲解

导游员在对水景的讲解中，除了从自然美的角度进行讲解外，还应引导游客从人文美的角度去领悟水体景观的博大精深。

①水的力量。水的力量给人的是一种崇高美。例如，大海的宽阔澎湃、恢宏大气，江河的奔涌执着、一往无前，瀑布的磅礴壮观、一泻千里，都能显示出无与伦比的力量。这种力量在人类历史长河中一直激励着人的斗志，启迪着人的智慧，荡涤着人的心灵。导游员在导游过程中，对这种力量的文化意蕴应尽可能地深入挖掘并充分地传达给游客。

②水的温柔。水的温柔能带给人愉悦和温情。弯弯的小河、潺潺的流水、平静的湖面、幽绿的池潭，如同恬静温柔的少女，带给人甜美安逸的审美享受。导游员应引导游客从平静中感受浪漫，从舒缓中感受悠闲，达到物我合一的舒适境界。

③水的无私。水的无私是人们对其作用的社会化评价，赋予水以人格化的特征。水体景观中有许多既奉献了可供观赏的自然形态，又为人们贡献了生存资源和生活便利，体现了水的综合美感。导游员要引导游客思考这一来自大自然的奉献，使人们在观赏水景的同时感悟出精神内涵。

[例 2-2]　长江三峡

长江三峡，位于中国第一条大江长江上游，渝东鄂西交界的山谷地区，它是长江在上游汇集众多支流之后，夺路东下，切割山谷而形成；是瞿塘峡（又称夔峡）、巫峡、西陵峡三段峡谷的总称。西起重庆奉节县的白帝城，东至湖北宜昌的南津关，全长 193 千米，现为国家级风景名胜区。

三峡风光各有特色，峡峰挺拔峻峭，长江南岸的白盐山和长江北岸的赤甲山对峙，两壁断崖如刀削斧劈，直立挺拔，形成一座高峻的峡门，称夔门，有诗人赞誉："便将万管玲珑笔，难写瞿塘两岸山。"江水冲破夔门进入瞿塘峡，峡内可观赏八景，主要三景：风箱峡、瞿塘栈道、犀牛望月峰……其景以险雄著称。

巫峡狭长谷深、迂回曲折、云雾升腾、景色诱人，尤其是著名的巫山十二峰，更为壮观。宋代诗人陆游说："十二巫山见九峰，船头彩翠满秋空。"船行巫峡之中，常常会有这样的感觉："峰与天关接，舟从地窖行"，"山重水复疑无路，柳暗花明又一村"。其景以秀著称。

西陵峡，奇峰林石，滩多流急，现在三峡大坝建成已成高峡平湖。

千里长江像一条巨大的纽带，把众多人文景点紧紧地联系在一起，河湖相间、天水相连，自然与人文交错，形成了极具吸引力的著名旅游胜地，那逶迤的江河与壁立的群山结合，形成了诗情画意的天然美景。浩荡长江，切穿三峡，气势磅礴、雄伟壮观、举世无双，千百年来人们将满腔柔情倾注于长江，把它当成欣赏的对象，游玩的伙伴，或慷慨人生或昂激忧伤，从夫子感慨"逝者如斯夫"，到南唐后主"问君能有几多愁，恰似一江春水向东流"，国忧家伤、愁苦之心言于江涛；而壮士则从依旧的涛声之中看到欢乐，感到悲壮，李白有言"抽刀断水水更流，举杯消愁愁更愁"，南宋词人高唱"我欲乘风去，击楫誓中流"，古今豪杰志士脚踏波涛，胸怀未来，感慨沧桑巨变，真是"大江东去，浪淘尽，千古风流人物"。可以说长江不愧是一曲千古绝唱。

同时，三峡大坝建成后，已新增景点 77 处（其中湖泊 11 个，岛屿 14 个，峡谷及漂流河段 37 处，溶洞 15 个），白帝城、石宝寨已成为平湖宝岛，更加诱人，三峡雄峻险秀的气势依旧壮观，"高峡出平湖，当今世界殊"的新景观使长江三峡更添山水画廊之灵气。可以说，长江三峡既壮美雄奇，又幽深秀丽，仿佛将大千世界山川精华兼收并蓄。在将近 200 千米的游程中，你随时可以领略泰山之雄伟、庐山之奇幻、华山之险峻、黄山之烟云、峨眉之秀色。这里无处不可成诗，无处不可入画。畅游长江三峡，可以跳出高楼的阻隔，远离城市的喧嚣，或任江风舒畅襟怀观江涛拍岸，或静卧床榻听水花轻轻地吻着江轮，令千万游客神清气爽、心旷神怡。而大坝截流后三峡又以新的魅力和感受迎来一批又一批的初游者和重游者。因此我们说长江三峡将是一条告而不别、永恒的黄金热线；也是我国利用水资源、发掘水文化、丰富水游览的典范。

（http://www.21pw.com）

3. 动植物景观讲解

凡是具有旅游观赏价值的植物或动物资源及其相关内容，统称为动植物景观，包括植物景观和动物景观两大类。动植物具有净化、美化、塑造环境之功能，并在维护大自然生态平衡方面起着重要作用。

（1）植物景观讲解

植物是游览地主要的景物之一，是当地自然环境特征的主要标志。在植物景观导游中，导游员主要是通过对植物形态、色彩、气味、价值等方面的描述，使游客感受到这些植物的自然之美。

①突出形态。大自然的花草树木，千姿百态、高低错落、风格各异，导游员在讲解中，要描述其特有形态。比如银杏、水杉等乔木高大雄伟，有些草木却低矮娇柔；某种棕榈树的叶子直径可达5米，而青萍的叶片，直径却不足1厘米。

②突出色彩。花草树木姹紫嫣红的色彩，给人以愉悦的感觉。苍翠的松树、火红的玫瑰、洁白的玉兰、紫色的勿忘我……植物绚丽的色彩能带给人直接的视觉享受。

③突出香味。很多植物都能散发出沁人心脾的芳香，如香远益清的荷花、浓香扑鼻的桂花、幽香缕缕的兰花、清香阵阵的梅花，带给人或清淡、或浓郁、或悠远的嗅觉美，有益于调节情绪，愉悦身心。

④突出价值。植物除了具有审美价值外，还具有实用价值。有的具有药用价值，是中草药的主要来源；有的具有经济价值，可用来制作生活用品和工艺品；有的具有食用价值，是人们餐桌上的美味。植物的价值丰富了游客知识，是吸引游客的重要内容。

⑤突出寓意。我国自古就有通过植物来寄托自己感情的传统。如以松柏表示刚强、长寿，以竹表示正直、虚心，以梅表达傲骨、孤清，以荷代表洁身自好等。植物的深刻寓意，能使人获得精神上的安慰和寄托。

[例2-3] 黄山迎客松

黄山迎客松，破石而生，挺立于玉屏峰东侧，文殊洞上，树龄至少已有800年。树高10米左右，胸径64厘米，地径75厘米，枝干高2.5米。姿态优美，枝干遒劲，虽然饱经风霜，却仍然郁郁苍苍，充满生机。它有两只青翠的枝干斜伸出去，如同好客的主人伸出手臂，热情地欢迎宾客的到来。如今，这棵迎客松已经成为黄山奇松的代表，乃至整个黄山的象征了。上至庄严的人民大会堂，下至车站码头，随处都会发现它的身影，就连宾馆的屏风、庭院的影壁，也有迎客松的姿容。

（http://baike.baidu.com）

（2）动物景观讲解

动物与植物一样，是大自然景观中不可缺少的构成要素。奇特珍稀的动物往往更令人瞩目，成为极具吸引力的景观，如峨眉山的"枯叶蝶"、四川的"大熊猫"等。除了野生动物之外，各类人工驯养的动物的精彩表演，也是游客观赏的重要内容，如海豚戏球、动物算术等。

动物景观导游主要是通过突出动物的奇特性和珍稀性来使游客感受到大自然的神奇，增长知识，体味人与自然的和谐，增强保护珍稀动物的意识。奇特性是指动物在形态、习性、行动等方面的与众不同。如长江中下游的扬子鳄、主产于南方各地的娃娃鱼、东北的"四不像"、云南的金丝猴等，都具有很强的奇特性。珍稀性主要是指某些种类的动物数量稀少，甚至濒于灭绝。这类动物往往成为人们关注的中心，被列为保护动物。如扬子鳄、朱鹮、丹顶鹤、黑颈天鹅、大熊猫、白唇鹿、东北虎等，都是集观赏价值与保护价值于一身的珍稀性动物。

[例2-4] 大熊猫

大熊猫是中国特有的国家级野生动物，被视为"活化石"。目前全国约有1 500只大熊猫，其中80%在四川盆地西缘一带的高山深谷之中。四川大熊猫栖息地已于2006年被联合国列入世界自然遗产保护名录。

大熊猫生活在海拔1 600~3 600米的高山丛林中，以高山竹类为食，主食箭竹；大熊猫生性顽皮，喜欢爬树、打滚；因大熊猫所食竹子含水分较少，为补充生理所需，帮助消化，大熊猫特别喜欢饮水，一饮常醉，人称"熊猫醉水"。

大熊猫发情期短，仅一至数周，致使配种成功率极低；即使配种成功，因其怀孕期仅为3~5个月，出生的熊猫幼崽平均只有100克左右，形似老鼠，发育不全，成活率自然很低。

大熊猫性情温和、憨厚可爱，自古以来在历史上都是亲善大使和友好的象征。

朋友们，在我们生活的地球上，人口众多，已突破70亿高峰，而大熊猫则不足2 000只。人类和自然条件在无情地蚕食着它们的领地，但它们秉承与邻友善的原则，仍然默默无闻，从远古走到今天，顽强地生存下来，并给人们带来欢乐，给大自然增添了美丽。所以我们必须给大熊猫颁布三项国际大奖：第一个是最佳进化奖，第二个是最佳人气奖，第三个是诺贝尔和平奖。让我们珍惜它们的荣誉与尊严，保护它们脆弱而可怜的生息环境，为世界更美好和谐的明天献一份爱心，贡献一份力量吧！

(二) 人文景观的讲解技巧

人文景观是指古今人类创造并遗留下来的具有观赏价值的历史遗迹或实物。它们是人类历史发展的见证，同时还具有明显的地方特点和民族风格。一个国家或地区独具特色的民族习俗、文化艺术、文物古迹等都可以构成人文景观。导游员在讲解人文景观时，除了为游客展示其外观形象之外，更多的要对其文化内涵和历史价值等因素予以准确深入的揭示，以满足游客深层次的审美需求。因此，人文景观对导游员的文化素质和讲解技巧提出了更高的要求。

1. 建筑景观讲解

(1) 古建筑的讲解

中国古代建筑具有悠久的历史，不仅具有明显的时代特征，也具有很强的文化特征。通过对古代建筑或者仿古建筑的欣赏和认识，可以了解当时的社会生活、道德观念、经济状况、科学水平和文化艺术风格等。导游员必须了解和掌握古代建筑方面的知识，将古建筑所包含的建材、结构、布局、工艺特征等中国传统的建筑文化介绍给游客。

中国的古代建筑式样独特，包括了宫殿、民居、寺院、陵墓、桥梁、宝塔、石窟等众多类型。如按建筑材料划分，可分为木结构建筑和砖石结构建筑两类。古代建筑各有特征，与民族文化的演变紧密联系，体现着民族文化的兴衰变化。

木结构建筑是中国古代殿堂居室的主要结构方式，其最主要的特征就是以木材构成各种形式的梁架，作为整个建筑物的承重结构的主体。长期以来，古人在实践中积累了丰富的木材建筑经验，达到了非常高的水平。其一，榫卯的应用。利用榫卯能在不使用一颗铁钉的情况下，将整座建筑物有机地结合在一起，且具有承受压力和拉力的双重功效。即使地震将四面墙体全部震塌，梁架及其所承受的屋顶仍可安然无恙，这就是人们常说的"墙倒屋不塌"。如山西应县木塔，是我国现存最早也是最高的木结构楼阁式塔，为全木结构，没有一颗铁钉。木塔于 1056 年建成之后，历经几次大的地震而无损害，足以看出木结构建筑抵抗外力的能力。其二，群组分布。木结构建筑由于受材料限制不能建得过高过大，为解决这个问题，就出现了组群建筑形式。即将各个单体建筑按照主次分明、左右对称的方式组合成大型院落，如北京的故宫、承德的避暑山庄等都属于组群方式。组群建筑独具规模和气势，是我国古代木结构建筑的显著特点和卓越创造。

砖石结构建筑在中国传统建筑物中的地位仅次于木结构建筑。砖石结构除了作为木结构建筑的辅助补充结构（如墙脚、台基、墙体等）外，也可作为独立的建筑形式，如万里长城、峨眉山万年寺砖殿、赵州桥、十三陵以及众多的石窟建筑等。砖石结构作为独立的主体建筑，是在墓穴建筑的基础上发展而来的。到了明代，砖的大量生产和用砖工艺技术水平的发展，使以砖为主要材料的建筑逐步多起来，砖的建筑成为古代非常重要的建筑形式。如万里长城的个别地段、南京的灵古寺、五台山显通寺的无梁殿，都是砖石建筑的伟大成就。受中国的主体建筑结构——木结构建筑的影响，中国的砖石建筑也带有明显的仿木特征，通过砖塔、砖殿的石柱、石斗拱、石檐等加以充分表现，并形成中国独特的建筑风格，成为中国古代建筑吸引游客的重要因素。

（2）宗教建筑的讲解

佛教、基督教、伊斯兰教，这世界三大宗教再加上中国本土的道教，合称中国四大宗教。宗教建筑分布广泛、数量众多，且大多都借鉴了中国传统建筑的模式。尤其是佛教建筑，对中国传统文化的吸纳和融合较充分。由于宗教建筑蕴含着深厚的文化内涵，就要求导游员对宗教建筑艺术讲解时，既要介绍宗教建筑独特的艺术特色，又要展现宗教建筑的历史文化价值。

其一，宗教建筑的艺术特色。宗教建筑有的因造型别致，有的因材料特殊，有的因塑像独特，有的因装饰华美，有的因规模宏大而具有非常强的艺术性，为游客提供了十分丰富的审美内容。如河北隆兴寺的摩尼殿，采用了"四面抱厦"的结构手法，平观呈十字形，立体布局、重叠雄伟，造型十分奇特。又如五台山显通寺中的铜殿，全部用铜铸就，外面呈二层楼阁形状，精巧细致、金碧辉煌。山西恒山悬空寺全寺楼体大都半悬绝壁、造型奇特。另外，敦煌莫高窟的壁画、洛阳龙门的石雕佛像等都是举世闻名的宗教艺术珍品，深深地吸引着游客。对待这样的艺术品，其材料、造型、神态、色彩等方面是导游引导游客审美的主要切入点。

其二，寺庙的建筑布局分为依山式、平川式两大类，形成了石窟式、塔庙式两种主流布局风格，其代表如敦煌莫高窟、广州六榕寺。其中，广州六榕寺以六榕塔为中心展开，唐宋以后则以大雄宝殿为中心展开，佛塔被移到中轴线旁边了。

其三，宗教建筑的历史文化价值。我国许多宗教建筑在历史上都有着显赫的地位和重要的影响，如泰安岱庙，是历代皇帝举行封禅大典的必去之处，地位极高；北京白云观自元代以来，受历代皇帝的青睐；陕西的楼观台、四川的青城山、江西的龙虎山、广东的罗浮山、湖北的武当山等处的宗教建筑，在宗教发展历史上具有举足轻重的作用。导游员在讲解这类宗教建筑时，就要突出它们的历史文化价值，使游客能够全面地了解历史、认识宗教。

　　[例2-5]　宝光寺宝光塔（见本书下卷第一章第五节）

　　2. 园林景观讲解

　　中国的园林艺术历史悠久、风格独特，是融建筑、雕塑、文学、书法、绘画等为一体的综合艺术品，具有很高的艺术价值和国际声誉，享有"世界园林之母"的美称，是重要的旅游资源。中国园林经久不衰，不仅因为其造园艺术功底深厚，更因中国园林蕴涵着深厚的文化底蕴，其含蓄隽永、意境唯美，令人叹为观止。导游员在园林景观讲解中，要把握中国园林与西方园林、皇家园林与私家园林、北方园林与南方园林的异同，揭示所观园林艺术的突出特点，准确地将园林之美传递给游客，以达到启发心智、陶冶性情的审美效果。

　　（1）天人合一之境

　　中国大多数园林虽为人工所造，但能在有限的空间范围内利用自然条件，模拟大自然中的美景，经过加工提炼，把自然美与人工美统一起来，创造出山环水抱、曲折蜿蜒、极具自然山水之妙的美景。中国的造园艺术，讲究师法自然、融于自然、顺应自然、表现自然、再现自然，"有自然之理，得自然之趣"，"虽由人作，宛自天开"，充分体现了古代中国"天人合一"的文化观念。苏州沧浪亭的楹联"清风明月本无价，近山远水俱有情"就表现出园主视自己与自然浑然一体，陶然与自然的闲舒心情。"天人合一"是中国园林的审美理想，也是构成中国园林民族特色的根本所在。和中国园林讲究因地布局、自然之美、秀雅小巧之趣不同，西方园林造景则多是规则而机械的几何图案，多无意境。

　　（2）曲折含蓄之法

　　中国造园艺术的特点之一就是造景技艺的丰富多彩，归纳起来包括主景和配景、抑景与扬景、夹景与框景、前景与背景、俯景与抑景、实景与虚景等。整个园林的设计，有层次、有变化，虚实相生，曲折含蓄，韵味无穷。风景时而开朗，时而隐蔽，犹如一幅逐步展开的画卷，让人回味无穷，颇有"山重水复疑无路，柳暗花明又一村"的雅趣，在有限的环境中创造出无限的意境来。享有中国四大园林美称的颐和园、避暑山庄、拙政园、留园就充分展现出中国园林造景之法的独特、多样、曲折与细腻，成为中国园林艺术的典范。

　　（3）精深别致之意

　　中国园林区别于世界上其他园林体系的最大特点，在于它不局限于眼前之表象，而是追求象外之象、言外之意，即所谓"意境"。正如严羽在《沧浪诗话》中所说的："如空中之音，相中之色，水中之月，镜中之相，言有尽而意无穷。"因此，审中国园林之美，我们不仅要赏其空间之旷、花木之美、山石之秀，更要赏其境界之精深。因为在构成园林的诸要素中，文化底蕴是最有味道的一环，如若不能用一种旷达与超逸的审美观来审视园林，那么你将看不到真正意义上的中国园林。

[例2-6] 颐和园昆明湖长廊

我们现在到了久负盛名的长廊。这条728米长的走廊是中国第一长廊，它弯弯曲曲就像一条彩带，绵延在昆明湖北岸，把座座分散的建筑物穿连起来。长廊之中有代表四个不同季节的四座八角亭，亭子将高低起伏的地段联结到一起。当你漫步于长廊之中，定会被它两边的优美景色所吸引，而不会有地面凹凸弯曲之感。

长廊也是一座引人入胜的艺术画廊，廊中共绘有彩画14 000余幅，内容包括花鸟人物、山水风景、历史故事、神话传说等。（王连义. 幽默导游词［M］. 北京：中国旅游出版社，2003：72.）

3. 博物馆讲解

随着人们文化素质和欣赏水平的提高，博物馆作为一种高品位的文化旅游资源已经成为旅游参观的热点。尤其是欧美国家的旅游团，每到中国的一个城市旅游，几乎都会把当地的博物馆作为重要的参观游览对象。中国各类博物馆达2 000多座，那些丰实的馆藏品记载着中华民族数千年来的发展轨迹和灿烂文化。博物馆的讲解对于传播中华文化、提高游客文化修养具有自然景观无法比拟的作用。

（1）做好知识准备

博物馆藏品主要是历史文物，要做好博物馆的讲解，导游员必须做好充分的准备。其一，知识要全。导游员必须具备系统的知识，既要了解"点"，又要知道"线"；既要掌握文物鉴赏、保护等知识，又要了解科学原理。其二，知识要专。博物馆内容的专业化，决定了导游员要有基本的文物学、历史学等相关领域的专业化知识。导游员不能只知其然而不知其所以然，不能只是简单地说"这是什么"、"那是什么"，而不讲"为什么"，导游员应做到"外行看我们很内行，内行看我们更内行"。

（2）熟悉陈列内容

博物馆的藏品十分丰富，有的多达数万件，但并不是所有的藏品都能成为陈列品，只有经过挑选的、能反映陈列主题思想的藏品，才能成为陈列品。一般地说，进入陈列室的陈列品都是该馆藏品中最有价值的。陈列品的陈列顺序、陈列类别揭示着陈列品内在的本质、价值和馆藏者所要表达的主题思想。这就需要导游员熟悉陈列品的种类、所在位置、陈列顺序以及其所揭示的主题思想。

（3）讲解灵活多样

博物馆展品所蕴涵的知识十分丰富，有些更是十分奇妙和不可思议的。如果自然界一块普通的石头，被存放到了地质博物馆里，也许它就是某一地区地质年代演变的最典型的代表；一块动物化石，里面所包含的也许是某个物种的生命演变历史。对于这些专业知识的讲解，导游员既要尊重实体、客观真实，又不能作单纯的、枯燥的介绍，要运用比喻、联想等方法把那些本来陌生、深奥的内容，用浅显、趣味的语言讲出来。这就需要导游员灵活运用多种讲解方法，充分展示藏品的艺术价值和历史价值。

（4）博物馆的讲解技巧

由于博物馆时间跨度长、展品数量多，所以讲解一般应按照陈列顺序进行分段讲解。另外，要对文物精品重点讲解，切忌泛泛而谈。比如"三星堆博物馆"可分为

"三星伴月——古蜀文明"、"众神之国——原始宗教"、"千载之魂——文物精华"、"三星永耀——发掘与研究"四个单元分段讲解，每一单元又可选择代表性的展品进行重点讲解。其中馆藏的各类青铜器中尤以通天神树、戴冠纵目面具为镇馆之宝，应从造型、工艺、寓意、价值等方面入手予以重点讲解，从而深刻揭示 3 000 年前辉煌灿烂的古蜀文明。

4. 民俗节庆的讲解

民俗节庆是社会生活中最富情趣的领域，也是一个民族、一个地区的文化传统、价值观念及生活方式的集中体现。它是在长期的、共同的社会生活中，因某种实际需要而逐步形成，并随着这种需要的更新而不断传承、变化的民间传统。我国历史悠久、地域辽阔、民族众多，各地各民族都有自己特有的民俗节庆活动。常言道："十里不同风，百里不同俗。"就中国本土而言，各地各民族风俗差异非常之大，呈现出多姿多彩的风俗特征。民俗节庆已成为备受游客青睐的旅游资源，游客来到一地，除了游览山水风光、名胜古迹之外，还希望了解当地的民风民俗，参与和体验当地的节庆活动。

我国东北地区少数民族共同的特征是粗犷、豪放，特别突出的代表活动是蒙古族的摔跤、赛马，鄂伦春人的狩猎等。西北地区少数民族的风情特征是热情、奔放、欢快、勇敢。其中，颇具特色的民族活动如维吾尔族的盘子舞、手鼓舞，锡伯族的射箭活动等。西南地区比较有代表性的民俗包括藏族和羌族的锅庄晚会、壮族的赛歌会、彝族的火把节、苗族的蜡染、傣族的泼水节等活动。我国江南地区的南京秦淮河夫子庙会、杭州茶道表演、绍兴咸亨酒店和乌篷船等都洋溢着浓郁的水乡风情。民风民俗几乎涉及生活的方方面面，导游员要学会广纳慎取，积累既要多，讲解亦要精，如各地的那些民谚"十八怪"，其中有些是歧视或贬低少数民族和落后地区的内容，导游员切不可一股脑地兜给游客，以免有不好的影响。

对于民族风情，我们往往知之不多或知其然不知其所以然。因此，要查阅典籍，追根溯源，刨根究底，力求弄个水落石出，挖掘其独特之处，才便于给游客讲解。同时，最好把讲解与推介、讲解与游客参与体验结合起来，以取得最佳的效果。

(三) 城市景观讲解技巧

城市景观讲解包括市容市貌、城市标志性景物两个部分。前者是指导游员对目的地城市或经过的城市、乡镇进行的有关历史、地理、经济、文化现状及民俗等方面的综合性介绍。后者是对城市标志和标志性景观的解说，其目的是使游客对当地的基本情况有初步的了解。

1. 市容导游

市容导游又称为城市概况介绍，其主要内容包括城市名城、地理位置、气候特征、交通状况、历史沿革、重大事件、杰出的历史名人、社会经济现状、名优特产品、旅游景观、风土人情等。这些要素涉及游客所关心的吃住行游购娱等领域，市容导游对于树立游客来本地旅游的信心起到非常重要的作用。

市容导游要力求简洁明快、详略得当，根据游客情况有针对性地展开讲解，客人关心的应予强调，客人不感兴趣的少讲甚至不讲，同时，讲解最好与途中行进所见结合起来，以达到视听合一之境界。

2. 城市标志的讲解

每一个城市或因历史文化积淀，或因民俗特征，或因其发展前景，都建有自己独特的标志性建筑、雕塑等景观，以树立城市的名片。这些标志物就代表了整个城市全部或局部的特色。如大连的足球和足球广场，代表了这座新兴城市现代、热情、开放、热爱足球事业的新形象，其城市特色也因其足球广场的建立得以强化。又如北京天安门、延安宝塔，都因历史文化的积淀而成为人们心中的圣地、城市的标志。又如南充五星花园"丝绸之城"雕塑，表现的是这座城市乃中国绸都，其丝纺工业在社会经济文化生活中具有重要地位。城市标志就是城市的名片，导游可在市容导游中予以重点介绍，以加深游客对城市内涵的认同。

[例2-7] 费城市容

费城拥有近200万人口，它的面积等于米尔瓦基和波士顿，或是巴黎与柏林的面积之和。而在这个城市的130平方英里（约337平方千米）的土地上，我们提供了将近800公顷（8平方千米）的最佳土地……

二、途中导游技巧

（一）途中导游的概念

途中导游是指在旅游车行驶的过程中，导游员对途中所见景物所作的动态讲解。途中导游是导游讲解服务的重要组成部分，是让游客排遣寂寞、提高游兴、增长知识的主要途径，是衡量导游服务和讲解质量的标志。

（二）途中导游的内容

导游员率团启程，就开始了途中导游。在简短的致欢迎词、交代行程及旅游注意事项之后，根据运行线路顺序对途中景物进行随机取点、逐一讲解，即见什么就讲什么。重在通过游客在路上能够见到的景物，如道路、桥梁、城堡、江河、城镇、民居等，对民俗、传说乃至土特产品的基本情况、主要特色和历史沿革作介绍。也可以介绍目的地景区景点的背景信息，为目的地游览作一些铺垫。这些内容选点的多少、详略的程度，要根据距离的远近、行车时间的长短灵活掌握。如果途中时间较长，如陕甘的"丝绸之旅"、内蒙的"塞外风光"、云南的"民族采风"、四川的九寨黄龙之旅等，由于长途旅行游客容易产生倦乏，导游员应适当组织游客进行打牌、下棋、讲故事、做游戏、唱歌、猜谜、学方言等活动，以激发游客的参与意识，减少导游的工作强度。如果途中时间很短，如从机场到市区，或从下榻饭店到风景游览点等，导游员也应熟知途中情况，有选择地对城市道路、标志性建筑、相关古今名人、居民习俗等内容进行途中讲解，以为初来乍到的游客增加游兴。

（三）途中导游的原则

1. 计划性原则

计划性原则是指导游员对途中导游的讲解内容事先要有一个合理的、周密的计划。途中导游的路线，有时是固定的（旅行社或导游员安排的路线），有时是不固定的（按游客的要求安排的路线或临时路线）。无论是哪一种情况，导游员首先应对整个路线及所需的时间预先有一个较为清楚的了解，对途中导游内容的选点作出预案。途中导游景观多而杂，不可能、也没必要倾其所有，应该选择有代表性、游客感兴趣的景观进行讲解。由于存在车上运行时间短、车内空间小、游客观赏角度不全面等影响因素，所以对景观的讲解一般也只需抓住典型特征、走马观花、点到为止。如果导游员对路线不熟悉，应事先进行实地踩线，并请教有经验的同行。事先有严密的计划，对于讲哪些点，讲多少时间，都要考虑周全，这样在导游时就能做到胸有成竹、收放自如。

2. 针对性原则

针对性原则是指途中导游要根据游客的年龄、性别、职业、经历、文化程度和审美情趣的差异，以及旅游目的的不同，因人而异地选择途中讲解内容。比如，游览观光团和专业考察团，对途中导游的要求差异很大。同为游览九寨沟，观光团队主要观赏神奇的山水，而考察团队则侧重于了解成因、地质地貌、环境保护等内容。导游员应了解这些差异，然后针对实际情况，选取不同的内容，采用不同的方法，以满足游客不同的需要。

3. 灵活性原则

灵活性原则要求导游员在进行途中讲解时，随时注意察言观色，根据游客游兴和注意力的变化，适时调整讲解内容和讲解方法。如有的路段景点较密集，讲解的语言就应简洁、精炼，语速快一些；有的路段景点较少，讲解的语速就可稍慢一些，对游客兴趣较高的内容略作展开。途中导游会受到天气、游客兴趣变化等众多因素的影响，各种意想不到的情况会随时出现，因而不失时机地抓住临时出现的新景物、新情况，随机应变，是导游员在途中导游时必须具备的能力。

（四）途中讲解的方法

与景区景点导游相比，途中导游有其特殊之处：随机性、即兴性强、不确定因素多。因此，途中导游对于导游员的语言组织能力、表达能力、时间把握能力、节奏控制能力、观察能力、应变能力等都有更高的要求。

1. 明确指示空间位置

导游员在指引游客观赏途中景物时，如果指示不明确，游客往往还没准确搜寻到景物目标，就已经错过观赏时机了。因此，导游员要准确使用指示性的语言，如"在你们的左边"、"在大家的右前方"等，使游客能迅速找到导游员所讲的景物。

2. 准确把握讲解时机

这是途中导游很重要、很关键的要求。由于途中行车时快时慢，窗外之景有时停留在旅游者视野中的时间略长，有时则是稍纵即逝、一晃而过。导游员应熟悉途中情况并准确判断车速，把握好讲解时机，尽可能使自己的讲解与车窗外的景物保持同步，要开门见山直奔主题，不能超前也不能滞后，这是一个导游员经验和能力的体现；否则，就成了导游单方面地背诵台词。要么是讲解刚开头，车窗外的景物就已经消失，要么是讲了好一阵，景物还没有出现，致使讲解效果大打折扣。有时，一个景物尚未介绍完，下一个景物又出现了，弃之未免可惜，这时较为妥当的处理方式应是马上对前一个尚未介绍完的景物设置悬念，暂且搁置，留待对后面出现的景物介绍完了以后再娓娓道来。总之，一定要让游客的耳闻和目睹保持同步，效果才是最佳的。

[例2-8] 途径松潘古城

各位朋友，我们从成都出发，经6个小时330千米的车程，沿途经过郫县、都江堰、青城山、紫坪铺、旋口、映秀、汶川、茂县、叠溪，现在我们的左前方就是松潘古城了。松潘原是唐代两个边陲重镇——松州和潘州。这里实际上是古松州，因为潘州在若尔盖。宋朝时期中央政权将潘州迁并到了此处，所以合称松潘……从松潘出发赴九寨沟尚有100千米，约一个半小时的车程……（韩荔华. 实用导游语言技巧［M］. 北京：旅游教育出版社，2002：378.）

3. 善于发挥，触景生情

导游员在途中导游时不能一味地背导游词，要善于捕捉临时出现的、能吸引旅游者眼球的景（事）物，见景生情，借题发挥。如当旅游车在红绿灯前停留，游客必定开始关注街面的环境、过街的人群等，导游可借机介绍该城市市容整改的成果或市民素质的变化等内容，展现对生活环境改善的欣喜之情。这样的导游讲解寓教于游、潜移默化，是值得提倡的。

[例2-9] 宜宾酒尊

映入大家眼帘的这尊硕大无比的酒樽，就是宜宾这座酒都给我们的一个见面礼。有朋自远方来，不亦乐乎——以"一尊还酹江月"的酒樽，先让我等乐不可支，好酒有得喝，就是不知道是你的酒量大，还是这座酒樽的容量大？到宜宾喝酒，前有古人，后续来者。当年，黄庭坚就隐居在这个地方，右手边有个地方叫"吊黄楼"，为凭吊黄庭坚之处；而前面不远处，待会我们要路过的"流杯池"，是黄老先生生前为宜宾留下的一个杰作，叫"九曲流觞"，如今的五粮液还沾了它不少的文气，它也沾了不少五粮液的灵气。但这终究是酒的一种文化延伸。追根溯源，酒还是水，所以，如今一说喝什么，都说酒水。当然，也许有人会持不同看法，诗人贺拉斯就说它是"火"，这位古罗马诗人揭示的是酒的灵魂，那是另外的话题。酒从根本上说是水。这不，前面大家可以看到一座长长的石桥，桥下就是岷江。千里岷江到达这座桥下就进入它的尾声了，再流三千米，就在下面与金沙江汇合，成为长江的开启。所以有人形容说，江之头，宜宾；诗之头，五粮液。恰恰在这个地方，这种时刻，我通常要想到"一抹夕阳"、"好货沉底"之类的词语，因为，宜宾五粮液的原料水，就取自江底100米深处的浸水层……（韩荔华. 实用导游语言技巧［M］. 北京：旅游教育出版社，2002：385.）

4. 劳逸结合，控制节奏

导游员要根据行车的具体情况控制讲解节奏，调整讲解内容。导游员不必在整个旅途中不断地讲解，讲解的时间以不超过整个旅途时间的60%为最佳。超过这一时间，旅游者会产生疲惫和厌烦情绪；而少于60%的时间，旅途就显得枯燥单调，导游员就不会被游客所关注。

5. 问答兼顾，增强互动

游客在旅途中，对自己所见之景和对导游所讲会充满好奇心，往往会提出各种各样的问题。导游员应当热情、灵活地予以回答，同时要善于引导、鼓励旅游者提问，以调动游客的观赏参与激情。当遇到导游员不能解答的疑问时，不要惊慌失措，也不要态度生硬地给予回绝，可借机引导其他游客参与讨论或以幽默的方式巧妙转移话题。总之，对待旅游者提问，导游员要灵活应对，使其既不打乱预先的讲解计划，又能活跃旅行途中的气氛。

6. 原路返回，左右分开

去旅游的目的地参观游览的路线有两种方式。如果走环线，导游在途中讲解时可以对途中左右两边的景物都予介绍。如果原路返回，导游应该将途中讲解分为左右两边。去时讲左边，返回途中讲右边，以避免返程的枯燥与疲惫。

7. 运行途中，随机应变

旅游是一种户外活动，旅游接待虽有计划，但车行在外，长途跋涉，遇到突发事件在所难免；同时，雨晴之间亦难人为控制。诸如此类障碍，或多或少都会给团队带来不便；同时，对导游事先准备导游词也是严重挑战。因此，导游必须根据环境的形势变化，调节自己的讲解，化解消极因素、保证团队顺利运行。这是导游应变能力和专业水平的重要标志。

[例2-10] 青城细雨浓浓情

记得有一次一位成都导游在带团队赴青城山途中突然细雨纷飞、春风乍起，车内顿时窃窃私语，议论纷纷。看得出游客对突然光临的春雨有些怨气，但导游并未终止她的讲解，反而提高嗓门，声情并茂地讲了几句话就消除了游客心中的疑虑。

"朋友们，青城山就快到了。青城云海是这里的又一奇景，白云从山腰升起，缠绕山间，与青城山清幽的山林浑然一体，谁也说不清楚是林在云中还是云在林中。所以有人说，青城山的颜色用四个字可以概括——"一清（青）二白"。嗯，我好像听你们说今天要是不下这蒙蒙细雨就更好了。错了，风雨何曾败明月？不知各位是否听说过这么一句话：春天美，美不过雪景；雪景虽美，却美不过雨景。老天爷知道今天有这么多老朋友来了，所以它把世上最美的景色带给了我们。今天绝对不是我们运气不好，而是青城山惯于用雨水为游人洗尘，不然，为什么这进山的第一座亭子就叫做'雨亭'呢？

好了，朋友们，我们已到山门，请下车后沿左边山路上行，我们也去雨亭小憩吧。"（李兴荣. 模拟现场导游［M］. 成都：四川大学出版社，2008：139.）

三、旅游商品及娱乐项目推介技巧

旅游商品及娱乐项目（民俗晚会等）一般来讲属于游客旅游行程中的自费项目，也是食、住、行、游、购、娱——旅游六要素中的重要环节。购物和娱乐不仅是旅游者参观游览活动的必要补充，也是旅游目的地增加旅游总收入的重要来源，而且还是导游和司机获取佣金的重要手段。因此，对旅游商品及晚会的推介是导游员的重要任务之一。质优价廉的旅游商品及精彩的娱乐活动能成为旅游者一次有趣的经历，为旅游活动锦上添花，而失败的旅游商品导购及强制性娱乐项目安排则会导致旅游者的不满甚至投诉。因此，导游员在推介旅游商品及晚会时，应本着客观、自愿的原则，用适当的方法和技巧进行推介。

1. 优质服务，奠定情感基础

旅游商品及晚会等娱乐项目推介的基础是导游的优质服务。导游员只有为旅游者提供一流的服务，以自己丰富的知识、人格魅力、敬业精神和规范的服务赢得旅游者的信任时，旅游者才会对导游员推介的娱乐项目感兴趣。反之，如果导游员在带团过程中马马虎虎，片面热衷于进店购物和推介晚会，则会引起客人反感，实际的效果会很差，甚至遭到客人的严词拒绝。

2. 事实求是，不违背法律和职业道德

导游员向旅游者推介商品和晚会等娱乐项目时应主动成为供货商、晚会活动方与客人之间的桥梁，在宣传价格时一定要客观、公正、不恶意夸大，力求做到物有所值、货真价实，不能违背职业道德、故意诱惑和欺骗游客；不得与销售商勾结、变相加价、恶意宰客；更不能向旅游者推荐一些无聊的或违法的附加项目。否则，不仅直接损害旅游者的利益，也必将损害导游员的形象并间接影响到旅行社的信誉。

3. 丰富知识，掌握销售技巧

旅游者对导游推介的商品和娱乐项目是否有兴趣，很大程度上取决于导游员的知识水平。一个对商品和项目特色如数家珍、讲解颇具鼓动性和专业水准的导游员，其推介效果肯定要比商店和晚会举办方的直接导购宣传强得多。因此，导游员平时应多学习，掌握相关的知识，包括其商品属性、鉴别方法、文化内涵、地方特色、优点缺点、价格等。同时，导游员平时还要多学习并掌握一定的销售技巧，以便调动旅游者的消费积极性，达到成功推介的目的。一般来说，行程快结束的阶段比行程刚开始的阶段效果要好，因为在游客精神饱满、心情愉快的时候进行推介比在旅游者劳累、疲惫不堪的时候效果要好；行程顺利时比服务出差错时效果要好。另外，导游还可应用多种技巧向旅游者直观展示所要推介的商品和娱乐项目，例如云南有的女导游会特意戴上一只玉镯，以促销玉石翡翠；四川藏区的导游员会带些牦牛肉干，在路上自己吃或分给客吃，以促销牦牛肉；九寨沟之旅中导游为推荐藏羌歌舞晚会，自己也要哼上几句，以增加游客对晚会的初步认识。

4. 了解团队，推介因人而异

不同类型的旅游团对旅游商品和附加娱乐项目的需求在种类、数量、档次等方面存在着很大的差异。因此，了解游客的需求、投其所好是导游员做好商品和娱乐项目推介的基础。一般来说，导游员拿到接待计划时，可以对团内旅游者的情况有一个初步了解；接团后，可以通过团内领队、全陪了解客人的需求、兴趣及购买能力等；然后通过途中与游客的交往不断了解旅游者的旅游需求，从而进行有针对性的推介。例如西方旅游者多属于享受型的旅游者，喜欢夜生活和参与性强的活动，针对这一特点，某国际旅行社的导游为外国旅游者安排了介绍中国文化和风土民情的晚间讲座，允许旅游者自由提问，非常受外国旅游者欢迎。又如对国内老年团可安排寺院朝圣、烧香敬佛等宗教活动；旅游商品尽量推介能延年益寿的保健品。对妇女团队可重点推介化妆品、特产食品等。对于豪华团可以关注珠宝首饰、字画、名贵药材的推介。总之，需要因人而异，具体问题具体分析，这样才能适销对路。

5. 控制时间，不打乱行程安排

旅游者首要目的是游览，因此导游员向游客推介商品和娱乐项目必须以保证执行接待为前提，并要照顾大多数旅游者的意愿，绝对不能勉强甚至逼迫游客接受。特别需要注意的是，导游员应注意主次分明，控制好购物、娱乐活动的时间，不要因为购物和附加娱乐项目压缩游览时间而影响团队计划，比如耽误了吃饭时间、休息时间、赶乘交通工具的时间等。

按行业规定，购物安排每天不得超过两次，每次不得超过40分钟。商店和晚会的所在场所必须是有照经营的定点单位，不得进黑店或去私人个体的演出场所，以免造成质量和安全隐患。

6. 讲求诚信，讲清注意事项

导游员在进行商品和娱乐项目推介时，必须恪守职业道德，讲求诚信，以满足旅游者需要为目的，不能为了个人利益强行促销，更不能与当地不法商贩勾结，欺骗旅游者以牟取暴利。导游员带领旅游者到旅游定点商店进行购物，如遇小贩强拉强卖时，有责任提醒客人不要上当受骗，不能放任不管。对商场不按质论价、抛售假劣商品、不提供标准服务时，应向商场负责人反映，维护客人利益。如果有旅游者买到了不满意的商品，导游员应尽量为旅游者联系更换商品，做好售后服务。

导游员在推介高风险娱乐项目时，请反复强调注意事项。如漂流、潜水、跳伞等，一定要了解这些项目的安全情况，防止发生安全事故。安排旅游者观看文艺晚会时，须陪同前往，并引导旅游者入座，提醒旅游者不要走散并注意观察他们的动向和周围环境。在旅游者观看节目过程中，导游要自始至终坚守岗位，以防不测。

四、讲解故障的处理技巧

导游员在讲解过程中常常会遇到各种障碍，影响讲解的正常进行，作为一名合格的导游员，应该具备及时妥善处理这类常见问题的应变能力。

（一）内容遗忘莫紧张

导游讲解都是脱稿口头讲述，因此中途忘词在所难免。中途忘词会影响讲解内容的连贯性、全面性，进而有损讲解质量。要避免中途忘词的尴尬场面，所以应熟记导游词内容，尤其是那些格言警句等精彩部分，都必须花时间记熟在心；对于那些临场记忆不起来的，可以省略不讲，或者干脆设置悬念，延至下次讲；也可以巧妙求助于游客，提出问题，请游客为代言人，以帮助自己摆脱困境。

（二）时间不够善调整

途中和景点现场讲解应该遵守预先编排的时间表，在设定的时间内完成某个景观的介绍。一旦某个景观讲解超出规定时间，就会影响下一游程的正常安排。因此，若是遇上时间不充裕，讲解内容将超出时间许可范围，导游就必须对所讲内容进行技术处理，及时调整讲解策略。在基本上保持讲解体系的完整这一前提下，将详叙改为概述，或删除部分无关紧要的传闻、故事、闲聊，也可将未讲的重要内容设下悬念，留在后续的空余时间再为游客解答。需注意的是，"虎头蛇尾"、"拦腰一刀"等做法是不合适的。

（三）游客干扰要冷静

导游员在讲解时，有个别游客的言行可能会干扰导游员的讲解，此种现象的出现无非有几种原因：一是个别游客有插话或炫耀的习惯；二是游客有不同意见和观点；三是游客想补充导游讲解中的不足。在这些干扰行为中，对于如插话、私下讲话等我行我素的干扰因素，导游可以进行巧妙干预：第一，改善自己的讲解。可以依靠生动的讲解和互动活动巧妙吸引游客注意力。第二，利用目光和音调的起伏，对私下讲话、不听讲解者予以警示。第三，也可以将发言权暂时交给游客，在游客讲解完后，由导游员给予补充，当然，要尽量肯定和赞赏游客讲得好、讲得有特色。必须注意的是，导游员要牢牢把握住整个旅游团队的主动权，切忌不能让游客反客为主，更不能被个别游客牵着鼻子走。第四，对于言行粗鲁、故意刁难等不够友善的游客提问，导游员就应当及时给予冷静回复，依靠大多数游客的力量，进行巧妙反击。如临时故意降低音调讲解，突然提高嗓门询问"大家能听清吗？"肯定有游客说"没听清"，那你就接着说："我们有些游客听不清楚，请大家在我讲解的时候安静一点，好吗？"这是一种变相干预；也可以直接就讲解词内容提出问题，抽那些不专心听讲者回答，予以积极干预。当然，一般不应该采取批评和训斥的方式，以免游客产生逆反心理和对立情绪，导致导游工作难以正常进行。

（四）讲解失误要虚心

导游讲解应该意真辞切，追求科学性和准确性。但是，"智者千虑，必有一失"，字字珠玑、滴水不漏者毕竟是少数，多数导游在讲解中难免会有失误之处。这些失误有的属口误，有的则是知识性错误。面对失误，导游员可按正确的讲法重复一遍，勿使谬论流传，确保讲解内容的可信度。面对错误，置之不理是不行的，导游员要虚心聆听游客意见，接受正确的观点，并向游客致以真诚的谢意。

第四节　导游岗前模拟训练

一、导游岗前模拟训练的必要性

导游讲解是一种实践性、艺术性很强的技能，这种技能的形成是反复训练、改进、完善的结果。因此导游（尤其是新导游）上岗前，必须扎扎实实地实施自己的"岗前模拟训练计划"，任何导游都不可能天生就会，必须要进行知识的积累和准备，需要实地踩线、亲自创作和消化导游词、反复试讲；同时还需要带团过程结束后，根据游客的反馈意见自己用心总结，加以改进。因此岗前训练是导游成熟、成才的必要手段。

二、导游岗前模拟训练的方法

1. 制订训练计划

训练计划就训练主题而言，可分为旅行社的新导游岗前培训计划和导游自己个人的业务培训计划；就培训时间而言，可分为短期计划和长期计划；就培训内容而言，可分为专线计划和综合计划。

导游可以结合旅行社的培训目标，制订一个适合自己成才和发展的中长期综合计划，在计划时间内完成本旅行社各条常规线路的讲解训练目标。如在成都从业的导游，可以分三个阶段实施自己的训练目标：先市区，再九寨黄龙线，再峨眉乐山线和其他线路，这样可以由近及远、有序实施。

2. 收集材料、撰写导游词初稿

3. 拜师学艺、踩线踩点

导游讲解对象分为途中景物和景区景点两大部分。由于途中线路较长、景观景点又较为分散，加之对景点特征、价值的阐述有一定难度；同时，旅游活动对时间把握、空间定位要求非常明确，使导游讲解成为了一项综合技能较高的工作。因此，新导游（含老导游的新线路）在讲解训练前，有必要跟随有经验的老导游随团实地踩线踩点。其目的有两个：一是熟悉运行线路（区间）、所讲解景点的位置和特征；二是观摩老导游的讲解内容、方法及工作程序。

踩线踩点可以增加导游对旅游线路和景点的直观认识，是增加导游工作信心的必要措施，也是创作导游词的基础。踩线过程中新导游要与老导游搞好关系，虔诚拜师、虚心学艺，同时要多思考多问为什么，不能只看热闹而不看门道，只有这样才能看有所得、不虚此行。

4. 撰写、修改导游词

在完成资料收集和现场踩点之后，导游应对自己亲手撰写的导游词进行修改和认真推敲，形成自己的讲稿，然后进一步熟记或背诵导游词，为试讲打下基础。

5. 模拟试讲

模拟试讲是导游依据导游词，假设带团环境就某一线路的途中和景点进行口头讲解的演练。其主要是在室内进行，有条件时可以到现场演练。

试讲时应邀请有经验的老导游和游客一起听试讲，试讲后要分别听取老导游和游客方面对内容和方法的意见，然后再斟酌、完善导游词，并反复试讲几次，力求熟练，熟才能生巧，熟才有信心。古人云"艺高人胆大"，准备充分了，也就意味着你的一只脚已踏进了成功的大门。

6. 团中检验、团后总结

试讲合格后，导游就可以带团旅行了。导游带团运行过程中要有写导游日志的习惯，尤其要将对自己的讲解中不满意的地方记录下来，结合带团结束后游客的意见反馈，再次进行思考、总结、修改、完善，使每一次带团都有心得体会和进步提高。长此以往，导游一定会茁壮成长，最终成为一名优秀的导游员。

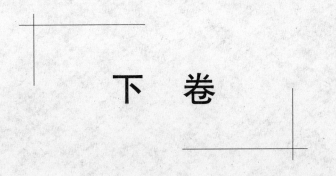

下　卷

第一章 模拟景点导游

第一节 川东旅游区

一、遂宁市

1. 广德寺

各位朋友：

你们好！我是导游×××，欢迎大家光临遂宁广德寺。今天非常高兴能有机会陪同大家一道欣赏"西来第一禅林——广德寺"的古刹神韵。由于此地多为木制建筑，请大家在游览之时注意防火。今天我们将依次游览广德寺中的哼哈殿、天王殿、大雄宝殿、观音殿、善济塔、玉佛殿等景点。

广德寺位于遂宁市城西 2 000 米处的卧龙山麓，建于唐代以前，原名石佛寺。唐宋时有禅林寺、善济寺、再兴禅林寺、广利禅寺等称谓，明武宗正德年间敕赐"广德寺"。从此，广德寺寺名沿用至今。

广德寺自唐代克幽禅师开山阐道以来，香火兴旺，高僧辈出，曾统领川、滇、黔300 余山，获唐、宋、明朝 11 位帝王敕封，被誉为"西来第一禅林"。它的建筑面积约 8 350 平方米，园林面积约 18 万平方米，其宏伟规模堪称全省第一。

这里有一个有趣的问题向大家提出：广德寺有什么奇特的地方能让三朝 11 位帝王敕封？又有什么力量能成为统领川、滇、黔 300 余山的寺庙呢？我想，待大家参观回来自然就会找出答案的。好了，请大家跟我一起来体味广德寺悠久的历史文化以及有名的"广德五宝"——宋明玉印、九龙碑、圣旨坊、缅甸玉佛、善济塔。

呈现在我们面前的这座桥叫"圆觉桥"。为什么叫"圆觉桥"呢？在 1173 年，南宋孝宗乾道九年敕封"克幽禅师"为"圆觉慧应慈感大师"，这座桥就因此而命名了。关于克幽禅师，我们稍后再作介绍。圆觉桥横跨溪流，头东尾西，桥上有三间二层檐的廊亭。桥北有三角木牌坊一座，上书"古香山"，正面书"洗心亭"，背面书"问过心来"，如今原坊匾已毁多年。桥南有放生池，请大家随我看看放生池吧！

可能有朋友要问，为什么寺前都要造放生池呢？放生，本是我国历史上一种风俗习惯，后来与佛教的"慈悲"、"不杀生"等教义相融合，进而成为一种较为普遍的佛事活动。对此，已圆寂的本寺住持长念法师曾经说过："信佛的人不应该无辜杀生，应以慈悲为怀，爱护众生。"这就是在告诫人们要爱护生物、和谐共存。

现在请大家走进山门，这里是"哼哈殿"。"哼哈殿"又名"水火金刚殿"，为明代古建筑。请看哼哈二将，相信大家从嘴型上就能猜出他们各自的名字。哼将郑伦，哈将陈奇，是我国《封神演义》上的神话人物。传说他们对外作战时，一位哼出两道白光，一位哈出一股黄气，霎时敌军方寸大乱，于是他们每次都能出奇制胜、凯旋而归。

迎面可见就是圣旨坊了，它屹立在十级台阶之上，是寺庙迎接皇帝诏书的地方。坊形如翼，由四根大红色圆柱支撑，坊正中上端竖题"圣旨"二字。寺内圣旨坊为全省独存。峨眉山奉迎圣旨，出庙门十里。广德寺却在庙中，可见位尊之极。圣旨坊两侧后，各有一正方形碑亭。亭内有明代武英殿大学士遂宁人席书撰写的《广利寺记》，明朝进士及第杨名撰写的《广德寺碑阴记》、《增修广德寺记》，虽经自然风化，尚能看清标题篆文及部分字句。

登上28级石梯，我们现在看到的就是"天王殿"了。"天王殿"原名"祖师殿"，明洪武至宣德年间建造。殿前挂有"西来第一禅林"横匾，为明代西蜀名宦广安知州吕纯良题署。现在请大家进殿。瞧，笑容可掬、慈祥和善的大肚弥勒佛正坐在门口欢迎各位宾朋的到来！弥勒是梵语的音译，是佛教创始人释迦牟尼佛的既定继承人。他两旁的楹联，上联是"大肚能容，容天下难容之事"，下联是"开口便笑，笑世间可笑之人"。

朋友们，请看殿的两侧，分别有四尊气宇轩昂的佛像相向而坐，它们很像我国古代的将军，这就是四大天王，俗称"四大金刚"。据印度佛教传说，东方持国天王，白脸，持碧玉琵琶，是帝释天的主乐神；南方增长天王，青脸，持青光宝剑，相传他能令人"善根"增长；西方广目天王，红脸，手绕缠龙，相传他能以"净眼"观察世界；北方多闻天王，黄脸，右手撑混元珍珠伞，左手持释迦牟尼佛宝塔。四大天王的造型很像我国《封神演义》中的"魔家四将"，因此有人说"四大天王"就是"魔家四将"，即增长天王魔礼青、广目天王魔礼红、多闻天王魔礼海、持国天王魔礼寿。他们既是佛法守护神，又充当着凡间百姓美好愿望的代言人。大家不妨留意他们手中的法器，猜猜看他们各自的职责和寓意究竟是什么呢？其实就是"风调雨顺，国泰民安"的意思。

现在请看弥勒佛北面的这位尊神吧。民间流传这样一句话：进门拜"弥勒"，出门拜"韦驮"。现在立在大家面前的，形象高大、威武严肃的佛像就是"韦驮菩萨"，又称"护法神"。关于"韦驮"的来历，说法很多。在我国民间，说"韦驮"是战国时代"鲁班"的弟子，家住我国西蜀峨眉山下，生活相当贫寒，他看到江水湍急、江面辽阔，百姓常因渡江而丧命，就决心凭自己的手艺挣钱来为百姓造桥。恰在此时，"观音菩萨"云游峨眉，见百姓无法过江而怨叹，于是慈悲心顿起，在农历三月十三日，化身为妙龄女子，与船工商量化缘造桥。她称：若有人用银锭击中她者，即可娶其为妻，投不中的纹银全部用于筹款造桥。"韦驮"将数月积蓄的纹银投出，竟然投中。观音菩萨将筹集的银两交给船工造桥后，叫"韦驮"到一僻静处，自己才现出"观音菩萨"真身，并向"韦驮"说明化缘造桥的用意，并将"韦驮"带回普陀洛迦山，使他成为了自己的护法神。民间常说，韦驮与观音是一对"对面夫妻"，这个传说在《普陀洛迦山志》里有所记载。

前面就是广德寺的主殿——大雄宝殿了。这座大殿矗立在四米高的双层青石平台上，殿高10米，长宽各22.6米，面积510.76平方米。殿前有六根滚龙大柱，柱上金龙须目狰狞，张牙舞爪。殿中塑"释迦牟尼"大佛像，两边有十八罗汉，形象逼真，庄严肃穆；殿前置焚香大鼎，古老苍劲，为镇寺之宝。可惜鼎在20世纪50年代就不翼而飞了，至今仍下落不明。大家现在看到的鼎，只不过是近年仿制的钟鼎。这座殿堂，也是明朝洪武年间建造，近年又经加固翻新，更显得壮丽辉煌。大家请看，大殿正中坐的大佛，就是佛祖释迦牟尼。相传他是古印度北部迦毗罗卫国（现为尼泊尔境内）净饭王的太子，原名乔达摩·悉达多，生于公元前454年。当他17岁的时候，国王为他娶善觉国公主耶输陀罗为妻。按照风俗，试力定婚。太子一箭射穿七面金鼓，技艺超群。太子娶妻生子后，向他父王请示出宫游玩，国王同意他的请求。太子乘车出游了东西南北门，看到世间人生老病死的惨境，感悟到人的生命无常。他慎重思索，如何才能脱人生诸苦。回宫后，他向国王请求出家修行，遭到国王拒绝。于是他骑马离宫，四天神托起太子的坐骑逾越城池而去，这时他正好29岁。他舍弃王族生活，出家修道，经过六年茹苦修行，35岁时，在菩提树下"成道"，创立了据说能使众生脱离苦海的佛教，被佛门弟子尊称为释迦牟尼，意思为"释迦族的圣人"、"释迦族的智者"。

朋友们，现在请大家参观"观音殿"，这里的观音大殿与佛祖大殿比肩而建，相距不到3米，观音菩萨与佛祖平起平坐，是三朝敕封的皇家观音道场，千余年间，来此游山进香的信众和游客络绎不绝，每年3次民间自发组织，全国罕见的观音香会节，吸引周边数省六七十个县和部分东南亚国家近百万信徒人来朝山进香，放香客、游人如云，年久不衰，成为川中地区重要的民俗文化遗产和景区最重要的一道人文景观，它同遂宁的灵泉寺，同被誉为中国观音故里。

关于广德寺的观音殿有一段精彩的传说。传唐武宗诏令全国灭佛毁寺，"善济寺"（即今之广德寺）亦未能幸免。就在毁寺这一天，忽然天崩地裂，雷电交加，在克幽禅师灵塔遗址处，下陷成一深池。奇怪的是池水清澈如镜，并有白莲出现。每当日出日落，虔诚的信徒还能看到白莲上站着观音圣像。903年（唐昭宗天复三年），遂州刺史王简见一僧人立于公堂之上，不言不语，而且久立不去，便差人追逐，当衙役返回时，又见僧人仍立公堂不动，又命衙役逮住僧人，以便问个明白。可是僧人只往前走，不肯回答。衙役追出城西，直至被毁的"善济寺"废虚旁的深池边时，僧人飞步跳入池中，不见踪影。王简命人排水挖泥，仍不见僧人遗体。正当众人迷惑不解的时候，一位差役从泥中挖出一个油漆木盒，启盒观看，原来盒内有一奇骨，形如金色钩锁相连，骨上有"观音大士"四字，佛门弟子称为"菩萨骨"。王简听到消息，立即上疏奏明昭宗。昭宗即敕册重建"克幽禅师"灵塔，并复建"善济寺"，将"善济寺"赐名为"再兴禅林寺"。灵塔前又新增建一殿堂，塑"观音菩萨"圣像，古人称为"圣观音"。

各位朋友，请看莲花座上的观世音菩萨，慈眉善目，面带微笑。这就是"圣观音"，又称"正观音"。莲台两旁分别站着善财童子和龙女。殿内两侧，塑有十二圆觉菩萨神像。在我国，供奉的观世音菩萨像有十多种，如圣观音、毗卢观音、马郎妇观音、准提观音、如意轮观音、海岛观音（鳌鱼观音）、千手观音、十一面观音、数珠手观音、水月观音、杨枝观音、白衣观音、送子观音、紫竹观音（南海观音）等。讲到这里，也许有人会问观音是谁？观音是男还是女？我们先从观音菩萨的身世讲起吧。

"观世音"是梵文的意译，或译"观自在"，音译为"阿婆罗"等。唐朝时，为避唐太宗李世民之讳，才改称"观音"。关于观世音的传说，众说纷纭，各派也不同。显宗持阿弥陀佛弟子之说，密宗则持阿弥陀佛的化身之观点。其实，观音在印度为男身，在我国，也仅在遂宁的广德寺中保存着男身观音形像。原来这里的观音是一位隐居皇帝，他隐居在这里，热爱百姓，救苦救难，做了许多好事。他从京城带来了许多物品救济受苦受难的老百姓，还带领百姓种植高产农作物，带头栽桑养蚕，开办刺绣、印染、织布业，大量开垦农耕，兴修水利，种树种竹，很快老百姓得到了实惠，生活水平得到了很大的改善。老百姓在这里安居乐业，无限感激这位隐居的皇帝，都称皇帝是济世观音，后来就在隐居皇帝圆寂的地方修建庙宇，自发进行朝拜。再后来前后三个朝代共 11 位皇帝在登基之后，都首先来到四川遂宁朝拜这位造福百姓的前世皇帝，表示一定要在当皇帝期间做出对人民有益的事情。由此，广德寺的名气一下子传开了。每年农历 2 月 19 日、6 月 19 日、9 月 19 日，方圆千里的老百姓都要来这里朝拜，庙宇也因此就越修越大。虽然历经朝代更替、庙宇变迁和战乱的劫掠，庙宇几乎毁尽，但是庙宇被破坏之后百姓自发地捐款捐物重建广德寺，当然也有部分建筑物在战乱中没有受到损坏保留至今，依然十分完好，这就更显得庙宇的珍贵。

那"观音"后来为什么塑成女像呢？据初步考查，女性菩萨造像始于南北朝，盛于唐朝，到了明朝，观音普遍为妇女身。这是佛教在汉代传入中国后逐步融合进中国民族文化而渐渐演变的结果。佛教徒和艺术家们根据"观音大士慈悲心切"之说，遂把观音塑作各种化身，而女性观音也是人们易于接受的一种，成为一种慈悲和美的化身。在民间，观音菩萨被说成是古代遂州妙庄王的三女儿，名叫妙善，她从小吃斋信佛，成年后拒绝父王为她择婿，并立志出家修行，妙庄王一怒之下，赐死了妙善公主，火焚于白雀寺，还烧死了八百女尼。妙善被害后，灵魂坠入地狱，玉皇大帝闻讯后，命阎罗王将妙善的灵魂救起，将她复活于香山紫竹林中。她历尽艰辛，在佛的启示和帮助下，得到了净瓶柳枝，战胜了危害人间的妖魔，终成大道，在中原大地传播佛法，显现圣迹，惩恶扬善，普渡众生。后来，屈死的八百女尼的冤魂不散，向妙庄王索讨命债，妙庄王身上长满了毒疮，久治不愈。神僧告知庄王，须他亲生骨肉献出手眼配药，方可治愈。可是身边的大女儿妙清、二女儿妙音均不愿献出手眼，神僧又指点庄王，说三公主妙善尚在人世，叫他速派人到香山紫竹林去寻找妙善公主。当使者到香山紫竹林时，妙善已知使者来意，遂剜下双眼，割掉双臂，制成药引，治好了庄王怪病。妙庄王知道这一切后，愧疚万分，为纪念三女儿的一片孝心，命工匠塑造一尊"全手全眼"的妙善公主像入庙供奉。结果，工匠错将"全手全眼"误听为"千手千眼"，于是塑出一尊千手千眼的妙善公主来。这个传说，在北宋以前就已形成，河南宝丰县香山寺的宋朝蔡京所书的《大悲观音菩萨得道远征碑》就记载了这个故事。据说，后来妙庄王及其家眷均行善积德，虔心向佛，后同女儿妙善一样得道升天。玉皇大帝颁诏晋封三公主妙善为"大慈大悲、救苦救难南无灵感观世音菩萨"，赐莲花宝座，永作南海普陀洛迦山道场之主。其父母也受封为菩萨；大姐妙清被封为文殊菩萨赐青狮座骑，作五台山道场之主；二姐妙音为普贤菩萨赐白象座骑，作峨眉山道场之主。妙善身边的两个徒儿分别封为金童玉女，为观世音菩萨身边的侍从。我们遂宁的民谣说："观音菩萨三姐妹，同锅吃饭同修行，大姐修到灵泉寺，二姐修到广德寺，唯有三姐修得远，修到南海普陀山。"尤其是小说《西游记》问世以来，观世音菩萨就成了中国各地民间最信奉的菩萨了。关于观音菩萨救难的 40 个故事，已在广德寺最高处佛顶阁的石壁上刻成了浮雕，其造型生动，活灵活现。大家一会儿就能欣赏到。

现在请大家同我一道参观善济塔吧！善济塔其实就是唐代高僧"克幽禅师"的灵塔，俗称"肉身塔"。《题克幽禅师》中的"唐室高僧谥克幽，广施德泽古今留。慈云远荫威灵显，妙觉圆明解客忧。圣塔晨钟惊晓梦，禅林暮鼓漫红楼。只求古刹平安夜，不羡西京驷马游。"写的就是这位克幽禅师坎坷的一生和他不羡功名利禄、虔心侍佛、济世救人、不畏艰辛、弘扬佛法的高尚情操，他圆寂后就下葬于此，在唐王朝被誉为"高尚之隐者"、"活观音之化身"。

"克幽禅师"是唐代宗大历十三年（778 年）皇帝给他的谥号。"克幽"，原法名叫"无住"。他俗姓李，名文通。生于唐玄宗开元十五年（727 年），于唐德宗贞元三年（787 年）六十岁时圆寂辞世。传说禅师李文通是唐王朝第四代天子唐中宗（李哲）的孙子。李哲次子名守义，为人刚直，封郁王。文通即为守义之子，可惜文通生不逢时，正值大唐由盛到衰的转折点上。文通父亲郁王劝谏李隆基不要父纳子媳，于是得罪了玄宗，玄宗恼羞成怒，将郁王处死。在奸相李林甫的怂恿下，玄宗下诏，缉拿郁王全家到京服罪。幸好有人给住在陇西的郁王家眷报送凶讯，文通母为保全郁王唯一的后裔，乃令心腹家将李晟保护文通逃往蜀中避难，几经辗转来到遂州（即今之遂宁）刺史李巨处避难。李巨安排了文通、李晟在城郊之长江坝隐居。唐天宝四年（745 年），玄宗正式册封杨玉环为贵妃，其兄杨国忠也得到高升，替代了李林甫。天宝十年，南诏叛乱，杨国忠奉旨到蜀中督军，剑南节度使章仇兼琼为取宠杨国忠，竟将文通信息密告杨氏。杨国忠早对郁王阻谏恨之入骨，为斩草锄根，急令章仇兼琼派人赴遂州将文通处死。李巨闻讯万分震惊，亲赴长江坝叫文通主仆火速逃走。他昼伏夜行，避开奸党搜捕，历尽艰辛，终到成都，流浪于成都街头，形同乞丐，不幸病倒，后得净居寺"无相"禅师救助。文通走投无路，决心出家修行，法号"无住"。不久，消息被章仇兼琼知晓，勒令成都县令杨翌要无相禅师交出文通；否则，将与文通同罪。无相禅师密嘱文通速奔南阳白崖山党子谷慧忠禅师处避难，自己在禅堂坐化圆寂。

后来，唐肃宗李亨因感念皇叔郁王无辜遭害，内心感到愧疚，决定为郁王守义全家昭雪冤案，安抚郁王后裔，乃诏令全国搜寻文通下落。经多方查访，得知文通已遁入空门，现隐居南阳白崖山中。肃宗诏令迎接无住（文通）回京。无住抵达长安后，肃宗以兄弟礼迎入大明宫。肃宗劝无住还俗，继承郁王爵位，但被无住婉言谢绝，仍要虔心礼佛。代宗大历二年（767 年）下诏将"石佛寺"更名为"保唐寺"。代宗大历九年，无住禅师又奉诏入京与道士史华在大明宫辩法论道，史华词穷理屈，只好认输回山隐居。代宗大历十年，无住带着皇帝的赏赐返回遂州，因为他辩议成功，声震遐迩，所以四方信徒云集禅林寺，聆听克幽法音，接受禅林戒律。代宗大历十三年，颁旨敕赐"保唐寺"更名为"禅林寺"，谥"无住"为"克幽禅师"，加赐紫衣钵盂，拜为护国三藏法师，又命颜真卿书"敕赐禅林寺"匾额（原匾已佚失）。从此，禅林寺的香火日加兴旺，远近香客络绎不绝。唐德宗贞元三年（787年）9月11日，克幽在寺中圆寂，享年六十岁。不久，僧众为他装龛建塔，安葬金身。善济塔一层，还塑有克幽禅师的坐像。可想而知，广德寺能历代不衰，屡受帝王器重，统领川、滇、黔300余山，除了克幽禅师的德行之外，恐怕与他皇族身份的特殊性还是分不开的吧！

各位游客，请跟紧我的脚步，现在我们看到的是九龙碑，宋淳熙元年（1174年），宋孝宗敕令四川宣抚使郑闻所立，即宋碑，上镌唐、宋七次敕封年代，其中宋代五次，为敕封极盛时代，记录了唐宋时期前后九个皇帝对广德寺的赐封和褒奖，让人领略到了什么是皇恩浩荡。

现在，请大家同我去中轴线东边的"大悲殿"看看吧！大悲殿原名"千佛楼"，明洪武年间建造，双层翘角，面积244.2平方米，内塑千个佛像，20世纪50年代初佛像被毁，房梁腐朽，已成危房。1987年由长念大师及照全和尚负责修复，更名大悲殿。殿内有美术学院师生承塑的"千手观音"塑像。

我们要游览的下一个景点便是玉佛殿，请大家登上石梯。玉佛殿原名毗卢殿，殿高10.1米，长24.9米，宽16.9米，面积420.81平方米，明洪武年间建造，内塑"十二监察神"。原神像在20世纪50年代被毁，1988年重新维修，并将清宣统年间清福禅师由缅甸请回的玉佛安放于此，毗卢殿也更名为玉佛殿了。

各位请看，这尊玉佛是本寺享誉海内外的镇寺之宝。佛高1米，趺坐莲台，肃穆慈祥，惟妙惟肖，其玉洁白，雕刻精美。郭沫若于1913年10月曾游广德寺，对玉佛的镌刻技艺十分赞赏。然而，面对玉佛，我们不能不想到一代高僧——清福大和尚。

清代宣统二年，清福和尚脚穿麻鞋，手挂法器，独步万里，西去缅甸、印度诸国取经求法。《西游记》中的唐僧玄奘，毕竟还有法力超人、武艺高强的孙悟空等几个弟子保驾护法，而清福和尚是如何克服那些险山恶水、艰难苦痛的呢？这个我们不得而知，我们只知道，他终成"正果"，并请回了西天的玉佛。所以，透过玉佛的灵光，我们领悟到的却是一种虔诚、执著，敢于"下地狱"的佛家真谛。另外，在玉佛两旁还有两块石碑，一块为明代嘉靖时四川检察司杨瞻所立，另一块为清宣传统二年寒谷堂信众所立。

再上石梯，前面就是"广德寺法堂"了，法堂是讲经说法、集会研究讨论寺院事务的地方，也是新弟子受戒皈依的地方。

法堂的楼上为"藏经楼"。藏经分经藏、律藏、论藏三种。经藏属定学，律藏属戒学，论藏属慧学。佛说：一切法，不离此三学。本寺藏经有宋、元、明、朝鲜、高丽之各种版本。另外清代重刻明本，名《清藏》，首册刻有"皇图巩固，帝道遐昌"的龙牌，因此称"清藏"为"龙藏"，这就是本寺藏经的简况。此外，藏经楼还珍藏了两枚御赐玉印。一枚是宋真宗所赐，印文内容为"敕赐广利禅寺观音珠宝印"。另一枚是明武宗所赐，印文内容：第一行为"敕赐广德禅寺"；第二行为缅甸文；第三行为僧伽罗文；第四行为巴利文之拉丁字母。第二、三行读音与第四行相同，巴利文原意为"佛陀正定"。何谓佛陀正定？佛陀是"佛"的全称；正定：正智入无漏清净的禅定，是说佛之奥义无穷。这两枚玉印是广德寺的镇寺之宝，皇帝御赐镇山法印，在全国屈指可数，广德寺独得两枚玉印，为稀世珍宝，足见地位之尊。

请大家再上石梯，这便是"七佛殿"了。殿内现塑有七佛，左为毗婆尸弃佛、弃尸佛、毗舍浮佛，中为释迦牟尼佛，右为拘留孙佛、拘那舍牟尼佛、迦叶佛。

走出七佛殿，沿石梯而上即到"佛顶阁"。该阁位于全寺最高处，于清代建造，内塑观音像，原像已毁。1988 年维修后，现名"毗卢殿"。由于时间关系我们就不上去了。

各位游客，我的讲解要告一段落了，在这临别之际，让我再一次感谢大家的光临。同时，愿广德寺的悠久历史文化和它那迷人的传说，给各位带来福音。希望您能有机会再来，祝大家旅途愉快，吉祥如意！谢谢大家。（作者：熊梅）

2. 卓筒井及大英死海

各位游客：

您们好！我是导游×××，欢迎大家来大英旅游。我们今天的游览路线，首先是参观卓筒井，接下来是到大英死海游玩，请大家携带好随身物品，同我一起出发吧！

卓筒井位于遂宁市大英县城西卓筒井镇。卓筒井，又名卓筒小井，是以粗大的竹筒直入地下，隔绝淡水，再用吸卤竹筒（小竹筒）通过大竹筒深入地下，提取卤水的盐井。这种"凿地植竹"的钻井采盐方法从宋代一直沿用至今，已有近千年历史。"钻两口井，一个起灶，一个晒盐，盖一间屋，讨一个老婆，生一地娃娃。"这首童谣描绘了四川大英县卓筒井镇先民制盐的生活画面。在卓筒井镇上，关于卓筒井采盐的发明，流传着许多美丽的传说。

传说在远古时期，有一位头发花白的老妇名叫盐婆，靠捡柴度日。一天，天气炎热，盐婆又累又渴，突然发现从山中的岩缝流出一股山泉，便捧起来喝。日复一日，盐婆的头发渐渐变黑，浑身有力。她察觉出是喝了这山泉的缘故，就舀水回家炒菜。一次炒菜不慎将盛泉水的钵打翻在锅台上，不一会儿，锅台上就慢慢出现白色的颗粒。盐婆一尝，这颗粒味道比泉水还浓，于是就挑水煎盐。这件事情传开，周围村民争相挑水煎盐，甚至为此发生争夺。齐桓公因此就派管仲前来办理。管仲分析了自然冒卤的原因，认定地下蕴藏着丰富的盐水。他设计了一整套打井的工具，从此打井取卤制盐应运而生了。为了纪念盐婆发现卤水的功绩，人们将这白色颗粒命名为盐，同时奉管仲为盐神，世代供奉。

比传说更有趣的是，卓筒井制盐的真正来历源自一时偶然的"盗掘"行为。北宋庆历时期，地方官员横征暴敛，并禁止百姓生产私盐。为了便于隐蔽和掩盖，不被官府发现，老百姓试着开凿小口径盐井，用大竹筒套小竹筒的办法取卤制盐。

正是这一偶然的盗掘行为，开创了中国乃至世界小口径盐井的先河。历史证明，卓筒井的影响，远远超过了钻井制盐本身。其实，中国凿井采盐的方法早在战国时期就已出现，李冰在兴建都江堰水利工程时发现了盐卤，开凿了中国第一口大口径浅井——广都盐井，开始了最早的盐业生产，但这种盐井采盐量有限。1041—1048 年，也就是北宋庆历年间，大英卓筒井镇老百姓发明了开凿小口径深井的方法，至此，地下盐卤开采进入了一个崭新的时期。打井原理现在看来很简单也很原始，是利用古人春米时的杠杆原理，通过人的足踏来带动一个钻头上下运动，从而达到打井的目的。

这种冲击式顿钻凿井法是现代石油、天然气开采的钻井之父。

我们今天看到的卓筒井遗址，目前在大英县境内还保留有 41 口，分布在方圆 6 000 米范围内，而当地的大顺灶（卓筒井镇向东 10 000 米处），是仅存的还在用卓筒井工艺生产的盐灶，也是无价之宝。2006 年，"大英卓筒井深钻汲制技艺"被列为全国非物质文化遗产。

卓筒井的运作主要是充分利用了四川境内特有的楠竹，将竹节淘空，形成一"筒"，筒筒相连，既起到了固定井壁的作用，又方便淘取钻下的泥石。卓筒井工艺流程包括钻井、汲卤、晒卤、滤卤、煎盐五个步骤。

钻井分成两个阶段：一是打大眼，二是打小眼。卓筒井的构成即大眼小眼。上层是大眼，口径 15~20 厘米，深约 50 米。大眼的作用是下放相衔接的楠竹筒（即套管）。楠竹筒的作用是隔绝洞壁上渗透出来的淡水，不许淡水进入井里。竹筒能否隔绝淡水，是打井成功的关键。同时，大眼钻至 50 米深，竹筒相应下 50 米，不能隔绝洞壁渗透的淡水，这叫漏井，不能再钻，只有报废。

隔绝了淡水就打（钻）小眼，将大杆（钻杆）顶端的"大令牌头换成小令牌头"继续往下钻，直至 100 米深左右，如果每天能产 500~3 000 斤（1 斤 = 500 克，以下同）、浓度 7~10 度的卤水，那么就是盐井。如果无卤就是选址不准，那叫干窟窿，也只有报废。

卓筒井大眼在上置楠竹筒套管隔淡水，小眼在下用以产卤。产卤的小眼经过岁月的流逝被卤水腐蚀，因地层变迁有时洞壁也要垮塌，这叫"垮匡"。岩石填塞了产卤眼，就无法汲卤。有时，一些汲卤工具掉在井里或其他人为造成的障碍叫"屙堆"，也无法汲卤，要汲卤必须排除故障。因此，产生了修治盐井的工艺和工具。如果故障大，难度大的要修好一口井需一月或数月才能完成。

汲卤：筒匠用盐车和汲卤筒，将卤水从井里汲出。刚取出的卤水浑浊，一般浓度在 7~10 度，这样的卤水咸度低、耗燃料、成本高。为了把卤水浓度提到 18~20 度，就必须晒卤。

晒卤：盐井旁须有一个晒坝，长 60 米，宽 20 米。晒坝上立晒盐架，结构如八字型，木质穿斗，支条架上铺满金竹桠，顶端放置"天船"（木槽）。在支架的一侧建有筒车，将晒坝船形坑中的卤水通过筒车上的小竹筒输送到天船里，卤水通过天船底部接出的长竹筒的众多小眼沿支架坡面散流，在金竹桠枝上，使水分逐渐蒸发。如此工序后，卤水浓度可达 18~20 度，这就叫晒卤，目的在于蒸发水分、提高浓度，让晒过的卤水流入滤缸。

滤卤：对流入滤缸的卤水进行过滤。滤缸将卤水中的泥砂、杂质滤掉澄清再放入盐锅中煎盐。

煎盐：熬制食盐的地方叫灶房，俗名叫"场火"。灶房一般长 25 米，宽 15 米，结构为木质穿斗，小青瓦房，前部安有煎盐的大盐锅（新中国成立前是生铁圆锅，现在是钢板焊成的方锅，大小根据盐灶产卤多少而定）。

卤水在盐锅中经高温逐渐成盐。为了使盐洁白、颗粒晶莹，在煎盐中加皂角、豆浆，同时还要提胆（胆是一种矿物质，可点豆腐），并将盐中水分过滤掉，等水分全部炕干，即成食盐。

卓筒井不仅是古代大英人民勤劳、智慧的象征，也造福了大英的千秋万代，直到今天它仍是大英子孙的福音。大英人结合"卓筒井"取水文化内涵，精心设计酿造出的浓香型的"卓筒老井"及系列曲酒又成为今天大英的名优特产之一。

谁是真正的人类钻井技术的始祖？世界各国为此曾经争论不休。北宋大文豪苏轼在《蜀盐说》中写到："自庆历、皇佑以来，蜀始创'卓筒'。"20世纪80年代初，在加拿大温哥华召开的世界钻井技术研讨会上，俄国人称钻井技术是他们发明的，有200年历史；美国人也说他们的钻井术有300年历史。当中国代表以丰富的历史资料宣告钻井技术最早由中国人发明，已有近千年的历史时，与会者瞠目结舌。英国科学家李约瑟在其《中国科学技术史》一书中证实了这一事实。他写到："今天在钻探油、气田时所用的这种钻探深井或凿洞技术，最早是中国人的发明。""中国凿井技术是近代石油钻井之父，它开创了机械钻井的先河"。可见，我国卓筒井的钻井技术比西方、美国早800多年，与火药、造纸、印刷术、指南针一样为人类做出了不可估量的贡献，被称为中国古代第五大发明。

好了，各位游客，我们的下一站就是闻名全国的大英死海——"中国死海"，它位于大英县蓬莱镇，是北纬30度线上的又一神奇的景观。中国死海的海水（盐卤水）来源于3 000米的地下，出口温度高达87摄氏度，含盐量超过了22%，以氯化盐为主，类似中东的"死海"，人在水中可以轻松地漂浮起来。海水中富含钠、钾、钙、溴、碘等40多种矿物质和微量元素，经国家有关权威机构验证，对风湿关节炎、皮肤病、肥胖症、心脑血管疾病、呼吸道疾病等具有显著的理疗作用，据联合国教科文组织有关研究资料显示，人在死海中漂浮一小时，可以达到八个小时睡眠的功效。

中国死海旅游度假区依山傍水而建，规划用地5 000亩（1亩＝666.7平方米），总投资10亿元人民币，再现了一亿五千万年以前古盐湖盆地地下死海的独特丰姿，旅游度假区以"死海漂浮"为主，结合了保健、疗养、休闲、现代水上运动等要素，建设形成了一个集健康性、时尚性、趣味性为一体的旅游度假胜地。

中国死海旅游度假区拥有目前国内最大的内陆海滨恒温浴场，在这里，大家在春、夏、秋、冬四季均可漂浮畅游，是国内目前最大的室内"死海漂浮"浴场及水上世界。它的建筑跨度114米，是目前亚洲最大跨度的民用建筑。室外死海漂浮区面积约3万平方米，可同时容纳上万人在水中漂浮。好了，现在给大家留下两小时的时间，请各位到浴场自由活动，18：00我们在中国死海出口处的停车场集合，希望大家玩得尽兴！

（作者：熊梅）

二、南充市

3. 朱德同志故居纪念馆

各位朋友：

大家好！欢迎来到朱德元帅的故乡南充市仪陇县旅游观光。今天我们将首先参观朱德同志故居纪念馆。

朱德故居纪念馆位于仪陇县马鞍镇琳琅村，距仪陇新县城48千米，纪念馆与朱德故居仅一壁之隔，遥遥相望。朱德故居纪念馆于 1970 年经中共中央批准建立，为纪念朱德诞辰 120 周年，2005 年中央拨款扩建纪念馆，于 2006 年 9 月竣工。

纪念馆占地 20 000 余平方米，为中西结合的砖木结构庭院式平房。整个馆区由 5 个展厅组成，配以宽阔的回廊、假山、喷泉及园林花草点缀，古朴典雅、庄严肃穆。请看大门正上方悬挂的"朱德同志故居纪念馆"馆名，它是由原中央军委主席邓小平亲笔题写的。

序

请看这尊朱德同志的汉白玉雕像，这就是我们敬爱的总司令朱德元帅。庄重的神情、深邃的目光，勾勒出一副运筹帷幄、指挥三军荡寇歼敌的总司令风彩；红色的台阶上、闪光的军徽，烘托出金戈铁马、叱咤风云的军威国魂。背后红色花岗岩雕成的日月山川图壁画象征着朱总等老一辈无产阶级革命家缔造的红色江山如日月经天，万古长存。

（前言）朱德同志是一位伟大的马克思主义者，在中国革命和建设事业中功勋卓著，威名远播，我党三代领导人都给予了高度的评价。毛泽东称他是"人民的光荣"，周恩来称他为"20 世纪中国革命的里程碑"，邓小平称他是"中国人民事业胜利的伟大旗帜"，江泽民称道"20 世纪群星璀璨，朱德是其中的一颗巨星"。

第一展厅　救国从军旅　护国成名将

这一部分主要介绍朱德青少年时代立志救国，参加辛亥革命及抛弃高官厚禄，寻求真理的革命经历。

第一组　佃农儿子

（示意图）1886 年 12 月 1 日，朱德诞生在四川省仪陇县马鞍场琳琅山下李家湾一个贫苦的佃农家里。

朱家祖籍广东韶关人，在"湖广填四川"的移民潮中迁来四川。朱德的父母一共生了 13 胎，只养活了 8 个，朱德排行第四，由于大伯父朱世连无子嗣，朱德 2 岁时便过继给大伯父为子。

（示意图）1892 年，朱德到本姓家族办的药铺垭私塾读书。9 岁起，他又到五里之外的席家碥私塾随席聘三老师读书（图）。一直在这个私塾读到 18 岁，席先生又给他取字"玉阶"。

（素描）席聘三是当地一位很有见识的学者，他久经风霜，饱尝人间心酸，熟悉历史，思想开朗，谈古论今，颇有见地。他经常向学生讲述 1894 年爆发的甲午中日战争和"义和团"运动、"白莲教"起义，每次讲起来，总是声情并貌、非常感人。由于席先生的启蒙和诱导，朱德幼稚的心灵开始萌发出朴素的爱国主义情感，他开始关心国家的前途和民族的命运。

朱德对席先生非常敬佩，始终没有忘记先生的培育之恩。多年后他还称先生是一位"周身叛骨、朝气蓬勃的评论家"。1960 年 3 月，已是 74 岁高龄的朱德回乡视察时，还不忘到这两间破草房前凭吊他的老师，高兴地和席先生后人谈起当年的私塾生活，并合影留念。

在朱德的父辈当中，母亲钟氏对他的影响很大，是母亲教会他如何不怕吃苦，不怕挫折的，也是母亲给了他强健的体魄，他身上许多的优秀品格都是从母亲身上继承过来并发扬光大的，以至成为以后生命的闪光点。朱德对母亲的无尽依恋和深深的怀念之情，我们从朱德1944年在延安写给母亲的祭文，也就是那篇著名的已收入中学课本中的《回忆我的母亲》一文中不难品味出来。

1944年2月15日，朱母在家乡逝世。4月初，中共中央机关在延安杨家岭大礼堂举行了隆重的追悼会，和延安人民共同缅怀这位伟大而平凡的母亲，毛泽东亲题挽联"为母当学民族英雄贤母，斯人无愧无产阶级完人"，中央其他领导人也送了花圈和挽联，朱德那篇《回忆我的母亲》就是这时写的祭文。我们党为一个没有名字的普通农家妇女举行这样规模的追悼会，在当时是少见的，在中国历史上也是少见的。由此可见，朱德在延安人民的心中享有多么崇高的威望，延安人民对这位伟大的母亲寄予了多么崇高的敬意。

第二组　投笔从戎

1906年，朱德进入南充县官立高等小学堂，学习地理、历史、英文和国文等课程。一学期后，进入顺庆府中学堂学习。那里的课程更多，有国文、数学、历史、地理、外语、法制、格致（物理、化学）、美术、体育等。

在这两所学堂的老师中，有部分人思想比较进步。当时的监学（即校长）张澜、刘寿川都曾留学日本，他们经常对学生说："现在要亡国灭种了，要牺牲身家性命，去救国家。"朱德在这里读书只有一年，但学到了许多救国的道理，也开始接受系统的教育，是他一生中思想发展的一个重要转折。

1907年，在挽救国家于危亡之中的思想指导下，朱德只身来到成都，考取了四川省高等学堂（今四川大学）附属体育学堂，他认为教育和强身健体同样可以救国。朱德以优异成绩从体育学堂毕业，四川大学仍保存有朱德学籍档案，其中朱德器械科100分，总成绩名列第10名。后来，朱德便由刘寿川推荐到仪陇县立高等小学堂任体育教习兼庶务。朱德在任教期间以极大的热情投入到工作中去，他让男女学生上体操课时露出胳膊和腿，要求每个动作都要规范，并且告诉学生，中国人为什么被洋人辱骂为"东亚病夫"，就因为我们没有良好的体魄和强壮的身体。他顶住社会的压力，将自己不甘墨守成规、不甘压迫的个性，表现得淋漓尽致。

可是，没有几天，就遭到封建势力的极力反对，朱德被告上公堂，县官裁定可以开设体育课，但不能露出肢体，这样有伤大雅。朱德感到很沮丧，他从中看到中国封建势力非一日之寒的顽固，品尝到委屈的滋味。他后来回忆道："我希望通过体育锻炼让中华民族的后代有体魄、有力气、有健美的外形，不再被洋人欺负，这有什么错？不过通过这件事，我也认清了封建王朝的腐败和没落。光靠强身健体根本无法改变中国的命运，只有武装救国……"

1909年初春，23岁的朱德愤然辞职，挥毫写下了"壮志恨无穷，只身走西东，投笔从戎去，刷新旧国风"的激昂诗篇，只身踏上寻求真理的漫漫征程。

第三组　辛亥先锋

1909年春节刚过，朱德告别了亲人，徒步沿南充经成都长途跋涉70余天，在四月中旬到达云南昆明。这时他身上带的盘缠已几乎花光，为渡难关，只得先投入滇军步兵标（相当于团）当兵，改名朱德。朱德的军旅生涯由此开始，两个月后，他以云南蒙自县人的身份（实物）报考云南陆军讲武堂，很顺利便被录取，分入步兵科。这一年朱德刚刚 23 岁。（照片）

1911 年 10 月 10 日，震惊全国的武昌起义爆发，掀开了辛亥革命的序幕。朱德提前毕业，分配到蔡锷部下当副目（相当于副班长），不久任排长，授少尉军衔。10 月 30 日，云南革命党人响应武昌新军起义，在昆明举行起义，史称"重九起义"。30 日晚，朱德被指定为七十四校第二营连长，率部参加攻打总督衙门的战斗，活捉了总督李光羲。11 月 1 日，全城光复，旋即成立大中华民国云南军都督府。朱德因为在这场战斗中作战勇敢，冲锋在前，被授予"光复"、"援川"两枚勋章。

第四组　护国名将

云南起义后，朱德先在讲武堂任学生区队长兼教官，1913 年调任云南陆军第一师第一旅步兵团任营长，负责镇守蒙自、个旧一带。当年那里是瘴气重重的亚热地带，万山重叠，酷热多雨，常有土匪出没，又要提防越南法殖民主义的侵袭，每天都进行着大大小小的战斗。在这艰苦的环境和复杂的敌情中，朱德带领部队采取"化整为零、化零为整、声东击西、忽南忽北，打得赢就打，打不赢就走"的战略战术，清剿土匪，驻守边关。朱德游击战争思想也由此萌芽。

朱德在清剿土匪的战斗中屡建奇功，深得当地民众赞扬，在当地为他树立了"除暴安良"、"救民水火"两块德政碑（指石碑）。

轰轰烈烈的辛亥革命宣告清朝的结束，但袁世凯却窃取革命成果，复辟帝制。1915 年蔡锷在云南成立护国军，誓师讨袁，并亲率第一军出兵四川，朱德随军入川，投入了讨袁护国的革命战争之中。这期间，朱德先后担任护国军第一军第三梯团第六支队长、第二梯团第三支队长和陆军第七师第十三旅二十五团团长等职。（照片）这是 1916 年朱德任护国军团长时在成都的留影。

1916 年，蔡锷率军围攻泸州，2 月上旬受挫退守纳溪，朱德奉命率部在纳溪的咽喉要地——棉花坡阻敌（照片）。棉花坡的争夺战空前激烈，北洋军兵力强大，超过护国军数十倍，而护国军仅有两个梯团四个支队，每支队不足千人，朱德率部利用"侧攻"战术，一面以猛烈的炮火牵制敌人，另一面以大部分兵力迂回到敌军侧面攻击，又组织 80 多人敢死队夜袭，终将敌军防线突破。朱德在战斗中有勇气有谋，机智沉着，充分发挥了他的军事才能，巧妙地利用山地作战，以少胜多，一以当十，粉碎了北洋军阀不可战胜的神话，棉花坡决战成为护国战争中的典范战役（形势图）。3 月初，朱德率部再攻泸州，6 月 7 日泸州攻克，朱德支队奉命进驻泸州，护国战争结束。从此，名将朱德威震敌胆，誉满四川，成为赫赫有名的滇军名将。朱德后来也回忆说："打大仗我还是在那时学出来的，我这个团长，指挥三四个团、一条战线还是可以的。"

（实物 42）这是棉花坡战役使用的战刀和子弹。

1917 年，为响应孙中山反对北洋军阀段祺瑞废弃"民国约法"的护法运动，护国军改为靖国军，朱德升任第二军第十三旅少将旅长。（照片）这是当时在泸州的留影。

第五组　艰难抉择

辛亥革命推翻了清王朝，护国战争打倒了袁世凯，但代之而起的是军阀混战，中国社会仍然一片黑暗，朱德陷入了深深的苦闷彷徨之中。他在《党诞生前的政治情况》一诗中曾写道："辛亥革命已十年，清朝余孽继当权。列强勾结诸军阀，掠夺人民更不堪。"

俄国十月革命和中国五四运动的冲击，使朱德毅然抛弃高官厚禄，踏上重新追求光明之路（图片）。他路过重庆时，受到杨森的热情款待，杨森要对他委以重任，却被朱德拒绝了。8月，他与孙炳文在上海见到了仰慕已久的孙中山，孙中山劝他回滇军重整队伍去讨伐广东军阀陈炯明，并愿意先付给10万元的军饷，朱德还是婉言拒绝了。随后1922年5月他们又会见了当时中国共产党中央执行委员会委员长陈独秀，朱德向他提出了入党的要求，陈独秀因朱德是旧军队的军官而将其拒之门外，这件事给朱德留下了痛苦的回忆，他在以后谈到这次会面的情况时说："我感到绝望、混乱，我的一只脚还站在旧秩序中，另一只脚却不能在新秩序中找到立足之地。"此时的朱德只能寄希望到国外去寻找拯救中国的道路，他和孙炳文商定：到德国去，到马克思的故乡去！

下面请大家继续参观第二展厅。

第二展厅 创人民军队 撑革命大旗

这一部分主要介绍朱德加入中国共产党后，组织领导八一南昌起义，率部转战湘南、奔向井冈，创造"铁的红军"，力挽狂澜，并带领红军挥师北上的光辉历程。

第一组 远涉重洋

1922年9月，朱德乘坐法国邮轮，经过40多天的航行，到了巴黎，几经辗转于10月下旬在德国柏林见到了中共旅欧支部负责人周恩来，诚恳地提出加入中国共产党的要求。1922年11月，由周恩来、张申府（照片）介绍，朱德在德国柏林加入了中国共产党。

（实物）这是朱德亲笔填写的党证。

1925年，上海"五卅"惨案事件传到德国，为声援国内的工人斗争，在德中国留学生举行集会，德国当局以朱德参加"暴力活动"为由，吊销他的护照。随后，朱德来到莫斯科军事训练班学习。

第二组 南昌起义

朱德于1926年回国，在杨森部作统战工作，1927年奉中央之命前往江西南昌，转到国民革命军第三军工作，任第三军军官教育团团长（照片），负责军官教育团的组建工作，之后又担任第五方面军总参议和南昌市公安局局长。

（照片）第三军军官教育团名义上隶属于第三军，实际上是在中共中央军委和江西省委的直接领导下，成为了培养革命人才的基地。朱德在这里广泛接触国民党上层人士，时刻注意敌军动态，了解敌军人员、武器、装备以及城防部署、火力配置等情况，并精心绘制成地图，供起义时使用。7月22日，周恩来来到南昌，当晚就住在朱德的寓所——花园角二号（照片），决定8月1日凌晨2时举行起义，后由于有人叛变而提前2小时举行，军官教育团全部参加了起义，朱德利用他在南昌的有利身份和关系，巧施妙计，使起义取得了胜利，请大家观看多媒体影展《朱德施计》。（照片）这就是该情节的发生地——大士院32号。

（照片）八一南昌起义在朱德、周恩来等领导人的指挥下，取得了辉煌的战果（照片）。这是当年起义的指挥地——江西大旅社，现为八一南昌起义纪念馆（照片），这是当年起义军穿的服装（实物），以及当时的《南昌国民日报》和《江西工商报》对起义战况的报道和战果统计表。

南昌起义向国民党反动派打响了武装反抗的第一枪，在中国共产党的历史上开辟了一个新时期，从此诞生了人民自己的武装，这也就是"八·一"建军节的由来。当年朱德精心收藏的这把手枪（实物），成为这段历史的真实见证。

第三组　转战湘南

南昌起义第二天，朱德被任命为第九军副军长，8月3日起义军撤离时朱德任第九军军长。

起义军南下时兵分两路，一路由周恩来、贺龙、叶挺、刘伯承等率主力直向潮汕进发，另一路由朱德率第十一军第二十五师和第三军教育团共约4 000多人，留守三河坝，为进军潮汕的主力断后，随后于11月上旬转战湖南。

第四组　朱毛会师

1928年春，（图）正当湘南起义的烽火燃遍湘南大地之际，由于湘南省委的"左"的政策使一部分群众产生恐惧心理，逐渐远离革命。面对敌人的"会剿"，为了保存革命实力，朱德当机立断，向井冈山转移，去同毛泽东会合。于是，在朱德派出的代表毛泽潭和毛泽东派出的代表何长工（照片）的联系下，1928年4月28日朱德、陈毅率领的湘南起义军一万多人在井冈山同毛泽东率领的秋收起义部队胜利会师了，（油画）这幅油画真实地记录了当时会师的热烈场面。（照片）这就是当时朱毛第一次见面的"龙江书院"。

朱毛会师后举行了热烈的庆祝大会，成立了中国工农革命军第四军，朱德任军长，毛泽东任党代表（照片）。5月下旬改称中国工农红军第四军，简称"红四军"，后来也称为"朱毛红军"。（实物）这是当时红四军使用的袖章。

井冈山会师大大增强了革命根据地的军事力量，朱毛的结合奠定了中国革命胜利的基石，成为中国革命胜利的希望。

第五组　红军之父

井冈山革命根据地建立之后，土地革命运动随之开展起来，蒋介石对此极为恐慌，开始了对井冈山的"围剿"。（照片）1928年6月，由朱德亲自指挥的龙源口大捷，粉碎了湘、赣两省敌人杨池生、杨如轩等10个团的联合会剿，使井冈山根据地达到全胜时期（图），井冈山一带至今还流传着这样一首歌谣"朱毛会师在井冈，革命力量更坚强，不费红军三分力，打垮江西两只杨（羊）"。（照片）这是龙源口大捷遗址，（实物）这是当时缴获敌人的武器。

1929年年初，朱德、毛泽东等在宁岗县白露村召开了前委、特委、军委的地方党组织联席会议，决定红五军、红四军的三十二团留守井冈山，朱德、毛泽东、陈毅等率红四军主力三千多人向赣南、闽西进军，开创新的革命根据地，即以后的瑞金中央革命根据地。（布告）这是朱德在进军途中签发的布告。

经过朱毛红军近两年的艰苦卓越的战斗，壮大了部队，扩大了根据地，积累了丰富的治军、建政、屯垦等经验，1930年8月23日，红一、红三军团在湖南浏阳永和市会合，建成中国工农红军第一方面军，朱德任红一方面军总司令，随后中央任命朱德为中国工农红军总司令，从这以后，人们尊称朱德为红军之父，（照片）这是当时报纸的有关报道。

（照片）1931年11月7日~20日，第一次中华苏维埃代表大会在瑞金召开，正式宣告苏维埃共和国临时中央政府成立，朱德被选为中央革命军事委员会主席。在这一时期，朱德根据自己的作战经验，总结出游击战术"十六字诀"（文抄）成为我军战略战术的经典原则。

第六组　万里长征

在中央苏区红军"反围剿"战役中，朱德与毛泽东、周恩来指挥红军取得了四次"反围剿"的胜利。

1933年10月，蒋介石调集100万兵力开始向中央苏区发动第五次"围剿"，由于王明的右倾机会主义错误，以及王明、博古、李德"三人团"军事指挥的失误，进行了近一年的第五次"反围剿"失败了，中央红军被迫于1934年10月撤离苏区，开始了二万五千里长征。

1935年1月15日~17日，在朱德、周恩来等的促成下，中央在遵义召开了政治局扩大会议，这就是具有重大历史意义的遵义会议。（照片和名单）这是会议旧址和参会人员名单，这次会议朱德利用他身为红军总司令的特殊身份，促成了毛泽东在中央领导地位的确立。在这次会议上朱德继续当选为中央革命军事委员会主席、红军总司令。

遵义会议后，朱德和毛泽东、周恩来协力配合，指挥三万红军驰骋在云、贵、川高原上，同数十万围追堵截的国民党军队周旋，展开机动灵活的运动战，先后取得"四渡赤水"、重占遵义等重大胜利，摆脱敌人的追击，强渡大渡河。这是红军飞夺泸定桥的照片，随后又翻越雪山、走过草地。（油画）《草地晚餐》这幅油画生动地描绘了长征途中朱德爱兵如子和所处的艰难环境。

1935年6月，朱德率领的中央红军先头部队在翻越第一座大雪山——夹金山后，在四川懋功达维镇与红四方面军会师。8月中旬，毛尔盖会议决定红一、红四方面军分左右两路军过草地北上，左路军以朱德为总指挥、张国焘为政委、刘伯承为参谋长。但在北上途中，张国焘企图另立中央、夺取红军领导权，一再阻止右路军北上，威迫朱德谴责中央北上决议。朱德大义凛然，同张国焘进行了坚决的斗争。他说："中央关于北上抗日的决定是我举手通过的，我决不能反对它！你可以把我劈成两半，但你割不断我和毛泽东同志的关系！"1936年7月，左路军在甘孜州与红二、红六军团会师，朱德同贺龙、刘伯承、任弼时、关向应以事实说服张国焘同意北上抗日。（油画）这是在甘孜州甘海子的一间寺庙里说服张国焘北上抗日后，大家微笑步出会场的情景。朱德率部又由南下转为北上，三过草地，他同张国焘展开的有礼、有节、有利的党内斗争，挽救了红军，挽救了党。因此，毛泽东后来赞誉他"度量大如海，意志坚如钢"。

1936年10月，红军三大主力红一、红二、红四方面军在甘肃会宁胜利会师，历时两年的长征胜利结束。（照片）这是会师后的朱德同毛泽东在陕北的留影，（照片）这是全国爱国主义教育基地会宁红军会师纪念楼。

请继续参观第三展厅。

第三展厅　挥师驱日寇　屯田大生产

第三展厅主要介绍朱德率领八路军、领导抗日战争的历史功绩。

第一组　誓师抗日

1937 年 7 月 7 日，卢沟桥一声炮响，日本侵略军大肆侵占华北广大地区，中华民族处于生死存亡的紧急关头。

（照片）卢沟桥事变的第二天即 7 月 8 日，中共中央发表通电"平津危急！华北危急！中华民族危急！只有全民族实行抗战才是我们的出路！"7 月 13 日，朱德、毛泽东号召全党全军准备"随时出动，到抗战前线去"。

抗日战争的号角吹响了，中华民族的神圣抗战从此开始。

（图）8 月 25 日，朱德、毛泽东签发命令：红军改编成国民革命军第八路军，由朱德、彭德怀分别担任正、副总指挥。

9 月 11 日，国民政府军事委员会命令第八路军改为国民革命军第十八集团军，并任命朱德为第十八集团军总司令。（图）这是委任状。

第二组　跃马太行

（文抄）国共第二次合作后，朱德任八路军总指挥，率部奔赴抗日前线，开创了太行山敌后根据地，成为华北抗日的重要力量。

1937 年 11 月，太原失守后，朱德率八路军总部由晋东北五台山地区向晋东南的太行山挺进（图）。（照片）朱德在前沿阵地察看地形，指挥八路军在太行山区千山万壑之间为日军布下了天罗地网，用一个个战斗捷报迎来了华北抗战的春天。

（照片）1938 年，朱德在 129 师同刘伯承、邓小平研究作战计划。

1937 年 9 月，日本侵略军进攻山西，一支敌军企图突破山西东北部的平型关，攻击太原。朱德命令一一五师在平型关设伏，于 9 月 25 日一举歼灭日寇精锐部队板恒师团第二十一旅团 3 000 人，击毁敌人汽车 100 多辆，缴获大量武器及军用物资，粉碎了日本侵略军"不可战胜"的神话。

（图）这是平型关战役遗址。这幅油画《转战太行》生动地描绘出朱德金戈铁马，驰骋在太行山区的英勇风彩。

（实物）太行山区根据地的中心——武乡县抗日民主政府的钦印。

直到 1940 年 5 月回延安前，朱德一直战斗在太行山区，"仵马太行侧，十月雪飞白。战士仍衣单，夜夜杀倭贼。"这首诗所描绘的就是当时抗战的情景，诗中充满着豪迈的革命英雄主义气概。

（实物）朱德的《八路军抗战两年来旧经验教训》一文，发表在《新长城》杂志上。

朱德总结的机动战术原则，"小股进退，分支袭扰，集中主力，乘弱伏尾，昼伏夜动，声东击西，有意暴露，及时隐蔽，利害变换，豪不犹豫，拿定活色，转入外线"是对我军"灵活机动的战略战术"的实践总结。

1940 年 5 月朱德返回延安，准备去重庆谈判，到了黄河边上，又写下著名七绝诗《出太行》，"群峰壁立太行头，天险黄河一望收。两岸烽烟红似火，此行当可慰同仇。"言情励志，鼓舞人心。

第三组　统一战线

朱德十分注重民族统一战线工作，充分调动一切爱国力量，建立统一战线，经常同国民党高级将领接触并协同作战，使我党我军的地位得到了巩固和发展。

第四组　屯田垦荒

1940 年夏，朱德回到延安，时值抗战最艰苦的时期，为了克服困难，坚持持久战，朱德及时倡导军垦屯田政策，亲自领导了南泥湾大生产运动。

（图）这一组照片反映了八路军战士开发南泥湾时的情景。

第五组　驱除日寇

朱德回延安后，参加了延安的整风运动，并在中共七大会上作了著名的《论解放区战场》，尔后，他同毛泽东一起指挥各解放军区战场举行战略大反攻，使抗日战争取得了决定性的胜利。

（照片）这是朱德和毛泽东在一起研究军事计划。

（照片）1940 年 8 月，八路军发动的百团大战，给了敌人有力的打击，鼓舞了全中国人民抗战必胜的信心。战役开始后朱德曾指示：正太战役是抗战以来华北军队积极向敌进攻之空前大战，总合兵力约百个团，故名“百团大战”，以便向外扩大宣传。“百团大战”的名称由此而来。

（照片）这两幅照片反映出我游击健儿英勇抗敌的壮观场面。

1945 年 8 月 15 日，朱德同志签发命令《命令冈村宁次投降》，宣告抗日战争取得伟大胜利。

（图）这是日军向我军投降的场面。

（实物）这是缴获日军的金刚衣、出征旗。

（实物）这是抗日战争胜利五十周年纪念章。

第四展厅　建立新中国　荣膺元帅衔

第一组　人民之光

1946 年 12 月 1 日，朱德 60 大寿。（照片）11 月 30 日，中共中央在延安举行盛大活动，隆重庆祝朱德 60 寿辰，延安《解放日报》发表《庆祝朱总司令 60 大寿特刊》，刊有毛泽东、刘少奇、邓小平等中央领导的题词。

从 11 月 29 日起，延安全城悬旗三天，各界纷纷举行庆祝活动，毛泽东、刘少奇、周恩来等都为朱德寿辰题词、撰文。《解放日报》以整整两版发表贺词和贺电、文章，并发表《朱德将军年谱 1886—1946》。中央大礼堂设立了寿堂，（灯箱）这是当时寿堂的壮观场面。

11 月 30 日晚上，中央大礼堂举行祝寿晚会。（图）毛泽东等党和国家领导人向朱德祝酒。同延安一样，各解放区军民也以各种形式表达对朱德 60 大寿的祝贺，国统区进步人士也纷纷撰文作诗，赞颂朱德的功绩。

与此同时，在地球的另一端，著名美国女作家——艾格妮丝·史沫特莱正在伏案撰写《伟大的道路——朱德的生平和时代》，用笔倾注她对中国革命、对朱德的敬爱之情。（实物）这是艾格妮丝·史沫特莱写的《伟大的道路——朱德的生平和时代》。

第二组 针锋相对

（照片）这是解放战争时期的朱德。

抗日战争胜利后，蒋介石一方面要求解放区的人民军队原地驻防待命，另一方面却调动大批国民党部队向华北、华中、华南各解放区逼进……内战爆发在即。

面对严重的内战危机，为了争取和平民主，在毛泽东赴重庆谈判期间，朱德及时提出"向北发展，向南防御"的战御方针，指挥人民军队同国民党反动派进行了针锋相对的斗争。

（照片）这是朱德在研究战局形势图。

（照片）这是朱德在河北省晋县观看晋察冀野战军武器操作训练。

第三组 东渡黄河

1947 年 3 月，朱德和刘少奇等组成中共中央工作委员会，东渡黄河，前往华北，以"打大歼灭战"的思想，南下正太，东取青沧，出击保定，攻克石门，掌握了战争主动权。他们还亲自领导兵工生产，改善后勤运输等方面的工作，为解放军转入战略进攻作好了准备。

（照片）6 月下旬，朱德随晋察冀军区炮旅东渡，并亲自制定解放石家庄战役作战方案。

石家庄战役朱德提出了"勇敢加技术的口号"，并亲自作了部署，还亲自上前线指挥。（实物）这是朱德签发的电报手稿。

11 月 12 日，石家庄被攻克，歼敌 2.4 万余人。11 月 13 日，朱德致电聂荣臻转晋察冀军区全体指战员："仅经一周作战，解放石门，歼灭守敌，这是很大的胜利，也是夺取大城市的创例，特嘉奖全军。"（实物）这是石家庄胜利的捷报。

（实物）这是朱德所著的《打下石家庄的意义和经验教训》。朱德直接指挥的石家庄战役，是我军从游击战到运动战、从阵地战到攻坚战的一大重要转折，为解放战争创造了一个打下大城市、管理大城市的最好范例，这是朱德总司令战斗生涯中的光辉一页。

在解放战争反攻的形势图上，第一个插上红旗的大城市就是石家庄。为庆祝战役的胜利，朱德满怀豪情地写道：

石门封锁太行山，勇士掀开指顾间。

尽灭全师收重镇，不教胡马返秦关。

攻坚战术开新面，久困人民动笑颜。

我党英雄真辈出，从兹不虑鬓毛斑。

这首诗后来被题在了石家庄解放纪念碑上。

第四组 胜利之战

1948 年，我军转入战略反攻，石家庄战役后，朱德同毛泽东组织了辽沈、淮海、平津三大战役，取得了全国解放战争的决定性胜利。

辽沈、淮海、平津三大战役，从 1948 年 9 月 12 日开始，到 1949 年 1 月 31 日结束，历时 142 天，共歼敌 154 万人，使国民党的军事主力基本被摧毁，消灭了蒋介石集团赖以发动内战的 150 万精锐部队，这个战略决战的伟大胜利，震撼了世界，预示着蒋介石 20 多年来在中国的统治即将告终。

（照片）1949 年 3 月 25 日，朱德、毛泽东、刘少奇抵达北平西苑机场，受到北平各界代表和民主人士的热烈欢迎。（照片）当天下午，朱德和毛泽东、刘少奇、周恩来、任弼时等出席了在西苑机场举行的阅兵式。

第五组　民族解放

1949 年 10 月 1 日，五星红旗在天安门上空冉冉升起，新中国诞生了！朱德向中国人民解放军发布了"解放全中国"的命令。

1949 年 3 月 6 日，（图）朱德在七届二中全会上作重要发言："过去从城市到农村，是个大转变。现在从农村到城市，又是个大转变。我们的工作要适应这个大转变。今后我们进了城市，取得全国政权，就有了自己的国家，就要搞好国防。"

3 月 23 日，中共中央、中央军委机关和中国人民解放军总部由西柏坡启程向北平迁移，（实物）朱总司令就是穿着康克清大姐缝补的这双棉鞋走进北京城的。

1949 年 4 月 21 日，中国人民革命军事委员会主席毛泽东、中国人民解放军总司令朱德（照片）联名发布《向全国进军的命令》，命令中国人民解放军："奋勇前进，坚决、彻底、干净、全部地歼灭中国境内的一切敢于抵抗的国民党反动派，解放全国人民，保卫中国领土主权的独立和完整。"

9 月 30 日，朱德当选为中华人民共和国中央人民政府委员会副主席，（图）同一天朱德和毛泽东等在天安门为人民英雄纪念碑奠基。

（图）1949 年 10 月 1 日开国大典，中国人民解放军总司令朱德检阅陆海空三军。然后，（照片）发布了《中国人民解放军总部命令》，他那宏亮的声音在整个天安门广场上空回荡着：（放录音）"我命令中国人民解放军全体指战员、工作员，坚决执行中央人民政府和伟大领袖毛主席的一切命令，迅速肃清国民党反动军队的残余，解放一切尚未解放的国土，同时肃清土匪和其他一切反革命匪徒，镇压他们的一切反抗和捣乱行为。"（照片）这是当时宣读的命令原文。

第六组　至尊荣誉

1955 年，朱德因战功卓著、德高望重荣膺新中国第一元帅，并同时荣获一级八一勋章、一级独立自由勋章和一级解放勋章。

（图）1955 年 9 月 27 日，朱德出席授衔、授勋典礼，接受中华人民共和国元帅军衔的命令状，并接受一级八一勋章、一级独立自由勋章、一级解放勋章。

（照片）这是授予朱德元帅的勋章、证书和元帅服。

（图）这是党和国家领导人祝贺朱德荣获元帅军衔。朱德同志是中国人民解放军总司令和人民军队的缔造者，是德高望重的元戎，但他一向谦虚谨慎，从不居功。他曾说："同志们！如果我们要问天下是谁打下来了的？那我就要说这个天下是全党同志和群众一起打下来的……解放军打了很多胜仗，很多人说是我的功劳，我知道他们是把我作为人民解放军的代表来说的。"

朱德高风亮节的高尚情操，为我们树立了光辉的典范，我们党和人民把最崇高的荣誉给了他，是当之无愧的。朱德已成为中国革命胜利的象征，（照片）大家看这就是共和国第一元帅的风彩。

第五展厅　三军总司令　人民委员长

新中国成立后的朱德同志为实现新中国的富国强兵，探索适合中国国情的社会主义道路而呕心沥血、鞠躬尽瘁，直到生命的最后时刻。这个展厅主要向大家介绍他领导军队建设、主持国务活动的一些情况。

第一组　国防建设

朱德在回忆开国大典上检阅陆海空三军宏大场面的情景时说，他感觉那时他才是真正的三军总司令。新中国成立后朱德继续担任中国人民解放军总司令，当选为中央人民政府人民革命军事委员会副主席，他为军队的正规化、现代化建设倾注了自己的毕生精力。新中国成立之初，他就指出："建立强大的国防军，是摆在我们面前迫不及待的任务"，"我们除整顿陆军外，还应该抓紧建设空军、海军以及装甲兵、工兵、炮兵、铁道兵等特种兵"。（照片）这些就是朱老总视察部队的部分剪影。

在朱老总的关怀下，经过多年的不懈努力，中国人民解放军不仅完成了由单一兵种向多兵种合成的转变，并且在军队现代化建设的各个方面都迈出了新的步伐。

第二组　国务活动

朱德先后担任中央人民政府副主席、中央纪律检查委员会书记、全国人民代表大会常务委员会委员长等职。（照片）这是他参加国务活动的一些剪影。

1958年11月召开的中共八届六中全会上，毛泽东提出他不再作下届中华人民共和国主席，会议接受了毛泽东的建议。12月29日，朱德给当时担任中共中央书记处总书记的邓小平写了一封言辞恳切的信，在这封信中，朱德提议刘少奇作为国家主席候选人更为合适，至于自己的工作，"历来听党安排，派什么做什么，祈无顾虑"（信件），充分表现了他的高风亮节和坦荡胸怀。从第二届全国人大至第三、第四届，朱德前后担任全国人大常委会委员长达17年之久，主持了170多次常委会议，制定了几十项重要法令，听取并讨论各部门的工作报告，为社会主义建设事业做了大量工作。（照片）这是1975年89岁高龄的朱德在主持第四届人大常委会议。

第三组　视察全国

朱德经常下基层视察，了解实际，足迹遍布祖国大江南北（图），他先后向党中央写出了几十份调查报告（实物），这对党中央制定各项政策，加强社会主义建设起了重要作用，为探索适合中国国情的社会主义建设道路做出了不可磨灭的贡献。

第四组　外事往来

朱德同志日夜操劳、呕心沥血，承担着大量的外事活动，先后率团出访过苏联、朝鲜、蒙古、波兰、东欧等10多个国家，不但同各国首脑建立了深厚的友谊，而且提出了很多富有建设性的意见。他曾指出：世界局势已发生根本变化，世界战争是可以防止的。他说："我相信我们能够争取到相当长时期的和平建设的条件"，"在这种局势下，我认为需要考虑怎样把最大的力量集中到和平生产方面，同时把国防建设同和平建设结合起来的问题"。他曾对驻苏商务参赞李强说："现在我们社会主义建设在立足于自力更生的基础上，还要积极争取外援，注意学习兄弟国家的先进经验，引进外国的先进技术和设备，请外国专家到我国来工作，这样可以加快我们的建设步伐。"他的这些论述是改革开放思想的基础，在当时的情况下，能有如此独到的见解，可见朱德对社会主义建设的理解是多么的精辟、独到。

尾声　人民心中的巍巍丰碑

朱德是我党第一代卓越领导人之一。在革命战争的烽火岁月和社会主义建设中，他同毛泽东、周恩来、刘少奇、宋庆龄、邓小平等结下深厚的友谊（照片）。

（图）朱德的一生爱好广泛，他为后人留下了许多十分珍贵的书法墨宝和大量的诗抄，他的诗气势磅礴、浪漫壮观，充满着豪迈的革命英雄主义气概。

朱德是家乡人民的骄傲，他曾多次对家乡的建设作出很有建设性的指示，号召家乡人民自力更生，建好家园。（照片）这是 1960 年朱德回到阔别 52 年的故乡时的情景。

1976 年 7 月 6 日下午 3 时 1 分，大海悲泣、江河垂泪，敬爱的朱德同志在北京不幸逝世，全党全军全国各族人民以各种方式沉痛悼念这位伟人。（照片）

朱德是属于中国人民的，也是属于世界人民的，在各国发来的唁电中，高度评价了这位具有传奇色彩的中国领导人，他们称他是"本世纪最伟大的民族领袖之一"、"中华人民共和国历史的伟大象征。"

（油画）浪花翻卷，波澜澎湃，浩瀚宽广，海纳百川。朱德同志的高尚情操和崇高品格正像著名作家刘伯羽所赞颂的那样：

他像大海一样雄伟，

他像大海一样庄严，

他像大海一样宽广，

他像大海一样深厚。

……

朱德同志永远活在我们心中！　　（供稿：朱德故居纪念馆）

4. 万卷楼

各位朋友：

大家好，现在我们要参观的景点是享有"三国文化源头"美誉的万卷楼，万卷楼是西晋时史学家陈寿早年读书治学和晚年归隐著书的地方，是我国重要的三国历史文化遗迹。举世瞩目的不朽之作《三国志》就是在万卷楼写成的。万卷楼座落在南充市西北郊西山风景区的玉屏山上，距市中心 2 000 米，是一组仿汉纪念性建筑群。万卷楼始建于三国蜀汉建兴年间，后因年年失修，于 20 世纪 60 年代被毁，1990 年又由南充市人民政府拨款重建。

陈寿万卷楼依山顺势而建，流光溢彩，气势恢宏。万卷楼主体由陈寿读书楼、陈寿纪念堂和藏书楼组成。楼前的两座青石雕汉阙，古朴庄重，一对巨大的辟邪石兽，像勇敢威武的卫士，拱卫着万卷楼。山脚通向楼前的 249 级石阶宽阔笔直、格外壮观，更显出万卷楼的庄严雄伟。

各位朋友，这是万卷楼建筑群主轴线上的第一栋建筑——读书楼，为重檐歇山顶仿汉建筑，请看楼檐下"万卷楼"三个金光闪闪的大字，它是原中国佛教协会会长、中国著名书法家赵朴初先生题写的；楼下这块大理石碑《陈寿万卷楼重建记》，碑文是由著名秦汉史研究专家西华师范大学龙显昭教授撰文，由南充著名书法家何汉卿书写。

请大家随我登楼参观。顺便告诉大家，陈寿读书楼也是俯看南充市全景的最佳位置，是合影留念的好地方，站在楼前嘉陵山水尽收眼底。读书楼原为陈寿读书之处，现是陈寿生平事迹陈列室，这里系统地介绍了陈寿的治学经历。

各位朋友，这便是陈寿铜像。陈寿手抱书简，若有所思，端坐于大理石基座之上，单薄瘦弱的身姿，这座铜像显示出了他饱经风霜，宦海沉浮的坎坷经历；那气度不凡的眉宇间，透出坚韧不拔的气概，仿佛他的胸中正激荡着三国纷争的咚咚战鼓，思绪中正展现着一个个英雄豪杰逐鹿疆场的历史画卷。

陈寿，字承祚，西晋史学家，233 年生于巴西郡安汉县，幼时师从谯周，曾任秘书郎、马阁令史、散骑黄门侍郎等职。蜀亡后，回归故里安汉万卷楼治学，西晋泰始四年（268 年）入洛阳，先后任著作郎、治书侍御史、长广太守、中书侍郎等职。晋惠帝元康七年（297 年）卒于洛下，享年 65 岁。

陈寿自幼博览群书、勤奋好学、聪警敏识，加之他人品高洁、为人正直、不附权势，虽一生坎坷，但自强不息、勤奋撰史、以史为镜，探索三国兴亡之道，寻求救国安邦之策，终生献身史学，对史学贡献很大，曾著有《益郡耆旧传》、《蜀相诸葛亮集》，其中《三国志》最为有名，与西汉司马迁的《史记》、东汉班固的《汉书》、南朝刘宋范晔的《后汉书》并称前四史，为史之冠冕。

各位朋友，在我们两边的廊式建筑叫"南北廊轩"，廊壁上刻有 32 幅仿汉拓片线刻画，南、北廊各 16 幅。线刻画内容源于罗贯中的《三国演义》，从"桃园三结义"到"姜维诈降"，这些都是千百年来为人传颂的故事。看到这些画，我想大家一定会有置身于惊天动地的鏖战中的感受，眼前定会浮现赵子龙长坂坡上的雄姿，耳边也定会响起张飞当阳桥上的怒吼……

女士们、先生们：请大家随我登上石梯走进陈寿纪念堂，请大家看这块横匾，"并迁双固"，它赞扬陈寿史学才华出众，与司马迁、班固齐名，大家都知道司马迁是我国史学泰斗，他所著的《史记》流芳千古，被现代大文豪鲁迅先生称为"史家之绝唱，无韵之离骚"，赞扬《史记》有极高的史学价值和文学价值，而《三国志》不论在史学、文学、军事还是在艺术上，都有极高的造诣，该书文字浅显易懂，人物描写真实形象，为罗贯中《三国演义》的创作提供了丰富的历史素材。陈寿史德高尚被誉为"有良史之才"，陈寿其父曾为马谡参军，因马谡街亭失守一案被牵连，被诸葛亮处以髡刑（剃光头发），古人认为"身体发肤，受之父母"，因此对陈寿来说也是奇耻大辱。但陈寿在撰《三国志》时，仍不计前嫌，为诸葛亮立传，并对当年马谡一案作了比较客观公正的记载，秉笔直书了马谡违背诸葛亮的正确部署，犯了大错，以致被张郃打败，失去了街亭要地，马谡应当被斩。他对诸葛亮整个一生也作了正确的评价："外连东吴，内平南越，立法施度、整理戎旅，工械技巧、物究其极，科教严明、赏罚必信、无恶不惩、无善不显，至于吏不容奸、人怀自厉、道不拾遗、强不侵弱、风化肃然也。"赞扬了诸葛亮鞠躬尽瘁、执法公正的品德。对诸葛亮的政治才能，他总结为"管、萧之匹亚也"。管仲，春秋时辅佐齐桓公成为春秋霸主的著名政治家；萧何，西汉开国元勋，帮助刘邦夺得汉家天下，以诸葛亮同管、萧二人媲美，可见陈寿对诸葛亮的政治才能评价极高。

另外，陈寿不附权势，虽一生坎坷，但自强不息。在他的笔下，三国鼎立的形势被客观地展现出来，合久必分、分久必合的趋势被淋漓尽致地描绘出来，且他所著的《三国志》，是以三个国家各为体系，客观公正地记录史实，体现他秉笔直书的治史才能，故陈寿被誉为"并迁双固"。

纪念堂内收藏有宋、元、明、清《三国志》、《三国演义》的十余种不同版本，同时收藏了有关三国文化的各种戏剧、书画、话本及有关《三国志》的研究著作300余种。《三国志》影响巨大，不论在史学、文学、军事还是在艺术上，都有极其重要的价值。千百年来三国文化已流誉海内外，1984年以来，我国研究"三国文化"的专著已有20余部，每年都有100余篇相关论文发表。日本的《三国志》研究会近百个，并把《三国志》视为一部企业经营管理战略和人才战略的著作，奉为经典。全世界正逐步兴起三国文化热潮。正是有了陈寿及其撰写的《三国志》，才有今天如此辉煌的三国文化，想必大家置身此地会实实在在地感受到：三国文化的源头就在这里，就在万卷楼。

各位朋友，纪念堂旁边这栋建筑便是藏书楼，也是陈寿存放各类书籍的资料室，可谓千秋笔写千秋史，万卷楼藏万卷书。陈寿当年就是在此翻阅书籍、博览群书，积累了丰富的素材，之后又走遍大江南北，找寻第一手的史料，并收入此楼，因此陈寿能够撰写《三国志》，与在此修炼的扎实的内功密不可分。

藏书楼里面不仅藏有大量书籍，而且还有历代书画名家为陈寿题写的字画。

现在是自由活动时间，给大家20分钟时间，大家可以自由参观。（作者：李兴荣）

点评：万卷楼讲解的重点、难点是通过陈寿生平和著作讲述，理顺南充与万卷楼、万卷楼与陈寿、陈寿与《三国志》、《三国志》与《三国演义》及三国文化传播之间的内在联系，突出南充就是三国文化源头这一主题。

5. 阆中古城

各位朋友：

你们好！欢迎大家来到中国历史文化名城——阆中。我是阆中××旅行社的导游××，今天有幸由我陪同诸位走进中国四大古城之一阆中古城。

阆中古城，坐落在四川东北部、嘉陵江中游，它东枕巴山为屏障，西倚剑门守雄关，北通广元、汉中，顺江南下可直达重庆、武汉。这里山围四面、水绕三方，为古米仓道、金牛道交汇之处，战略位置非常重要，历代为兵家必争之地。

阆中，战国以前为古巴国国都，公元前314年秦惠王置阆中县，至今已有2 300多年的历史。以后历代王朝都在这里设置郡、州、道、府。由于其独特的地理位置，在漫长的历史长河中，阆中一直是川北政治、经济、军事、文化中心。阆中作为中国的优秀旅游城市，自古以来就以地灵人杰著称于世，所谓地灵指的是阆中，它是中国少见的完全传统意义上的风水古城，享有"阆苑仙境"之誉；所谓人杰指的是这里2 000多年来名人辈出，群星璀璨。

朋友们，我们现在就站在锦屏山上，这里是俯视对岸阆中古城的最佳位置。古人在城镇选址方面素来讲究"风水"，简言之就是讲究最佳的人居环境。

阆中古城是严格按风水理论建造的古城范本。请看古城地形，四面环山、三方临水，山、水、城组合得那样完美且和谐。古城北面玄武垂头，盘龙山作为镇山，它像一把椅子一样稳固；南面朱雀翔舞，锦屏山是一个案山，打一个比方，这个案山就像是古代衙门里知府用的书案，如果太高，就有一种欺人的感觉，所以南面案山的高矮需恰到好处；东面青龙蜿蜒，也就是说要求山要高大一些，如我们看到的城东的大象山、白塔山，据传尖山出贵人，圆山出富人，所以到了明代，人们便在大象山上修建这座白塔，希望能实现人们的这种愿望，这座塔远看又像一支笔，所以又叫它文笔塔；西面白虎驯伏，城西的西山相对低矮，像一头驯乖了的白虎一样低头看着阆中古城。风水学上有一句话："只许青龙万丈高，不许白虎抬头望"，所以如果西山高就不能驱吉避凶了。整个地形北高南低，既阻挡了北部寒气，又不影响迎纳南方阳光暖流；嘉陵江水西来东去，街坊建筑坐北朝南，视野开阔，处处轩窗，正对锦屏，所以阆中古城山、水、城布局在风水学上都达到了至善至美的境界。古城中的街道都是笔直的，以中天楼为中心向着东西南北方辐射，它是以横街多、竖街少为特征，所以从上空中看，古城街坊就像一幅天然的太极八卦图。

古城区占地近两平方千米，众多的四合院多为明清建筑，青瓦平房。推开院门，多有照壁，转过照壁方能入院，进得一院还有二院、三院，可谓大院套小院，天井连天井、池台花木、回廊亭榭、精雕细琢、古色古香、令人称赞。下午我们将去探访李家大院，一睹古城民居风采。

话说，"一方水土养一方之人"，阆中古城既然地灵，必然人杰。自古以来，在这神秘的风水古城涌现了众多科学巨人、文臣武将、忠义平民。他们或生于斯、长于斯或葬于斯，在中国乃至世界上都是值得被歌功颂德的。早在西汉，这里就是民间天文观察和天文学研究的中心，落下闳创造了中国历史上第一步比较完整的历法《太初历》和世界第一台浑天仪，2004 年 9 月 16 日国际天文学会将 16 757 号行星命名为"落下闳星"，从此中华天文学巨星落下闳的名字永久地"嵌入"了太空；蜀汉名将张飞镇守巴西（阆中）七年，为官一任造福一方，最后义胆忠心、血洒阆苑；南宁抗金名将张宪，金戈铁马，随岳飞驰骋抗金战场，立下汗马功劳；明初韩娥女扮男装，毅然从军，被称为巾帼英雄，"蜀中花木兰"；现代史上 2 万阆中儿女跟随红四方面军征战川陕、走过雪山草地、投身抗战烽火和解放战争，有 1 万余人英勇捐躯，他们为民族独立、人民的解放作出了巨大贡献。

阆中古城历史悠久、文化灿烂、名胜古迹众多，川北回、汉民俗多姿多彩，这里就不一一列举。欢迎大家以后有机会多安排些时间，至少三天，方能一览无余。届时我愿再陪同大家故地重游。（作者：李兴荣）

6. 张飞庙

各位朋友：

大家好！欢迎大家来阆中旅游，我是阆中××旅行社的导游员小莉，现在我们就一同去游览张飞庙。今天我们将依次游览张飞庙、敌万楼、大殿、张飞墓等。

张飞庙位于我们阆中古城区西街的西端，它的左边是阆中中学，距离我们今天的入口处——状元坊有 15 分钟左右的路程。

我想大家都是经常出来旅游的，一定知道每个景点都有自己的规则。在游览之前小莉要送给大家几个温馨的提示：第一，由于张飞庙为木制古建筑，大家在参观时请注意防火；第二，大家在参观时请注意保护文物；第三，里面的主人翁张飞有很多引人入胜的传奇故事，所以需要大家跟紧我的脚步，小莉会给大家作详细的讲解；第四，我们在张飞庙的参观时间为2个小时，自由活动时间大约半个小时，11点30分在张飞庙大门前集合。我的联系电话139×××××××××，大家如有吩咐就给我发短信吧。现在就请各位朋友带好自己的贵重物品，带好自己的小孩，随我一同去游览张飞庙吧！

现在呈现在大家眼前的便是张飞庙了，它与云阳张飞庙齐名。关于我们阆中张飞庙的由来是这样的：张飞，字益德，东汉末年冀州涿郡人，也就是今天河北的涿县人。人们形容他的外貌是"豹头环眼、燕颔虎须、势如奔马、性如烈火"。张飞与刘备、关羽在桃园三结义，张飞居老三，人称"张三爷"。张飞、关羽追随刘备转战南北，为刘备入主四川、三分天下立下了汗马功劳。后来张飞被任命为巴西太守，拥兵镇守阆中达七年之久。守阆期间，张飞堪称"为官一任，造福一方"。至今阆中人民仍缅怀他的文治、武功，敬之如神。张飞死后"巴人捧土埋忠骨"，后来被蜀汉追谥为"桓侯"，因此阆中张飞庙的官方名称便是桓侯祠。这桓侯祠就是为了纪念张飞而修建的。

唐初，人们在他的墓前建庙立阙，后来由于战争以及人为的破坏，明清时进行了重新修建。改革开放后，为发展阆中旅游业，1987年对张飞庙进行了大规模维修。现在我们所看到的张飞庙是经过1987年重新维修过的一组三进三出的多重四合院式的明清古建筑群。张飞庙占地30亩，规模宏大，建造精美，是全国重点文物保护单位。

大家请看庙门前的这一对大石狮，有谁知道怎样来分辨雄雌呢？对了，这位朋友说的非常正确。请看左边这只，脚下踩一个球，象征统一寰宇的是雄狮；右边这只，脚下抱一个小狮子，象征子孙延绵是雌狮。从我国的古建筑传统来看，狮子一般放在官府门口或墓葬门口，象征权利、庄严、威武。据说这里的狮子已有了灵气，在我们本地有一种说法：摸摸狮子头一辈子不犯愁，摸摸狮子背一辈子不受累；摸头头聪明，摸眼眼明亮。大家不防也来摸一摸吧！

好了，大家再来看看门前的这两块石碑，一块是记叙历代修缮庙宇的石碑，另一块是唐宋八大家之一的曾巩撰写的《桓侯庙记》碑，碑文写道："张侯之冢，至今千有余年，而庙祀不废。"庙门正上方是著名书法名家赵朴初题写的"汉桓侯祠"匾额，字迹浑厚刚劲。在正门两侧，站立着一白一黑两匹战马，据传，白马是张飞夜战马超向刘备调换的千里马，黑马则是张飞常骑的乌骓。

跨进庙门矗立在眼前的是敌万楼，楼曰敌万，这是因为张飞勇猛威武，仅次于关羽，被曹操的谋臣程昱等称为"万人敌"，就是说张飞能力敌万军，有气吞山河之势。

穿过敌万楼的木牌坊内，便是庄严的正殿。正殿气势雄伟，用以讴歌张飞德高功大，既是"熊虎之将"，又是政绩卓著的地方官，人称"虎臣良牧"。正殿上方这"灵澳无边"的巨幅匾额更让人陡增敬畏。正殿中堂塑的是张飞的文身像，他身高2米多，头戴王冠，身着锦袍，手捧玉笏，端坐堂上，威而不怒。塑像两侧的木栅内，陈列着蛇矛和铁铜各一支，相传是张飞用过的兵器。蛇矛重约36公斤（1公斤＝1千克），铁铜至少也有20公斤，张飞能使用这么粗重的兵器，真可谓力拔山兮，豪气盖世。大家再来看一下在张飞像前这座镂刻精细的圆形图腾兽面石头窝，这叫"长明灯"，在一些农村有人去逝时可能就要点长明灯，为的是给死去的人指明道路。关于长明灯的由来有这样一个故事：张飞驻守阆中被曹操看成一颗眼中钉，想要拔了它，于是曹操就派大将张郃领兵前来攻打，要把阆中人掳到汉中去，双方在阆中瓦口关相遇，大战50多天，张郃胆怯，紧守瓦口关隘不出来。张飞攻又攻不上去，退又退不出来，甚是焦虑，但又没有办法，只有天天与部将雷铜坐在山下下棋。一边下棋一边喝酒不觉渐渐有了醉意，雷铜看在眼里，举起棋子连续进攻，张飞看出对方心意，装醉趁雷铜大意轻敌连赢了数盘。张飞从中受到启发，想出了把对方引出来的方法。第二天，他一面找熟悉山路的人引路，派魏延带一支精兵抄小路从背后去偷袭敌营，自己则在山前饮酒装醉引诱张郃。张郃果然中计，打开关门与张飞交战，被张飞两面攻击，杀得丢盔弃甲，大败而逃。张飞死后，阆中人感激他，就选了瓦口隘关山上的石头做成了一盏"长明灯"，放在张飞庙中的张飞塑像面前。千百年来，阆中人民每当清明时节都要来为张飞扫墓，并往长明灯里献油。

绕过曲径幽道的游廊，我们便来到了张飞的墓地。大家现在看到的是墓亭，亭柱上嵌着一幅对联"随先主逐鹿中原，北征南战，地只两川称帝业；剩残躯付诸荒冢，春去冬来，人犹千古吊忠魂"。对联反映了张飞一身的丰功伟绩和后人的悼念之情。

好了，朋友们，请大家现在跟随我穿过右边这条小路去张飞的墓地看看。

现在大家所看到的就是张飞的冢。大家不防先观察一下这墓上有什么特别之处，现在我给大家介绍一下：张飞的墓呈椭圆形，正南北向，东西宽25米，南北长42米，封土堆高8米。据说葬在墓里的张飞仅存残躯而没有头颅，那为什么没有头，头去哪里了呢？有谁知道吗？没有的话，那小莉就告诉大家吧：章武元年（221年），关羽大意失荆州败走麦城，死在了夷陵。张飞非常恼怒，发誓要为关羽报仇，限令部下在三天之内备齐白衣白甲，要挂孝出征讨伐东吴。由于张飞平时粗暴地管教手下，部将张达和范疆误听为要在三天之内造100件孝服和100件盔甲，怕完不成任务被斩头，于是趁夜里张飞酒醉酣睡之际杀死了张飞。然后，张达、范疆二人将张飞的头颅藏入油缸中来到嘉陵江边，驾着一叶小舟连夜顺流而下，驶入长江，欲降东吴，但快到云阳渡口时，发现油缸中渗出腐臭之气，于是将头颅抛入江中。头颅后来被一老渔翁打捞起来，发现已腐烂，依旧抛入江中。但是这颗头颅不但不沉没，反而还在江心旋转。当天夜里，张飞向老渔翁托梦说："老人家，我是张飞，我生与东吴势不两立，死亦不为东吴之鬼，前面将是东吴的土地，你就把我葬在这里吧！"老渔翁也是个忠义之人，被张飞的忠心所感动，第二天便将他的头颅打捞上岸，埋在了云阳飞凤山下，云阳的张飞墓便由此而生，这就是所谓的"头葬云阳，身在阆中"的故事。

大家现在发现这张飞墓上的树林有什么独特之处了吗？其实啊，长在张飞墓上的树木郁郁葱葱，但都没有树冠而只有树干，这也是葬在阆中的张飞没有头的一个寓意。虽然张飞身首异处，但是他的英灵长存，千百年来一直守护着阆中这块宝地。据说在抗战时期，日寇飞机三次轰炸阆中，都因张三爷显灵，在嘉陵江边布下迷惑阵，使日军飞机描靶偏差，炸弹都投入了江中，使得千百万阆中人民免遭轰炸。所以至今张飞庙仍香火不断，阆中人世世代代敬张飞、谈张飞、爱张飞，张飞牛肉、张飞豆腐遍地有，其中张飞牛肉闻名全国。相传张飞不仅作战勇猛，而且厨艺精湛，张飞征战获胜后，常以自己特殊烹制的牛肉犒赏将士，故而得名为张飞牛肉。该牛肉不仅如同张飞其人面黑心红，而且风味独特、营养丰富、可口怡人，既是宴请宾朋好友、馈赠亲友的美食，也是家庭佐餐，老少皆宜的佳肴。

我们阆中还有一种特产在全世界都有名，大家知道是什么吗？对了，是保宁醋，其实保宁醋与张飞也有不解的因缘。听老人们说：保宁醋不仅好吃、好闻，吃了还能够永保康宁呢！为啥这么神呢？原来张三爷在阆中被杀后，他那鲜红的血液流啊流，一直流了三天三夜，慢慢地浸入地下，竟然变成了乌黑乌黑的一片。过了不久，这个血浸的地方忽然冒出了一股清凉的泉水，泉水不仅好喝，还能长精神、去疾病，于是大家就挖了一口井，就是松华井（今保宁醋厂内）。后来，人们用井里的水酿醋，酿出来的醋的颜色跟别的醋不大一样，乌黑乌黑的，人吃了能保康宁。因此，人们就把这里的醋叫做保宁醋。1915 年保宁醋获得了巴拿马太平洋万国博览会金质奖章。从此，保宁醋远销重洋，声誉中外。

朋友们，小莉的讲解在这里就要告一个段落了，我们一起分享了张飞的义胆忠心和满腔豪气，相信大家永远忘不了这段可歌可泣的三国史诗。好了，现在给大家留下30 分钟的时间，请大家自由参观和拍照留念，30 分钟后我们在庙门前集合。（作者：潘莉）

点评：2013 年四川导游口试景点讲解评分标准为 75 分，包括：

（1）导向性知识（3 分）：所处位置（1 分）、游览景点的注意事项（1 分）、景点的参观游览线路（1 分）。

（2）说明性（8 分）：历史沿革（2 分）、景点风景特色（2 分）、有关景点的名家名言及后人评说（2 分）、有关景点的历史故事（2 分）。

（3）讲解重点（25 分）：处理好点面结合，有重点。

（4）景点讲解的方法技巧（9 分）：引经据典，并使得野史故事法、插叙法和详略得当法相结合，多运用名人对景点的评价法。

（5）语言表达（20 分）：普通话标准不念错字，用词正确、恰当、符合语体环境。

（6）回答问题（5 分）：内容完整，表达清楚。

（7）总体印象（5 分）：好。

本文是严格按以上评分标准撰写的应试导游解说词范文。

三、巴中市

7. 光雾山

各位朋友：

你们好！欢迎大家来到光雾山旅游观光。光雾山位于川陕交界处的四川省巴中市南江县北部边缘的桃园镇，距南江县城和陕西汉中均为 70 千米左右。光雾山主峰海拔 2 500 米，幅员面积 820 平方千米，主要景观 360 多处，2004 年 1 月被国务院列为国家重点风景名胜区。

光雾山第一大特色是常年云雾缭绕。山上气候变化无常，雾浓雨多。据说游人到此，不能高声叫喊；否则，顿时大雨瓢泼，因此又有"光雾仙山"的美称。光雾山的雾有多大呢？有这样一首歌对它进行了形象的描述：哥在山中抓把雾，轻轻捏出数滴水；妹在山中唱支歌，甜得满山细雨飞。

光雾山第二大特色是自然山水神奇秀丽。它以秀丽奇特的群峰为代表，集秀峰怪石、峭壁幽谷、溪流瀑潭、原始山林为一体，可集中概括为"山绿"、"峰奇"、"石怪"、"谷幽"、"水秀"五绝。光雾山四季皆胜景，正逐步成为"春赏山花、夏看山水、秋观红叶、冬览冰挂"的国内重要旅游地。著名诗人高平有诗称赞："九寨看水，光雾看山，山水不全看，不算到四川。"

光雾山第三大特色是动植物资源丰富。光雾山景区内复杂多样的地理环境和良好的气候，为野生动物提供了丰富的食物和良好的栖息繁殖场所，是一座难得的动植物资源宝库。景区内有野生动物 195 种，其中有金钱豹、猕猴、黑熊、大灵猫、狼、明鬃羊、赤狐、大鲵等 25 种国家保护的一二类珍稀动物；裂腹鱼、鹭鸶、青麂子、山猫等 18 种省级保护动物。景区植被覆盖率达 98%，景区内森林植被垂直带谱明显，由低到高的层次组合特征尤为鲜明。从目前掌握的资料来看，景区乔木灌木树种 2 300 余种。冰川时期"活化石"——巴山水青冈满山遍野，40 万亩原始森林是四川北部的天然屏障，有红豆杉、巴山水青槲、鹅掌楸、红豆木、银杏、香樟、楠木、紫茎、水杉、秃杉、伯乐树、连香树等 300 多种珍稀树种；八月瓜、板栗、核桃、猕猴桃、仙桃、沙瓜、百枣等 300 多个果类品种；密林中还生长着 1 700 多种中药材，有人参、杜仲、黄柏、厚朴、虫草、灵芝、天麻、七叶一枝花等珍贵药材。

光雾山第四大特色是历史文化辉煌灿烂。光雾山是一座底蕴深厚的文史宝库：米仓古道横贯景区南北，是古代中原到巴蜀的要道；韩信夜走韩溪河、张鲁屯兵汉王台、诸葛亮秣马厉兵牟阳城、张飞扎营落旗山等古遗迹依稀可见；巴山游击队凭借林海天险与敌人斗争长达五年之久，演绎出可歌可泣的壮丽诗篇。灿烂的文史资源给光雾山风景区增添了又一道风景线。

今天上午游览光雾山需四个小时左右，没有索道缆车，道路崎岖，请跟随我进入。请大家注意安全，小心跌倒，同时严禁将火种带入景区。游览完毕十二点到停车场集合，然后返回桃园镇用午餐。（作者：黄涓）

8. 川陕革命根据地博物馆

各位嘉宾：

大家好！欢迎你们来到巴中，参观川陕革命根据地博物馆。巴中是第二次国内革命战争时期中国共产党和工农红军第四方面军创建的川陕革命根据地的首府，从 1932 年到 1935 年，徐向前、张国焘等率领的红军及川陕苏区军民转战川陕，为中国人民的解放事业作出了巨大贡献，为纪念先烈，激励后生，1984 年建成了这座川陕革命根据地博物馆。博物馆位于巴州区南龛风景区内，占地 13 300 余平方米，建筑面积 4 527 平方米。主体建筑为陈列大楼，配套设施有红军石刻陈列廊、放映厅、文物库房等。整个建筑雄伟壮观，绿树红墙浑然一体。陈列大楼上方为邓小平同志亲笔题写的馆名"川陕革命根据地博物馆"十个红色大字。

川陕革命根据地博物馆现有馆藏文物标本 2 万余件，史料 2 000 余万字。收藏有川陕省苏维埃政府石刻的《中华全国苏维埃第一次代表大会劳动法令》（草案）、中共川陕省第二次党代会通过的《发展川陕反帝运动的决议草案》、川陕省第二次工农兵代表大会通过的《目前政治形势与川陕省苏维埃的任务》等革命文物，以及歌颂红军的当代名人书画。陈列中展出的1 000余件文物、400余幅照片，分15个专题展示了"全国第二大苏区——川陕革命根据地斗争史"，即：全国革命形势；川北人民的痛苦生活；川陕边区的曙光，红四方面军西征入川；开创川陕根据地；粉碎敌人三路围攻；保卫革命政权；川陕省第二次党员代表会和党的建设；木门会议与军队建设；川陕省第二次工农兵代表会与根据地建设；赤化全川；川陕革命根据地极盛时期；粉碎六路围攻；总结经验，巩固赤区；冲破"川陕会剿"与中央红军会师；英雄的巴山游击队。生动全面地反映了中国共产党领导下的红四方面军和川陕苏区人民创建、巩固和发展川陕革命根据地的光辉业绩。红军石刻陈列廊汇集了红军石刻标语文献精品，是研究红四方面军和川陕苏区历史的实物见证。红四方面军入川时仅4个师1.5万人，经过四年发展，出川长征时已有8万余人，这些英勇的巴蜀儿女在长征、西征抗日战争及解放战争中英勇奋战，可歌可泣，为中华民族的独立与解放立下了汗马功劳。

整个馆区道路整洁，幽静美丽，既是接受革命传统教育的生动课堂，又是观光旅游的好地方。川陕革命根据地博物馆每年接待游客近10万人次，2006年被命名为"全国爱国主义教育基地"。

现在请大家进馆依次参观！（作者：黄涓）

四、广安市

9. 邓小平纪念馆

各位朋友：

大家好！欢迎大家来到邓小平故居纪念馆参观。作为一名邓小平故居纪念馆的讲解员，能为大家服务，我感到非常荣幸。

2001年6月，为了表达对小平同志的无限怀念之情，征得邓小平同志家人同意，四川省委、省政府批准设立了幅员面积29.91平方千米的邓小平故居保护区，其核心区为占地553平方米的邓小平纪念园、邓小平故居和邓小平故居陈列馆，又称邓小平纪念馆。

邓小平纪念馆位于四川省广安市广安区协兴镇牌坊村，距广安市区7千米，距邓小平故居约500米，2004年在邓小平诞辰一百周年之际落成开馆，江泽民题写馆名。

大家现在看到的这座钢筋混凝土框架结构的气势恢宏的建筑就是邓小平纪念馆了，它由上海现代集团邢同和大师担纲设计，建筑面积3 800平方米。它以精炼简朴的建筑语言，在现代建筑设计理念中融入川东民居的建筑风格，交融中国改革开放历史性变化的深刻内涵。

大家随我指的方向一起来看，纪念馆座西向东，一字排开，三个青瓦坡形屋面，三叠三起，一起比一起高，最后耸立起一座丰碑，蕴寓着邓小平"三落三起"的传奇人生。

整个纪念馆由序厅、三个陈列展厅、电影放映厅、珍藏陈列厅组成。纪念馆运用国际博物馆展示的成功理念，结合现代科学技术的先进展示手段，主题鲜明、特点突出、内容丰富、馆藏珍贵、设计新颖、庄重大方，是目前国内第一家以纪念邓小平为专题的博物馆。

走进纪念馆，我们首先看到的是序厅。序厅在整个纪念馆中面积最大，位置突出。迎面映入眼帘的是高达16米、宽10米的浮雕《峰》。《峰》的背景是天然花岗岩石材雕刻而成的巨型石浮雕，高山、大海、蓝天、白云，山峻、水阔、天高、云长，石浮雕的中间是以"改革开放总设计师向我们走来"为题的邓小平铜浮雕，形象生动、亲切自然。浮雕由中国工艺美术大师袁运甫设计制作。序厅两侧石墙上，镂空雕刻着两段撼人心魄的文字。右侧是小平同志的那句脍炙人口的名言，大家请随我一起大声念出来："我是中国人民的儿子。我深情地爱着我的祖国和人民。"左侧是中央文献研究室为纪念馆提供的邓小平一生丰功伟绩的准确概括：中国社会主义改革开放和现代化建设的总设计师。他为中华民族独立、人民解放和新中国诞生，立下赫赫战功；为中国社会主义制度的建立、巩固和发展，进行艰辛探索；为成功开辟建设中国特色社会主义的道路，建立不朽功勋。整个序厅大气磅礴，雄伟恢宏。

我们从序厅往里走就是主陈列厅了。让我们随着小平同志波澜壮阔的人生历程，一同感受20世纪的雄壮，领略一代伟人的风采。

展厅的第一个部分名为"走出广安"，描述了邓小平从少年时代到如何踏上革命道路的历程。

1904年8月22日，邓小平出生在四川广安的协兴乡（今广安市协兴镇）牌坊村，也就是我们现在的位置，在这里，他度过了童年和少年时代的大部分时光。邓小平的父亲邓绍昌，字文明，曾在成都法政学校读书，受过新式教育，参加过反洋教运动，当过广安县的团练局长。邓小平的母亲淡氏心地善良，勤俭持家。因邓小平的父亲常年在外谋事，邓小平受母亲影响很大。邓小平原名邓先圣，是家中长子。1909年，5岁的邓小平在翰林院子读私塾。私塾先生认为他的名字"先圣"对孔圣人有欠恭敬，为其改名为邓希贤。从此，这个名字用了18年。1910—1915年，邓小平进入位于协兴街上的北山小学堂读小学；1915—1918年到广安县高等小学学习；1918年高小毕业后，邓小平考入广安县立中学校读中学。

1919年秋，邓小平考入重庆留法勤工俭学预备学校。1920年夏，邓小平从重庆朝天门码头沿长江东下出川，踏上了赴法勤工俭学的道路。1922年，邓小平参加旅欧中国少年共产党（后改为中国社会主义青年团旅欧支部），1924年转为中国共产党党员。从此，邓小平走上无产阶级职业革命家的道路。他担任过青年团旅欧支部的领导成员和中共党组织里昂区的特派员，还做过青年团机关刊物《赤光》杂志的编辑。邓小平白天做工，晚上刻蜡板，被称为"油印博士"。

1926年1月，邓小平受党的指派，乘火车离法赴苏，先后在莫斯科东方大学、中山大学学习。邓小平在《来俄的志愿》中写道："我来莫的时候，便已打定主意，更坚决地把我的身子交给我们的党，交给本阶级。"

1927年6～7月，邓小平转赴汉口，在中共中央机关工作。1927年年底，邓小平随中共中央机关秘密迁往上海，在白色恐怖中从事地下工作。出于对地下工作的掩护，邓小平当过杂货店老板和古董店老板。

我们现在所在的展厅第二个部分，讲述的是小平同志在革命战争中的戎马生涯。

1929 年夏，邓小平化名邓斌，任中共广西前敌委员会书记，开始独立地领导一个地区的工作，时年 25 岁。1931 年夏，邓小平到达江西中央革命根据地，由于执行以毛泽东为代表的正确路线，反对"城市中心论"，邓小平被当时党内"左"倾领导撤职，受到党内最后严重警告的处分。这是邓小平政治生涯中的第一次挫折。

1937 年 7 月，抗日战争爆发后，邓小平担任八路军政治部副主任。1938 年 1 月，八路军总部决定邓小平任八路军第一二九师政治委员。邓小平和师长刘伯承率一二九师深入日军占领区的后方，以太行山为中心，依托山区，向平原发展，进行了一系列战斗，创建了晋冀豫抗日根据地。从抗日战争开始，邓小平同刘伯承合作长达 13 年，"刘邓不可分"被传为佳话。

1939 年 9 月，邓小平与卓琳在延安相识相爱，在杨家岭毛泽东住的窑洞前举行了简朴、热闹的婚礼。卓琳生于 1916 年，原名浦琼英，云南宣威人。抗战爆发后，在北京大学上学的卓琳，同许多爱国热血青年一样，奔赴延安，先后入陕北公学、陕甘宁政府特别训练班学习。

1948 年 11 月，淮海战役开始，邓小平任前委书记，统一指挥中原野战军。淮海战役中，蒋介石先后集结近 80 万军队，而人民解放军参战部队只有 60 万人，在武器装备上国民党军队更是占有巨大的优势。经过 66 天的作战，我军共歼敌 55.5 万人，取得了淮海战役的完全胜利。毛泽东后来对邓小平等人说："淮海战役打得好，好比一锅夹生饭，还没有煮熟，硬被你们一口一口地吃下去了。"

我们跟随着历史的步伐，走到了纪念馆的第三部分，这部分展示的是邓小平在新中国成立后的艰辛探索。

中华人民共和国成立后，邓小平担任中共中央西南局第一书记、西南军政委员会副主席、西南军区政治委员。他和刘伯承、贺龙等在指挥部队清剿土匪顽敌的同时，团结一切可以团结的力量，调动各方面的积极因素，顺利完成土地改革和其他社会改革，加强各级政权建设，很快改变了西南的混乱局面，开创了西南地区稳定、发展的新局面。

1956 年 9 月，中国共产党召开第八次全国代表大会，八届一中全会上，他当选为中共中央政治局常委、总书记，成为以毛泽东为核心的中央领导集体的重要成员。毛泽东在推荐邓小平当总书记时说，他比较会办事，比较周到，比较公道，是个厚道人。1959 年邓小平又担任中共中央军委常委。邓小平主持中央书记处工作十年时间。他曾说："在我的一生中，最忙的就是那个时候。"邓小平任总书记期间，经常深入实际工作并进行调查研究。

纪念馆的第四部分，对于邓小平和新中国来说，都是一段艰难的非常岁月。

发生于 20 世纪六七十年代的"文化大革命"，是中国共产党和中华人民共和国历史上一场严重的灾难。这场动乱开始后，邓小平受到错误批判和斗争，被剥夺一切职务，经历了他革命生涯中最艰难、最曲折的时期。

1969 年 10 月，邓小平被送到江西省新建县劳动改造。他每天到县拖拉机修造厂劳动半天，做钳工活。邓小平夫妇日复一日来往于"将军楼"和工厂之间，踏出了一条坚实的小路，这条路后来被人们称为"邓小平小道"。1971 年林彪集团覆灭后，毛泽东有意让邓小平出来工作。1972年年底中央安排邓小平到江西各地参观。

大家请看，在此展出的一张伙食费收据，是1972年11月12日小平同志和夫人不愿意接受县里的招待，自己到餐馆吃饭的收据，用餐的花销是六角四、粮六两。邓小平对自己和家人要求严格，要求家人不以权谋私，夫人卓琳不出来工作，更集中地反映了小平同志的严于律己精神。邓小平厉行节俭，用餐经常是三杯酒、一碟南瓜子、一份回锅肉、一盘小菜、一碗米饭，从不铺张浪费。穿过的衣服也是缝缝补补，在此展出的一件毛衣上，清晰可见缝补过的破洞；一块手表从20世纪50年代一直用到90年代；一双在50年代穿过以后赠给家人的三接头皮鞋和他穿过的工作服、还原的小平同志在中南海的办公室场景，都是那样的简朴、亲切，令人难忘。

1973年邓小平被恢复了国务院副总理职务，开始对"文化大革命"以来造成的混乱局面进行大刀阔斧的整顿。在短时间内，全面整顿收到显著成效，全国形势明显好转。毛泽东不能容忍邓小平系统地纠正"文化大革命"的错误，提出由邓小平主持，作出一个肯定"文化大革命"的决议。邓小平明确表示，由我主持写这个决议不适宜，我是桃花源中人，"不知有汉，无论魏晋"。1975年年底，开始了所谓"批邓、反击右倾翻案风"运动。1976年4月5日，天安门广场发起了悼念周总理，反对"四人帮"，拥护邓小平的群众运动，"四人帮"乘机诬陷，邓小平再一次被撤销党内外一切职务。虽然他再度被打倒，但他领导的全面整顿为结束"文化大革命"奠定了党内外广泛的群众基础。

纪念馆的第五部分，记录了从"文化大革命"后期到20世纪90年代，邓小平是如何带领中华民族走向改革开放的春天。

1977年7月，在广大中共党员和人民群众的迫切要求下，在叶剑英、陈云等老一辈无产阶级革命家的推动下，中共中央十届三中全会决定恢复邓小平的职务。邓小平一出来工作，立即表现出作为战略家的远见卓识，从千头万绪中抓住具有决定意义的环节，推动思想路线的拨乱反正。1978年5月，全国开始了一场真理标准问题的大讨论，长期以来禁锢人们思想的僵化局面被冲破。

邓小平在中共中央十一届三中全会前夕的中共中央工作会议上作了《解放思想，实事求是，团结一致向前看》的讲话，这个讲话实际上是三中全会的主题报告，是开辟新时期新道路、开创中国特色社会主义新理论的宣言书。

1984年10月，中共中央十二届三中全会通过《中共中央关于经济体制改革的决定》，涉及经济、政治、科技、教育等各个领域的改革全面展开。邓小平说，这个决定是马克思主义的基本原理和中国社会主义实践相结合的政治经济学。邓小平突破传统观念的束缚，把市场经济同社会主义联系起来。

邓小平把对外开放确定为中国的一项基本国策。他指出，现在的世界是开放的世界，中国的发展离不开世界。任何一个民族、一个国家，都需要学习别的民族、别的国家的长处，学习人家的先进科学技术。我们要把世界上最先进的科学技术成果拿过来作为我们发展的起点。

1979年，邓小平支持广东、福建两省先走一步，并提出试办"特区"，"杀出一条血路"。随后，兴办了深圳、珠海、汕头、厦门四个经济特区。邓小平主张积极发展对外贸易，吸收外国资金、先进技术和管理经验，大量派遣留学生到国外学习，加强与世界各国的交流与合作。邓小平作出的一系列重大决策，使我国逐步形成了全面开放的格局。

邓小平从中国的基本国情出发，在1979年12月会见日本首相大平正芳时第一次提出"小康之家"的概念。在以后的多次讲话中，邓小平逐步形成了从20世纪80年代初到21世纪中叶分三步走的设想。1987年10月召开的中共十三大系统阐述了社会主义初级阶段理论，明确概括了党在社会主义初级阶段"一个中心，两个基本点"的基本路线，确立了从20世纪的后20年到21世纪中叶分三步走，基本实现现代化的战略目标。

邓小平十分重视教育的发展和改革，指出教育是一个民族最根本的事业，他创造性地提出科学技术是第一生产力的科学论断，强调中国必须发展自己的高科技，在世界高科技领域占有一席之地，提出要尊重知识，尊重人才。

实现祖国的完全统一是中华民族的共同心愿，是几代中国共产党人矢志不移的追求。邓小平尊重历史和现状，从实际出发，创造性地提出"一个国家，两种制度"的伟大构想，即在中国大陆实行社会主义制度，在中国香港、中国澳门、中国台湾地区实行资本主义制度，在一个中国的前提下，实现祖国的和平统一。

1982年9月，邓小平向来访的英国首相撒切尔夫人阐述了中国解决香港问题的基本立场，指出主权问题不是一个可以讨论的问题。1984年6月，邓小平在会见香港知名人士时，阐述"一个国家、两种制度"，强调必须由以爱国者为主体的港人来治理香港。在"一国两制"方针的指引下，中国香港、中国澳门顺利回归祖国。

邓小平多次表示要活到1997年，在中国恢复对中国香港行使主权时去看一看，哪怕坐着轮椅也要到这块土地上走一走。1997年7月1日，卓琳参加香港回归交接仪式，代邓小平实现了生前未了的心愿。

纪念馆的最后一个部分从一个亲切的标题开始——小平您好！

1984年10月1日，中华人民共和国成立35周年庆典上，当大学生游行队伍欢快地走近天安门城楼时，北京大学的几位学生赫然亮出一幅自制的横幅"小平您好"。此情此景，令人砰然心动。摄影师们纷纷按动快门，记录下了这一历史性时刻。"小平您好"，似是平常的问候，更像是对挚友、亲人美好的祝愿。它蕴含着曲折丰富的历史，真实地表达了全国人民的心声。

邓小平的英名、业绩、思想、风范将永载史册，世世代代铭刻在家乡人民和全国人民心中。邓小平故居纪念馆电影厅位于纪念馆序厅左侧，参观完后，我将与大家一起到邓小平故居纪念馆电影厅观看电影短片《小平您好》。

经过了整个纪念馆的游览，我们回到了序厅，相信大家对于伟人邓小平的一生已经有了更深的了解，正如序厅的导言中写的：

在20世纪中华民族百年图强的史诗中，永远铭刻着他的名字。他为了中国的独立、统一、建设、改革事业，为了中国人民的解放和富裕幸福，为了壮丽的社会主义、共产主义事业奋斗了70多年。他的一生伟大辉煌，又富有传奇色彩。他属于中国，也影响着世界。（作者：曹婉莉）

10. 思源广场（实事求是鼎）

各位朋友：

你们好！大家现在看到的就是广安的思源广场，它位于广安市的新城区，距小平故居8千米左右。现在请看我们正前方高台上的这尊目前世界上最大最高的青铜宝鼎，它的名字叫实事求是鼎，现在就请您们和我一同上前几步，细细品味。

实事求是鼎，由著名的设计大师卢银涛先生设计，它总高为10米、直径为7米、重48吨，耗资260万元，由宜宾五粮液集团捐建，在南昌铸造。您看它三足鼎立，双耳高耸，除造型美观之外，其文化内涵也是相当丰富的，总高为10米（即100分米），蕴涵纪念小平同志百年诞辰之意；我们知道三足最具稳定性，暗含了小平同志一生三起三落永不倒之意；这双耳就代表邓小平理论的两个基本观点：实事求是和解放思想；鼎围上的这四排乳钉代表的什么呢？这位朋友说对了，四项基本原则。

那为什么要将实事求是宝鼎矗立在这里呢？我们知道2004年是小平同志的百年华诞，就是为了纪念小平同志的百年诞辰。鼎作为我国青铜文化的代表，最初只是烹饪食物的器皿，从大禹王收九州铸宝鼎“定鼎朝纲”，到诸侯们“问鼎中原”，鼎就是国家统一、国力强盛和政治权利的象征。后来呢，鼎又演化为旌功记德的礼器，其纪念意义更加突出，如中国香港、中国澳门的回归就铸有香港宝鼎、澳门宝鼎。此鼎名“实事求是”，象征着小平同志以事实求是的作风，改革开放、治国兴邦，从而奠定了中国的繁荣与富强！

朋友们，相传历史上项羽臂力过人，能单手拉动千斤大鼎，号称“霸王”；可比之小平，他也只是有勇无谋，而魂断乌江，邓小平却能拨乱反正、扭转乾坤，他才是真正的力拔山兮、气盖世兮的英雄。因此有人说新中国是“始于毛而成于邓”，薄一波先生评价他是“千古一人，一人千古”，正是他开创了中国特色社会主义道路，才成就了中华民族振兴、富强的千古伟业。他谦虚地称自己是中国人民的儿子，深情地爱着他的祖国和人民。现在我要说：中国人民也深深地爱戴着他！而纪念碑、功德堂等都不足以表达人民对他的爱戴之情，因此铸此千秋不朽之鼎，来表达对他的千秋爱戴之情！

好了，现在请各位仔细欣赏宝鼎并合影留念，十分钟后我们将前往小平故居参观游览。(作者：蔡玉华)

11. 华蓥山

各位朋友：

欢迎大家来到美丽的华蓥山风景名胜区观光旅游，它位于川东北华蓥市境内，是国家4A级旅游区、国家级森林公园、国家级地质公园，它气势恢宏，景象壮观。著名的大文豪郭沫若先生称赞华蓥山为“天下第一雄山”。

整个景区面积20平方千米，以苍翠茂密的山林为环境基调，融秀丽的喀斯特石林、天坑溶洞、华蓥山游击队遗址于一体，年平均气温12℃~22℃，自然风光与人文景观交相辉映，其景观特点集中概括为“峰奇、石怪、山绿、谷幽”，每个景点都别具一格，各具特色。景区终年风景如画，呈现出“春绿、夏荫、秋红、冬白”的四季变化，被誉为“山中蓬莱”。游人所至的高登宝顶海拔1 704米，据《华蓥山志》记载：“雪积巅顶，远望如琼瑶撒地，晶玉铺山，故名华蓥山。”

今天为大家安排的游程是这样的，先去风景如画的华蓥山"天然大盆景"石林景区观光，看"千年一吻"的深情；然后登上华蓥山脉最高峰，1 704 米的高登山，观"万狮朝圣"的雄伟；最后游览"双枪老太婆打靶场"和天坑，感受华蓥山游击队艰苦卓绝的奋斗精神和红岩英烈高尚的情操。

我们现在置身的这个风景如画的地方，就是华蓥山"天然大盆景"景区。它属于喀斯特地貌，是由造型奇特的山体和石头组成的石林，这里"石在林中生，树在石中长"，被誉为"天然大盆景"，民间称之为"龙宫御花园"。

大家现在仰头望去所能看到的就是石林景区最温情的景观——"千年一吻"，这是两块充满灵性、恰似两个在热烈拥抱的人体状巨石。相传这是龙宫的小少爷和村姑幺妹正在深深地接吻。

相传龙宫小少爷穿过高登峰下的百丈漏斗来到御花园玩，见到山下村姑幺妹，被幺妹的美丽善良吸引，爱上了幺妹，幺妹也爱上这位朴实的王子，他们来往幽会之事由石林多嘴的鹦鹉传到了老龙王耳朵里，这还了得！仙界之子岂能和凡界村姑通婚，老龙王因小少爷与村姑幺妹私定终身而勃然大怒，决定棒打鸳鸯，拆散王子和幺妹。于是就在三月三的晚上，老龙王带上了虾兵蟹将来到石林御花园，要带走王子。王子誓死不从，发誓就算是东海的海枯了，石林的石烂了，他和幺妹的爱情都永不会变。他呼喊着幺妹的名字，深深地吻了过去……龙王大怒，把王子和幺妹变成石头，永远地定格在石林（海枯石烂的成语就是从这里来的）。我们今天看到的这"千年一吻"就是他们深情欲吻那一刹那的景象。到了今天只要我们的游客在大声呼喊"幺妹我爱你"的时候，奇迹就会出现，王子就会吃醋，又会深深地吻他的心上人幺妹。

大家还可以试着变换方位欣赏，从东北方位看，相拥的两人欲吻未吻，可谓是"千年一吻"；从东南方位看，两人相拥相吻，真正是"一吻千年"，而且"千年一吻"的奇妙之处还在于随着时间、天气和季节的不同，它还呈现出颜色各异的风貌，以后您们有机会再来天然大盆景，我保证您会欣赏到另一个"千年一吻"。山水灵秀人有情，华蓥山因这美丽的传说被人们称为"情山"，"幺妹"也成为情妹妹或美女的代名词。华蓥市政府和各旅游部门于 2006 年开始在景区举行"情山文化节"，举办了接吻大赛、滑竿抬幺妹等众多民俗活动，每年吸引了大批参赛者和数以万计的游客。

我们现已登上主峰高登山，这里海拔 1 704 米，是川东地区的最高峰。在这里可以观赏"万狮朝圣"风水宝地圣景。在古书《山海经》上记载"巴国东部有一灵山胜地，有如万狮朝圣，聚天地之灵气"，是一块难得的风水宝地。在主峰观景台，大家可以看到千里华蓥群峰连绵，峰峰秀美，远看如万头雄狮向主峰扑来。不仅如此，这里的日出、云海、佛光、圣灯四大奇观，可与峨眉媲美，还多了"雨雾与积雪"，就构成了华蓥山著名的"六绝"。传说高登宝顶是普贤菩萨修炼成佛的第一道场，是四川两大佛教圣地之一，素有"东朝华蓥，西朝峨眉"之说。据《广安县志》记载，唐三藏师兄高登法师夜观星象，发现紫徽星高照，七七四十九天之后，北斗七星出窍，这种景象就是星宿下凡，于是高登法师就追紫徽星而来，发现华蓥山是群峰叠翠，正是《山海经》里记载的"万狮朝圣"的风水宝地。于是，他将此盛景奏明唐太宗李世民，太宗龙颜大悦，为了顺应天意，就在华蓥山依山而建三座社稷庙，即"高登宝顶古刹"、

"观音寺"和"大吉祥平安朝圣寺"。三座寺庙都特别具有灵气，最高峰上的高登宝顶古刹是普贤王菩萨的第一道场，大吉祥平安朝圣寺是一座特别的皇家寺院。据说，这座寺庙曾经庇佑过明朝的一位天子，到底是哪位天子呢？因为对历朝历代的皇帝来讲，若皇位被推翻，他必定会被杀头。但是，在中国历史上确实有一位被推翻却幸免的皇帝，他便是朱元璋的孙子朱允文。朱允文被他的四叔朱棣推翻后，逃难来到了广安邻水这边来投奔他的老师杜景贤。当时，他的老师也没有办法，只好让朱允文脱下龙袍，穿上袈裟，把他送到了华蓥山大吉祥平安朝圣寺，希望能够带给朱允文吉祥和平安。的确，朱允文皈依佛门之后，一心向善，一心向佛，在寺庙做了 60 年的主持和方丈，他 93 岁回到京城大明寺，103 岁无疾而终。正是华蓥山佛光、灵气庇护了他。所以慕名而来的香客游人络绎不绝，特别是农历六月十九日（观音菩萨成道之日），佛教寺庙都要举办隆重的香会活动。而华蓥山香会也是别具一格：高登宝顶香客依次进香，特别是在子夜时分，香客特别多，故民谣称"焚香犹觉子时温"。

华蓥山这座有情有灵的山不仅庇佑了古代的皇帝，也保护了我们的革命先辈，20 世纪三四十年代，这里是川东北华蓥山地下党和游击队的根据地。看过电影《红岩》的人都知道，里面有个身怀绝技、令敌人闻风丧胆的传奇女英雄双枪老太婆，与男游击队员一起并肩战斗，留下了许多可歌可泣的动人事迹和传奇故事。现在我们看到的就是"双枪老太婆打靶场"，她曾在此地经常练习枪法，进行打靶射击训练。现在靶石上的两个石孔正是她打靶留下的枪眼，这正印证了她百步穿杨、每发必中的本领。

现在我们看到的"天坑溶洞"，就是大自然提供给华蓥山游击队指挥部的所在地，也是游击队员们聚集起居之地。景区内有两个"天坑"，即大天坑和小天坑，大小天坑互相直通。大天坑深度约为 40 余米，面积 5 000 平方米，坑壁一侧有常年不断的飞瀑，蔚为壮观。这里地势险要隐蔽，易守难攻。华蓥山游击队曾在洞外设置岗哨，以保护指挥部、藏枪洞、存粮洞的安全。

进入洞内，可见洞中有洞。纵看上有天窗、通天瀑布、一线天等，下有暗河索桥，是川东游击队理想的天然军营。华蓥山的天气是雨雾乍起乍落，一天变化无常，常是相隔十米不同天，就是这魔幻般的美景，才孕育了双枪老太婆在华蓥山战斗四年之久而且百战百胜的故事，国民党数十次的围剿都因云雾和地势的险要而以失败告终。当然，这独特的气候和美景也使华蓥山成为今天川渝两地盛夏休闲避暑的著名旅游圣地。

（作者：曹婉莉）

五、达州市

12. 真佛山

各位嘉宾：

大家好！欢迎大家到真佛山风景区观光。真佛山位于达州市达川区福善乡内的七里中段，海拔 910 米，距达州市市中心 30 千米，景区面积 70 平方千米，是全国少有的佛、儒、道"三教合一"的风水宝地，民间有"人间仙境何处觅，三教合一真佛山"之说，这里是集古庙、林海、秀峰、溶洞、湖水于一体，人文景观、自然景观交相辉映的省级风景名胜区，更是人们拜佛、问道、访儒、旅游之首选地。

其核心景区包括前山的德化寺及后山的问道苑、访儒阁等。今天我们将主要游览前山，整个参观过程约为3小时，请各位紧跟我的脚步，随我一道上山。

我们现在所在的位置就是真佛山山门了，这是一个四重檐歇山顶式的木石结构建筑。真佛山得名源自一个神奇的传说。相传，乾隆年间，玉帝、老君与如来游玩红尘，发现下界孝敬父母的人很少，如来决心献身转世，便投胎到达川蒋家，托生为蒋成寿，蒋成寿自幼孝敬父母，七八岁就放牧奉养父母，十岁以后更是以孝善为本，耕种为生，寻药治病救人，人称蒋大善人。20岁时，蒋成寿的父亲病重，他五次割股疗亲。有一次其父把未喝完的割股药汤倒入花钵，泥沙竟长成了一尊佛像，被称为"花园古佛"，现供奉在德化寺大雄宝殿内。父母死后，蒋成寿便落发出家。为以德化众，他在真佛山自立佛堂，修建"德化寺"，自称德化和尚。人们焚香求子，有求必应，被尊称为"真佛"。从此，百姓便认为蒋善人就是如来佛的化身。清朝道光年间，绥定知府孙益廷，年近半百，膝下无子，德化和尚应他请求赠一个桃子给孙夫人吃，不久，夫人就怀孕生下子嗣，孙知府深感其恩，乃大兴土木，将德化寺庙扩建成三殿，即成现在规模的真佛山德化寺庙群，并亲手题"真佛山"金匾，悬挂庙门。

德化寺庙群建筑结构以木、石为主，由天王殿、天子殿、德化寺（大雄宝殿及附属建筑）组成，沿山而建，成梯形布列，递增至山顶，都属于四合院式布局。德化寺建筑面积为15 000平方米，占地400余亩，香火鼎盛，闻名遐迩。

现在我们进入天王殿，也就是玉皇殿。大殿高12.5米，四柱三开间，面阔16米，进深15米，殿内供奉着玉皇大帝、四大天王、金童玉女的木刻雕像。这里端坐高台的就是玉皇大帝，他是民间神话中的最高天神。《西游记》称："玉帝兼辖佛、道两教以及所有的一切鬼神，道教三清、西方佛老皆位居玉帝之下"，总管三界十方，是神鬼世界真正的皇帝。玉皇大帝身穿九章法服，头戴十二珠冠冕旒，代表他威严无比、法力无边。

殿内两侧供奉的是四大天王，又称"护法四天王"，也称"四大金刚"。印度佛教传说，须弥山腰有一山名叫键陀罗山，山有四峰，各有一王居之，护一方天下，故而得名。这位着白衣穿盔甲、手持琵琶的是"持国天王"，全称"东方持国天王"。据佛经讲，他居于须弥山腰东峰，护卫东胜神洲。"持国天王"以慈悲为怀，手持琵琶表示要用音乐感化众生，皈依佛门。这位身着青色盔甲、手握锋利宝剑的是增长天王，全称"南方增长天王"，佛经说他居于须弥山腰南峰，护卫南赡部洲。"增长"就是能增长众生善根，手持宝剑就是保护佛法不受侵犯。这位身着白色盔甲、手臂上缠绕一条龙的是"广目天王"，全称"西方广目天王"，他居须弥山西峰，护卫西牛贺洲。"广目"就是能用净天眼随时观察世界，扶持众生，他是群龙领袖。手上缠龙就是对不信佛教和作恶者，用绳索将其缚捉，使其皈依佛门。这位身着绿色盔甲、左手握银鼠、右手持伞的是"多闻天王"，全称"北方多闻天王"，他居须弥山腰北峰，护卫北俱罗洲。"多闻"就是他的福德闻名于四面八方，手持宝伞、神鼠，用以制服恶魔，保护众生的财富。四大天王护持四方，预示着风调雨顺。

现在我们所在的位置就是天子殿。殿正面为三重檐牌坊式建筑，歇山式顶，六柱五开间，穿斗梁架结构。殿高15米，四柱三开间，面阔22米，进深15米。这座殿堂神龛正中供奉的是阎罗天子、地藏王菩萨、东岳王、南岳王以及判官小鬼。"阎王"是从梵语中音译过来的词汇，本意是"捆绑"，具体意思是捆绑有罪的人，阎王是管理阴间的王。"十殿阎罗"是中国古代特有的民间信仰，就是说有十个掌管地狱的大王，分别居于地狱的十殿之上，因此称为"十殿阎罗"。在我国民间，阎王被认为是由北宋时的大臣包拯担任，人称"阎罗天子"。两侧塑的分别是秦广王、楚江王、宋帝君、伍官王等阎君，塑造了十八层地狱群像，表现的是阴曹地府惩恶扬善这一主题。

步出天子殿，直上百步梯。这石梯两侧风格不同，造型美观的塔林就是寺庙和尚的灵骨塔，计20座。

爬上百步梯我们要参观的就是德化寺，主体建筑由一大殿、两小殿组成，殿正立面为三重檐庑殿式牌楼建筑，面阔22米，通高三层14米，进深12米。寺内分布大小七个四合院天井，地面均由石板铺砌，平整严实。大家看殿门上"俨然天竺"四个字非常醒目，但大殿的主人并不是佛而是道教神灵：文武二圣即文昌帝君和关圣帝君。这位是关圣帝君，红面美髯，手持青龙偃月刀，大家应该比较熟悉这个帝君，他就是关羽，集忠孝节义于一身，在人们心目中一直享有较高的地位，人称关圣帝君，在广大信众的心目中，关圣帝君也是一位武财神，是保护商贾之神。现在我们看到的殿就是韦驮殿，面阔7.5米，进深4米，通高13米。内塑韦驮菩萨、接引佛、神龙帝君、风伯、雨师、雷公电母、日光天子、月华圣母、雷祖大师等。这尊威风凛凛、怒目而视、手持金刚杵的神将就是韦陀菩萨。韦陀是佛的护法神，是南方增长天王属下八神将之一，位居32员神将之首。据说，在释迦佛入涅时，邪魔把佛的遗骨抢走，韦陀及时追赶，奋力夺回。因此佛教便把他作为驱除邪魔、保护佛法的天神。从宋代开始，中国寺庙中供奉韦陀，称为韦陀菩萨，常站在弥勒佛像背后，面向大雄宝殿，护持佛法，护助出家人。有个有趣的小常识，我们可以通过观察韦陀菩萨韦陀杵的方向来判断寺庙的规模：如果韦陀杵扛在肩上，表示这个寺庙是大的寺庙，可以招待云游到此的和尚免费吃住三天；如果韦陀杵平端在手中，表示这个寺庙是中等规模寺庙，可以招待云游到此的和尚免费吃住一天；如果韦陀杵倒立在地上，表示这个寺庙是小寺庙，不能招待云游到此的和尚免费吃住。大家现在看看我们的韦陀菩萨，就知道我们今天游览的真佛山寺庙的大小了。

再往上走是大雄宝殿，矗立在山顶寺庙的最高处，大雄宝殿为正殿，左、右两侧为观佛殿和新佛殿。三重檐歇山式、抬梁式和穿斗式梁架互用，通高14米。"大雄宝殿"殿中供奉如来佛，也就是德化和尚化身。左为神农、佛祖，右为花园古佛和弥勒。殿内木雕随处可见，技艺精湛，别具匠心。

真佛山寺庙内现有塑、雕近千尊，楹联25幅，匾额20块，壁画若干，现存经卷有：《西衲大经》一卷，《金刚经》上、中、下三卷，《观音经》一卷，《阿弥陀经》一卷，《慈悲经》一卷，《拈花经》一卷，《灶王经》一卷，《弥勒下生经》上、中、下三卷，《中华大正藏》二套等。

每年农历六月十九日是真佛山庙会，佛门弟子、远近香客、民间艺人、商贾小贩云集于此，各怀其志，或拜佛、或问道、或访儒、或看戏、或交易、或旅游，人山人海，甚为壮观。

真佛山庙群伴随着浓厚的宗教色彩，它是我国优秀历史文化的一个组成部分，对研究我国古代建筑艺术以及宗教、民俗发展的历史，具有颇高的历史、科学、艺术价值。现在我给大家留下了 1 个小时的自由活动时间，请大家自由参观和拍照留念，1 个小时之后，我们在山门前集合。（作者：祝秦）

第二节　川西旅游区

一、阿坝州

1. 水磨古镇

各位游客：

大家好！欢迎来到有着"汶川生态新城，西羌文化名镇"之称的水磨古镇。我是大家此次行程的导游员××。今天我们的游览路线是从正门进入，依次参观羌碉、春风阁、寿溪湖，大夫第等，整个行程大约 4 个小时。

水磨镇地处汶川县东南部边缘山区，岷江支流寿溪河畔，距离成都约 70 千米。这里山清水秀，是羌藏回汉等民族聚居地，充满着浓郁的藏羌风情。"谷口莺啼细竹，洞门犬吠桃花。驻世何须丹灶，仙风吹长灵芽。"明代诗人郭庄对古镇的美景作了最好的描述。2008 年"5·12"特大地震以后，由于广东佛山的对口援建，使涅槃重生的水磨镇被赋予南粤新元素，与藏羌文化交相辉映，被全球人居环境论坛理事会授予"全球灾后重建最佳范例"。

好了，朋友们，现在我们所在的位置就是古镇入口了。大家右手边这个建筑叫做羌碉，是整个羌城的标志性建筑，高 10 米左右，雄伟气派，大气磅礴，上面有"水磨羌城"四个字。据记载，商代就有部落在此聚居，而且都很长寿，史称为"老人村"，享受"长寿之乡"美誉。后因当地人多利用寿溪河水作动力带动石磨加工粮食，远近闻名，故改名"水磨"。重建后，水磨镇也俨然成了一幅"高山峡谷、湖光山色、古街林立、风情四溢"的"水墨画"，让"水磨"两字深入人心。重建的水磨古镇以寿溪湖为核心，按"一湖两岸四片区"的综合布局，突出生态、历史和文化三大主题，有效地将灾后重建与产业转型有机结合，成为了一座美丽的山地旅游小镇，人称"四川的丽江"，成为灾后重建的精品工程。

现在我们看见的是"水磨羌城"标志性建筑"羌碉"。羌语称碉楼为"邛笼"。早在 2 000 年前《后汉书·西南夷传》就有羌族人"依山居止，垒石为屋，高者至十余丈"的记载。羌碉多建于村寨住房旁，高度 10~30 米，用以御敌和贮存粮草。碉楼有四角、六角、八角等形式，有的高达十三四层，建筑材料是石片和黄泥土。碉的下面几层用来驻兵和堆放粮食，最高一层用来观察敌情和施放烟幕。一般在羌族聚居地，每隔一定距离就有一个碉楼，以此来连接起几百里间的村村寨寨，一旦发现敌情，马上点燃碉上的烟幕，很快就把战争的信息传到百里之外。请大家观察它的外形，羌碉的石墙内侧与地面垂直，外侧由下而上向内稍倾斜，建筑却能稳固牢靠，经久不衰且修建时不绘图，可见工匠有多么高超的技艺与经验。比如 1988 年在四川省北川县羌族乡永安村发现的一处明代古城堡遗址"永平堡"，就历经数百年风雨沧桑仍保存完好。

不单如此，碉楼还发挥着便于取水的作用。泉水从雪山上来，通过地下暗道流向各家各户，所有的地下水道相连，平时方便了山寨的人们取用生活生产用水，一到战时，它还可以作为逃离敌人围困的交通暗道。作为羌族特有的一种建筑形式，羌碉蕴含了羌族的千年历史与建筑文化，凝结了羌族人民的智慧和汗水，使羌族这个古老的民族在战乱纷争中得以传承。

好了，关于羌碉的话题我就先讲到这里。接下来就让我们继续前行，去探寻这个被誉为"云朵中的民族"的古老羌族都有着什么样的风土人情。（作者：李巧玲）

2. 映秀地震遗址

各位游客：

大家好！我们现在已到达汶川县映秀镇。2008 年 5 月 12 日下午 2 点 28 分，一场突如其来的大地震将映秀这个岷江边名不见经传的平凡小镇一下子推到了世人面前。作为这次大地震的震中，从地震发生到抗震救灾再到灾后重建，映秀一直是全世界关注的焦点。

映秀镇坐落于汶川县东南部的岷江之滨，距汶川县城 50 多千米，距都江堰市 26 千米，地处国道 213 线和省道 303 线交汇处，是通往九寨沟、黄龙世界自然遗产地和卧龙大熊猫栖息地、四姑娘山的必经之地。

各位游客也许会问，为什么这里会发生如此惨烈的大地震呢？这与我们脚下的这座龙门山脉分不开。龙门山脉是中国著名的地震断裂带，地质学上叫龙门山断裂带。它地处青藏高原地块和华南地块结合部，由于青藏高原地块十分活跃，不断向东挤压，而四川盆地下的华南板块（又称扬子板块）相当坚硬，能量在接合部大量积聚，使龙门山一带地震频繁，20 世纪 30 年代这里曾发生叠溪大地震，千年古镇叠溪顷刻之间沉入湖底；70 年代又发生松潘、平武大地震，也造成较大损失。据地震专家分析，导致汶川大地震的能量应该积聚了数千年，也就是说应该是几千年一遇的特大地震。地震造成全镇 5 462 人遇难，村会、工厂、学校瞬间全部摧毁。

朋友们，现在我们看到的是震前映秀的标志性建筑——漩口中学的遗址，这里曾是地震一周年之际，胡锦涛总书记主持公祭汶川大地震遇难者的场所。

您也许会问：漩口中学为什么不在漩口镇而在映秀镇呢？其实，漩口中学最初的确是建在 10 千米外的漩口镇上，学校创办于 1957 年，1969 年正式命名为"汶川县漩口中学"。1974 年漩口中学发展成为阿坝州唯一的一所农村高级中学，后来因为修建紫坪铺水库，漩口镇成为水库淹没区，于是全镇搬迁，学校才迁址到这里，并与原来的映秀中学合并为一所学校，仍然沿用漩口中学的名称。学校在 2006 年 9 月落成，总投资 6 500 万元，占地面积 3.3 万平方米，有学生 1 500 余名，教师 130 余名。学校多年来向清华、北大、北师大等全国各地高校输送了大批优秀学生，享有"人才之源"的美誉。

"5·12"地震给漩口中学造成了巨大的损失，全校有 43 名学生、8 名教师、2 名职工、2 名家属遇难，29 名师生受伤。现在这里保存着非常完整的地震破坏建筑物的形态，如倾覆、端头垮塌、扭曲垮塌、十字裂纹、底楼沉降等，成为震后科考研究的实证资料，更是人们铭记灾难、缅怀亲人、感受大爱的纪念地。

这是漩口中学的主教学楼，汉白玉时钟的指针永远固定在14时28分那一刻。这座教学楼共有四层，是学生最集中的地方。地震波使教学楼水平摇摆，教学楼底部柱、墙损毁，导致整栋楼倾覆并垮塌，原本四层的主教学楼仅仅只能看到一层。据幸存下来的人介绍，主教学楼是地震时学生聚集最多的地方，当时整栋楼向右端斜塌，无意之间形成了一个巨大的"应急通道"。在校领导和老师们的指挥下，同学们迅速地撤离到不远的广场上，所以，当时在这里上课的师生大部分都幸存了下来。

现在大家可以站这里好好缅怀在这次地震中牺牲的师生，感受伟大的抗震救灾精神，感悟人间大爱。待会儿我们将一同前往渔子溪地震纪念区。（作者：李巧玲）

3. 牟托

各位游客：

大家好，欢迎来到羌乡古寨——牟托。我是大家本次行程的导游员××，今天我将带领大家去领略高耸入云的碉楼，聆听宛转悠扬的羌笛，赏析羌文化民间艺术，感受浓郁的"羌家风情"。在游览过程中，请大家文明游览，爱护景区内的公共环境，同时请大家紧跟我的脚步，以免走失！更为重要的是，牟托古寨是羌族聚集地，所以请大家尊重少数民族的风俗习惯。牟托羌寨是在2008年5月12日大地震以后于原址重建起来的，温家宝为寨子提名——幸福牟托。下面就让我们走进幸福牟托，开始一场幸福之旅吧！

牟托寨所在的牟托村位于茂县南新镇，距茂县县城27千米，是茂县的南大门、著名的水果之乡。全村辖区面积73.59平方千米，人口1 086人，其中羌族占98.8%。现已建成羌乡古寨景区，景区由两寨一廊组成。两寨指牟托寨和坪头寨，一廊指全长25千米沿213国道和岷江延伸连接两寨的景观长廊。今日牟托已成为"生态观光农业，文明示范"新村，现为4A级风景名胜区。

关于牟托村的得名有两种说法：一种说法为羌人是太阳的孩子，只要有火的地方就有人烟，就有族群的繁衍。羌人去世后都会火化，他们的灵魂会化为一缕青烟回到天神居住的地方去，因此，牟托被喻为"火"生长的地方。另一种说法是牟托是羌语的音译。古羌语中牟是指天和太阳，牟、托组合在一起是天官赐福的意思。

羌族是一个以羊为图腾崇拜的民族，自古以来就对羊有着特殊的感情。大家请看我们面前的这尊牟托村大羊头神像，它高8米、宽14米、重50吨，两旁还各有一只羊角上挂红的铜羊。古羌族是一个以养羊为主的畜牧民族，羌族先民们用羊皮制衣、羊肉果腹。羌民认为羊的灵魂能保护自己部族的成员，所以他们把羊置于特殊的位置。羌族先民在对羊的崇拜过程中，逐渐将羊注入了人类特有的血缘和亲族的观念，羊开始显示出它从来没有过的神圣性，羊伴随着羌族人部落集团自身来源的传说、繁衍活动以及人们的社会组织和制度而发展起来，逐渐成为羌人氏族的标志和符号。

在一些羌区所供奉的神是"羊身人面"，他们视羊为祖先。在祭祀活动中常用羊作祭品，而以羊祭山是古羌人的重大典礼。羌族少年成年礼时，羌族巫师用白羊毛线缠绕在被祝福者的颈项上，以求羊神保佑。羌族巫师所戴的帽子有两个角，是用羊皮制成，巫师所持法器也全是用羊角、羊皮、羊骨等制成的。羌族舞蹈中有羊皮鼓舞，羌人死后，要杀一只羊为死者引路，俗称引路羊子。羌人认为死者的病都可以在羊身上反应出来，杀死羊后要寻找死者的病根，并认为羊为人的一半，他们将羊血洒在死者的手掌上，意为人骑羊归西。在一些羌族地区，还有用羊骨和羊毛线作占卜的习俗，以预测吉凶。在古代铭文中，羊、祥相同，吉羊就为吉祥。羊图腾作为羌人的独特标志和符号，牟托寨建筑物、路灯甚至垃圾桶、地砖等都随处可见羊头标志，很好地诠释了羌人对羊的崇拜和信仰。

了解了羌族崇拜羊的信仰，接下来就让我们走进羌寨，一同去见识那独特而精湛的建筑术——碉楼吧。（作者：李巧玲）

4. 禹王祭坛

各位游客：

大家好！欢迎大家来到大禹故里，我们今天游览的主要景点有：禹穴沟、大禹祭坛、采药山、石纽山、摩岩甘泉等，整个行程大约2个小时。

大禹故里风景名胜区，位于北川县禹里羌族乡境内，距绵阳市100千米，景区总面积30平方千米，于1989年3月23日被绵阳市人民政府批准为市级风景名胜。大禹故里是古代治水英雄、夏朝创始人大禹的出生地，古称"神禹故里"。1992年，前国家主席杨尚昆为这里留下了"大禹故里"的墨宝。禹里景区在"5·12"特大地震后是由珠海市对口援建的。

游客朋友们，现在我们所看到的景点就是著名的禹王祭坛了，禹王祭坛就是专门公祭大禹的地方。整个景区的建筑全部采用汉式风格，其中的寓意是大禹是华夏民族的始祖，大禹是中国远古传说时代的帝王，据传在舜帝时代，黄河流域洪水泛滥，人们深受其害。舜帝派鲧治水不成，又派禹继父业治水。当时禹刚刚结婚，大禹一去13年，"三过家门而不入"：第一次是在四年后的一个早晨。大禹走近家门，听见母亲的骂声和儿子的哭声，大禹想进去劝解，又怕更惹恼了母亲，唠叨起来没完，耽搁了治水的时辰，于是就悄悄地走开了。治水六七年后，大禹第二次经过家门。那天中午，大禹刚登上家门口的小丘，就看见家里烟囱冒出的袅袅炊烟，又听见母亲与儿子的笑声，大禹放心了。为了治水大业，他还是饶过家门，赶紧向工地奔去。又过了三四年，一天傍晚，大禹因治水来到家的附近。突然天下起了滂沱大雨，大禹来到自己家的屋檐下避雨，只听见屋里母亲在对儿子说："你爹爹治平了洪水就回家。"大禹听得非常感动，更坚定了治水的决心，立刻又转身上路了。他这种克己奉公的精神，一直受到后人景仰。大禹祭坛设三层祭台，祭台上圆下方，寓意"天圆地方"。

我给大家一些时间参观一下这著名的祭坛吧，接下来了我将带领大家一起去大禹殿参观游览。（作者：李巧玲）

5. 坪头

各位游客，

大家好！欢迎大家来到坪头风景区。

坪头寨位于岷江上游、茂县县城岷江西岸的台地上，海拔1 688米，国道213线横贯全境，是前往九寨、黄龙、大草原旅游的必经之地。这里有居民500余户、近2 000

人，其中95%是羌族。大家可以看到，坪头寨由山西省对口援建，重建沿袭了羌族"依山居止"的传统建筑风格，台地落差明显，清溪灵动，建筑古朴恢宏，白石褐墙极具羌民族民居特色，人称"山水羌寨"。

坪头羌是羌乡古寨4A级风景名胜区的核心景点之一，该景区由两寨一廊构成，两寨为坪头寨和牟托寨，一廊为两寨之间沿213国道和岷江延伸的跨度25千米的景观长廊。景区内拥有大量历史古迹，如商周石棺、战国古墓、庄王墓、千年神树、土司衙门、茶马古道、宗教庙宇等，且风景秀丽，区内拥有溶洞、幽谷、瀑布等奇观，青山连绵，江水浩荡，美不胜收。

景区内可感受历史悠久的土司官寨文化、原生态羌族民俗文化、羌族饮食文化、羌绣艺术文化等古羌民族各种领域的非物质文化遗产，是绝无仅有的世界羌文化活态博物馆。这里高耸的羌碉、高悬的羊头、迷人的羌族姑娘、天然的羌绣、奔放的羌族锅庄，无不展示着羌族文化扑朔迷离的魅力。造型别致的羌族新别墅、别墅接入的太阳能、道路两旁的风力发电设备，都在向我们彰显新羌寨的现代化气息。每户楼顶高高飘扬的国旗、路旁"滴水之恩涌泉相报"的石刻，充分体现了羌族人民感恩祖国的朴实心境。

3 000年历史记忆沉淀出羌山风光，茶马古道的驼铃还在耳畔依稀回响。有清朝道光年间的土司官寨，有1992年出土的战国中后期石棺葬文物；有被羌人敬奉为神树的500年木香树；有落差高达90米、在阳光下腾飞起七色彩虹的天然瀑布群；有可容纳300人的溶洞……历史的足迹与神奇的自然风光让人流连忘返。

大家请看我们身旁的这些石块，以及沿途用石块垒砌的墙，墙体的石块上画了很多图案和符号，这是坪头的释比文化长廊。释比又叫"许"，汉语称"端公"，是从事宗教活动的神职人员，是羌族中最权威的文化人和知识集成者。释比作传时吟唱的经书，反应了羌族的历史文化和社会生活，是羌族的"荷马史诗"和百科全书。有人说"许"的来历就是历史上著名的三皇五帝中的高阳帝瑞。古书上说，他是黄帝的孙子，其母为蜀山氏的女儿，后来"降于若水"，有的说是今天的大渡河，其实，应该是阿坝的大金川，那时候不像今天对河流名称有这样的细分。

历史上，羌族人才辈出，大禹就是他们的杰出代表。（作者：李倩）

6. 黄龙

各位朋友：

大家好！欢迎你们来到黄龙风景区。

黄龙，位于松潘县境内的岷山主峰雪宝顶山下，据松潘县城约56千米，是国务院公布的全国第一批重点风景名胜区，1992年同九寨沟景区一道被列入世界自然遗产名录。黄龙沟长约7千米，景区段4.7千米，宽1~2千米，景区海拔3 145~3 575米。黄龙景观以雪山和森林拱卫着无数形态各异的钙化彩池为主要特色，人们无法用语言来形容这些彩池的艳丽奇巧，只好尊奉它为"人间瑶池"。

黄龙，又称为黄龙寺，"黄龙"的得名源自于两个古老的说法：一是黄龙藏语名"瑟尔嵯"，意思是金色的湖，当地藏民认为这些金色的彩池是"圣山"雪宝鼎的贡品。另一说是据《松潘县志》记载："黄龙负舟助禹治水，自茂州而上，始有岷江……

后黄龙修道而去，遗五色山水于世，世人建寺，岁岁朝祀。"现在沟内的黄龙寺相传为松潘明兵马使马朝觐所建，亦称雪山寺；因黄龙真人修道于此，故名；有前中后三寺，殿阁相望，各距五里。

两种说法各有道理。但可以肯定的是，这儿是先有黄龙沟，后有黄龙寺，"黄龙"一名肯定与沟内景物有关。黄龙景观的形成与从沟顶分水岭处流出的一股碳酸钙泉水有直接关系，这股岩溶涌泉与高山雪水交融并随地形缓慢流下。碳酸钙物质逐渐沉淀，使这条长达 3.6 千米的山谷形成了以乳黄色为基调的钙化景观，宛如一条向岷山雪峰昂首腾跃的黄龙，蜿蜒于茂林翠谷之中；而层层叠叠如玉石砌成的梯状湖泊、彩池，恰如龙背上的层层鱼鳞。整个黄龙身长 3.6 千米，落差 400 米；沟口的涪源桥是龙尾，五彩池是龙首，这一切都是自然天成。黄龙风景区因佛门名刹黄龙寺而扬名，以彩池、雪山、峡谷、森林四绝而著称于世。

我们今天的游览将从沟口沿巨龙脊背而上，随黄龙蜿蜒起伏，静中有动，动中有静。无数的滩流、瀑布湍湍而下，仿佛龙掌戏水；满山艳丽的杜鹃、火红的枫叶与色彩斑斓的大小彩池交相辉映，点缀出巨龙的奕奕神采。

黄龙沟口流过的这一条小河就是涪江的源头。过涪源桥，沿着林间小道进入沟口，迎接游人的第一组梯级水池，被命为"迎宾池"。它由 100 多个以蓝色为基调的彩池组成，池子大小不一，形态各异，山间石径环绕着池子曲折盘旋，把游人迎进景区，又把游人送往景区深处。池子周围古树参天，群花争艳；池子的堤埂如玉石、玛瑙铸成，玲珑剔透；池中清水，湛蓝透绿。阳光透过树隙照在湖面上，变幻着黄、绿、蓝各种色调。微风吹过，池中泛起阵阵彩色涟漪，格外清艳动人，这便是人们赞叹不已的"黄龙彩池"的第一处景观了。

告别迎宾池，踏上用木头搭成的人行栈道上，但见左前方一铺碧水从密林中冲出，又从高约 10 米、宽约 60 米的崖沿上飞泻而下，在起伏不定的崖壁上几经跌宕，形成数十道梯级瀑布。有的如帘瀑高挂，云蒸雾腾；有的似断线珍珠，串串滚落。水瀑后面的崖壁，透视出了金黄色为基调的钙化结晶面，使瀑布更显得富丽堂皇。如遇朝阳或落日余辉的点染，瀑布还会变幻出不同的色彩，似道道彩霞铺呈在我们眼前。因此，人们给它取了个富有诗情画意的名字"飞瀑流辉"。瀑布顶端的彩池，既是瀑布的水源，又是与瀑布迥然不同的景观。飞瀑是那样的辉煌、奔放，彩池则显得分外宁静、恬静。它们在大自然的鬼斧神工下，共同组成了一道动静和谐而完美的风景线。

缓缓地走过"飞瀑流辉"斜坡，徜徉在五颜六色的彩池群畔，不知不觉到了黄龙沟第二级台阶前。横亘在游人面前的是一堵宽约 40 余米、高约 10 米的乳黄色崖壁，崖壁表面厚厚的钙化层似围幔、似悬瀑，十分壮美。崖壁表面溪水漫流，像一层薄薄的轻纱飘飘洒洒地铺展在崖壁上，跌落在金黄色的池盆里。岩壁下端有一溶洞，高约 1 米、宽约 1.5 米，洞前帘瀑似串串珍珠悬垂，洞内景物隐约可见。进洞 1 米处这密密麻麻的钟乳石挡住了去路，还没有人去探测此洞到底有多深。据地质学者考证，该洞是古代冰川的一个出水口。因其古老、神秘，于是当地藏民传说它是古时候仙人们净身的地方，因取名"洗身洞"。传说，凡人如想修行得道，必须先赤身裸体进洞净身，就像汉族地区流行的斋戒前必须沐浴净身一样。这"至圣至洁"的洗身洞，由钙化物质结晶而成,只有在洞内让自然流淌下来的泉水洗涤,才可以洗刷掉过去的罪孽和全身的疾病,获得圣洁的身躯。由于洗身洞富有神秘色彩,当地藏民中又传说不育妇女进洞洗身后可喜得贵子。此传说颇富吸引力,因而进去尝试者还大有人在,不仅有中国人,还有外国人。不过我奉劝各位,身体不壮实者千万不要轻易进洞去试,因洞内虽然洁净,但潮湿、阴冷、寒气逼人,经不起此"考验"者,不但达不到"净身"的目的,反而会偶感风寒,身体不适。

翻越钙化崖壁,眼前豁然开朗,展现在游人面前的是偌大一片坡状钙化景观。这就是被人们称为"金沙铺地"的钙化流。它长约1 500米、宽约100米,据有关专家认定:这是目前世界上发现的同类形态景观中面积最大、色彩最丰富的一处。坡面的岩溶层凹凸不平,色调以金黄色为主,间或有乳白色、灰色、暗绿色板块镶嵌其中,坡面上荡漾着一层薄薄的清流。水流由于受坡面鳞状的钙化层的影响而形成变幻莫测的银色涟漪,好似金河泻玉。零零散散生长在钙化坡地上的一簇簇水柳、灌木丛,以其顽强的生命力与强风、劲流抗争,诉说着景观的古老历史。爬上金沙铺地顶端,俯视整个钙化坡面,竟是两侧低、中间一溜脊梁且表面呈鳞状,宛如一条黄色的蛟龙俯卧在坡面。到此,诸位一定已经想到,关于"黄龙"的传说故事,不正是源于这条坡状钙化流吗!

继续上行,请看,游览道右侧有一大片彩池群,不仅数量众多,且色彩缤纷各逞艳丽,被命名为"争艳池"。池群计有大大小小的彩池500多个,可说是黄龙沟规模最大的一级彩池群,也是黄龙钙化池景观中色彩最丰富的池群之一。为什么叫"争艳池"呢?说的是群池从形态大小、颜色、质地等不同角度去观赏,每个池子都有各自的奇特和艳丽之处,真有争奇斗艳的感觉。从池子的大小看,有大至数亩者,波光潋滟;有小如盆、碟者,玲珑精巧。从形态看,有的状若荷花,有的形似柳叶,千差万别,无一雷同。从颜色看,有的水色淡绿,有的水色乳白,或显出孔雀蓝、翡翠绿、鹅黄、淡金等斑斓色彩,晶莹剔透,艳丽动人。从质地看,有的池堤状如金盏,有的池埂亮如银鳞、流光溢彩、美不胜收。彩池中的水底世界更为丰富多彩,任游人去心驰神往地尽情欣赏这大自然造就的奇妙世界。

争艳彩池经接仙桥继续上行,距沟口约3.5千米处便是黄龙中寺,距后寺约有1千米。这黄龙中寺原有弥勒、灵官、天王、大佛、观音5座殿宇,均为单檐歇式造型,现仅存观音殿旧址1座,供上下游客休息之用。

离开黄龙中寺向黄龙后寺进发,可见路旁有两个较小的彩池,一个名叫"簸箕海",与民间用的簸箕大小差不多;另一个名叫"马蹄海",比真马蹄要大好多倍。这是两个黄龙沟内仅有的用"海"命名的两个池子,其实应列入沟内最小的池子之列。它凭什么却得"海"了头衔?大家认真地端详一番便会发现个中秘密。原来,这两个池子虽然面积不大,却深不可测。按照民间的传说,水深的地方一定是与龙宫相通,当然就应该叫"海"了。

来到黄龙后寺,眼前一片开阔地,这儿应该算是黄龙沟最大的一块平地了。眼前的黄龙寺看上去已显得十分简陋,只是寺门上方那条彩色巨龙十分醒目。门楣上一块古匾倒引得游人左看右看,不肯离去,似乎要从中寻找些什么东西。待近前一看才知道，原来这匾额经过了一番奇特的艺术加工：你从正面看是"黄龙古寺"四个大字；从左面看则变成了"飞阁流丹"四字；从右面看又变成了"山空水碧"四字，且书法雄浑俊美，题词寓意深刻。

寺前左侧这片杜鹃花丛中有一地洞口，虽其貌不扬，但深入洞内，方知里面别有天地。它便是有名的黄龙洞，又名佛爷洞。黄龙洞的大小深浅目前尚不完全清楚，游人足迹所至约有100米，洞内有潺潺清泉、百态钟乳。进洞10米后，空间逐渐增大，有一间宽50余米、高20余米的大厅，厅内套有无数小洞。沿大厅右侧石级而上，可见3尊高1.2米的坐佛。据考证，佛像建于明代，由于数百年碳酸泉水的浸淋，塑像表面已蒙上一层淡黄色钙化晶体，不知情者，还会误认为是大自然的杰作。不过，像这种天人合作的艺术珍品，在世界上也确实少见。溶洞顶部还有石幔、石瀑、石吊灯等玲珑精致的石钟乳，也有一定的观赏价值。每年深秋至次年初春，洞内泉水分别变成了冰笋、冰林、冰幔、冰瀑等自然奇观，又成洞内冬景一绝。

黄龙寺后一大片灌木丛上方，还有一组艳丽奇绝的彩池群，共计有大小彩池40余个，也是黄龙沟海拔最高的一组彩池，名为"石塔镇海"池（即五彩池），池坝形态各异：有弧形、有扇形，还有裙边形等，参差错落、层叠而上，似一幅立体的画、一首无言的诗。池水的色调亦随水底沉积物和池坝颜色有深有浅而变得多姿多彩。当阳光高照或白雪掩映的时候，池水会变得更加艳丽动人，勾起游人无限情思。最令人称绝的是在两个较大型的彩池中间，分别有两尊石塔和石屋露出水面，下半截已被钙化沉淀物淹没。据考证，石塔和石屋都是黄龙寺遗物，说明这组彩池形成的年代并不长，但眼前场景却给人一种神秘、久远的印象和云雾仙宫的感觉。可能正因如此，人们称黄龙彩池为"人间瑶池"，像天上的王母娘娘居住的地方。正是：瑶池只应天上有，人间能得几处寻？可偏偏在黄龙这人迹罕至的地方找到了。这便是黄龙景观圣洁迷人之处。

在五彩池上部约100米处还有一奇特的彩池，人称"转花池"。池面有2平方米左右，绿树掩映，碧水涟涟。池水自行旋流，水面泛起圈圈涟漪。如向池中投以鲜花、树叶，甚至硬币，它们会随着碧水旋转不停，慢慢沉入池底。这旋转的水流是怎么形成的？大家仔细观察就知：池底有一股泉水涌出，泉水冲出地面的方向正好与池壁成一定角度，泉水随池壁旋转，带动池子里的水跟着旋转，因此出现前述奇观，"转花漱玉池"的名称亦由此而来。

黄龙沟景区的行程就此结束。各位如兴致尚浓，可登上后面的玉翠峰顶鸟瞰黄龙全景，体会"玉嶂参天一径苍松迎白雪；金沙铺地千层碧水走黄龙"的奇特美景。黄龙后寺左侧高坡上建有一观景台，登台瞭望，黄龙后寺及石塔镇海全景一览无遗，是拍照留影的理想之地。

若我们从黄龙沟左侧森林中开出的游览便道和栈桥下山，不仅可以换一个角度欣赏黄龙彩池美景，更可尽情地呼吸森林中富贪负氧离子的新鲜空气。它会给您疲惫的身躯注入新的活力，让您带着兴奋与满足离开这难以忘怀的"人间瑶池"。（作者：余志勇）

7. 九寨沟

游客朋友们：

大家好！现在我们已顺利步入九寨沟。

九寨沟是中国唯一拥有"世界自然遗产"和"世界生物圈保护区"两项国际桂冠的自然风景名胜区。它位于川西北阿坝藏族羌族自治州九寨沟县中南部，距成都400千米。九寨沟因有九个藏族村寨而得名。九寨沟景色秀丽奇艳、世所罕见。藏族人信奉神灵，他们认为九寨沟的一草一木、山山水水都是神灵所恩赐，所以我们要尊重九寨沟藏族同胞，珍爱这里神圣的一切，不吸烟、不乱丢垃圾、不投食喂鱼、不攀树摘花。在这里我代表九寨沟人感谢大家的合作和对我们工作的支持！

九寨沟风景区总面积720平方千米，旅游开放区为140平方千米。以诺日朗为中心，由树正沟、日则沟和则渣洼沟形成"丫"字型景观带，我们现在正在走的这条沟叫树正沟，长14千米，其他两条沟，则渣洼沟长18千米、日则沟长17千米。景区单程49千米。

九寨沟以叠瀑、翠海、彩林、雪峰、藏情五绝而被世人称为"人间仙境"、"童话世界"。

（1）九寨沟翠海的形成

九寨四季奇水荟萃，翠海叠瀑穿林跨谷数十千米，是九寨之瑰宝，这些海子个个清澈凝翠、透明见底，并且随光照变化和季节推移而呈现出不同的风姿。如果说翠海叠瀑是九寨之魂，那么森林则是九寨之躯，海子只有在森林的怀抱中，才如此的静谧恬美；瀑布只有自丛林悬壁中跌落，才如此激情洋溢；而苍山雪峰却是铮铮傲骨，支撑着九寨沟。

九寨沟流传着一个传说，很久很久以前，有个名叫达戈的男神，热恋着美丽的女神活洛色嫫，活洛色嫫接过作为爱情的信物一面宝镜，欣喜不已、爱不释手，可她不慎将宝镜跌落，摔碎的宝镜就变成114个海子，镶嵌在山谷幽林之中，便有了这童话仙境般的九寨风光。这个神话是九寨沟藏族对这奇山异水的理想注释。从科学的角度讲，九寨沟翠海叠瀑的形成，则是由于岩溶、泥石流滑坡、冰川运动、流水和生物钙化作用等多种因素，使整个景区沟壑纵横、翠海叠瀑，好似大自然撰写的一部壮丽的史诗，记录着地壳的沧桑变迁和生命的进化历程。

（2）树正沟

①荷叶寨站到盆景滩

我们看到的是进沟后的第一个藏寨荷叶寨，这里曾是九寨沟内繁华的村寨之一，村寨中的藏民过去依靠游牧和农垦生活，现在旅游业让他们看到了更有前景的产业，放下了镰刀锄头，迁到了沟外，现在这些古老木结构的房屋都成了游客接待点。他们随时用香喷喷的酥油茶、甘甜的青稞酒热情款待每位慕名而来的远方贵客，这样类似的情况还有树正寨和则渣洼寨。荷叶寨的后边有一棵百年巨松，孑然独立、苍劲伟岸，那便是迎客松，传说是格萨尔当年来九寨沟降妖除魔时，曾变成一只雄鹰与敌人搏斗，这棵孤松就是他追捕妖魔自天空飞过时扇动翅膀而留下的标志。

告别荷叶寨，我们沿公路而上，顺此欣赏盆景滩。盆景滩因树正沟沟谷内生长着千姿百态的灌木，且酷似盆景而得名。这是因为沟谷是钙质白色土壤，土层上面又有溪水潺潺流过，喜爱水性的白杨、杜鹃、松树、柳树等植物在滩流上形态各异，逍遥自在地生长，如同人们在滩流上种下的一颗颗盆景树，呈现出"水在林中流，树在水中生，动静相随"的奇特景观。

②芦苇海 双龙海 火花海 卧龙海

芦苇海海拔 2 140 米、长 2 000 米，湖畔长满了高山芦苇，它是北方茂密高大的芦苇，而不是小巧别致的，中间一条碧流蜿蜒穿行其中，格外惹眼，这条碧绿的水带传说是仙女色嫫在芦苇海沐浴时被人无意中窥探到，在慌张逃跑时留下的一条彩带。如果您运气好，仔细寻找的话，或许还能在对面的山崖上发现她俊美的脸庞，还有一双羞怯回望的眼神。

双龙海是因这个海子中潜伏着两条龙得名，传说这两条龙因为玩忽职守，造成洪水泛滥，给九寨人民带来了特别多的痛苦，格萨尔王一气之下将两条龙镇压在这一大一小的两个海子中。其实海中之龙为钙化的堤埂，活像两条巨龙蜿蜒潜伏在水底。在公路边能够看到一条小龙，在对面的栈道上可看到另一条大龙。

过了双龙海，您是不是觉得一步一变幻，一步一景呢？这里的景点密集，景色更美，是一个容易让人激动的地方。请看这路旁的海子就是火花海，海水深 9 米，欣赏火花海的最佳时刻是太阳斜照的时刻。清晨的时候，旭日东升，晨晖轻拂水面，湖上波光如焰，金碧耀眼；黄昏的时候，落日斜照翠海，千万朵火花自水中绽开，灿烂热烈，无论春夏秋冬，只要有阳光，火花就会在湖面盛开、闪烁，非常活跃生动。如果你沿着路边的 51 级石阶而下，就会看到飞溅的水花在阳光的照射下，更加绚丽多彩、夺目迷人，这就是火花海瀑布。

沿着火花海上行，我们现在看到的是卧龙海，一条乳黄色的钙化堤横卧于深 22 米的湖心之中，宛若一条腾飞的游龙正蜿蜒在水底休息。卧龙海海拔 2 215 米，面积61 838 平方米。当卧龙进入静谧的梦乡的时候，卧龙海是宁静的；而当微风掠过，湖面轻漾涟漪，龙体徐徐蠕动；山风稍大的时候，卧龙摇头摆尾、跃跃欲飞、活灵活现。

③树正群海 树正寨 树正瀑布

现在，大家看到的这一带若干个大小海子集群被称为树正群海，因群海旁有藏族村寨（树正寨）而得名。在这里俯瞰眼前景色，我们再次明白了什么是"树在水中生，水在林中流"。在蓝天白云的映衬下，眼前的海子和树丛构成了一幅绝美的画卷，真是蓝得可爱深沉、绿得动人婆娑。树正群海是九寨沟美景的缩影，如同一串硕大无比的翡翠项链正等待世界上最美的人儿来摘取。让我们沿着石阶而下，树正栈桥、古老的石磨、水转经筒和飘荡的经幡搭配得浑然天成，这里是电影《自古英雄出少年》的许多外景拍摄点，值得大家留步驻足、拍照留念。

走上公路，右边的寨子是进沟后看到的第二个寨子（树正寨），在这里的藏家旅店中可品尝到奶香四溢的酥油茶和清凉可口的洋芋糍粑，也可观赏到独具特色的民族歌舞，还有展示民族文化的"民族文化村"。眼前的这个塔群被称为"九宝莲花菩提塔"，九个白色的莲花塔象征九个藏族村寨祥和而美丽。如果您期待眼前的美景亘古长存、天地祥和，就沿着塔群逆时针走上一圈，行一个绕佛礼，寄托您的美好愿景。

沿树正寨上行，不远处，请看那白色的银练飞流而下，这就是宽 67 米、落差 15～20 米的树正瀑布。九寨沟有三大瀑布是一定要看，分别为诺日朗瀑布、珍珠滩瀑布和树正瀑布。诺日朗的妩媚、珍珠滩瀑布的洒脱、树正瀑布的气势，一定不会让您失望的。树正瀑布是由一片宽阔的老虎海的水流叠荡下去形成的。

④老虎海 犀牛海

离开树正瀑布，老虎海给了我们宁静，也给了我们思索。这就是我们看到的湖下有瀑、瀑下有湖、流动的瀑、平静的湖、动静结合的叠瀑群。

您知道吗，在秋季，老虎海对面的山上，层林尽染，姹紫嫣红的树林倒映在清澈的海水中，色彩绚烂、斑驳陆离，恰如一块虎皮，所以我们给这个海子起名老虎海。还有人说老虎海得名的原因是九寨沟的 114 个海子中，老虎独独最爱在这个海子里喝水，所以当地人称呼它为"老虎海"。

过了老虎海，我们来到犀牛海，它是在九寨景区中仅次于长海的第二个大海子，长约 2.2 千米、均深 12 米。传说犀牛海与犀牛有关，从前有一位西藏高僧骑着犀牛来此传教，途中身患重病，来到这里时已经奄奄一息，可是当他喝了路边的甲里甲格神泉之后，病立刻痊愈了。为了感谢甲里甲格神泉，他就在这里留下了犀牛，故名犀牛海。

甲里甲格神泉，是一种低钠泉，富含钙和锶等矿物质，不但甘甜解渴，而且还有美容养颜、延年益寿之功效。九寨沟矿泉水厂生产的九寨沟牌矿泉水就取自这里。

各位游客，回顾我们所经过的盆景滩、芦苇海、火花海、树正群海、树正瀑布、老虎海和刚过的犀牛海这些景致后，您是否已经初步同意"九寨归来不看水"的说法呢？

⑤九寨经幡

我们一路上在荷叶寨、树正寨看见了很多像旗帜的东西，那就是经幡。数米长的红、白、黄等颜色的布料印满经文，竖挂在高 20 米左右的旗杆上，立于房屋周围或寺庙旁边。藏民相信，经幡经风吹动一次，就表示经文被诵念了一遍，它就是藏民向上苍表达至尊致敬的经卷。经幡立在不同的地方就有不同的含义，立在桥边表示祝过客一路平安，立在房前屋后表示祈求上苍保佑家人幸福吉祥，立于土地边表示祈祷五谷丰登。

⑥诺日朗瀑布

我们现在即将到达的是诺日朗，请各位游客下车随我一道去欣赏。诺日朗瀑布是我国大型的钙化瀑布，宽 270 米、高 24.5 米、海拔 2 365 米，其跨度在我国居首。诺日朗藏语意思是"男神"的意思，象征雄伟壮观，因为诺日朗瀑布处于景区的中心地带、三条沟的交汇处，所以又是九寨沟的标志。

从诺日朗朝左走是则渣洼沟，沟长 18 千米，可游览九子同心石、五彩池、上下季节海和长海；右边是日则沟，长 17 千米，可观赏镜海、珍珠滩、五花海、熊猫海、箭竹海、天鹅海、草海、剑岩和原始森林。

（3）日则沟

各位朋友，现在我们游览的是日则沟，日则沟又被称为"画廊沟"，顾名思义，这条沟如同画廊一样，让人流连忘返。

①镜海

我们看到的右边的海子名叫镜海，看镜海倒影的最佳时间是无风的时候，镜海最深处达24.3米，面积19万平方米，长约925米。镜海一平如镜，故名镜海。镜海揽蓝天、白云、雪山于一海，有"鱼在云中游，鸟在水中飞"的奇观。这也正是镜海一奇，倒影胜实景。镜海边还有一棵藤缠树，树给藤无限的爱意，而藤给树无尽的缠绵，所以镜海因藤缠树而得名"爱情公园"，世上的有情人都会在这里留影以示爱情的忠贞。

②珍珠滩瀑布 珍珠滩

经过镜海，我们将到珍珠滩瀑布，珍珠滩瀑布以它洒脱磅礴的气势成了《西游记》片头景的拍摄点，唐僧师徒爬山涉水前往西天取经，没想到他们也来到了我们九寨沟，在珍珠滩上潇洒地走过一段。

现在我们沿山间栈道去体会九寨沟的精华之一珍珠滩瀑布，瀑布呈新月形，宽162.5米，高21米，最大落差40米，站在瀑布下边，腾飞的水雾扑面而来，眼看瀑布5米是水，10米成烟，水雾缭绕，顿生一种沁人心脾、清心爽朗的感觉。在阳光照射下，水生彩、雾化虹、斑斓彩虹、美轮美奂。亲爱的游客，在这里我得提醒您，请您一踏上珍珠滩栈道就不要回头。因为走完栈道，就表明旅途圆满；当然，您还可以许愿，如果愿望实现的话，您应该再到九寨沟来还愿。

镜海的水是静谧的美，而珍珠滩以喜辣成名。潺潺流水奔流不息，冲洗着凹凸不平的喀斯特体表，溅起的水花翻滚着气泡，在阳光的照耀下像一颗颗晶莹夺目的珍珠，时刻等待您的拾取。走在长3 500米的滩面栈道上，您能享受一番"明月松间照，清泉石上流"的情调，也能体会到"鸟鸣山更幽"的意境。栈道两旁的滩流上长满了高山杜鹃，每到4~5月，珍珠滩又是一片花的海洋。

③金铃海 五花海 熊猫海瀑布 熊猫海 箭竹海

走过了珍珠滩，大家是不是略感遗憾没带走一颗珍珠啊？乘兴而来的您就将这深深的遗憾留下来吧。请随我继续上行，请看右边这一大一小的紧邻的两个海子，它们就是金铃海，这是九寨沟最深的海子。据说是万山之祖扎依扎嘎摇动金铃，铃声响彻山谷，它使百姓欢乐鼓舞，使妖魔心惊胆战。后来，扎依扎嘎为了保佑这里永远平安，将这对铃铛留在了这里，形成了金铃海。

现在呈现在大家眼前的五花海是九寨沟的骄傲。五花海海拔2 472米，深5米，面积9万平方米。如果从山垭口的老虎嘴看，它酷似一只开屏献彩的孔雀，明艳夺目、五颜六色。五花海的藻类和沉积的钙化物在阳光的照射下呈现出绿色、鹅黄、宝石蓝等色彩，五彩缤纷、姣艳夺目。传说五花海是神鹿的化身，九寨沟的藏民视之为神仙，它的水洒在哪里，哪里就会花繁林茂、富饶美丽。这里有一座古老的栈桥，桥两边很多树木横卧在水中，状如珊瑚。在栈桥上可见两侧水中游弋着许多裸鲤鱼，它们是耐高寒性冷水区中九寨特有的鱼种，因无鳞、体小、发育迟缓，俗称林叶子。

大家可以沿着长3 500米的熊猫海栈道向上行走，可看见五花海尽头深处栩栩如生的鳄鱼头，和生长在水中的一棵有趣的伸缩树；也可以返回公路乘观光车上行1.3千米，拐两个大弯到老虎嘴，在那里看到的五花海就像一只五彩缤纷、争宠开屏的孔雀。

最后我们在熊猫海瀑布汇合。

熊猫海瀑布紧连熊猫海，熊猫海瀑布高 60 米，海拔 2 592 米，瀑布宽 50 米，大家可走熊猫海栈道沿阶梯而下观看，瀑布呈三级叠水，称三级瀑布，是九寨沟落差最大的瀑布。

熊猫海曾是熊猫的乐园，因传说九寨沟的熊猫特别钟爱这个海子，常在此游玩戏水；盛夏时节，海边水底天生的黑纹酷似熊猫，因此而得名。这里的鱼群和五花海中的一样，都属耐高寒的冷水鱼——学名松潘裸鲤鱼，九寨沟的水中这种鱼较多，其他鱼很难生存。1983 年成都水产局和都江堰管理局曾将 55 尾虹鳟鱼投入海子里，1 年以后，不见踪影。

有熊猫必定有供熊猫食用的箭竹，前行 2 千米的距离就是箭竹海。

各位尊贵的客人，我们现在到了箭竹海站。箭竹海海拔 2 618 米，深 6 米，面积 17 万平方米。熊猫海和箭竹海是一对姐妹海，冬季，熊猫海冰清玉洁，会结上厚厚的冰层；但箭竹海还是一汪碧水，真的蔚为奇观。箭竹海中，有许多被钙化的枯木形成奇特的珊瑚树，而在腐木上又可见一些新生的树，这被称为腐木更新，或叫枯木逢春。箭竹海的倒影也格外迷人，挑剔的大导演张艺谋在九寨沟中独独选中这里作为《英雄》中张曼玉的打斗场景，真是匠心独运。

④天鹅海 芳草海 剑岩 原始森林

走过箭竹海，天鹅海呈现在我们眼前。天鹅海静静地横卧在这山谷里，沿岸杉林茂密，生长着许多耐寒性的高山花卉和灌木，海水清澈见底，湖草密密茸茸、齐整如剪，宛如一张编织在水上的天鹅绒地毯，不时有天鹅来访，不过大家都知道，天鹅是候鸟，时来时去，并非常住，但这里倒是天鹅理想的家园。

再往上，便是芳草海。海水中碧草苍苍，夏秋时节，草丛里繁花似锦，黄、红、绿的花草星星点点、摇曳多姿，远远望去，给人一种怡和空灵的感觉，这里春夏秋冬景色各异。芳草海属半沼泽湖泊，草海一片金黄，草海中长满了鸭舌草和芨芨草。

过了芳草海，在它和原始森林之间，有一孤峰独立，高达 500 米，状如宝剑，直插云霄，我们称之为剑岩。剑岩周围生长着孑遗植物星叶草和独叶草，为生物专家提供了史前植物的研究资料。大家注意看，剑岩上有许多股清泉从石缝中渗出，一落千丈，这便是有名的剑岩悬泉。传说悬泉原是喇嘛宝葫芦中流出的神水，可治百病。这里柔与刚、动与静自成一景，又融为一体，可见大自然是何等的神奇。

如果天鹅海的绿草茵茵让人流连忘返，那么原始森林的古老幽深又会让我们感受到回归大自然的原始美。原始森林是日则沟的尽头，九寨沟有天然林 2 000 余公顷（1 公顷＝10 000 平方米，全书同），有 500 万立方米的贮量。气象学家说原始森林是负氧离子的世界，因此这里空气清新纯净、古木参天，真的具有森林浴的味道，这里一山一水，一草一木都是神灵所赐，请大家用心去感受神赐大地的一切吧！

（4）则渣洼沟

稍事休息，就请各位跟随我上车，沿日则沟返回到诺日朗，向左边的则渣洼沟进发吧，沟内有则渣洼寨、上下季节海、五彩池和长海等主要景点。

①上下季节海

上下季节海是随着四季变换而水量有增减、季节性出现的海子。

下季节海是岩溶洼地阻塞而成的湖泊。湖水全靠雨季地表水及地下水补给，冬季因地下水位下降而最终干涸。

上季节海也随着季节的变化而变化，春季和冬季随着日照的延长，水面下降；夏季和秋季的时候，随着降雨量的增多，而使季节海水上涨。在冬季时，上季节海的海水完全干枯的时候，这时的上季节海形成了一个放牧滩，并且生长着一种被联合国列为一级保护植物——若然维奇。

②九子同心石

在九寨沟，水中长树确实令人耳目一新，可是石头上长树或许就鲜为人知了。在这片绿茵茵的草坪上有若干大石块，很多石块上都长着两种以上的树木。最大的那块重数十吨重的心形石头上长着冷杉、云杉、桦木、柏树，大小共9株，盘根错节、相织相交、纵横交错、相拥相抱。人们为它取了个十分形象的名字"九子同心石"。夏季雨水充沛时，九棵树木参差不齐，深绿、淡绿、翠绿，树树有别，形成了"树石一体"的生态景观。秋天一到，桦树皮泛着淡淡的红光，树叶翻飞出金黄的衣甲，在阳光的照耀下，树与石难以分辨，它们个个风姿绰约、妖娆绚丽，形成了"九子同心石"的大家庭。

③五彩池 长海

过了上下季节海，我们继续上行，将看到九寨沟最小的海子——五彩池和最大的海子——长海。

最小的海子小巧玲珑、明艳夺目，这就是五彩池。据说它是仙女沐浴留下的胭脂所形成的，因此美艳夺目、摄人心魄。五彩池海拔2 995米、深6.6米、面积5 645平方米。因为五彩池的水来自长海，通过地下水渗透，所以五彩池的水底常年保持恒温，冬季不会结冰。沿着189级石阶而下，可看见五彩池中钙质岩层像一朵开放的莲花，别具一格，在太阳的照射下，更是绚烂多姿。它的美丽是我无法用言语表达的，朋友们要用心去看去体会去感受。一路上我们已经看到了九寨沟许多美丽的景色，感受颇为丰富，这里集中了所有九寨沟水的颜色，大家就慢慢品味吧。

我们现在到了九寨沟内最大的、海拔最高的海子——长海。长海海拔3 060米、长约7.5千米、水深44.57米、最深处可达80米。长海是远古冰川的"儿子"，它没有出水口，靠冰碛物阻塞成湖，长海的南边冰川雪峰上的积雪是长海的水源，所以称长海为"装不满，漏不干的宝葫芦"，每当夏秋时节，长海水色湛蓝，无污染液化石油气船可载您在宽阔的长海中游弋，冬季长海水面上会结上厚度60厘米的冰层，这时长海又成了冰的海洋。

长海边常年伫立着一棵"独臂老人柏"，传说长海中时有怪物，而老柏守护着长海，为长海增添了几分神秘的色彩。"独臂老人柏"实际上是一棵树，由于长年风化，所以这棵树横向发展，左边没树桠，右边生长着许多虬枝，在美学上被称为"旗树"。

（稿源：余志勇根据九寨沟作品网整理）

8. 四姑娘山

各位朋友：

我们经过都江堰、映秀、卧龙，翻越海拔4 000多米的巴郎山，经过六个小时的艰辛跋涉，一路美景相伴，终于顺利抵达东方阿尔卑斯脚下的日隆镇。现在我将与大家一道去揭开四姑娘那神秘的面纱。

（1）四姑娘山

现在映入我们眼帘的就是四姑娘山，它位于邛崃山脉中段，地处川西高原与四川盆地西部盆周山区的交接带上，隶属阿坝藏族羌族自治州小金县，东距成都230千米，景区总面积为450平方千米，由一山三沟组成：四姑山、双桥沟、长坪沟、海子沟，现为国家重点风景名胜区和国家级自然保护区。景区内雪峰耸峙、冰川横陈、空气十分清新，植被茂密、生物种类繁多、景致奇特、生态原始、别具情韵。外国的游客惊叹她的美丽，称之为"东方的阿尔卑斯"。

四姑娘山是指四座比肩耸立、高度不同的女神山，延绵150千米，其主峰为四姑娘山又称幺姑娘山海拔6 250米，为邛崃山脉的最高峰，有"蜀山皇后"之称；其余3座依次为三姑娘5 664米、二姑娘5 456米、大姑娘5 355米。需要说明的是，大姑娘山只看得见她的身体，所以没有峰尖。1980年秋，四姑娘山对外开放，并开展登山运动，1989年7月3日，日本同志社大学登山队在5次试登后征服顶峰，迄今已有美、日、荷兰、尼泊尔、瑞士、意大利等10多个国家和地区的登山队到四姑娘山登山探险。在日隆镇的四姑娘山景区管理局，就挂满了各国登山队员署名的旗帜和留言。

四姑娘山，嘉绒藏语叫"斯格拉柔达"，意思是保护山神。相传，在很久以前，日隆这个地方洪水泛滥，人们深受其害。万山之祖扎依扎嘎，派遣了斯格拉、阿叶仁娜和都尔麦三位非常精明能干的山神下凡，以拯救苍生。后来阿叶仁娜和斯格拉相爱生下了四个可爱的女儿，长大成人后更是一个比一个美丽，其中最小的四姑娘特别聪明，她的一举一动打动了都尔麦的心，于是，都尔麦决定向四姑娘求婚。

不料都尔麦求婚受挫，便丧失理智由神转化为魔，打开了天河，让天河的水奔泻到人间，大地再次被洪水淹没。四姑娘为了拯救苍生，同时也拯救都尔麦，独自骑上外婆阿姑婆婆的神雕，找到了万山之主扎依扎嘎，她向扎依扎嘎的儿子贡嘎大哥学习用绣花针编织云朵、风、雨、雷、电等本领。四姑娘不仅美丽，而且非常能干与好学。不久便赢得了贡嘎的喜爱，并给了他一件定情之物——雪山白玉石，又送她三件宝物：一付弓箭、一面日月宝镜、一件变幻无穷的五色百鸟衣，以便降服都尔麦。

当四姑娘返乡时，扎依扎嘎大神给了四姑娘三颗沙棘，要四姑娘找机会给都尔麦服下，这样就能救都尔麦，并叮嘱她，雪山白玉石千万不要吞进肚里，要不然会化成一座山，然后目送四姑娘骑上神雕离去。

四姑娘回到日隆，先放出神雕，通知姐姐和阿姑婆婆，自己穿上百鸟羽衣找到了都尔麦。四姑娘试着说服都尔麦，但都尔麦根本不听。他们进行了一场恶战，都尔麦凶相毕露，又去扒开天河。四姑娘无奈，只得抛出宝镜将都尔麦照住，开弓射中了他。趁都尔麦嗥叫时，给都尔麦吞下了三颗沙棘。此时大地已一片汪洋，万物生灵危在旦夕。但同时，沙棘发挥了作用，都尔麦消除了恶性，感到万般惭悔。为了赎罪，便化为一座大山去挡天河的水，可是根本挡不住。于是四姑娘接连抛出了弓箭、百鸟羽衣、日月宝镜，化为一座座大山去挡天河水。阿妣婆婆此时和三个姐姐也骑着神雕过来，阿妣婆婆看水势很大，首先和神鹰变成山挡住了西边缺口，可是东边的缺口仍然很大，最后，四姑娘和三个姐姐牵着手，吞下雪山白玉石，她们一起化为四座山峰，终于挡住了天河下来的洪水，远处那座最高的山峰就是四姑娘山了。你看她那白玉般的容颜，银光闪烁，婷婷玉立如羞涩的少女，甜美端庄、风采诱人。时而有一缕白云如哈达系腰，云动山移，柔美中不乏阳刚之气。四个姑娘们以她们博大的爱赋予了四姑娘山亘古延绵的永恒风骨，山下水的灵动、山腰雾的弥漫、山顶云的飘逸，让万物生灵重建了自己的家园，让这里处处是仙境，充满了动感，充满了生命的韵律。

（2）双桥沟

双桥沟景区全长 34.8 千米，面积 216.6 平方千米。由于有两个木桥，所以称为双桥沟。它是景区内面积最大、景点最集中的区域，也是目前唯一能够乘汽车进入的一条沟。双桥沟有 37 条纵横交错的沟壑溪涧，高山雄峙、氛围肃杀，如将军剑上的道道寒光；而谷地的人参果坪和草甸、撵鱼坝，也会赋予山林秀美的浪漫情怀。

现在已经到达双桥沟，我们进入的这段峡谷称为阴阳谷，两岸绝壁对峙、山林耸翠。阿妣河从中流过，河宽仅 10 米，水流湍急。现在太阳已出来了，这边有太阳光照着，而另一边却照不到，真可谓是一阴一阳。这大自然的阴阳之美就全靠大家用心去领会，用爱去拥抱，用眼睛和照像机去捕捉了。

过了阴阳谷，我们正面有一座山，相传它是阿妣婆婆的神雕变的，请大家下车看看，像吗？

现在大家已进沟 8 千米，可以看到四姑娘的百鸟羽衣化成的五色山了，大家手中的门票上就是她的玉照，五色山海拔高度 4 473 米，是阿坝州最典型的褶皱山，因地壳运动形成巨大的山体。一条约 1 千米长，由赤、黄、青、兰、白五色镶成一个大半圆彩弧岩层，色彩排列近 30 层，非常规则，又象古树横切后现出的半圈年轮。每当太阳直射时，它便会反射出五道淡淡的光晕。尤其是雨过天晴，五色山就会清晰地现出一条彩弧，非常神奇。

请大家注意看我们两边的形状特别漂亮的绿树，它们就是被称为维 C 之王的沙棘树，双桥沟的沙棘树不仅仅成片成林、生长茂密，而且特别高大，沙棘树一般都是粗不到碗口，高不过 5 米，这里的沙棘树却大多是粗大到一人合抱不住、高出七八米的"沙棘王"。一走进沙棘林，那碧绿泛光的伞状树冠、虬曲傲岸的黝黑枝干，营造出景区亮丽的风景。如是秋天，树上密密排列的金色果实，如寒冬腊梅怒放，更是让人兴奋不已。请大家继续前行，再往前去还有很多处风景如画的沙棘林等着各位呢！

这片沙棘林的上方就是日月宝镜岩，请大家顺着我指的方向看，对面那山色像古铜色、白色和黄色的石头相嵌在山间，好似一面镜子的镜架，而峰顶上那巨大的四方形岩石、平整如镜、中部一条巨大的裂缝将镜面一分为二的山，就是四姑娘的日月宝镜变成的山岩，由于峰高海拔 4 800 米，镜面多数时间积雪不化，在阳光、月光的照射下，就会出现金光万道或者寒光四射的壮观景色。

我们面前这个上千平方米的宽阔草坡叫人参果坪，因生长人参果而得名。人参果，藏语叫觉玛，长在草根，大小不一，味道鲜美甘甜，可以食用，也可入药，能益气补血。人参果坪的风景十分美丽，草坪上绿草如茵，星星点点的小花点缀其间；曲折盘绕的河流泛动着清亮的波浪；河对面山坡上千姿百态的绿树，掩映着银白滚动的小溪；几支野牧的看不清是小羊还是小猪，悠闲地在溪边移动着……这里是多么宁静、多么清纯的大自然景色啊！难道还不值得你举起相机，把它同你一起留下来吗？如果你穿上沟民们专门准备的民族服装，牵着一匹马或者傍着一头牦牛摄影，那感觉就更绝了。

那是金枪岩，距沟口约 17 千米，海拔 5 472 米。山峰如古代兵器的金枪，传说是四姑娘神弓箭变的。它在山中独峰高耸，大有"刺破青天锷未残"的气势，也有说是后面猎人峰的打猎武器变的。民间传说总是把四姑娘山的山山水水都与她降魔除害的故事联在一起，以表示对造福生灵的神的崇敬。

这里叫撵鱼坝。上百亩的草甸伸向山沟，坝上一条曲折迂迴的藏式木栈桥供大家步行观景，青草萋萋、野花遍地、山水相融、草木增辉，四周一片安静，仿佛世外仙境。栈道尽头处就是牛棚子，顾名思义，那就是牧人之家，现在也是一个旅游接待点，走了这么远的路，进去坐一坐，品尝主人为我们准备的鲜奶子、酥油茶，吃一吃喷香的牦牛肉和藏民自制的烧馍馍，这是双桥沟特有的风味餐，千万不要错过。

右边这座山上有一块红色的岩石，好像是流淌的鲜血染成的，传说是大姑娘砍头的地方。因为山形像一个硕大的牛心，又叫牛心山，海拔 4 942 米。四姑娘山区这种红色的岩石很多，据说是石上寄生的一种虫类，也有的说是一种藻类形成的，究竟是什么？有待考证。

过了鹰咀岩，前面就是阿姑山了，海拔 5 033 米。阿姑婆婆是四姑娘的外婆，你看她头顶藏式头帕、满面皱纹、背部微驼，像一位庄重慈祥的藏族老人。山腰上部那道灰暗的冰带是第四纪古冰川，那莹白光亮的就是现代冰川。

朋友们，双桥沟的游览就到这里了，前面的景观就在此眺望吧！明天，我们将游览长坪沟和海子沟，那里的山径、马道、密林藏寨的景色更加精彩。

（3）长坪沟

长坪沟位于四姑娘山脚下，全长 34 千米。古老的马道是入沟的唯一途径。

长坪沟内保存着千年依旧的莽莽林海，一列列高大的躯干伸出手臂交织缠绕，形成遮天蔽日的绿色帐蓬，它们和脚下永无休止的流水相伴，记录着千百年来自然万物的生命与轮回。

这里没有丝毫的人工雕饰，一切都是自然天成。长坪沟火一般的红石奇观，张扬着大自然的伟力，就连别具一格的嘉绒藏族村寨，也因为与环境的和谐一体，使人浑然忘却其本是人文景物。

（4）海子沟

海子沟全长 19 千米，一路上径曲通幽，仿佛一条没有尽头的画廊。

大海子是沟里五个高山湖泊最大的一个，明镜似的大海子波澜不兴、静如处子，为远道而来的游人涤尽心中的疲惫。

女士们、先生们，我们一路风尘，即将置身这一片如诗如画的情景之中，我想愉快地告诉大家，四姑娘山正以它独特的魅力越来越受到人们的关注。在四川省旅游规划中，四姑娘山风景名胜区被定位于"生态旅游的经典之作"。

在我们职业化的眼光里，四姑娘山宛如一部风光大词典。那一座座山峰、一条条沟壑，都是精辟的词条，永远留给爱山爱水的人们自己去查阅。所以，我在还有10分钟抵达目的地的时候，结束我这一路的途中导游，让大家在这个宏大的自然博物馆中伴着天籁之声，去体味咱们的畅游。谢谢大家！（作者：于志勇，根据科潮网相关资料整理）

二、雅安市

9. 蒙顶山

各位朋友：

蒙顶山风景名胜区位于四川盆地西南边缘，在与成都相距100千米的雅安名山县境内，由蒙顶山、百丈湖、清漪湖等景区组成，现为四川省人民政府审定公布的第一批省级风景名胜区。

蒙顶山在名山县城西15千米处，山体长10千米，宽约4千米，最高峰海拔1 456米，年平均气温13.5摄氏度。山上土层深厚、土壤肥沃、雨量充沛、气候宜人、植被茂盛。这里最大的特点是雨多、雾多、云多，常年云雾茫茫、烟雨蒙蒙，"蒙山"之名就是因此而来。蒙顶山古有"蒙顶旷览绝天下，蒙顶夏凉甲天下，蒙顶名茶扬天下，蒙顶佛经传天下，蒙顶补天盖天下"之说。来到蒙顶山，观景、品茶是我们的主要使命。蒙顶山特色在于雅，即融秀雅、幽雅、古雅、高雅于一体。

说它秀雅，在于蒙顶山森林覆盖率高达95%，植物树种达373种，可谓满山拥翠、爽目清心。蒙峰三十八，各具秀色。当你登临山顶，仰则天风高畅，万象萧瑟；俯则羌水环流，众山罗绕，心胸顿感开阔，故称"旷览"。蒙顶山分前后两部分，前山绝壑飞泉、寺藏翠霭、茶园片片、绿浪连连。言其幽雅，指后山巨石嶙峋、藤索蔓绕、林荫蔽日、曲径通幽。进入景区，12条石板游道盘旋交错，9 900台阶勾连迂回，探迷峰、览胜景、听泉鸣、闻鸟声，心旷神怡，几疑置身世外桃源。春天山花烂漫，茶畦拥翠；夏天云烟飘缈，翁郁清凉；秋天层林尽染，姹紫嫣红；冬天玉树银花，瑶峰琼壑，真是"人夸峨眉天下秀，蒙顶山堪比更添幽"。

蒙顶山之古雅，在于文物古迹众多、历史遗产丰厚。为人瞩目的"株甘露"、"皇茶园"、蒙泉古井、万年石笋、千年寺等都有深厚的文化积淀。还有近代作品大禹石像、蒙茶仙姑，因造型生动、位置适宜，也添雅致。

蒙顶山之高雅，在于它得天独厚的生态环境孕育出声名远播的蒙顶茶，并形成了独特的蒙顶山皇茶文化。早在西汉甘露三年（公元前53年），蒙茶祖师吴理真就开始在蒙顶山栽培野生茶树七株，后人称"仙茶"，也就是现在的皇茶园。自唐玄宗天宝元年（742年）被列为贡品，成为皇帝祭祖天地、祖宗的专用品，一直沿袭到清末，历经一千多年而不间断。在民间，蒙顶茶被看成祛病除疾的防癌保健品。五代时期毛文锡的《茶谱》形容蒙茶为"服一两能祛宿疾，二两眼前无疾，三两故以换骨，四两为地仙"。

"杨子江心水，蒙山顶上茶"的民间谚语流传甚广。从唐至宋，蒙顶山贡茶誉满朝野。深谙音乐和茶道的唐代大诗人白居易把"弹渌水之曲，品蒙顶之茶"共称人生一大快事。黎阳王《蒙山白云茶》诗曰"若教陆羽持公论，应是人间第一茶"。宋代诗人画家文同《蒙顶茶》诗曰"蜀士茶称圣，蒙山味独珍"。一个"称圣"、一个"独珍"，对于蒙顶茶作了最高而最恰当的评价。明清至今，不少的雅士名家也都留下了众多吟诵蒙山茶的华章佳句，他们从各个角度、各个时期把蒙茶"色淡香长品自仙"的仙味，淋漓尽致地描绘出来了。茶以文传，文随茶播，茶文化给蒙顶山赋予了深刻的文化内涵，增加了蒙顶山景观的深度，显示出高雅的格调和意境。

蒙顶山美景与蒙茶祖师吴理真息息相关。这里是茶史博物馆，正殿塑吴理真全身坐像，四壁绘仙茶历史及传说壁画，内陈列历代茶具和有关文史标本。蒙泉，相传为西汉吴理真种茶汲水处，又称"甘露井"。传说与吴理真结为夫妻的羌江河神之女蒙茶仙姑就从此井出入，故又名"龙井"，井中水不多，但"雨不盈，旱不涸"，常用一个石盖严实地盖住。乱揭井盖会带来大雨倾盆的说法，给蒙泉井添上了神秘的色彩。羌江河神的女儿因人神结合，触犯天规，河神大怒之下，将仙姑化为山峰，人们称此峰为玉女峰，从此"千载美谈不断，一尊玉魂永存"。

蒙茶仙姑汉白玉的雕像立于玉女峰之上，吴理真种茶休憩处所——甘露石室位于蒙茶仙姑雕塑对面，百门、石柱、石壁、石梁、石挑檐、石顶，为全石结构建筑，漏光不漏雨，建筑风格甚为独特，内塑吴理真侧卧像一尊。

过彩色龙凤照壁，就到了皇茶园，因周围五峰形似莲花，皇茶园正处于莲心而成"风水宝地"，此园始建于唐代，宋孝宗淳熙十三年（1186年）正式命名。两侧有"扬子江心水，蒙山顶上茶"石刻楹联，横额书"皇茶园"，园后是白虎巡山护茶图像。

这里是用精选的蒙顶山石料精雕细刻的阴阳石麒麟浮雕，无论春夏秋冬、阴晴雨天，浮雕上的云雾和海水都是湿润的，而麒麟却始终干燥，实为蒙顶之一大奇观。（作者：曹含梅）

三、甘孜州

10. 海螺沟

各位朋友：

欢迎大家来到海螺沟，海螺沟冰川森林公园是贡嘎山风景名胜区的主景区，现为国家级风景名胜区，国家4A级景区、国家地质公园、国家级冰川森林公园和国家级自然保护区。海螺沟地区地形复杂，游客应特别注意安全。一般游客及老弱者以在低山区参观游览为佳。体力强健者登临中、高山区时应注意防寒、防雪崩、泥石流和冰裂缝，注意高山缺氧的危险。

海螺沟冰川森林公园位于贡嘎山东坡的冰蚀河谷，总面积197平方千米。海螺沟距成都282千米，距泸定县城52千米，距康定72千米，是目前世界上已发现的为数极少的、一年四季均可身临其境的、最容易进入的亚洲最东的融低海拔海洋性现代冰川、温泉、雪山、原始森林以及古冰碛湖为一体的大型综合性风景区。

关于海螺沟的由来，历史上有这样的传说：后藏噶举派大成就者唐·东杰布法王知识渊博、先知聪慧，是杰出的和有影响的建筑家、佛学家、戏剧家、藏医学创史人和桥梁大师，一生功绩显赫、功名成就；曾云游印度、汉土及康藏各地；在西藏、甘孜、青海藏区修佛塔 128 座，建桥 128 座；在西藏创建药王庙，在医药方面造诣极深，发明了能治百病的藏药白丸和能治流行瘟疫的藏药红丸；编写创作了多种歌舞剧，演唱历史故事，是藏戏创始人；卒于康区，享年 125 岁，是藏族中最长寿老人。唐·东杰布法王在海螺沟、燕子沟、大渡河谷都留下了他跋涉的足迹，现仍可见他修建的寺庙、玛尼堆和佛塔的旧址。公元 1705 年仲夏一天，唐·东杰布法王来到泸定桥建桥工地，见工匠们正为架铁索渡河一筹莫展，他指点工匠们用竹索穿短节竹筒，筒上用竹绳系上铁索慢溜吊渡。工匠们照他的办法将长 40 余丈、重 2 000 多斤的铁索悬空溜吊，法王见工匠们拉不动索链时，便取出随身携带的海螺吹了三声，神奇的海螺声让筒溜索开始滑行，安全地渡完 13 根铁索链。泸定桥建成后，唐·东杰布法王取道海螺沟翻雪山到西坡修寺建塔时，在海螺沟夜宿于高山密林中一冰川巨石岩穴下，早晚在石穴前口念佛经，面向贡嘎神山跪拜，一吹海螺便引来林中禽鸟动物围着石穴听他念经。唐·东杰布法王离去后，鸟禽动物仍按法王原来吹海螺的时刻聚集在岩石穴四周，在石穴顶部竟长出棵棵树木、花草，一派芸芸众生景象。唐·东杰布法王有天给他的弟子托梦，说他在海螺沟住过的岩穴巨石，已被贡嘎山神策封为"海螺灵石"。因他随身宝物为海螺，所以封他跋涉过的那条深谷为"海螺沟"。海螺沟、海螺灵石的名字由此得来。

海螺沟开发成旅游景区后，吸引了无数游人对神秘海螺灵石的祭拜。不时有活佛喇嘛和佛教徒向海螺灵石挂哈达、念经，并跪拜神灵。

海螺沟的特色之一是日照金山。若你身处山脚，远望终年积雪不化、气势恢宏的贡嘎雪山，一种肃然起敬的感觉会油然而生。海螺沟是观赏"蜀山之王"——贡嘎山的理想地，游人可于日出前登上二层山或狮子岩，放眼四望，太阳升起的瞬间，数十座雪山便披上了灿烂夺目的金光，光芒万丈、瑰丽辉煌，这就是海螺沟最著名的日照金山。

特色之二是低海拔现代冰川，冰川从低海拔高峻峡谷铺泻而下，将寂静的山谷妆点成玉洁冰清的琼楼玉宇。海螺沟以其大型低海拔现代冰川著称于世，共有 3 条冰川，其中之一是贡嘎山东坡的一条自然冰川，也是亚洲同纬度冰川中海拔最低、面积最大、可进入性最强的冰川，冰川长约 15 千米。冰川舌前端海拔仅 2 850 米，冰川舌伸进山谷和森林 6 000 米，由于冰川运动，形成了冰石磨菇、冰阶梯、冰刻槽、弧拱、冰湖等形态，并汇集成瀑。其大冰瀑布高 1 080 米，宽 500~1 100 米，是我国至今发现的最高最大的冰瀑布，是著名的黄果树瀑布的 15 倍，被誉为世界奇观，晴天月夜、景象万千，令人终生不忘。

特色之三是沟内蕴藏有大流量沸泉、温泉，还有甘甜可口的冰融泉和矿泉。温泉、沸泉温度介于 50℃~92℃，属于碳酸钠或碳酸氢钙中性热泉，是优质浴疗矿泉水。已建成水温 40℃~60℃的游泳池，游客可在沟内洗澡、游泳。其中二号营地的温泉水温高达 80℃，出水口可煮熟鸡蛋和马铃薯，日流量 8 900 吨的沸泉顺崖而下，形成一道高 10 米、宽 8 米的瀑布，是世界上少有的温泉瀑布。

特色之四是原始森林与温泉、冰川共存。大面积原始森林和特高的冰蚀峰，大量的珍稀动植物资源，金山、银山交相辉映，蔚为壮观。海螺沟具有亚热带到高山寒温带的完整的 7 个植物带谱，保存着许多第四纪的活化石，植物超过 5 000 种，荟萃了我国大多数古老原始的生物种类，拥有大量珍稀植物，如杜鹃、康定木兰、连香树、红豆杉、麦吊杉等，每年 5 月杜鹃等各类鲜花盛开，整个山沟五彩缤纷、美艳如画；沟内的爬行类、飞禽类、昆虫类动物超过 400 种，其中珍稀动物达 28 种之多，如牛羚、小熊猫、猕猴、雪豹、岩羊等。

特色之五是"一沟有四季，十里不同天"的气候特征。海螺沟位于四川盆地与青藏高原的过渡带上，属于青藏高原边缘——横断山系的高山峡谷地貌类型。境内山脉、河流近似南北伸延，岭谷高差悬殊，由东坡大渡河谷地至主峰顶，水平距离 29 千米，而相对高差 6 500 米，为世所罕见；加之处在我国东部亚热季风区与青藏高原东部高原温带半湿润区过渡带上，由于罕见的高低悬殊，因而造成了海螺沟气候的多样性和垂直分布，从沟口至沟尾具有亚热带、暖温带、寒温带、寒带几个气候带，故海螺沟有"一沟有四季，十里不同天"的气候特征。贡嘎山主脊线以东的海螺沟为东部季风区域，受东南季风的影响，其气候特征为潮湿多雨、冬暖夏凉、云雾多、日照少，年降水量 2 000 毫米左右，雨水集中在 6~9 月。山下长春无夏、植被丰美、气候宜人，年平均温度在 15℃ 左右。山顶则终年积雪，年平均温度为 -9℃。外地游客若要领略海螺沟特有的低海拔现代冰川（海拔 2 850 米）的风采，宜早作御寒准备。（作者：曹含梅）

第三节　川南旅游区

一、眉山市

1. 三苏祠

各位游客：

大家好。我是导游×××，欢迎你们光临苏东坡故乡——四川省眉山市，今天将由我陪同大家浏览三苏祠。

三苏祠原位于眉山市城区内，距成都乐山均为 80 千米，原是宋代苏氏故宅，后人为了纪念苏东坡和他的父亲苏洵、兄弟苏撤，于明代洪武年间在此建祠祭祀；明末毁于战火，后历经清康熙、嘉庆、光绪三朝修建并保留至今。三苏祠占地 86 亩，由三进四合院组成，为典型的四川清代建筑群，园内红墙环抱、古木扶疏、荷池相通、翠竹掩映，"三分水四分竹"构成了古朴典雅的岛居特色。祠园秀色加上三苏文章深厚的文化底蕴使之成为成乐旅游线上一处最佳的旅游景点，更是历代名流雅士、文人墨客拜谒凭吊千古文豪苏轼的文化圣地。

现在我们看到的古祠大门上方悬挂的"文献一家"巨匾，就是对三苏父子在文学上巨大成就的充分肯定。门联"一门父子三词客，千古文章四大家"，为清代大学士赵鹏所撰。"千古文章四大家"指的是苏轼、苏洵、苏辙和苏东坡的小儿子苏过，这是对苏轼一家在中国文学史上崇高地位的高度赞誉。现在我们看到的是三苏祠的南大门，门楣上悬挂朱底金字横匾"三苏祠"三个大字为原四川大学国学院院长向楚所题。

现在，我们来介绍一下这里的主人公苏东坡。苏轼（1037—1101 年），字子瞻，号东坡居士，是我国宋代一位出类拔萃、博学多才的大文豪，也是一位忠君恤民的政治家。在政治上有过短暂的显赫，但由于他秉性刚直、才高招忌，为当道者所不容，屡遭陷害，贬官削职，险被杀头，在颠沛流离中结束了政治生涯。然而他在文学上取得的惊人成就，像永远不落的北斗星一样，在古代文学家队伍中，一直闪烁着夺目的光芒。

苏轼是罕见的全能天才，在文学上雄视百代，无论是在诗、词，还是在书法、绘画等领域，都是独树一帜。尤其是苏词，成为了中国豪放派的开山祖师。流传至今的词诗 2 800 余首，脍炙人口的名篇名句很多，不少诗词被视为经典，一直受到后人的传诵、赞美。如《念奴娇赤壁怀古》的"大江东去浪淘尽，千古风流人物"，表达了苏轼对古代英雄人物的赞美和自己壮志未酬，只有洒洒江月的感叹。又如《水调歌头》的"明月几时有，把酒问青天……人有悲欢离合，月有阴晴圆缺。此事古难全，但愿人长久，千里共婵娟"，表达了词作者趋尘出世、热爱生活、珍惜友情、乐观旷达的人生态度，千百年来脍炙人口，成为中秋思亲的传世佳作。

苏轼书法，史称"苏字"，被奉为北宋书法之首。他先学王羲之，后学颜真卿，集众家之长，自成一体，"端庄又秀丽，刚健含婀娜"，创立了"尚意"书风，名列宋代四大书法家首位，留存下来的作品十余件。最有名的《寒食诗》真迹，称为天下第三行书（第一为王羲之的《兰亭集序》，第二为颜真卿的《祭侄文》）。在碑廊的四个碑亭里陈列着苏轼四大楷书的真迹名碑，如醉翁亭、丰乐亭、表忠观碑等，稍后我们来细细品赏。

苏轼绘画也享有盛名，是"文人画"派创始人，善画竹木奇石之类。他提出绘画理论，如胸有成竹、贵在神似、诗画本一律等。他的画流传至今且比较有名的有两幅，一幅是枯木竹石图，一幅是潇湘竹子图（该图为邓拓在市场上收集，以高价购之，现藏故宫博物馆收藏）。

苏轼在音乐、医学、农业、养生烹饪方面也多有建树。比如他做的东坡肘子、东坡鱼、东坡羹等东坡系列菜，是川中家喻户晓、人人爱吃的西蜀名菜。今天中午我们将安排大家品尝一二，大饱口福。

2009 年 4 月，苏轼诞辰千年公祭在三苏祠隆重举行，全球苏轼宗亲和文坛高儒齐聚于此，缅怀三苏父子，传承三苏文化。同志们：世界上的伟人有 100 名，中国仅三位，即先秦孔子、宋代苏轼，近代孙中山。苏轼因文坛奇才而当选。

我国民间有"古今三手笔，天地一眉山"之说，今天我们有幸与苏家零距离接触，参观了三苏祠，对三苏的生平和灿烂业绩有了基本了解。祠园野趣、碑亭题咏、馆藏书画珍品，更使我们领悟到了三苏文化的博大精深和三苏故居的强大魅力，真是享受了一顿丰富的文化大餐，足可以让人铭刻终身、回味无穷。

不过我要告诉大家，三苏祠仅仅是我们这次峨乐之旅的开端，下午和明天将同样精彩。我们旅游界有句行话，到四川峨乐线的主要看点是"一山二佛两家人"，山就是明天我们将游览的佛教名山——峨眉山；二佛指的是下午将参观的乐山大佛和乐山隐形睡佛；两家人指的是刚才我们看的三苏祠，还有下午将在乐山看到的郭沫若故居。

真是好戏连连，不虚此行。下面大家在三苏祠留影活动半小时，十二点在南大门集合午餐，午餐后继续我们的精彩之旅。（作者：李兴荣）

二、乐山市

2. 乐山大佛

各位朋友：

大家好！我是你们的导游小霞。顺着平缓的江水，我们的游轮已经来到乐山三江交汇处，大渡河、青衣江在此交汇后注入岷江。我们的正前方就是千年古佛——乐山大佛了。

乐山大佛是世界上最大的一尊石刻弥勒佛。你看它，端坐山崖，头齐山顶，脚踏江岸，何等的雄伟壮观！难怪它被世人称为"山是一尊佛，佛是一座山。带领群山来，挺立大江边"。人们不禁要问，是谁修造的大佛？为何要在此修造呢？

话说唐初海通法师结茅于凌云山中，此地因三江汇流，水量大增，每年夏汛时期江水如万马奔腾，直捣山壁，漩涡深急，船毁人亡的惨剧不断。海通慈悲大发，乃四处化缘筹款，建佛镇邪，填江平水，以解水患，并于唐玄宗开元初年动工修造，名曰镇水佛。可以说，乐山大佛的修造实际上是一项伟大的治水工程，所以也得到了政府支持。海通圆寂以后，两任剑南西川节度使章仇兼琼和韦皋负责进行续建，历时三代90年方才竣工。施工过程中"石可改而下，江或积而平"，大约6万石块坠入江底，漩涡减少了，水势平缓了，达到了"夺天险以慈利，易暴浪为安流"的效果。所以，我们的游轮也才可能在此风平浪静的江面上欣赏体会大佛与三江汇合的完美组合。

看到乐山大佛，不禁让我想到四个字——"大"、"佛"、"妙"、"长"。

怎么一个"大"呢？下面我们来做个游戏，用阿拉伯数字"1、2、3、4、5、6、7、8"来归纳一下大佛。

"1"是世界第一。乐山大佛通高71米，足足有24层楼那么高，比自称是世界第一的阿富汗巴米扬大佛还要高18米。

"2"是乐山大佛肩宽24米，足足可以让11个穿11号球衣的姚明在上面躺着睡大觉，而不嫌地方小。

"3"是大佛眼睛和嘴巴都是3米多长。

"4"是大佛修建经历了四代帝王。

"5"是大佛的眉毛5米多长。

"6"是大佛的鼻子近6米长，能与之媲美的恐怕只有大象的鼻子了！

"7"是大佛的耳朵有7米长。

"8"是大佛的脚背宽8.5米，可容纳100多号人在上面围坐聊天。

或许现在大家心里会有一个疑问，说无论怎么看，乐山大佛都不像有71米高呀！那为什么小霞要给大家说是71米呢？其实答案就在大家脚下，实际上在修建之初，大佛包括佛身和我们脚下的莲花台两个部分，在饱尝了1 200多年的风风雨雨以及流水侵蚀过后，莲花台的样子已经不复存在了，但它作为大佛的一部分，是不可分割的，所以说乐山大佛世界第一，当之无愧。

说完"大",我们来谈谈这个"佛"字。乐山大佛地理位置神奇的地方在于,它正好处于1989年发现的巨型睡佛的心脏处,这暗合了"心即是佛,佛在心中"的佛理,形成了"佛中有佛"的奇观。更为神奇的是,1999年在大佛的胸口位置还发现了一个小佛。这样,睡佛、大佛、小佛,一佛套一佛,"佛中有佛,佛中还有佛"。你说神奇不神奇呢?

接下来我们就来品味乐山大佛之"妙"。现在请大家看一看大佛两侧崖壁上的岩石,这是一种质地疏松、容易风化的红色砂岩,乐山大佛正是在这种岩石上雕刻而成的。那为什么乐山大佛能够在此矗立1 200多年"风雨不动安如山"呢?首先是乐山大佛地理位置之妙,乐山大佛位于凌云山西部的阴坡上,加上佛体周围有稠密的林木保护,地质结构稳定,佛身处于江湾地段,隐于山体之中,这样减少了风雨和流水对它的侵蚀,因此岩石风化较为缓慢。其次之妙在于,大佛竣工之时,主持者剑南西川节度使韦皋不惜斥资数万,修造了一个高13层的楼阁覆盖,根据史料记载,其高至少70米以上、宽50米左右,名曰"大像阁",遗憾的是毁于战火,现在我们不能欣赏到它的辉煌壮阔,如今只能看到两侧崖壁上遗存的很多洞穴,但不管怎么说,它也像母亲一般呵护了大佛至少450年。最后就是乐山大佛排水系统之妙了,大佛发髻的第4层、第9层、第18层都各有一条排水沟,与大佛衣褶的排水渠道共同形成排水渠道网;再加上耳背、正胸、手臂巧妙的排水功能,这样前前后后、左左右右、上上下下,浑然一体,怎一个"妙"字了得,不说不知道,一说真奇妙。

最后就是个"长"字,大佛的长包括两个方面,一是修建时间长,开凿于唐玄宗开元元年(713年),经肃宗、代宗,最后于唐德宗贞元十九年(803年)竣工,历时90年,共经海通法师、两个剑南西川节度使章仇兼琼和韦皋三代人之手,才得以建成。二是大佛的岁数长,仔细一算啊,大佛已经有1 200多岁,比西方的圣诞老人要老多了啊,可谓是"笑看风云过,弹指一挥间"。

好了,到这里,大家是否记住了"大"、"佛"、"妙"、"长"四个字呢?的确,大佛妙长,让我说不完、道不尽。人们形容它"山是一尊佛,佛是一座山",它是世界上最大的一尊石刻弥勒佛,雄伟壮美,千百年座守三江,香火不断,已成为全世界人民的宝贵精神财富,1996年被联合国教科文组织列入了世界自然与文化遗产。

现在,留30分钟的时间请大家自己去探个究竟吧!美景固然重要,安全不容忽视,所以我再次提醒大家拍照时务必注意安全,不要拥挤,以免跌入江中。半小时后在山顶平台集合,我们将沿凌云栈道去探寻那古老而神秘的东汉麻浩崖墓。值得一提的是,一代大文豪郭沫若老先生都称它"有搞头"(四川话,也就是说很有研究价值的意思)。到底有什么"搞头"呢?待会儿大家就会知道了啊!(作者:杨朝霞)

3. 峨眉山

各位游客朋友们:

大家好!欢迎大家来四川峨眉山旅游观光!我是导游员×××,很高兴能陪同大家游览世界自然与文化遗产——峨眉山。

峨眉山位于峨眉山市,地处川西南,距成都154千米,距乐山38千米,景区面积150多平方千米,海拔500~3 099米,景区内群峰挺秀,终年常绿,被称为古老的植物王国，自古有"峨眉天下秀"之美誉，现为国家5A级风景名胜区。峨眉秀美的自然风光，孕育了悠久的宗教文化。佛教从公元1世纪传入峨眉山，经历了2 000年的发展，造就了许多高僧大德，现存寺庙30座，有僧尼300人，因这里是"普贤菩萨"道场而著称于世，成为佛教四大名山之一。

峨眉山景点众多，共分为报国寺、清音阁、万年寺、金顶四大景区。由于时间关系，我们今天只游览山腰的清音阁和万年寺景区，大约需6个小时，在中午1点从五星岗停车场出发返回市区午餐，午餐后返成都。

刚才我们穿过了"天下名山"古牌坊，标志着已进入峨眉山景区，车行20分钟后我们将在万年寺停车场下车，然后乘索道到万年寺。

朋友们，我们前方就是万年寺。万年寺景区由弥勒殿、大雄殿、砖殿、斋堂、钟楼等景观组成，是峨眉山规模最大的寺庙群。除砖殿外，其他建筑都是新中国成立后原址恢复重建的。请大家看山门上、下高悬的"万年寺"和"大光明山"两幅横匾和门柱上的楹联，有的朋友们就要问："万年寺是否已经有一万年的历史?"没有! 万年寺始建于东晋，距今只有1 600多年的历史，它为峨眉山八大寺庙之一，也是全国著名的皇家寺院，一共经历了四次更名：万年寺原名叫普贤寺，是由峨眉山的开山祖师慧持禅师所创建，创建之后，香火就特别旺盛，经常发生火灾，并在唐朝唐僖宗年间，被一把大火烧成一片灰烬。当时慧通禅师住此，为了能够镇住火，给寺庙取了一个名字，叫白水寺，为什么叫"白水寺"呢? 这是因为金木水火土五行中水能克火（这是第二次更名）。第三次改名是在宋朝，即北宋太平兴国五年，当时，这里有一位得道高僧叫茂真禅师，这位大师佛学造诣深厚、功德圆满，受到了宋太宗皇帝的嘉奖，命令大臣张仁赞用3 000两黄金购买青铜15万斤，打造了一尊佛像，即后来成为峨眉山镇山之宝的"普贤骑大象"，于是，又改了一个名字叫"白水普贤寺"。而第四次更名是在明朝，这里还有一段美丽的传说：明朝第十五代皇帝明穆宗有一个宠妃，叫慈圣妃子，她年轻貌美，接二连三地生了四个公主，为了长期能够得到皇帝的恩宠，她很想生一个儿子，因为皇帝所取的皇后和众嫔妃都没有儿子。她想：如果自己能第一个生下一个儿子，将来这个儿子就可以做太子，还可以做皇上，自己岂不是成了皇太后了? 于是她到处拜佛请愿，希望佛祖能赐给她一个儿子，但是都没有结果。在一天晚上，她做了一个梦，梦里有一位仙人对她说："你如果到峨眉山普贤寺朝拜普贤，普贤菩萨将会赐给你一个儿子。"第二天早上，慈圣把这个梦告诉给了皇上，皇上同意她离开皇宫，于是，慈圣告别皇上，千里迢迢来到峨眉山普贤寺，求普贤菩萨给她一个儿子，进香求拜时许了这样一个愿：如果普贤能给她一个儿子，以后她要为普贤披金身，并修筑一座砖殿将其供奉起来。慈圣在峨眉山虔心祷告了三个月，三个月之后回到皇宫，一年以后，果然生下了一位皇太子，就是后来的明神宗朱翊钧，神宗皇帝登基30年后，在为他母亲祝70大寿时，他命人在峨眉山菩贤寺修建了一座无梁砖殿，并御赐了一个名字叫"圣寿万年寺"，山里人简称万年寺。此名的意思是：一来祝愿母亲长寿，二来又祝愿自己的江山千年不毁、万年不倒。为什么叫大光明山? 因为峨眉山有这样一种自然现象，晨有日出，午有佛光，夜有圣灯，整个峨眉山一天到晚都笼罩在一片光明当中，所以峨眉山又叫大光明山，佛家众弟子认为，菩贤菩萨的道场就在大光明山，自然，峨眉山就成为了菩贤菩萨的道场。

这副门联"是谁将眼孔放开看得穿大千世界，到此要脚跟站定方许入不二法门"是什么意思呢？它是告诉我们：无论你信不信佛，你踏进之后，就要抛开红尘杂念。你来到峨眉山就表示与佛有缘，与佛有缘的人，就要礼敬这里的佛门佛规。比如佛规：在寺院里面我们不能吸烟，也不要大声喧哗，该说的话就说，不该说的话就千万不要说。为了表示你的最高敬意，还须请你进上一炷香。无论你是来拜佛的、开光的、请愿的，还是游山玩水的，都献上你的一炷缭缭香烟，俗话说："要拜佛，先烧香，要请愿，拜普贤"，而"普贤菩萨是有求必应的"。不过要记住：进香时，先借别人的火将自己的烛点燃，再用自己的香在自己的烛上点，这叫延续香火，拿着点燃的香横着拜三拜，表示平平安安，再竖着拜三拜表示顺顺利利。

现在就让我们跨进山门，爬上数个石阶去弥勒殿礼佛烧香吧。

刚才大家拜见了弥勒，我们还得去看一下这里真正的主人普贤菩萨。她在哪里呢？她早就在弥勒殿后上方的无梁砖殿里恭候大家了。我们来欣赏一下这与众不同的砖殿吧。据传建于明代，距今 400 余年了，是仿印度热那寺建造，上圆下方，殿高 18 米，长宽各 16 米。殿壁四周有七层佛龛，供奉大小铁头佛 1 080 尊。

请看砖殿中间骑在白象背上的普贤菩萨，这是公元 980 年由茂真和尚主持铸造的一尊观音铜质骑像，她形象谨慎静重，像通高 7.58 米，重 62 吨，为峨眉山镇山之宝，国家一级文物。那么有朋友不禁会问：如此笨重的铜像在数百年前没有公路和重型机械的条件下是如何运上山的呢？有的说，在成都昭觉寺铸造，分割运上山，再锻接而成；还有的说，峨眉本有铜矿和煤炭，清音阁附近的"药王洞"四周有烟熏火燎的痕迹，应是铸造这尊骑像留下的痕迹。熟真熟假，请大家去猜想吧。

参观完万年寺请大家随我出寺门右行下山，经白龙洞赴清音阁景区参观，途中约需半小时。

好了各位朋友，现在我们到达了清音阁，我们将环游清音阁景区，即先参观清音阁，然后经一线天、生态猴区、接王亭、中日诗碑亭、清音平湖，最后到达五星岗停车场集合。

清音阁又名卧云寺，因早晚雾气很重，云雾缭绕，远远望去，寺院好像飘浮在白云之上，所以又称卧云寺，它位于峨眉山牛心岭下黑白二水汇流之处，海拔 710 米，它是唐代慧通禅师主持修建的，里面供有佛主释迦牟尼和他的左右肋侍文殊和普贤之像。清音阁寺院的布局与别处不一样，呈"一"字排开，而其他寺院是几重殿组合而成，因为，清音阁地处峨眉山上山、下山的中枢，古代游人多称誉此为"峨眉山第一风景"。在这里，一年四季，无论昼夜，满山都回荡着水声，这水声单一而清晰，加上两桥，故名曰"双桥清音"，并成为峨眉山十大景区之一。

经过了一线天山间小道，现在我们来到全国最大的生态猴区，这里位于峨眉山的半山腰，这些灵猴见人不惊，与人同乐，与人相亲，便成为了山中独具特色的"活景观"。峨眉山猴子的尾巴特别短，故称短尾猴，学名藏猕猴，由于它们长期生活在佛教名山，又称"猴居士"。全山数百只猴子，它们各有自己的"阵地"，各有自己的"大王"。因为环境的关系，每一个片区的猴子都有自身的"特色"，于是就有了文明猴、流氓猴和强盗猴之分。不过俗话说："山中无老虎，猴子称霸王"，它是山中一霸，为了大家的安全，我还是提醒大家"远观而不可亵玩焉"。

我们现在看到的就是牛心亭，牛心亭和两边拱形的小桥远远望去像什么？像耕牛的头吧，而亭两边拱着的小桥，恰似牛头的角，是呀，牛耳朵、牛鼻子、牛眼睛，越看越像，栩栩如生。再注意看，桥下的两条江，左边的叫"黑龙江"，右边的叫"白龙江"，二水交汇处，恰被一巨石挡住，大家注意往下看，这块巨石像什么？对，有的朋友已经猜中了，像耕牛的"心脏"，这就是人们常说的"黑白二水洗牛心"。再看看这幅楹联："双飞两虹影，万古一牛心"，指的正是这里，它是清朝末年"戊戌六君子"之一的刘光弟所撰写的。

参观了牛心亭后我们步行几分钟，回到清音阁，去欣赏吊桥左边的"良宽诗碑亭"，它建造于1990年，大家请随我走过这座铁索桥（过桥时请注意安全）。首先请看，这幅"峨眉山下桥桥东流示意图"，它讲述的是这样一个故事：在1825年冬，也就是清朝道光年间，洪春坪上面涨大水，当时清音阁前面有座木质的小桥，桥柱上写着"峨眉山下桥"等字样，洪水把小桥给冲毁了，而这根木桩顺着河流漂下去，过重庆、三峡、武汉、上海，漂入大海，最后漂流到日本宫川滨，整个流程6 000多千米。当时，日本有位渔夫在大海里捕鱼的时候，无意间捞起了这根木桩，想拿到庙里当柴烧，被庙里一位很有学问的和尚沙门·良宽认出了上面的中文，上面写着"峨眉山下桥"和一首李白的诗《峨眉山月歌》，由此，沙门·良宽联想到了中国的峨眉山和唐朝大诗人李白。这件事在日本轰动一时，许多人为此而作诗，其中，以沙门·良宽的最为有名。大家请看，亭中立石上的这首诗："不知落成何年代，书法遒劲且清新。分明峨眉山下桥，流寄日本宫川滨"，这正是沙门·良宽所题。当时，沙门·良宽就很想到峨眉山来证实一下，但这个心愿一直未了。1990年，日本汉诗协会为了促进中日友好，捐人民币20万元修建了前面的铁索桥和这座"日中诗碑亭"。

现在我们看的是位于清音阁与五显岗之间的新景点"清音平湖"，它是峨眉山为打造"中国第一山"而人工修建的。湖面宽阔，约3万平方米，可谓山水相间，灵气倍增。朋友们，从清音平湖下行5分钟，我们就将到达五显岗停车场，也就是我们该去市区午餐的时候了。（作者：李兴荣）

三、凉山州

4. 西昌邛海

亲爱的朋友们：

大家好！欢迎你们来到西昌旅游。我是西昌××旅行社的导游××，大家叫我小×就可以了。非常高兴能有机会陪同各位一起领略"月城"西昌的秀美风光，这里有"万紫千红花不谢，冬暖夏凉四时春"之誉。今天我们将要前往参观的景点是邛海。在正式游览之前，小×有几个温馨提示要跟大家分享。首先，因为今天我们会泛舟湖面，所以请朋友们一定要注意安全，上船之前请大家都要穿好救生衣；其次，请朋友们在湖面照相时，除了注意人身安全外，还要拿紧手中的相机等贵重物品，以防滑落；最后，预祝朋友们在这里度过愉快的一天。

邛海，又称邛池，距西昌市中心 7 千米，位于泸山东北麓，南北长 10.3 千米，东西宽 5.6 千米。远远望去，其形状如蜗牛，水面 31 平方千米，一片浩瀚的波光闪耀在苍山青野之间，犹如一颗璀璨的明珠。

关于邛海形成的原因，在李膺《盖州记》和《太平御览》等著述中均有记载。很久很久以前，梓潼县城外有一位叫童林山的孝子，家境贫寒，他和母亲以砍柴为生。一天童林山在一口水塘边磨刀，不小心割破了手指，鲜血滴到水塘里，下午他在水塘边休息时，一条蚰蟮向他游来，说自己是童林山的血变成的。从此童林山在水塘边吃饭时，总要把饭粒丢些在水塘里喂蚰蟮。蚰蟮慢慢长大了，食量也与日俱增，一天，童林山把饭粒全都给了蚰蟮，并说他家穷，还要供老母，今后没有办法喂蟮了。晚上他就梦到蚰蟮对他说："你是我的恩人，我会报答你的，明天把屋子打扫干净，我会给你一个惊喜。"童林山没有想到蚰蟮说的惊喜，竟然是满屋子的谷子。过了几天县衙把他们母子抓走了，原来财主田里的谷子一夜之间不见了，财主就把他们母子告到了县衙，童林山说不出谷子是从哪里来的，于是县令准备在县衙开堂会审问他们。晚上，童林山母子梦到一条青龙对他们说："我就是那条蚰蟮，现在变成了龙，本想报恩，没有想到却害了你们。明天如果对你们用刑，大堂上会立即冒出三根竹笋来，你们一定要抱着两边的竹笋，用力蹬断中间的竹笋，就会爆发大水，将梓潼县淹没，把贪官和财主淹死，你母子骑上我的背，就可以脱险了。"第二天开堂会审，县令要对童林山母子动火刑。大堂上突然长出三棵大竹笋，童林山母子按青龙说的，抱紧两边的竹笋，用力蹬断中间的，果然大水冲天，将县令和财主冲走了，青龙将童林山母子救走，梓潼县城被汪洋淹没，成了水下之城。后人为了颂扬青龙惩恶扬善的精神，在邛海南岸建了"青龙寺"。淹没梓潼县的汪洋，就是现在的邛海。据说在风平浪静之时，人们还能隐约看到海底被淹没的梓潼县的城墙、房顶和竹杆，甚至还会听见海底下的公鸡鸣叫呢。朋友们你们相信吗？当然啦，这只是个民间传说，并不是邛海形成的真正原因。邛海实际上是因地层断裂而形成的，是典型的断陷湖泊。其水源主要靠岩溶裂隙补给，因此邛海的水质清澈透明，待夜幕降临时，邛海好似一位安详的少女，此时天空中升起的明月与天地山水一起融入到她的胸怀之中，形成了"月出邛海夜，空明彻九宵"的人间仙景，这便是被誉为建昌八景之一的"邛海夜色"了。

邛海水域宽阔，平均水深 14 米，蓄水 3.2 亿立方米，它是四川省的第一大天然淡水湖，是调节西昌气候的关键因素，它使西昌四季如春，每到秋末冬初，便会有成群候鸟飞临此处，如天鹅、白鹤、鹭鹚、凫燕、苍鹭、池鹭、沙鸭等约 19 种，数量达上万只，它们为了躲避北方的严寒，成群结队飞到冬如春季的邛海，享受着邛海给予它们的温暖。

邛海的景色会随着季节的变化而变化。春日天光水暖，碧波浩翰，泛舟湖上，宛如"人在画中游"，岸边柳眉桃腮，燕语呢喃；夏日湖水盈盈，彩霞耀眼，山寺渔村，相映生辉；秋日天高气爽，落霞孤鹜，秋水天长，使人流连忘返；冬季天净水明，红枫翠柏，倒映湖面。午后起风，海浪奔涌，似白鹅嬉戏于波涛上。正因为如此，邛海历来备受名人喜爱，如清代文人杨学述在《月夜泛舟邛海》一诗中写道："天空临皓月，海上最分明。境过银河界。人来水廓城。龙宫悬宝镜，蜃市接蓬瀛。"20 世纪 30

年代，中央大学朱契教授撰文写道："太湖深秀，西子浓妆，邛池淡抹，各有千秋，邛池尤以恬静见胜。" 14 世纪意大利著名旅行家马可·波罗在游览邛海后，对其景色大加赞叹，《马可·波罗游记》中写道："碧水秀色，草茂鱼丰，珍珠硕大，美不胜收，其气候与恬静远胜地中海"，而且马可·波罗还将邛海称为"东方之珠"。

邛海除了拥有秀美的风光外，还以鱼类资源丰富著称。据统计，邛海湖内有 40 多种鱼类，其中，邛海白鱼、邛海红鲫、邛海鲤等是邛海特有的。由于邛海实行国家地面水 II 类水质标准，周边没有工业污染和生活污染，水质良好，加之邛海鱼类都以邛海水体中的天然饵料为食，所以邛海鱼是绿色生态产品。在这里，朋友们可以品尝到以邛海青虾做的"醉虾"以及以邛海鱼做出的烧烤鱼片等美味。此外，由于邛海的特殊地理优势，四川省体委还在邛海建有水上运动学校，举办过三次全国性的水上运动会。这里还培养出了奥运冠军，第 29 届北京奥运会帆板冠军殷剑就是从邛海走向世界的。古老的邛海，正在新时代中闪烁着它独特的魅力。

朋友们，我们即将乘船畅游美丽的邛海了，在这里朋友们可以尽情地在湖面观景、拍照；品尝天然美味，大饱口福；还可以近距离地观看运动员的训练场面，为他们加油助威。大约两小时后，我们将返回码头结束今天的行程。（作者：陈倩）

5. 螺髻山

各位游客朋友：

大家好！欢迎大家来到有"古冰川博物馆"之称的螺髻山旅游，我叫××，是西昌××旅行社的导游，大家叫我小×就可以了，非常荣幸能为大家讲解，希望我的讲解会使你们满意，预祝朋友们在这里玩得开心、过得愉快。

螺髻山，彝语为艾峨安罕，意为山峦叠嶂而雄伟壮丽的五百里山峰，位于四川凉山西昌市城南 30 千米处，地跨西昌、普格、德昌两县一市，南北长 64 千米，东西宽 35 千米，总面积 2 400 平方千米，风景旅游区为 1 803 平方千米，北枕邛海、南抵金沙江、东邻黑水河、西毗安宁坝，2006 年被授予国家 4A 级风景名胜旅游区称号。

螺髻山主峰海拔 4 359 米，是彝族人民心中的圣山。它与闻名天下的峨眉山属"姐妹"关系，史载"峨眉山似女人蚕蛾之眉，螺髻山似少女头上青螺状之发髻"。唐末以后，由于战乱和其他原因使佛事日衰，于是有"螺髻山开，峨眉山闭"之说。清末举人颜汝玉著《螺髻山赋》，称其"景或异乎峨眉，名可齐乎姑射"。螺髻山是一个以地质和生物为基调的大规模高山旅游区，它融古、奇、峻、险、秀等特色为一体，固有"西子淡妆，峨嵋淡抹，螺髻天生"之说。古人将这里的名胜景点归纳为：12 佛洞、18 顶、24 坪、108 景。

朋友们请看，前面就是螺髻山风景区的入口了，在正式进入景区之前，导游小×有几个温馨提示：首先，我们今天马上要搭乘号称"亚洲第一长"的索道上山，索道全长为 3 000 米，高差 1 081 米，需要乘坐 45 分钟。因此，请朋友们在上下缆车时一定要小心，不要拥挤，要照顾好老人和孩子；其次，螺髻山海拔较高，"山中有四季，十里不同天"，所以请朋友们要注意防寒，并提前做好预防高原反应的措施；最后，由于螺髻山山势陡峭，山中湿气较大，山路易滑，请朋友们上山后，在欣赏美丽景色的同时一定要注意步行安全。好了，朋友们，现在我们就排队坐缆车。

朋友们，走出缆车后，我们会沿步行栈道逐级登高。这里的海拔是 3 588 米，大家在游览中一定要"平心静气"，缓步而行，请大家抬眼向远处望去，螺髻山那高耸入云的两座山峰中，高的那座像一个大青螺的山峰，是不是犹如一位英俊潇洒的伟岸青年；较矮的那座山峰远远望去是不是像一位头上挽着发髻的楚楚动人的美女？而那英俊的青螺男子吟唱着情歌，正向发髻美女求爱。发髻美女面带羞涩地低下头来，不愿轻易吐露自己的芳心。最后，发髻美女拗不过青螺青年真诚的求爱，有情人终成眷属。而螺髻山的来历也正是与美丽的爱情故事有关。相传在远古，天王恩梯古子放天河之水席卷地国，唯有地王阿普都木独自一人乘着木舟随波漂去而得以幸存，当他漂至这一带的时候，但见汪洋之中还隐约可见一处小小黑点，这就是今天螺髻主峰之巅，一对野鸭站立于上面。后来，正是这对仙鸭和蜜蜂、青蛙、花蛇等仙灵们，不仅帮助地王阿普都木生存了下来，并相继数次飞上天大闹天宫，终于逼得天王恩梯古子同意将其三个公主同时嫁给地王阿普都木，方才使人类又得以繁衍。他们的后裔为报仙灵的相助之恩，就以仙灵的名字作为各大山之名，所以安罕（螺髻）主峰也就命名为艾峨安罕，意为仙鸭峰。

螺髻山美丽的自然风光被称为"五绝"。第一绝首推冰川湖泊（螺髻山共有大小冰川湖泊 33 个）；第二绝是有世界上最大的古冰川刻槽；第三绝是冰川角峰甚多；第四绝是杜鹃花海；第五绝是温泉瀑布。其实螺髻山还有一绝，朋友们猜一下，第六绝是什么呢？就是普格县火把节期间，彝族姑娘们盛装打扮，打着黄伞从山上下来，仿若朵朵云彩飘浮在山雾中，犹如仙女下凡一般，十分漂亮。

朋友们，不知道你们在坐缆车的时候是否注意到，螺髻山植物呈垂直分布，山下是灌木丛生，山上却是杉树成林、索玛花开，山顶则是白雪堆积，真是一山有四季，十里不同天。景区内的植物也是种类繁多，其中有高等植物 180 余科、2 000 余种，国家保护的珍稀植物 30 余种，中草药 680 余种；高等动物 400 多种，兽类 60 余种，鸟类 252 种，爬行类 19 种，两栖类 20 余种，因此螺髻山又有天然动物乐园之称，如果朋友们运气好的话，我们今天就可以看到许多可爱的野生动物。

朋友们请看，前面那秃秃岩石之上有一棵巨树挺立，那便是螺髻山的石山迎客杉了。在螺髻山森林中有一大奇观，便是树木利用石头里的稀少泥土顽强地生长着，而且有的石头缝里还是群树并生，犹如树与石合成天然的大盆景，有的树上又会长出另一种大树，被称为"树中树"。这种奇景在螺髻山中屡见不鲜，朋友不妨在游览中细细观察一番，一定会惊喜不断。

朋友们，接下来我们会看到螺髻山中大大小小的许多美丽湖泊，螺髻山中有古冰川湖泊 36 个，这些山中的冰碛湖泊个个都有美妙的名字：水呈五色的为五彩湖、红色的为甘海子、橙黄色的为金海子、黑色的为黑龙潭；两个湖相依偎的叫牵手湖，大小两个湖在一起的叫姊妹湖；长满水草的叫仙草湖，绿茵薇薇的为叠翠湖，湖石交融的为大石海，多个串连在一起的为珍珠湖……闲话少说，就请朋友们跟随我一起去逐个探访吧。

（1）珍珠湖

珍珠湖，系彝语沐火竹的意译，位于螺髻山主脊东侧清水沟河谷区。它由十余个高山湖泊组成，是螺髻山中湖泊最集中的湖群，从高处看下去，珍珠湖如七颗晶莹的宝石串成的珠链，清、柔、雅、巧各呈异彩，与山中的角峰刃崤的阳刚形成呼应，犹如一章山与水的交响曲。珍珠湖是由规模宏大的新冰川所造，又被后来的两期冰川再次掘蚀、改造、拓置而成的围椅状盆地，围缘高处多为悬崖陡壁，成六七十度陡坡。下面坡度逐渐变缓，宽坦的谷底是由低缘走伏的冰蚀、冰碛、冰斗、丘陵形成的叠层起落的地形。因此，朋友可以在这里看到冰原石山、大型冰川刻槽、冰坝、冰斗、冰蚀湖和擦痕。而与珍珠湖的美丽景色相辉映的则是路边原始森林中的美丽杜鹃，螺髻山杜鹃共计30余种，花期达半年之久。美丽的杜鹃再配上这五光十色的珍珠湖，这样的景色犹如仙境一般。

（2）飞来石

朋友们，请向我手势的右边看去，那高约30余米，像一支火箭模样的圆柱体石头，就是螺髻山的飞来石了。相传在远古的时候，三位东方的仙女姐妹因为好奇想去看看太阳落山的地方，于是就随着太阳从遥远的东方飞来，当飞行在前面的大姐看到螺髻山时，竟被螺髻山仙境般的景色迷住，直到太阳落山而去，天也渐渐黑了下来，无奈之下，她只好在这里露宿一夜。等到第二天，仙女再去找两个妹妹时，她也迟迟不愿离去，却被这里的几个山童死死地抱着脚，请求她不要离开，并亲切叫她"阿莫"（妈妈）。仙女的脚被牢牢地粘在地上飞不动了，慢慢地他们就一起化为朝东方屹立的岩柱了。

（3）牵手湖

各位游客朋友，现在我们看到的这个湖叫牵手湖，彝语称弄挚术，位于珍珠湖围谷平坦的丘陵中心，牵手湖从表面上看是一个湖，其实是由东面较大和西面较小的两个湖组成。牵手湖在丰水期时是一个湖，枯水期才显为两个湖，故被称为牵手湖。牵手湖的来历也有一个美丽的传说，相传在远古时期，两位青年窝特和施色相识、相爱而结成了人类第一对"一夫一妻"制家庭，窝特和施色经常牵手在这里漫游，最终形成了这两个湖。游客朋友们，如果您带着自己心爱的人来这里的话，就一定要在这里牵着手留一张影，那么你们的爱情会更加坚固。

（4）大水草湖

游客朋友们，前面就是大水草湖，大水草湖是个十分典型的冰蚀湖，位于珍珠湖围谷中心北侧，海拔3 820米。它背靠奇峰，湖岸曲折多变。湖中有小岛，岛上天然的石堆仿佛园林中的假山，绚烂的杜鹃花海、高大的冷衫、青翠的绿草、垂悬的古藤、莫测的灌木丛，妙趣天成，令人流连忘返，号称螺髻山中最美的湖泊。而之所以被称为水草湖是因为湖中有一种似韭菜而叶略宽、略长的水草。湖中的水草随着季节和天气的变化会变幻出不同的色彩和形状。在夏天水草呈嫩绿色，深秋则呈绿黄色。到了五六月，水草湖边上的索玛花开时，美丽的索玛花与碧玉般的湖面交相辉映，更增添了几分娇柔美艳，可谓是"此景只应天上有，人间难得几回游"。

（5）黑龙潭

黑龙潭彝语称沐火阿诺，意为一种叫沐诺玛呷的黑龙栖息的天池，位于螺髻山主脊东侧清水沟槽谷和珍珠湖围谷之间。黑龙潭是山中最大的湖泊，湖的面积有450亩左右，它是冰蚀作用最强烈、冰碛物保存最多最完好的冰斗湖。此外，黑龙潭中还游曳着古冰川活化石大凉疠疣螈，湖边水草丰美，西北边缘怪石嶙峋，西南却是茫茫苍苍的原始森林。湖的北面隔沟相望是被誉为当今发现的世界最大的古冰川刻槽，这条"冰川槽谷"被命名为螺髻山"三号刻槽"。黑龙潭的湖心深不可测，仿佛巨龙潜伏其中，正印证了"山不在高，有仙则名，水不在深，有龙则灵"的古语。

（6）冰川刻槽

各位游客，螺髻山的古冰川刻槽数量之多、规模之大是世界所罕见的。其中，较大的刻槽有四个。冰川刻槽的形成，在自然界中极其独特而神秘，从南极到北极，甚至赤道高山都有它的踪迹。那么，为什么会有冰川的存在呢？这是因为，冰川大都在雪线以上，海拔高度至少4 000米，这些地区积雪越厚，下层积雪接受的压力就越大，就会变得越密实。雪的上层受太阳辐射溶化后，雪水向下渗透，遇冷冻结，长久以来，下层积雪在压力和冻结的双重作用下，形成巨大冰体，受地球吸引力的作用，沿坡向下移动与周边的岩石发生磨擦、挤压逐渐形成刻槽。

朋友们请看，现在展现在我们眼前的是螺髻山的三号冰川刻槽，海拔为3 670米。它的整个岩壁为冰溜面，大约100米。所谓的冰溜面是冰川运动过程中，其携带的大量石块对冰川槽谷底部和两侧谷壁基岩磨蚀或锯蚀而成的。冰溜面上可见四道大型冰川刻槽，它位于整个螺髻山风景名胜区旅游的主出入口和一号大本营处，并且与各类花卉、灰白的崖壁、橙色苔藓以及绿色森林融为一体，所以是四个大型刻槽中位置最优越、景色最优美的冰川。

螺髻山还有世界上最大的古冰川刻槽，它的海拔为3 520米，由于南北两端被覆盖，但可见长度仍然达到35米，宽3.5米，深达2米。从其规模推测，其长度至少在50米以上，这是迄今发现的世界上规模最大的巨型刻槽，1964年，著名科学家李四光先生经多次考察论证得出这个世界之最的结论。1984年由曾多次参加考察的李洪云、黄思晃两位专家在巨型刻槽上端用红油漆书写上了迄今都隐约可认出的"世界最大古冰川刻槽"一行字。人们常说岁月无痕，但这里却能看清沧海巨变的痕迹，大家可想象古冰川运动力量是何等巨大，远古冰川洪流从这里冲击奔放，一泄千里，像楔子刻入山岩，才能留下这雄浑的刻槽。

各位朋友，今天的游览讲解到此就告一段落了。相信螺髻山如诗如画的景色，会给朋友们带来美好的回忆。由于螺髻山的景点众多，所以接下来是朋友们自由活动、拍照留念的时间，一个小时后，我们将在下山的索道缆车站口集合，我会在那里准时等候大家，请朋友们一定遵守时间。最后，再次祝朋友们玩得开心，过得愉快！孜莫格尼！（作者：陈倩）

6. 泸沽湖

各位朋友：

大家好。今天我将带您们来到人类最后一块母系社会的大家园——泸沽湖。这是一个让人眷念又充满憧憬的地方，但让人感触颇深的还是它那一层"神秘的面纱"。

泸沽湖位于四川盐源县与云南宁蒗县交界处，距西昌 300 千米，现为省级风景名胜区。泸沽湖古称鲁窟海子，又称左所海，俗称亮海。纳西族摩梭语"泸"为山沟，"沽"为里，意即山沟里的海。泸沽湖湖畔居住着一个古老的民族——摩梭人，它应当属于纳西族的支系，最早是由秦汉时西北的羌族南迁而来。他们长期生活在偏僻的山乡水国，使他们在经济生活和文化生活都逐渐形成了不同于外界的母系社会的特点。

泸沽湖又称为"东方女儿国"，知道为什么有此美称吗？传说有一天，由于一个贪婪的人的自私行为导致灾难降临，大水顷刻间淹没了所有的村寨，这时有一位正在喂猪的母亲为了救自己的一对儿女，将他们放进猪槽，自己却葬身于水底，人们为了纪念那位伟大的母亲，把泸沽湖称为母亲湖，并一直沿用这种猪槽状的独木舟至今，它成为湖上独特的交通工具，也就是大家游湖坐的"猪槽船"。这个故事实际是在寓意人类与大自然的关系，人类对大自然的开发要有节制，贪婪过度就会遭到大自然的惩罚。

这里的一山一水、一草一木，都被赋予了女性形象的崇高和尊严。母亲是摩梭人生活的轴心和靠山，名副其实的当家人。泸沽湖成为我们当代名副其实的"女儿国"，不仅因为有美丽感人的传说，还因为现存的独特婚姻——阿夏走婚制。阿夏走婚与现代都市婚姻不同，摩梭人流行的是不受金钱及各种社会关系限制的走婚形式。恋爱双方"男不娶，女不嫁"，即夜晚男方到女方家走访、住宿，第二天早晨又回到男方原有的母亲家庭，婚姻是以男方的走动实现的。双方所生子女属于女方，采用母亲的姓氏，男方一般不承担抚养的责任。东方古老神秘的"女儿国"轻启面纱，便征服了来自世界各国的猎奇探险者，世界各国民间传说中的女儿国存在至今的，恐怕只有摩梭人这一族了。因此它也是研究母系社会的活化石。

摩梭人浓郁的人文风情就介绍到这里。前面群山之间就是静穆秀丽而又多情的东方女儿国——泸沽湖。

泸沽湖，摩梭语称"谢纳米"，汉语称母湖或女湖。泸沽湖水面约 51 平方千米，周长 50 千米，平均水深 45 米，湖面海拔 2 688 米。湖中七岛，亭亭玉立，林木葱郁。湖周群山环绕，森林茂密，山水相映，美不胜收。

现在我们将乘"猪槽船"畅游母湖，这里微风吹拂着清冽的湖水，泛起晶莹的细浪，不时鱼儿雀跃，翻起层层涟漪，湖中小岛如漂浮在水中的盆景，蓝天白云、高飞的水鸟和远山近树，烘托出一个安宁恬静的世外仙境。时而可见美丽的摩梭姑娘荡舟湖间，当她们扬起沾着晶莹汗珠的笑脸，唱起高亢嘹亮的山歌，这湖光山色就更显得更加美丽温馨。半个世纪前美国学者洛克博士在《中国西南的纳西王国》一书中称赞这里是"最漂亮的一片土地，无法想象比这还更美丽的布景，笼罩这里的是安静和平的奇境……真是一个适合神仙居住的地方"。

今生今世你我同游母湖，畅游仙境，日后必定吉祥平安，幸福生活赛神仙。（作者：杨萍）

四、自贡市

7. 自贡大山铺恐龙博物馆

各位朋友:

大家好! 欢迎来到自贡参观游览。自贡具有 2 000 年的盐业历史和 70 年建市史,为四川省最早的省辖市和工业重镇之一,是川南地区第一座大城市。恐龙、井盐和灯会被称为"自贡三绝",素以"千年盐都"、"恐龙之乡"、"南国灯城""、"江姐故里"等美誉而蜚声中外。

常言道:四川恐龙多,自贡是个窝。今天我们首先参观的是大山铺恐龙博物馆。

自贡一带,与地球上其他很多地方一样,在侏罗纪时曾是恐龙生息的广阔天地。2亿年漫长的岁月过去了,保存在地层里的有关恐龙的信息已不可多得。然而,今天的自贡市境内,自 1915 年以来,人们竟在 50 多处发现了恐龙骨骸化石。更有意义的是,这些化石是分布在不同层位的地层里,这就使人们有可能了解到几乎整个侏罗纪时期自贡的恐龙的情况。

在已发现恐龙化石的地方,最值得称道的,那就是自贡市近郊的伍家坝和大山铺这两处巨大的化石宝藏。

总的来说,侏罗纪时的自贡地区,气候炎热,河湖交错,植物茂盛,大树参天。这一带曾先后出现过三个相关的恐龙动物群。最初出现的叫"禄丰晰龙动物群",这是原始的类群,有代表性的是原蜥脚类的"似巨型禄丰龙";接着出现的是"蜀龙动物群",或者叫"大山铺恐龙物群",这是恐龙由原始向进步演化历程中的一个中间群;最后出现的是"马门溪龙动物群",这个动物群的成员,体型一般较它们的前辈更大,结构更完善、更进步。

大山铺恐龙化石群遗址位于四川省自贡市东北郊约 11 千米的大山铺镇,是一个盛产 1.6 亿年前的中侏罗世恐龙及其他脊椎动物化石的遗址,是中国和世界上最重要的古生物化石埋藏地之一。该遗址最早于 1972 年发现,并于 1977 年首次发掘获得一具较完整的蜥脚类恐龙骨架,1979 年因基建施工,化石被大量暴露。1979—1984 年期间先后组织三次大规模的清理和发掘,在约 2 800 平方米范围内获得恐龙及其他脊椎动物200 多个个体的上万件化石骨骼标本,从中已研究定名了恐龙鱼类、两栖类、龟鳖类、鳄类、翼龙类、似哺乳爬行类等 18 个属 21 个种。整个化石群集中埋藏范围约 17 000 平方米,化石骨骼 10 万块以上,被誉为"恐龙公墓"。20 世纪 80 年代中期,在该遗址上修建了我国第一座大型的恐龙遗址博物馆——自贡恐龙博物馆。

大山铺恐龙化石群遗址具有化石藏量巨大、门类齐全、埋藏集中、保存完整等特点。作为一处罕见的自然历史遗产,它所产出的化石不仅具有重要的科普教育和旅游观光价值,而且填补了恐龙演化史上侏罗纪早中期恐龙化石材料缺乏的空白,对研究恐龙及其相关古动物的系统演化、生理特征、生活环境等具有十分重大的科学价值。

(作者:冯明义)

8. 荣县大佛

各位朋友：

大家好！欢迎到自贡荣县旅行。各位也许到过乐山，乐山因什么出名？大佛！佛是一座山，山是一尊佛，就是指的乐山大佛。它是我国最高的弥勒佛坐像。今天我们将要看到的荣县大佛是我国第二石刻大佛。

常言道："不到大佛山，不算到荣县"，荣县大佛寺坐落在荣县城郊大佛山（亦称真如岩）山麓，佛身通高 36.67 米，头长 8.76 米，肩宽 12.67 米，膝高 12 米，脚宽 3.5 米，仅次于乐山弥勒大佛。大佛造于何年？有两种说法：据清乾隆黄大本《荣县志》载："大佛山在城东一里，唐人刻大佛，与山齐，架殿十层，高四十七丈，阔十五丈。今佛像巍然，而筵楹横竖，久没于荒烟蔓草之中。"而邑人赵熙《荣县志》载称，荣县大佛"系宋神宗元丰八年（1085 年），僧人淳德募修，元祐七年（1092 年）成"。但究竟何时所刻目前尚无定论。

大佛寺为清朝嘉庆年间重建，因受地形限制，寺庙只能依山就势，以大佛为中心向左右两边展开，主要由大雄宝殿、观音殿、地藏殿、达摩殿、罗汉堂、藏经楼、方丈室、禅房等殿堂组成。山下远望禅林，古刹错落有致。清末民初，寺内香火极为旺盛，邻近州县的善男信女，或上朝峨眉山，或下朝宝顶，必经荣县朝大佛。

大佛寺占地 2 万平方米，建筑面积 2 000 平方米，全系古建筑或仿古建筑。山上山下绿树成荫，悠久的人文景观和美丽的自然风光融为一体，成为川南地区颇富吸引力的风景名胜古迹。寺庙的山门在山麓西北，门前一对石狮，威武雄壮。进山门，拾级而上。第一殿为重檐歇山式殿宇。殿内塑大肚弥勒，正称布袋和尚，俗称大肚罗汉、笑罗汉。荣县的笑罗汉全川有名，因塑得眉弯嘴翘，十分可笑，来看的人无不发笑，笑声通过罗汉的口腔产生共鸣，人们也仿佛听到罗汉发生"咯咯咯"的笑声。荣县籍著名书法家柳倩历书写名联"开口便笑笑古今凡事付之一笑，大肚能容容天容地于人何所不容。"由此而上是大雄宝殿，殿内供奉的即为依山石而刻的荣县大佛，两边是泥塑的地藏和观音。大雄宝殿现为四重檐歇山式仿古建筑，全称大佛护身楼，简称大佛楼。登大佛楼，既可层层观赏大佛雄姿，又可左经莲台，右转啸台。拾级顶上，直达佛光阁，举目眺望，远山近水，荣城风貌可尽收眼底。荣县大佛寺自清代复兴后，属禅宗之一的临济宗，故又称大佛禅寺。凡禅宗寺庙必供奉达摩祖师。清嘉庆二十一年（1816 年），知县宫监桂捐资在大佛西面的崖壁上镌刻"达摩渡江图"。达摩，印度南方僧人，南朝刘宋末年从海道来广州，被梁武帝请到建业（南京），传播禅宗佛教，是中国佛教禅宗的开创人，世称达摩祖师。荣县"达摩渡江图"取材于达摩和梁武帝话不投机后，遂渡江至篙山少林寺这段故事。主像达摩高 4.9 米，近乎圆雕。达摩右手荷禅杖，上挂蒲团和草鞋，左手提佛珠，佛珠粒粒可数。祖师肥头圆脸，面肌突起，两目圆睁，炯炯有神，胸腹敞露，肋骨横呈，显得勇武有力。身后鱼翻浪滚，僧衣随风卷起，脚踏芦苇，身立汹涌波涛之中，颇有"谁谓河广，一苇航之"之风韵。

2006 年 5 月 25 日，荣县大佛石窟作为唐宋文物，被列入全国重点文物保护单位名录。（作者：冯明义）

五、宜宾市

9. 兴文石海洞乡

各位游客：

大家好！欢迎来兴文石海洞乡旅游。

位于兴文县城南25千米，就是以石景奇观闻名的世界地质公园、国家重点风景名胜区——宜宾兴文石海景区，景区面积70平方千米，东通泸州，西接宜宾，与蜀南竹海相邻，是我国喀斯特岩溶地貌发育最完善的地区之一。因全县石林、溶洞遍及十六个乡，故有"石海洞乡"之誉。在石海的中心景区，地下是溶洞，地上是石林，在方圆14平方千米范围内的地表上，有典型而齐全的石芽式、棋盘式、尖脊式、石林式等奇峰怪石，构成了规模宏大的石海景区。地面景区的主要景点有迎宾石、七女峰、天涯望归人、石林翠竹、翠屏古塔、斜塔、石林叠翠、夫妻峰、龙牙观瀑等。这一带的岩层大多为石灰岩，在长年风雨水流的侵蚀下，形成了地表是奇峰竞秀的石林，地下则成了纵横交错的溶洞奇观，称它为石海洞乡，真是再确切不过了。

景区已发现大小溶洞183个，今天我们主要参观天泉洞。天泉洞是景区内主要的景点，目前对外开放的唯一溶洞，它的面积达8万多平方米，洞道总长4.2千米，分为四层，层层相通，构造奇特，气势恢宏；洞中广泛发育石钟乳、石笋、石柱、石花、石幔及地下河，为兴文溶洞的典型代表。

我们现在所在的大厅，高60米，面积1万多平方米，称为"穹庐广厦"。传说在明朝剿杀僰族的战斗中，僰人首领阿大王率军路过附近的梅子坳，得知卧虎岭下有这个大洞窟，即带领数千人马入洞埋伏。待追赶的官兵赶到沟底，阿大王居高临下，率部出击，一举消灭了追兵。现在穹庐广厦前面的一块磐石，据说就是当年阿大王的点将台。

穿过穹庐广厦，就进入"长廊石秀"大厅。廊道长340米，宽20余米，两壁岩溶成若干石窟，窟内有形态各异的石钟乳，似大足石刻的摩崖造像，人们取名为"千佛崖"。中部洞顶上悬挂着缕缕钟乳，柔长细美。其下一壁石笋，堪称为"群兽图"，其中马、牛、羊、鹿、麒麟，玲珑剔透，惟妙惟肖。再前行是"仙人洞"和"仙人泉"。仙人泉实为溢出的地下河水，清彻见底、终年不绝，光照下可见水中游动的"玻璃鱼"和"亮虾"，通体透明，在水中悠然自得、令人喜爱。

长廊尽头屹立着一座巍巍石山。沿坡拾级而上，顿觉凉风扑面，悦目清心。登上山顶平台，眼前原是一个洞厅，仰望洞顶，宛如苍穹，上面钟乳点点，恰似满天繁星；俯视脚下，处处危岩迭景，又似幽谷险峰。这时候的你仿佛身在半天云中，故此厅称为"云步通幽"。

沿"云步通幽"往南，便有一处幽深莫测、景象万千的"石花奇观"大厅，两壁缀满朵朵石花。一根巨大的石柱屹立洞中央，表面溶纹密布，如一株古榕树，树枝盘曲、挺拔苍劲。周围是过去挖掘硝土残存的大小石坑，与对面石钟乳连成一片，被人们称为"古城废墟"。往右进入一座幽静的洞室，附近洞壁上有无数个同心圆迹，似孙悟空的火眼金睛，又似百花园中的朵朵繁花。对面有一斜室，顶上生长着重重叠叠的石钟乳，名叫"千乳悬垂"。在那硕大的乳头上，似有洁白的乳汁晶莹欲滴。与"千乳悬垂"相连的洞室，状如华丽的宫殿，里面石柱莹洁、石花繁茂、石幔绚丽，更有一池清水，光影照人，宛若"瑶池仙境"。从"瑶池仙境"出来，侧壁有一奇石，形同僧人，合十低头，面壁而立，它叫"达摩面壁"。相传菩提达摩修炼之初，心地不诚，受到师父斥责后，便发奋攻读《楞伽经》，面壁打坐九年，艰苦修心，遇慧可，授其心法，终成正果。此石形态逼真，听吧！仿佛还能听到达摩诵经之声。

"泻玉流光"大厅位于天泉洞中段，面积2万多平方米，为洞中最大一厅。大厅顶部为椭圆形，四周拱壁，空旷如宇，像一座偌大的天文馆。最妙的是顶部的"天窗"，洞外阳光从天窗射入，形成一巨大光柱；一股清泉顺天窗洒落下来，宛如一匹素练，与光柱交相辉映，如逢泉小，则滴水成雾，透过阳光，仿佛一道彩虹从窗口垂挂，其景堪称奇绝，因此得名"泻玉流光"。厅底有一溪谷，溪上小桥平阔。小桥右前方，屹立着无数大小不一的岩石，各逞异态：有的如武士身着盔甲，威武雄壮；有的若少女端坐，笑容可掬。人们走过去数步再回头看，在灯光的映照下，它们倏地都变成了一群下山的顽猴。从群猴下山处向上看天窗，其形成的亮影如一只硕大的和平鸽，宁静安祥。天窗下，静立着一个高10余米的乳白色耀眼石墩，形如一尊大佛，细看又像一头脚踏绣球、转头瞻望的雄狮；前行几步再看，又变成了一只巨形海螺。天窗下有一清潭，形如弯月，明澈似镜，映照着天窗流光，似乎整个天体就在脚下，一不小心就会跌进那无底的深渊之中。

从"泻玉流光"大厅往左行就到了"石林仙姿"大厅。这里是天泉洞的精粹所在。厅内钟乳密集，妙景迭呈，在灯光的映照下，异彩缤纷、千姿百态。入口处这块巨石，酷似一只仰头鸣叫的大青蛙，称为"巨蛙守洞"。往上有3根5米多高的石笋，如婷婷玉立的仙女，含笑迎宾。大厅右壁，灯光斜射、影影绰绰，呈现出孔雀、企鹅和恐龙的影子；壁前，各种石像状如狮、熊、虎、豹，栩栩如生、动人心魄；右前方半壁处有一尊9米高的白石，傲然挺立，像一位正在欣赏画卷的老人，他就叫"白石老人"。两边厅壁，均有若干附贴的钟乳与奇形的石窟，按其姿态会意，有"仙女下凡"、"嫦娥奔月"、"观音渡海"、"武松打虎"等，请观者认定。正中有一方池，宽数十米，中有石墩，可踏石而过，进入正厅。正厅如刚拉开惟幕的舞台，形态各异的钟乳在精心设置的彩灯衬托下，在台上更显色彩斑斓、景象万千，有的像珠宝，光滑圆润；有的似繁花，蓬蓬簇簇；有的如宫灯，灿烂辉煌。左面石笋参差，生机勃勃，数根玉椎耸立其间。一排由石柱、石幔、石帘组成的屏风上，镶嵌无数稻米、瓜果、鲜花和轻歌曼舞的石人少女，展现出一幅"喜庆丰收"的欢乐场面。若观望池中的全厅倒影，更是色彩斑斓、气象万千。

从天窗往西可至天泉洞后厅，后厅面积也在1万平方米以上，与天泉洞后洞口相接，因其高敞明亮，称为"天泉明宫"。

走出后洞口，我们就可欣赏到大自然的又一杰作，被称为"中国一绝"的地质奇观——兴文大漏斗了。大漏斗被当地人称为"天盆"，规模巨大，其长径650米，短径490米深达208米，比号称世界之最的美国阿里西波大漏斗（直径330米，深70米）还要大得多。从天泉洞出口绕至漏斗顶部，这里"四壁光峰，中藏深壑"，令人叹为观止，游人来此观后均呼"神奇绝世"，道旁石壁上现镌有此四字，为张爱萍将军手书。

游了"天泉洞"、"大漏斗"这样的大型景点，走上公路放眼四周，那漫山遍野、遮岗盖岭的石林、石海，真是姿态万千，令人目不暇接。

兴文石海洞乡是大自然的一大杰作。游完之后，相信大家一定会对造化的宏伟与奇幻发出赞叹，并对祖国的大好河山无比热爱。这样，你就不虚此行了。（作者：冯明义）

10. 蜀南竹海

各位领导、来宾：

你们好！我们现在已来到蜀南竹海景区。相信各位置身这广阔而又充满诗情画意的绿色海洋里，一定会被她那幽深、清丽、秀雅的大自然之美所吸引。现在请大家留意眼前这幅景区导游图，我们今天的游览路线是从竹海西大门进、东大门出，从西向东步行，依次游览翼王桥、忘忧谷、观云亭、翠云长廊、仙寓洞、天宝寨、七彩飞瀑、七彩飞瀑、青龙湖，我们在景区的游览时间需要一整天。为了保护旅游资源，请不要在竹木上随意刻画。现在，请允许我先介绍一下蜀南竹海的概况。

蜀南竹海位于宜宾市管辖的长宁、江安两县相连的连天山余脉，距宜宾市区60千米，是一个以竹景为主要特色的国家级自然风景名胜区。景区面积120平方千米，竹林密布、碧浪接天。

蜀南竹海又名万岭箐，万岭形容山岭众多，箐就是巨大的竹林。相传北宋大诗人黄庭坚被贬官到戎州（今宜宾）时，来此寻幽访古，面对翠秀无边的竹海，连声赞叹："壮哉，竹波万里，峨眉姊妹耳！"乡人敬酒请其题辞，黄庭坚推开酒碗说："秀色使吾醉矣"，于是就拿起竹扫帚在绝壁之上大书"万岭箐"三个巨字。而今字迹虽已风化，"万岭箐"之名却沿用至今。

竹海是怎样形成的呢？其说法很多，有说太古时候女娲炼五色石补天，将剩下的红石堆放于此，成了万山红岭。后来，仙女瑶箐因犯天条被玉帝贬下凡间，来到这里，见一片赤土实在可惜，就营造了万顷竹海。又一种传说是，诸葛亮南征班师回朝经过这里，当时万山裸露，赤日流火，山道生烟，熔化了蜀军马蹄，20万战马倒毙，战士们狼狈退走，弃于山壑的马鞭竟长成了成片竹林。这些传说，不过是人们臆造的神话，反映了人们对竹海的神奇超凡的赞誉。

其实，竹海的形成应该归功于这里优越的地理位置和土壤气候条件。大家知道吗？这里虽然山峦起伏，但海拔只有400～1 180米，全年平均气温摄氏15.5度，无霜期345天，常年降雨量有1 250毫米，空气湿度常在85%左右，肥沃的土壤、暖湿的气候，十分适合竹子的生长。再加上历代劳动人民的辛勤培植和细心呵护，才造就和保留下今天这浩淼万顷的竹的海洋。所以，应当说蜀南竹海既是大自然的赐予，也是竹乡人民世代劳动的成果。一句话：竹海是天人结合的产物。

竹海风光，四季不同，晴晦各异。春天，新笋齐发，花开鸟鸣，处处生机一片；盛夏，新竹添翠，林风送爽，满目清凉世界；金秋，修篁如黛，红叶逞娇；隆冬，峰峦铺银，翡翠披纱。晴天，万顷竹浪筛金溢彩，令人心神如醉；雾中，竹海笼烟，景物迷离，如梦幻仙境。总之，无论何时，只要您展开想象的翅膀，你就会在这景象万千的竹海中领略到无穷的妙趣。

　　好了，现在我们看到西大门旁石刻的"竹海"两个大字是张爱萍将军的手笔。西大门是一座用楠竹建造的碑坊，巧妙的设计，突显这里是竹的天下。

　　请大家随我进入景区。现在我们脚下的这座石板桥，桥长5米，宽1米，石板厚0.75米。此桥原由两块大石板搭建，现已断了一块在沟里。传说是清军被太平天国的翼王石达开领军击败，逃窜至此，想断桥阻挡追兵，石板太厚打不断，就用桐油硫磺来烧，右边一块石板刚炸裂，太平军已经追来，清军望风而逃，石达开的队伍扑灭火焰，救下半边石桥，又用小条石补好断桥，竹农感激，称它为翼王桥。

　　翼王桥旁，是1986年经省政府批准成立的"长宁竹海博物馆"，以陈列展出竹类资源、竹文化发展以及竹类工艺品为主，现已征集实物资料800多件，内容丰富。

　　翼王桥左边就是墨溪河。传说这溪水泛黑的原因，是当年黄庭坚题罢"万岭箐"三字，大笔一甩，落入溪中，染黑了一溪山水，染黑了两岸兰花，连溪中的动物也被染黑了。其实，捧起溪水，清亮透明，哪来黑色？原来是因为溪流的河床长满深绿的青苔，在两岸竹林密拥、天光暗淡的映衬下，造成了这眼前奇景。溪上几座竹桥、石板桥朴素无华，把墨溪装点得更幽深了。

　　过翼王桥向右，穿慈竹林，走绵竹溪，前面竹大林密，光线昏暗，林风拂来，凉意沁人。溪中乱石杂陈，有的长满青苔，有的披着汀兰，有的却长出小树，偶尔会看见在溪面上跳跃的水鸟，使人顿生远离红尘的宁静感觉，这就是忘忧谷。说起忘忧谷的来历，还有一段故事呢？相传当年竹海外面居住着曾姓和杜姓的两大家族，两家因山林地界之争而世代为仇。后来曾家有一子叫曾男，而杜家有一女小名杜鹃。曾男自幼聪明能干，杜鹃心灵手巧，他俩深深爱恋着世代相仇的对方，这就遭到双方家族的反对，并将二人软禁严守、棍棒相逼，但二人矢志不移、毫不屈服。在一个风雨交加的夜晚，一只白额猛虎咆哮着冲进曾家大院，吓退家丁，抓破牢门，驮起曾男越墙而去。也在同一夜晚，杜家也发现软禁在秀楼上的杜鹃突然失踪。据说是两人的苦恋，感动了瑶箐仙子，于是仙子便派使者把他们接到竹海里来了。多年以后，人们发现这条谷中长出了一棵高大伟岸的常青大树，与之相依的是一丛开着一簇簇粉红花的清艳娇柔的灌木，人们都说那就是这两人的化身。于是就叫大树为桢楠，称这种花树为杜鹃。这谷中还常有翠色鸟儿唱着歌儿赞美这一对永世相伴的情侣，仔细听来仿佛是叫"忘忧忘忧，有情人终成眷属"。按这个故事的说法，这忘忧谷的得名原来是鸟儿叫出来的。

　　忘忧谷的主要景点是天生桥，它是水力的杰作，溪水从巨石中挤压出来，飞冲直下，冲出一个天然拱洞，正像一座小桥。请看桥边这个高4米、宽5米、长6米的巨石，刀斩斧劈般切开了一道约60厘米宽的石缝，周身挂满藤萝，却从石缝中冲出一排玉柱似的楠竹，好象是竹子凿开石崖，刺向天空，故名"石破天惊"。啊，是什么雷声贯耳！请抬头看，原来此地三面高峰耸峙，迎面一条高大瀑布从云雾中坠落，形成了一片濛濛水雾，直奔谷口而去。瀑布里那个凹进的岩腔被水帘掩映，显得有些神秘，人称"飞帘琼宫"。

　　各位朋友，我们现在的位置是观云亭，这里原名轿子石。传说清同治元年，翼王石达开在山下大败清兵，清兵主将唐友耕重伤无法骑马，坐轿到此，听说追兵来了，吓得丢下轿子跑了，路中的大石就是当年的轿子。观云亭临岩而立，远山隐隐，凉风习习，山下层层梯田，秋后像重重排列的明镜，入夏似层层叠放的绿毯，一派恬静的山乡秀色。若遇阴天，又是另一番景象，但见满壑云雾滚滚，远山近景变得若有若无，自身也似乎化于云雾之中了。

从观云亭前行，地势逐渐平缓，竹林更显得苍郁和幽深，这里两旁绿竹齐向路中拥来，遮天蔽日，人们穿行于林中红砂路上，就像走进碧红相间的玉石隧道一般，但觉林风阵阵，竹涛萧萧，身心一片清凉，此处就是著名的"翡翠长廊"了。今天正好天晴，请看这一道道的阳光，透过枝间叶缝，筛下点点金色光斑，这时的长廊色泽多而明快，简直变成了一条美丽的画廊了，大家慢步走着，一定会对"心旷神怡"四个字有更深的体会。出长廊便是观海楼，此楼本为林业部门撩望林区火警之用，游人也可上去登高望远，体会一下碧波万顷的竹海气势。

穿过长廊，走出林带，眼前天光大现，原来已面临绝壁。我们站在"普渡众生"的观音神像前，脚下是万丈深谷，奇险惊心！身旁有飞瀑从山崖直落谷底，这就是十三叠泉。深谷那面的山岩叫挂榜岩，传说是仙寓洞成仙的邵道人招收道徒时，将录取名单题在石壁上而得名的。大家从台阶下来，沿石道穿过水帘就到仙寓洞了。这股水帘高约5米，宽约3米，不同季节水势有所变化，因为在阳光照射下常显出几种色彩，被称为"紫云佛光"。石壁上那一条20厘米宽的链条图案，天然造就、色泽斑驳，人们说它是仙女留在这里的一条项链。

仙寓洞实际并不算洞，而是一条长约500米的半边山洞，背靠绝壁，前临深谷，我们四川称其为"洼岩腔"。这里从前飞阁流丹、香火兴旺，洞中分为卧佛殿、大佛殿、二佛殿、玉皇殿、天公地母殿、灵官殿，还有明朝正德年间重修殿堂的碑文。现在殿阁都已不在，只残留下几壁明代的摩崖造像，也有不同程度的风化。请看这一壁灵官造像，高1米左右，脚踏风火轮，手举打神鞭，瞪圆双目，张开大口，威风凛凛，刻工粗犷有力。还有一块完好的明刻九龙碑，在高50厘米、宽30厘米的石块上刻出九条石龙，昂首翘尾，活灵活现。石洞顶板上题刻的文字很多，可惜苏东坡所题对联已不存在，内容是："天际出悬岩，石窍玲珑，问混浊何年凿破；云中寻古洞，篆烟缥缈，看神仙海外飞来。"请各位品味一下，苏老先生见境生情的这一问一看，不正好给仙寓洞增添了深长的妙趣吗？

二佛殿前悬岩上那道飞瀑直泻的水凼里，卷卧着一条石牛，此景叫"天河饮牛"。相传有年大旱，织女怕老牛渴死，要拉它上天，老牛坚持要协助竹仙播完竹后才与竹仙一齐回到天上。眼见此地无水解渴，老牛就要渴死，织女冒犯天条，用织梭凿破了天河，放下一股清泉来救老牛，而此时老牛已死去并化成了一头石牛。

仙寓洞地处万岭箐的最高峰。晴天，看百里山河尽收眼底，使人心胸舒展；雨日观雾缠嶂岫，四周一片溟蒙，恍如飘涉于云天之上。前人有一首诗说："仙寓之上高插天，上有石洞悬其巅，一径盘空绝人迹，只许猿鹤时翩跹。"现在道路修好了，我们会觉得这首诗说得有点夸张了。但是，茫茫竹海中这一处高山景观，确也为竹海添色不少，既到竹海，这里是不可不游的。

往前我们就到了天宝寨，据说天宝寨是邵道人修仙的地方。请看寨口这根有10多米高的石柱，顶上一方石头形如伞盖，危而不坠，这就叫"黄伞石"。民间传说，寨前本无此石。邵道人在寨中修炼成仙飞到丰都，恰好遇见竹海人陈员济的阴魂，邵道人可怜他被官家苛税逼死，又认为他是自己升仙后遇见的第一个乡里，算是有缘，就说："你死得太冤，我赠你 20 年的阳寿，你快快回去。"当时大雨如注，邵道人借给他一把雨伞，陈员济回到竹海果然活了过来，便把伞送还到寨边放下，这把伞就变成了这座石崖。

天宝寨全长 1 500 米左右，高约 20 米，宽约 10 米，大部分是半边山洞，部分是人工凿成的山洞，洞上绝壁凌空，洞下削壁千仞，陡不可攀，为古代"蛮军"屯兵的山寨，沿山壁小路曲折前行，内有 13 道独具匠心的坚固的石寨门，门墙上有箭眼，即使被敌人打进洞来也能门门设防、步步退守，的确十分险要。1997 年，在洞中雕凿了《三十六计》，精选人们熟悉的战例，以浅浮雕刻成巨幅图画，大家可进去参观。

从天宝寨东去约 3 000 米，就到了江安县的万里镇。这里是蜀南竹海东景区的旅游接待中心，我们将在镇上竹海山庄午餐休整。

走出万里镇，沿公路几百米，就到了"七彩飞瀑"景点。上游水流到此已经无路可走，只好跳下高岩，形成了三叠而下的瀑布，高达 200 米，气势非凡、声震数里。如是阴雨天，满谷被雾气笼罩，时浓时淡，瀑布也时隐时现，犹如云中白龙，又是一番情趣。请大家注意看，所谓七彩飞瀑是指三叠瀑布的中叠，高约 50 米，宽度 4~5 米，因位置高低适当，又在竹山边沿，对面空旷，日照强烈时水面折射出瑰丽夺目的七彩颜色，而且能随日照上下浮动，有时彩虹般的色彩也延展到下叠瀑布上段和落瀑坠地激起的水幛上，洁白的水流摇曳着斑斓多姿的彩光，这时的景色真要胜过挂在天上的彩虹呢！

从飞瀑往东沿公路前行 1.5 千米，就见到右边一个不小的平湖，它原名万里龙潭，顾名思义，它算是万里镇水最深的地方了。因为水质清澈、湖身蜿蜒、头大尾小，现在称为青龙湖。湖面约有 2 平方千米，从岸边看去，四周翠竹拥抱，岸上绿草如茵，湖中倒影如画，水天一色，真使人赏心悦目。如在晴天的早上和黄昏时分，阳光从东边或西边射向湖面，那满湖的粼粼金波，映衬着湖边略显朦胧的竹丛和湖中两座若沉若浮的碧玉般小岛，更令人感受到大自然无穷的魅力。湖中备有游船和竹排，乘坐游湖，别有一番情趣。各位如有兴致，不妨一试。

各位朋友，今天的游程到此告一段落了。蜀南竹海景点众多，有的正在规划开发之中，有的是因为时间关系不能都去游览。我想，留下一点遗憾未尝不是好事，也许因此会召唤大家再来竹海作客，谢谢大家对我工作的支持，再见！（作者：熊梅）

六、攀枝花市

11. 苏铁林园

各位朋友：

大家好，今天我将陪同大家参观攀枝花苏铁自然保护区。苏铁自然保护区位于攀枝花市西区所属的巴关河右岸、攀枝花市西区河门口的后山上，东起巴关河西岸，西至格里坪镇金家村，南起龙坪子，北至丰家梁子，面积 1 358.3 公顷，共有 23.4 万多棵铁树。

现在我们看到的是攀枝花苏铁自然保护区大门，1971 年，四川省农科所和原攀枝花市飞播林场进行植被调查时，发现了这一片占地 300 余公顷，共 10 多万株的天然苏铁林。它是迄今为止发现的纬度最高、面积最大、植株最多、分布最集中的原始苏铁林。经鉴定，确认这是罕见的苏铁新种，定名为"攀枝花苏铁"。国际苏铁专家特纳来此考察后惊叹："这是中国的财富，也是世界的财富。"攀枝花苏铁作为珍稀濒危物种、国家一级保护植物，被列入了《国际濒危野生动植物种贸易公约》名录。为了保护攀枝花苏铁，1983 年，攀枝花市政府批准建立了攀枝花苏铁自然保护区；1996 年，国务院批准建立了四川攀枝花苏铁国家级自然保护区。

苏铁又名"铁树"、"番蕉"、"凤尾蕉"、"凤尾棕"、"避火蕉"、"铁甲松"、"金边凤尾"等，属苏铁科、苏铁属，是著名的庭园观赏树种，具有较高的观赏价值，最早出现在距今约 2.8 亿年前的地球古生代二叠纪。早在 2.7 亿年以前，苏铁就出现在地球上了。中生代侏罗纪是苏铁生长的全盛时期，当时"铁树"覆盖全球。后来大部分苏铁受到火山和冰山的侵袭在地球上都消逝了，只有在中国、日本等热带、亚热带地区幸存了下来。因此"铁树"被人们誉为植物的"活化石"。现存的苏铁类植物，仅一科 10 属约 110 种，苏铁为常绿观叶植物，生长缓慢、寿命长，因此有长寿树之称。人们常将苏铁作为礼品送人，以表祝福亲友健康长寿之意。

苏铁的得名还有一个有趣的小故事，相传，宋代文豪苏东坡不但才华横溢，而且为人正直，做官清政廉明，为此，得罪了朝中奸臣。他们向皇上进谗言，说苏东坡写的诗有谋逆之嫌。因此，朝廷将 63 岁高龄的苏东坡革去官职，发配到海南岛。那些奸臣们还幸灾乐祸地说："要想从海南回来，除非铁树开花！"海南虽然地处偏僻、人烟稀少，生活条件十分艰苦，但老百姓很尊敬苏东坡。有位老者送给他一棵铁树，并讲述了一个动人的故事：有只金凤凰被一个官家逮住，关在笼子里，喂它最好的东西吃，想方设法让它展开美丽的翅膀，跳舞唱歌；可是，金凤凰坚决不从。那官家恼羞成怒，燃起一堆大火，要烧死它，金凤凰从容赴难。大火熄灭后，在灰烬中长出一棵小树。人们赞叹金凤凰的铮铮铁骨和不屈淫威的大无畏精神，就称这株树为铁树。苏东坡听后动容，将铁树栽到院子里，经过精心管理，这株铁树竟奇迹般地开花了。而不久，也传来了皇帝赦免他的旨令。于是，苏东坡将那株铁树从海南带回到中原，从此以后，它也在中原地区繁衍开了。因为树种是苏东坡带回的，人们也称它为"苏铁"。

巴蜀有三宝，熊猫、恐龙、攀枝花苏铁。攀枝花苏铁的奇，还在于它岁岁含苞、年年开花。俗话说，"铁树开花马生角"，"千年铁树开了花"，可见苏铁开花之不易。而攀枝花苏铁中生长良好的雄株可年年开花，雌株亦可两年开花一次，这不能不说是世间一奇。每年 3~6 月，只见苏铁林成千上万朵黄色的花蕾争奇斗艳，单株如佛手捧珠，成林似彩毯铺地。万绿丛中黄花点点，形成一种奇异景观。1990 年以来，攀枝花市以苏铁命名，且每年都会举办苏铁观赏暨物资交易会，攀枝花苏铁的名字早已不胫而走、名扬中外。

我们现在看到的这棵高大的苏铁，是非常珍稀的。攀枝花苏铁集中生长的苏铁山，自然条件也不是很好，多石少土，非常缺水，苏铁在那里生长很缓慢。在自然保护区里，我们见到的攀枝花苏铁，年龄都很大，一棵高 1 米左右的铁树，年龄大多都在 700 岁以上。大多数铁树又是生长在石头缝里，很容易受到伤害。

大家看到这棵苏铁从石缝中挣扎出来，而且已经开花了。铁树是会开花的，但在很多地方，人们却难看到这样的景象。在人们眼里，铁树开花似乎是不可能的事。所以人们说一件事很难办或者办不成，总爱用"铁树开花马生角"来形容。在攀枝花，苏铁开花却是很平常的事。每年的五六月间，攀枝花苏铁都要开花。苏铁类植物为雌雄异株，雌雄铁树都开花，但是开的花不相同。雄花多为圆柱形，直立单生于树干顶端，像成熟了的包谷棒子，金黄金黄的；雌花通常为圆球形至扁圆球形，着生于茎干顶部的羽状叶与鳞状叶之间，有些像莲花，棕黄色，瓣儿比莲花多，花儿也比莲花大。雌花谢了后，花瓣里会结出红色的种子。

现在是大家自由参观和留影时间，希望大家好好利用这一个小时，留下与攀枝花苏铁的美好回忆。（作者：祝秦）

第四节 川北旅游区

一、德阳市

1. 广汉三星堆博物馆

各位游客：

现在你们脚下的这块黄土地，便是 3 000 多年前古蜀国的都城所在地。而现在，则是全国重点文物保护单位——三星堆遗址。它位于四川广汉，距离成都 40 千米，是四川境内迄今发现的范围最大、延续时间最长、文化内涵最为丰富的古文化、古城、古国遗址。

在这个遗址中，近几十年来出土了数以万计的各类文物，特别是 1986 年 7 月至 9 月，两个大型祭祀坑的相继发现，上千件地坑宝藏的出土，如平地春雷、石破天惊，震惊了全国，轰动了世界，真实而形象地表现了古蜀王国在这里诞生、兴盛、消亡的过程。

现在，请大家随我步入三星堆历史博物馆这座融原始意味和现代气息于一体的艺术殿堂，去回顾一次古蜀历史，去作一次美的巡礼。

三星堆遗址的发现及三星堆文物的出土，确凿无疑地证明了 3 000 年前古蜀国的存在；使自古以来真伪莫辨的古蜀史传说，因此而成为信史。古蜀史的源头及古蜀国的中心，亦因三星堆而得到确认。对于 3 000 多年以前的古蜀文化和社会经济的发展水平并不落后于中原地区，也有了确切的实证。眼前这座主体展品"人面鸟身"青铜立雕造像和置于其后的三星堆遗址的巨幅航拍照片的有机组合，反映了人神互通、天人合一的古蜀时代特征。

博物馆陈列要表现的主题之一就是人与神。三星堆的玉石器群，与青铜器交相辉映，共同构成了三星堆文明及其文化艺术的最高成就。

（1）镂石琢玉（制玉）

各位朋友，在你们眼前"矗立"的，由三块巨石垒成的这座"玉山"，请大家用手去感受一下上面这些清晰的切割痕迹，这便是 3 000 多年前古人留下的手迹了。我们展柜里光彩烨然、晶莹剔透的玉石器，就是取材于这种原料。

现在，请大家浏览展柜中蔚为大观的玉石器集群。先请欣赏这件硕大无朋的边璋，它宽约 22 厘米，长度将近 1.6 米，上下端还有残损，器身有镂刻的线条纹饰。这么大的边璋，目前仅此一件，堪称"边璋之王"了。

再请欣赏这件大石壁，直径约 70 厘米，厚近 7 厘米，重达百斤以上，两三个人搬起来也很吃力。这么大的石壁实属罕见，可谓"石壁之最"了。总的说来，三星堆遗址包括两坑出土的数以百计的玉石器，大致可分为礼器、兵器、用具、乐器、杂器、饰品以及人物及动物造型等类别，其中以礼器及具礼仪用途的兵器和属于祭祀用品的工具居多。

三星堆蔚为大观的玉石器群的发现，把人们的注意力引向中国的西南地区，引向了充满神秘色彩的三星堆古蜀国。

（2）烈火熔金（冶铸）

如果说三星堆玉石器群的发现已令世人瞩目，那么，三星堆伟大的青铜器群的横空出世，则更令全中国、全世界震惊了。

中国青铜时代最为光辉灿烂的时期是商周时期，尤以商代后期的各类青铜器最为壮观、最有气势、最具魅力。而三星堆的青铜集团军，正属这一时期中国西南青铜文化的典型代表。本组陈列有流光溢彩的金叶，有虎虎生威的铜虎，有造型奇特的龙形饰，有气宇轩昂的大雄鸡，更有造型优美无比、林林总总的铜铃……请大家仔细观赏。三星堆的金器纯度有 85% 左右，另外的 15% 是银，其他少许微量元素可以忽略不计。金器的铸造过程大致为：采用原始方法淘洗沙金，再使用熔融法冶炼成合金，经人工锤打和碾压而成金带、金皮、金箔等。三星堆青铜器的合金组成，可分为五个类型，其中以铅锡铜这种三元合金构成的青铜器最多。三星堆青铜器的含铅量普遍较高，古代匠师意在利用铅的易流动性和柔软性，追求青铜器造型的繁复和优美。

接下来，请朋友们凝神专注这一大堆铜眼睛和眼珠。众多的眼睛，可以列出一大阵势，这些林林总总的眼睛群像，或圆睁大眼，或闭目冥思，正清楚地表达一种意象——古蜀先民不懈地追求着对天地、自然、宇宙的认识。而在数千年之后，我们用自己的眼睛，透过这些青铜的眼睛，看到了古蜀先民的灵魂和精神，想象出他们对宇宙、人生的理解和思索。

（3）通天神树

本组陈列将展品与博物馆的建筑相结合，在螺旋形结构的中央天井安置了三星堆文物中最为宏伟壮观和无比神奇的极品——神树。这神树是原件放大 3.5 倍后的精美仿制品，由底座、树及树上的龙组成，底座呈穹窿形。树分三层，每层三枝，共九枝；每一层的三枝是靠后一枝，左右两枝，呈对称布局；树枝上分别有二果枝，一果枝朝上，一果枝下垂；向上的果枝上各有一鸟，共九鸟；树干上嵌铸一条蛇身马面龙，龙头有一对犄角，龙身有刀状羽翅，前爪匍匐于树座，身尾串连于树干，造型怪异、匪夷所思。全器结构合理、布局严谨，表现出古人炉火纯青的技艺和极高的艺术境界。

三星堆神树是中国"宇宙树"最具典型意义和代表性的伟大实物标本，是一棵代表古蜀先民宇宙观念的神树。它反映了古蜀人对太阳和太阳神的崇拜，神树枝头的九只立鸟，正是金乌——太阳的写照。对太阳及太阳神的崇拜是人类诸神崇拜中的主神崇拜，三星堆神树正是太阳及太阳神崇拜的产物。同时，神树在古人的神话意识中，还具有通灵、通神、通天的功能，巫师藉此神树，连接天地、沟通人神。

（4）青铜大鸟头

现在我们看到的是三星堆的众鸟之王——青铜大鸟头。说它是鸟，其实它更像神鹰。它紧闭勾喙、圆睁大眼、精神抖擞、魄力万钧，充溢着无比雄浑壮伟的气势。

不知大家是否注意到，西南航空公司飞机机身上的徽标，正是一只雄鹰。历史如此巧合，3 000年似无时空界限，这种血脉的嗣承相连、精神的交汇遗传，正是蜀人不泯之"千载蜀魂"！

（5）金杖

这是本陈列文物展的最后一组，我们为三星堆的金器专辟一室，特意展示万众瞩目的金杖和戴金面罩的铜人头像。请看这金光熠熠、耀人眼目的"金面使者"，如同天神降临人间，何等尊严高贵，何等气度不凡！

接下来请大家参观三星堆盖世无双、绝无仅有的极品文物——金杖。金杖出自一号坑，系用金条捶打成金皮后，再包卷一根木杖而成。出土时，金皮内尚存炭化的木渣，可知内有木杖。金杖全长1.42米，直径2.3厘米，净重约500克。杖的一端，有长46厘米的一段图案。图案分三组：靠近端头的一组为两个前后对称、头戴五齿高冠、耳垂三角形耳附的人头像，一副笑容可掬的样子。另有两组图案，皆是下方为两头相向的鸟，上方是两背相对的鱼，在鸟的颈部和鱼的头部叠压着一只似箭的东西。

目前对这幅图案的各种解释似乎都还不尽如人意，金杖图案之谜是三星堆诸谜之中的又一大谜。而金杖的性质，一般都公认：金杖是至高无上的权威标志，即王杖、权杖，是王权的象征；也是集神权与王权于一体、政教合一体制下的"王者之器"。

（6）三星永耀——三星堆的发掘与研究

半个多世纪以来，几代考古人在三星堆不懈地进行着探索工作。20世纪80年代中后期举世轰动的重大考古发现，使三星堆成为中国及世界学术界关注的焦点之一。

三星堆遗址及其出土文物丰厚深邃的文化内涵，使众多的学者为其倾心注力。"古城"、"古国"、"文化"、"文明"等课题早已引起学界的热烈讨论。围绕三星堆的研究已渐成一门显学，并吸引着更多的海内外学者。三星堆赋予学界的影响是广泛、深远和持久的，随着研究工作日益拓展深入，其学术价值将会得到更为充分的体现。

三星堆遗址及其出土文物，向学术界展示了一个全新的研究领域。许多重大学术问题，如同千古之谜，尚待人们去上下求索、破译。迄今为止，尽管研究者甚众，著述颇丰，且多所建树，但应当说对三星堆的研究还任重道远。诸如：古蜀国的政权组织及社会形态将怎样定性？古蜀国何以兴亡？遗址居民的族属？文化的来源？两坑社会性质？两坑的年代？青铜雕像群及金杖等何以产生？古蜀国与周边政权之关系如何？三星堆遗址地下尚有多少宝贵埋藏？如此之类的问题，皆有待学界的进一步深入研究。

好了，朋友们，今天的参观到此告一段落，欢迎各位留下宝贵意见，祝大家有一个美好的旅程！（整理：赖丽娜）

2. 剑南老街

各位游客：

大家好！欢迎来到四川绵竹剑南老街，我是你们此次行程的导游员××。今天我将带领大家依次参观中国最古老的窖池"天益老号"、剑南春酒坊遗址、川酒会馆等，最后，我们将在景区门口集合登车。在游览过程中，请大家爱护景区内的环境，绿色旅游；同时也请大家紧跟我的脚步，以免走失哦！最后，请大家在品尝美酒时，量力而行，不要贪杯哦！

老街位于绵竹市区剑南镇春溢街至胜利街，全长 500 米，按照明清建筑风貌建设而成。老街是唐朝国酒"剑南烧春"的原产地。"剑南老街"牌坊下，沿着剑南老街往前走，一边贯穿起"天益老号"酒坊、古窖池群等剑南春独有的御酒历史，一边贯穿起川酒会馆、历代酒肆、关帝庙、古戏台、年画坊等美酒文化。整个剑南老街景区投资 1.5 亿元，按照国家 4A 级标准打造，在"天益老号"活窖群及遗址区你可以品读一部最完备的中国白酒百科全书，领略中国顶级白酒的极致享受，在这里你可以见识最地道的绵竹民俗风情，在这里你也可以领略最纯粹的东方神韵。

好了，朋友们，我们现在所在的就是川酒会馆门口了，川酒会馆是比较典型的川西民居四合院，它主要由四个部分组成，大家请看，我们正对的就是川酒文化展示区，我们左边的这个厢房是烤酒体验区，在这里大家可以自己动手，亲自体验烤酒的乐趣，烤出来的原酒可以在专业勾兑师的帮助下变成你自己喜欢的成品酒，再选一个自己喜欢的酒具，印上自己的酿制时间和自己的姓名，带回家去慢慢品味。我们的右边是品酒体验区，在这里，可以看到历朝的酒器和剑南春酒史博物馆的丰富藏品。品酒师现场教授品酒方法，你可以像古人一样进行角色扮演，体验古人饮酒的快乐；还可以参与品酒游戏，为自己喜欢的白酒打分，然后虚拟订购一番，就像明清时期贩酒商人来会馆品酒交易一样。说到这里，我们就不得不讲讲川酒会馆的历史沿革了。自宋代开始，政府实施酒类专卖，川酒酒税成为中央政府最重要的财政收入，在汉州（绵竹）曾设立酒务 19 个，可见绵竹酿酒业在当时就显示了强大的酿造实力。清康熙年间，绵竹酒业继续兴旺，境内出现上百家酿造酒坊，产品远销全国，川酒会馆就在这个时候应运而生。那时，全国各地的酒商们纷纷来到会馆，品酒选酒、洽谈议价、订货发货、聚会娱乐、处理商业纠纷等，使绵竹的酒业几乎没有过淡季，清朝诗人李香吟就曾作诗曰："山程水路货争呼，坐贾行商日夜图，济济直如绵竹茂，芳名不愧小成都。"说到这里，我看有好几位客人都跃跃欲试了，好了，下面我们就一同去煮酒论英雄，纵论天下事吧！（作者：李巧玲）

二、绵阳市

3. 北川猿王洞

各位游客：

你们好！我是你们的导游××。今天我们将要游览的是位于四川省绵阳市北川县境内的九皇山风景区，景区包括猿王洞、情人桥、绝壁栈道、西羌第一碉等景点，游览时间大约需要三个小时。

　　猿王洞就在九黄山半山腰的石壁上，伸出去的山嘴两边各修建了一座碉楼，史称"西羌第一碉"，相传始建于汉代。史书记载，这一带属于"番汉要冲"，羌民"人尤劲悍、性多质直、工习猎射"，经常"剽掠汉地"。明嘉靖25年，西蜀名将何卿平"白草番乱"时将其拆毁，2003年在原基础上恢复重建。景区占地面积30平方千米，属省级名胜风景旅游区，省级重点文物保护单位，海拔2 095米，为中国西南第一大高山溶洞。

　　猿王洞以洞得名，一步一景，十步景不同。长达5.8千米的洞内观光游道上，我们将真正感受到大自然的鬼斧神工，体验"洞中方一日，人间已万年"的神仙意境。沿着"天梯"上行，路途艰险，峰回路转之间还能感受到"云从脚下起"的烂漫。好了，那么我们现在所在的位置就是猿王洞了，它是川西北地区罕见的高山溶洞群，溶洞内游程达5.8千米，溶洞经大自然千百年的精心雕琢，形成了千姿百态、巧夺天工的溶洞奇观，洞内著名的景点有俊秀挺拔的"石林秀色"，亦真亦幻的"瑶池洞天"，串珠缀玉的"珍珠白玉塔"，宫、商、角、微、羽五音清悦的"绝壁石琴"。景观亦真亦幻，被游客称为梦幻宫殿洞中的黄龙美景。加上电子工业部溶洞灯光研究所设计的国内最新溶洞灯光，走进猿王洞，如同走入梦幻般的世界，走进了与世隔绝的世外桃源。除此之外，这里还完整地保留、真实地再现了数千年以来羌族的民俗民风，羌族人心灵手巧，擅长建筑碉楼、石砌房、索桥、栈道和水利筑堰等工程。羌语称碉楼为"邛笼"，是羌寨主要的防御工事，座座分布在险关要隘，碉楼全身用泥石砌成，下大上小，如削去尖的金字塔，被称为"建筑的活化石"。

　　好了，桥上九霄云天，桥下万丈深渊，对情侣们来说是一种考验：到底是两人分头走到中间"鹊桥会"呢，还是牵手共修"百年渡"呢？那么就请大家和我一起去欣赏下一个景点情人桥吧！（作者：李巧玲）

　　4. 梓潼七曲山大庙

　　各位游客：

　　大家好！欢迎来到梓潼！梓潼县位于四川省北部，今天我们要参观的七曲山大庙，就位于梓潼县城北9千米处。七曲山大庙是名扬天下的"蜀道明珠"，这里是道教文昌帝君张亚子的修道之地，史称"文昌帝乡"。而文昌帝君作为古代读书人的精神领袖，和北方的孔夫子并称为"北孔南张"，专管文人的读书、中举、升官之事，极富传奇色彩。

　　七曲山大庙始建于东晋末年，是为纪念晋代张亚子而建立的亚子祠。在道教中，称张亚子是元始天尊的弟子、文曲星下凡，张亚子被当地人奉为"梓潼神"。元初，张亚子被皇帝封为"文昌帝君"，后又经历代皇帝的加封，成为主宰世间功名利禄的道教大神。而亚子祠也随之改建为文昌宫，经元、明、清三代多次扩建形成了今天的规模，现七曲山大庙面积为1.2万平方米，共有殿宇楼阁23处，其中元、明、清各代遗存的就达20余处。这些建筑具有明显的各朝代特征，既有北方宫殿的壮观，又有江南园林的雅致，是研究我国古建筑史的珍贵事物资料。我国著名建筑学家梁思成（梁启超的儿子）到大庙山考察时，赞叹不已，在他的《中国建筑史》一书中称之为"古建筑博物馆"。

各位朋友，现在矗立在我们面前的这组雄伟的建筑群就是七曲山大庙。大庙依山而建，在周围千年古柏的包围下，既像人间王府，又似天上宫阙。大庙布局合理、结构严谨，中轴线上为百尺楼、文昌正殿、桂香殿，其余建筑由此依据山势地形左右延伸，虽不十分对称，但却显得错落雅致。

首先我们来到百尺楼，百尺楼其实是大庙的正山门，楼分为三层，通高 33.15 米，约合百尺，故称为"百尺楼"，又叫"忠孝楼"、"魁星楼"。楼正中挂有"帝乡"匾额，"帝乡"二字告诉我们现在已经来到了文昌帝君张亚子的发祥地。自元仁宗下诏封梓潼神张亚子为"辅元开化文昌司禄宏仁帝君"之后，天下学宫皆建文昌宫，全国 31 个省市区中有文昌宫（阁）达 600 余处，现存 347 处，中国台湾就有 41 处，且明末农民起义领袖大西王张献忠在七曲山文昌庙联宗认祖。百尺楼始建于明朝，后来毁于大火，现在各位看到的是于清雍正十年（1732 年）重建的。拾级而上，进入百尺楼，只见雕梁画栋，整个高楼由 46 根冲天大柱凌空托起，气势非凡，在明代被誉为"西蜀明楼"，据说此楼当时可与岳阳楼和黄鹤楼相媲美。

在百尺楼的二楼供奉着文昌帝君的随从——魁星的站像。在古代读书人眼里，魁星主管文章兴衰，主宰着读书人的前途命运，可以说是文昌帝君的第一化身。没有参拜过魁星的人可能会认为他是一位书生气十足的帅哥，其实不然。大家请看前面这位面目狰狞、金身青面的神像就是魁星，他右手握一朱笔，左手持一墨斗，右脚踩在鳌鱼头上，左脚倒踢呈北斗星状，意为"魁星点斗"、"独占鳌头"。据说魁星手中这支朱笔极具神力，只要点中谁的名字，那么这个人就会在科举中考出好成绩。因此古时读书人十分看重魁星手中之笔，古人说："任你文章高百斗，就怕朱笔不点头。"关于魁星还有一个传说，相传魁星读书勤奋、才高八斗，但却长得奇丑无比、满脸麻子，而且还是跛脚。他去参加科举考试，乡试、会试，一路凯歌，终于高中榜首，有资格参加殿试。殿试时，皇帝见到他长得如此丑陋，心有不悦，魁星则理直气壮、毫不自卑地回答道："麻脸是'麻面满天星'，跛脚是'独脚跳龙门'。"皇帝听了非常开心，于是钦点他为状元。据说魁星非常灵验，自元朝以来，学子们大考前后都要前来祭拜，以求金榜题名。到现在，每当高考前后，魁星楼总是人来人往、好不热闹，由此可见，人们对魁星的信任。各位如有意求学升造，不妨也来拜一拜，说不定一觉醒后，美梦就成真了。

从百尺楼出来，迈进帝乡大门，沿 24 级石阶而上，就来到了文昌正殿，该殿为雍正十年（1732 年）重建，正殿位于七曲山古建筑群的中心，是供奉文昌帝君张亚子的主殿。

正殿前面就是拜厅和高敞台，这里如此宽敞而堂皇，派何用场呢？古人在这里举行规模盛大的春秋文昌祭祀和谈演（朗诵、歌唱）《文昌大洞仙经》的活动，也就是举行文昌会的重要场所。

现在，文昌会逐渐成了集祭祀、文化、商贸为一体的综合性的民俗节日。《文昌大洞仙经》是蜀中道士假借元始天尊传给文昌帝君的经书，共有三十八章，全是四言或五言的韵文，是一部通俗的劝善书。

进入正殿，正中供奉着文昌帝君金身坐像，他短颈粗体，头戴冠冕，身着龙袍，神情威严，两目深邃，一副帝王之相。这尊像高达4.7米，重30吨，为明代所铸。在文昌帝的两旁是八尊陪侍像，按官位呈八字形排列，体态匀称，神态各异，但全都毕恭毕敬，这些侍像工艺精湛，全为明末所铸，是大庙中的一宝。其中最引人注目的有两尊侍从造像：右侧这位手持文昌大印，张口结舌，憨厚朴实，表现为聋子形象，名叫"天聋神"；左侧这个手拿铁如意，瞪眼扬眉，欲言又止，表现为哑子形象，是"地哑"神。为什么要用一聋一哑作为文昌帝的侍从呢？据说是因为文昌帝掌管着天下"禄籍"，关系到富贵贫贱和国家机密，因此保密问题很重要，用天聋地哑作侍从，聋者欲言而一无所知，哑者知之而不能言，可以保证天机不会泄露。由此可见文昌帝君知人善任、人尽其才。在铁铸造像前，是一座五角铁鼎，鼎脚造兽形，为宋代淳佑年间所铸，是大庙的文物珍品。

正殿前方左右为钟楼和鼓楼。正殿背后就是桂香殿，这是大庙中轴线上最后一座殿堂。桂香殿跟百尺楼、正殿一样建于明代，但它是很幸运的，没被清雍正四年的那场大火烧毁，而存留至今。首先请大家看看大门口这副对联："小住为佳有数庙禄云一庭丹桂，大观在上看千门紫气万笏青山。"的确如此，桂香殿以桂闻名，进入大门就可看见这"一庭丹桂"，庭院中这四株桂树为南宋淳佑年间（1241—1252年）所植，它不是一般的桂树，而是十分少见的红色丹桂，当然传说中还有月宫里的玉桂，至今仍枝叶繁茂，金秋时节，红蕊绽放、香飘林海、沁人心脾，有九里香之美名。自古以来，人们把桂树视为吉祥、高尚、贵重的象征，古希腊人用桂枝编成帽子，授予杰出的诗人，称之为桂冠；中国则把科举及第称之为"蟾宫折桂"。清朝科举考试放榜定在桂花绽放的金秋，切合折桂的含义，人们把"金榜"称为"桂榜"，蟾宫折桂成了读书上进的吉祥祝福。因此，文昌宫桂香殿也因此而得名。桂香殿被广大学子视为人间蟾宫，科考之前总要祈祷文昌主持科场公道，使自己能蟾宫折桂，曾有诗赞道："蟾宫仙桂人间栽，开降灵时万人来，不是广寒香一点，怎能吹得满山开。"桂香殿在这四株丹桂的映衬下更增添了浓烈的文运气氛。

进入殿中，正中供奉着文昌帝铁铸坐像一尊，据说这正是张亚子修身养性、吟诵经文时的形象。在神像前面是一只四足日月铁鼎，为明代弘治十年（1497年）所造，非常珍贵；还有这个2米高的铁铸镂空花瓶，工艺精美，也是大庙中不可多得的宝物。大殿还有一个特别的地方，就是这四根大柱，不知道各位注意到没有，无论从哪个方向看，这些柱子都是倾斜的，随着人的方位变化，柱子倾斜的方向也随之变化，很难确定它们倾斜的方向。但实际上他们都是正直的，这是古代能工巧匠们运用特殊手法而造成的视觉误差，充分展示了明代建筑大师高超的技艺。

在左前方的内柱上，建筑此殿的工匠在柱子上挖了一个洞，在洞里雕了一个摸得着而拿不出来的木罗汉，人们总爱伸手摸摸罗汉，碰碰手气，后来，人们就给它取了个美名叫"摸运洞"。殿内左侧墙壁上仍保存有清代巨型壁画"张婆骑鹿"。壁画左边还有乾隆年间石刻的阴骘文，阴骘文以文昌帝君降笔而作，劝人广行善事、多积阴德，文昌就会为您致福增寿。阴骘文又叫丹桂籍，被列为我国善书三圣经之一，已翻译成日文、法文、朝鲜文，有20多种版本，在国内外广为流传，还被日本学界收入《世界圣典全集》，从而成为世界文化遗产。

正殿的左侧为依崖而建的白特殿与风洞楼，上为风洞楼，下为白特殿。文昌帝君的坐骑，马头、驴身、骡尾、牛蹄，俗称"四不像"，它全身白色，古人有"千里马，万里特"的说法，因此文昌的坐骑就叫"白特"，这座殿堂也由此而得名。白特塑像之后的石岩上，有天然石洞，深约 2 米，俗称风洞。相传风洞楼能通往陕西，文昌帝君年轻时经常乘白特从此洞去千里之外的长安求学。风洞楼里供奉着明朝末年农民起义的领袖张献忠的雕像。

接下来我们去参观应梦仙台。首先呈现在我们眼前的是这座古朴典雅的"应梦仙台"石牌坊。绕过石牌坊，爬上 28 级台阶，就是应梦仙台殿，此殿面积为 50 余平方米，殿内有一古式石床，三面有床栏，墙壁上绘有《玄宗应梦图》，石床上方的墙上刻有"漏澈华胥"四字，"漏"是古人的计时器，"华胥"是梦游之国。"漏澈华胥"就是说做了一整夜的美梦。关于这张床有个有趣的故事，相传在唐朝安史之乱时，唐明皇在逃难赴成都的时候路过此地，见天色已晚，便睡在这张床上休息。石床冰冷坚硬，哪比得上皇帝的龙床，唐明皇躺在石床上，辗转难眠，于是他想起江山危机，想起不久前还和杨贵妃"芙蓉帐里度春宵"，而如今却落得这种地步，备感凄凉。唐明皇想着想着就睡着了，迷糊中有人告诉他安史之乱已经平定，并请他启驾返回长安。唐明皇醒后，半信半疑，但终究没有返回，而是继续赶往成都，等他走到成都的北门时，果然信使来报，说叛乱已被平息。后来，唐明皇返回途中在梓潼七曲山看到一小庙内的张亚子塑像酷似他梦中点化之人，于是追封张亚子为"左丞相"。到了宋朝，道教以张亚子飞鸾降笔作《高上大洞文昌怀禄紫阳宝箓》一书，书中描绘了"文昌应梦八图品"，凡是学子只要应了玉猫、白马、白鹿、大鬼、法斩五虎、黄牛、黑犬、怒击三人这八幅图景中任何一个梦兆，就会科场中举。因此，学子们总想美梦成真，来此睡睡石床寻梦。后来在此瞻拜文昌的善男信女，若有腰酸腿痛之疾，也要躺躺石床，这样便可立刻消除病痛。应梦仙床果然真有这么灵验么？请看这幅对联："仙去何方，大梦至今犹未醒；神游未远，青山不老可重来"，就是最好的写照。各位不妨在这张石床上躺一躺，照张相，据说有缘的人躺在上面照相，石床方可在相片中显现，无缘的人怎么照石床都不会现形。

在应梦仙台旁边，是著名的晋柏和晋柏石栏。瞧，前面这株形若虬（qiu）龙、铁骨嶙峋的古柏，俗称"龙柏"，相传为西晋张亚子亲手栽植，人们称它为"晋柏"。

晋柏树干粗壮、高耸入云，它那"苍皮溜雨藓同碧，老干拂云铁共坚"的风姿，在参天古柏大观园中，格外惹人注目，有"晋柏穿云"之誉，为梓潼八景之一。晋柏历经沧桑，仍然"根如铁石无异样，壮若苍龙插云巅"，古人把它视为神灵，说它可与泰山、尧山、御史台所有古柏媲美，人们十分珍爱它，瞻仰者络绎不绝，墨客骚人留下了不少翰墨辞章。

梓潼人对晋柏宠爱有加，自明清以来，曾三次修造石栏，对晋柏加以保护。然而，晋柏并没有像人们所希望的那样永远长寿，晋柏渐渐枯槁而逝了，晋柏死于何时，史志碑刻都没有记载。明朝还有人著文说："晋柏一株，其形盘距如虬龙，色含苍翠。"从"色含苍翠"的描述中，可见当时晋柏还枝叶繁茂。到了清代道光年间，在修晋柏石栏的碑记中就说："往来观者，或解带以量其长短，或抓肤以验其生灭"，说明晋柏才死不久，信众无法判定，还剥开树皮来"验其生灭"，由此推测，晋柏可能死于明末清初，距今大约 300 年。

七曲山大庙外还有许多千年古柏，郁郁葱葱、翠浪如云，数十万株连成一条绿色长廊，延伸 100 多千米，这就是著名的"古蜀道翠云廊"。传说是张飞镇守巴西（也就是今天的阆中）时，由于每天要及时向成都报送军情，而川北小径岔道多，士兵很容易迷路而耽误时间，为此，张飞一筹莫展。一天，他见城外的士兵排成两行的戈矛，粗中有细的他就想到了"植柏表道"。于是，他率领士兵从阆中一路栽植柏树到七曲山，并将剩下的树苗全部栽在七曲山上，因此就形成了"三百里程十万树"的"翠云廊"。后来爱柏的习俗相沿成风，历代的梓潼人对翠云廊进行了很好的保护，对晋柏更是珍爱有加，认为它是张亚子的化身，是翠云廊数十万株古柏之王，称其为"神木"。除了晋柏，这里还有夫妻柏、泰山柏、飞龙柏、仙女柏等，这些柏树虽然饱经沧桑却依然生机勃勃，真让人感慨"人生易老天难老"，在此祝大家像这些柏树一样健康，充满活力！

接下来，请大家自由参观，亲身去感受七曲山大庙厚重的历史文化。（作者：谭颖）

三、广元市

5. 翠云廊

尊敬的女士们，先生们！

欢迎来到广元翠云廊旅游。翠云廊是古蜀道的一段，而且是以险著称的剑门蜀道的一段，它以剑阁为中心，西至梓潼，北到昭化，南下阆中，三条路蜿蜒三百里，全是林荫道，号称"三百长程十万树"。经过历朝历代、无数劫难但留存至今的古柏，还有 8 000 多株，最大的须 8 人合围，小的也要 3~4 个人方可抱拢。广元翠云廊现今已创建成为国家 4A 级景区。

翠云廊古称剑州路柏，民间又称"皇柏"和"张飞柏"，是由近万株苍翠的行道古柏组成的绿色长廊。"翠云廊"这一生动而典雅的名字的由来，还得从剑州知州乔钵说起，知州乔钵观览了行道古柏后，题写了《翠云廊》诗后，这个充满诗情画意的名字，便成了"剑州路柏"的雅名。诗是这样写的："剑门路，崎岖凹凸石头中。两旁古柏植何人，三百里程十万树。翠云廊，苍烟护，苔花阴雨湿衣裳，回柯垂叶淳风度。无石不可眠，处处堪留句。龙蛇蜿蜒山缠互。休称蜀道难，莫错剑门路。"

除了翠云廊的得名有这么一个小小的故事外，其实翠云廊中的古柏还有许多动人的名字和传奇的故事呢！比如："张飞柏"、"阿斗柏"、"鸳鸯柏"、"罗汉柏"；"安乐树"、"羞人树"、"滚龙树"；"巨蟒吞石"、"五鼠爬杆"、"开膛破肚"、"二龙戏珠"、"美女抱子"、"皇帝骑白马"等。

自古以来历代文人墨客都用绝妙的诗句颂扬它："蟠根惊窜蟒，弱干识栖凤"，"老柏参天合，人行翠幄中"，"翠云坠蹬道，尤爱柏参天"。苍劲的身躯，留存了古朴风韵；翡翠的情怀，染绿了人们的胸襟！

千百年来，翠云廊古柏累受天灾人祸的袭击，而今保存下来的只有廊道古柏 7 900 多株。虽然规模比原来小了许多，但气势如故，古貌犹存。在成片的年幼柏树群的陪衬下，素有"柏树之乡"美称的剑阁山区倍添秀色。事实上翠云廊是千年树木的产物，为官民所共护。根据多方考证和大量的史料证明，这些古柏非一朝一代的产物，更非某个人的功劳，而是秦代以来历代劳动人民用汗水浇灌形成的艺术珍品。在翠云廊各段抽样调查的 1 900 多株古柏中，胸径 2 米以上的有 7 株、1 米到 1.4 米的有 854 株、1 米以下的有 669 株，这说明翠云廊古柏不是一次栽植而成，而是历代不断栽植而形成的历史产物。根据文献记载和科学工作者的考证以及民间传说，古蜀道上大规模植树有 6 次之多。

第一次是秦朝，秦始皇修筑阿房宫，曾在蜀中大量伐木。杜牧在《阿房宫赋》中有"蜀山兀，阿房出"的描写。蜀中百姓怨声载道，秦始皇为平民愤，倡导在驿道旁植树。他还下令在全国各驿道种植松柏，以显示天子威仪，因此群众便把这次植的树称为"皇柏"。根据科学工作者的考察，凡胸径两米以上的古柏，树龄约 2 000 年，应是秦代所植。

第二次是三国鼎立时期。"张飞柏"在剑阁人民心中已成了翠云廊古柏的代名词，其传说由来已久。相传张飞当年为巴西（今阆中县）太守，军政往来频繁，当时的剑州（今剑阁）又是蜀都至中原的必经地，为适应政治、军事上的需要，张飞令士兵及百姓沿驿道种树。根据考证，翠云廊上胸径两米左右的古柏都是"张飞柏"。

第三次是东晋时期。剑阁人民曾在驿道两旁大量种植松柏，当时叫栽"风脉"，尚书郎郭璞为此写了《种松记》刻于石碑。这碑到了宋代，由于风雪剥蚀，当地人又请大文豪苏轼重书碑文，今碑刻仍存觉苑寺内。估计翠云廊上胸径 1.7~1.8 米的古柏就是这时所植。

第四次是唐代，相传唐天宝年间，杨贵妃喜欢吃川南荔枝，玄宗皇帝便命人快马加鞭，连夜运送。为保持荔枝鲜味，令百姓沿途种植柏树，剑阁人民又在原来的基础上进行了补栽，使翠云廊初具规模。

第五次是北宋时期，据《宋会要辑稿·方域·道路》记载，宋仁宗诏令："自凤州至利州，剑门关直入益州道路沿官司道两旁，每年栽种土地所宜林木。"这又是一次大规模植树，并且延伸到了整个蜀道。

第六次是明正德年间，李璧（字白天）任剑阁知州时曾对南至阆中、西至梓潼、北至昭化的官道进行了整治，并沿路大量补植柏树，因而同治《剑州志》所载清人乔钵《翠云廊》诗序云："明正德时知州李璧，以石砌路，两旁植柏树十万，今昔合抱，如苍龙蜿蜒，夏不见日。"翠云廊从此形成了宏伟的规模。

自有驿道和行道树以来，老百姓便以护路爱树为己任。这种优良传统沿袭到现在，山区人民把修桥补路、栽桑植柏看成一种美德，看成是为后人造福，因而也自小就有爱路护树的好习惯。加之历代统治者也很重视对驿路驿树的保护，秦汉至唐就设有专人管理，到了北宋又颁布了管理行道树条例，明代颁布了"官民禁伐"的政令，清代官府常派差役沿路巡察护树情况。

1935 年，由于川陕公路的修筑，古柏损坏严重，民众甚为痛愤，后来蒋介石知道后，也下令在古柏上悬挂木牌，发布了"砍伐皇柏者枪毙"的禁令。

新中国成立后，政府十分重视对翠云廊古柏的保护，采取果断措施，禁止任何人砍伐，颁布了古柏管理条例，还先后三次清理登记挂牌编号；对枯萎和处于危险环境的古柏进行了加固维护；每年都要进行群众性防病、治虫、补植幼柏等工作，这些措施的实行，使翠云廊古柏延年益寿，幼柏生机盎然、茂盛苍翠。

翠云廊是举世无双的由古柏组成的风雨长廊，是蜀道上的一颗明珠，是我国历代劳动人民汗水灌溉的艺术品，是中华民族伟大创造力的象征。它不仅是规模宏大、历史悠久、保护完好的中国艺术珍品，更是全世界的瑰宝。它蕴藏着丰富的旅游资源、自然资源和生物资源。科学家称古柏为"森林化石"，文物专家则视其为"蜀道灵魂"、"国之珍品"，文人墨客比之为"绿色长城"，外国专家赞其为"举世无双的奇观"、"古代陆上交通的活化石"、"比欧洲罗马大道优美"、"世界文化遗产"等。

的确，无论如何赞美"翠云廊"都不过分，它不仅给人带来愉悦的视觉享受、清新的空气、优美的环境，更给古蜀道以无微不至的呵护，才使古蜀道有了良好的行驶环境及平整的路面。

翠云廊——当之无愧的蜀道明珠！（作者：熊艳华）

6. 剑门关

各位嘉宾：

大家好！欢迎大家来到剑阁县，游览剑门蜀道风景名胜区的重要景点——剑门关。剑门关是古蜀国通往中原的一个重要关口，更是川陕公路上最重要的关锚，以山雄、关险、峰翠、谷幽而著称于世。古人曾把四川的风景名胜归纳为"四个天下"，那就是"峨眉天下秀，青城天下幽，剑门天下险，夔门天下雄"，可见古剑门在国人心目中占有何等重要的位置。

剑门关位于广元市南45千米处，此处山脉东西横亘百余千米，72峰绵延起伏，高入云霄，主峰大剑山峰如利剑，森若城郭、峭壁中断、两崖对峙、形似大门，史称"剑门"。

站在关口又有"不识庐山真面目"之感。故此，我今天先把大家带到最佳观景台远眺剑门胜景。我们脚下这座古桥叫剑溪桥，建于明代弘治年间，为古剑门至葭萌（今广元昭化镇）的重要桥梁。此桥虽已历经500多年风雨剥蚀，但它的主体结构至今仍保存完好。大家如果认真一观，便可发现它有与众不同的特征。那就是它的桥拱是尖形，俗称莲花瓣拱形桥，是明代独有的一种建筑风格，也是川北唯一现存的此类古建实物，成了建筑师们的一本"宝书"。我们站在这里回首一望剑门关时，一种博大的山川气势迎面扑来，让人叹为观止。你们看，那铜墙铁壁般的百丈砾岩、峰峦叠翠的百里群峰、大小剑山如耸立云霄的巨大屏障、东西两侧那幽深而神秘的两道峡谷，都尽收眼底。对于大小剑山（砾岩）的观感，自古有"剑门无寸土"之说，"岩岩梁山，积石峨峨……"之颂。剑门的环形砾岩石壁东枕嘉陵江，西达五指山，长约65千米，是它把自秦岭而来的百里群山横阻于此，犹如铜墙铁壁，固守着蜀北大门，让多少英雄豪杰望而兴叹，却步山前。此处岩壁虽寸草不生，但峰顶却翠绿欲滴，故此蜀汉大将军姜维称之为"云环耸翠"。三国时，蜀将姜维据守此关，魏国大将领十万精锐之师被阻挡在剑门关外，一筹莫展。关口岩壁间仍有"第一关"、"天下雄关"的碑刻。人们到此仍可远眺剑阁72峰的雄伟气势，想象当年关隘的险峻。新建的剑门关楼，雄踞关口，气势恢宏。

剑门关关楼，始为三国蜀汉诸葛亮修筑，经多次烽火战事，屡毁屡建，却雄风依然。2006年2月12日晚又遭遇大火，再次被烧毁的关楼，是1992年剑阁县组织施工队伍历经两个月修复的。当年蜀相诸葛亮经剑门六出祁山，北伐中原，见此处壁高千仞、谷深树茂，便在此依崖垒石，建关设尉，并修阁道30里（1里＝0.5千米），始称"剑阁"。

剑门关关楼高大巍峨，为三层木石结构的仿古建筑，底层以青石条错缝筑成，四面成墙，坚不可摧。墙外黄泥勾缝，墙头枯草萧瑟，关隘寒风四起，仿佛烽火当年。关楼底座则砌拱形门洞，有铺首含环、铜钉密突的两扇铁门，治世便开，战乱则闭。外门中墙石柱镌有一联，云："矗立岗峦，起伏蹲踞如猛虎；迂回栈道，蜿蜒曲折似长蛇"，横额书"剑阁"二字。

中楼为箭楼，砌有瞭望台和射击孔。楼间宽敞，可操武练剑。正中门栏上悬有一匾，书着"雄关天堑"，两柱楹联为："崇山有阁千秋画，流水无弦万古琴"，外两柱的楹联为："道德五指千古秀，蜀山万里剑门雄"。

登上三楼，清风徐来，极目远眺，顿感神清气爽。楼阁间陈列有不少珍贵文物古迹，内间壁上书写有清代果亲王允礼书题诗句："谁携天外芙蓉锷，高挥层霄见太空。阁道摩空星斗近，仙风吹入玉屏行。"楼上陈列室内还陈列有历代书法家写的诗文，如张载的《剑阁铭》、李白的《蜀道难》、柳宗元的《剑门铭》等，真草隶篆、妙笔生辉。楼阁上楹联为："蜀道关头险，剑门天下雄"，横额曰："眼底长安"。推窗远望，关山重重，巍巍秦岭赫然在目，思绪越过了重山，便是那八百里秦山。

天府之国，沃野千里，粮田、美池、桑竹之属，物华天宝，人杰地灵，自古为兵家必争之地。那剑门关进可攻、退可守，更是由北而南进入天府之国的最后一道天险屏障。古人云：得剑门者，得四川。

在历史的分水岭上，如今慕名前来拜访雄关的我们，早已看不见雄关内外往昔燃烧的烽烟和战火，那刀枪剑戟的拼杀呐喊之声也早已化作历史的云烟，我只看见熙熙攘攘的游人们煦暖的笑容和幸福的眼神，剑门关雄风依旧，正默默地向游人们述说着人世的沧海和桑田，但述说的却早已是和平与发展的深刻主题了。

千年雄风今又是，换了人间！（作者：李兴荣）

7. 唐家河

各位游客朋友，大家好！

欢迎大家来到唐家河自然保护区，唐家河国家级自然保护区位于四川省青川县北80千米处，东接青川东阳沟省级自然保护区，北邻甘肃文县，西与绵阳市的平武县毗邻。下面就由我给大家简单地介绍一下唐家河的历史沿革吧！

唐家河自然保护区于1978年经国务院批准成立，是以保护大熊猫、金丝猴、扭角羚等珍稀动物及其栖息地为主要保护对象的森林生态综合类国家级自然保护区，总面积4亿平方米，现已成为我国名副其实的"植物宝库，动物乐园"。

唐家河在崇山峻岭之中，流淌着4条河、11条大溪沟和123条小溪沟，最高海拔3 846米，最低也有1 500米。这里没有污染、没有猎杀，是真正能享受到大自然赐与人类的一切美好和洁净的地方。一位外国专家说："不到唐家河，真是终生憾事。"2008 年"5·12"大地震后因"唐家山堰塞湖"而使唐家河名声大震。

唐家河风光秀丽，春夏之季，满山遍野的奇花异草，争芳吐艳，异香扑鼻。杜鹃花以她的高大和鲜艳，大有独占魁首之意；七里香伸出长长的臂，拉扯住崎岖山路上的游人，欲把浓郁的香味送给大家；在芳草茵茵的草坪上躺下，伸伸疲倦的四肢，谁也不想离开这个迷人的境地。据专家考察，这里有 3 000 多种植物，其中有 900 余珍奇植物，如珙桐、银杉、金钱树等，它们在每个季节，都以自己的独特方式显示出自己装点大自然的能力。一到秋天，红的枫树、黄的银杏、绿的松柏……把整个唐家河染上了五颜六色。冬天，这里白雪皑皑，草坪被覆盖了，河流被覆盖了，灌木丛被压弯了腰，唯有高大的松柏、银杏、杉树等纵使被压断了树枝，仍然高耸而挺拔。冬天游唐家河，更有一番深意，雪的洁白无瑕，大可以净化人的思想。

唐家河的珍奇动物更是世界罕有，大熊猫在这里世代繁衍，唐家河现有数百只，几十万亩箭竹林是它们祖孙世代的佳肴美餐。到唐家河游览，随时都可见到熊猫的千姿百态，有机会还可以和国宝拍照留念。据有关专家考察，这里现存脊椎动物 330 余种、高等植物 3 100 余种。除大熊猫之外，还有牛羚、金丝猴、猕猴、毛冠鹿，金雕等。在保护区，它们自由自在地生活，尽情地享受这大自然的美好景色。

唐家河还有许多神奇的传说和现实的自然景观，令人神往。唐家河北边的摩天岭，山高 3 800 多米，顶上有一个碧绿色的海子，约有六亩水面，深不见底，终年不干涸。据当地人说，在这里大声喧哗，顷刻就会大雨降临，甚至冰雹打头。这一自然景色，多年被人们添上了许多神奇的色彩，当地人遇干旱就到山上鸣锣放枪，求雨救禾，据说每次都能达到目的。

蜿蜒起伏的山峦、白雪皑皑的山峰、翠绿如翡翠般的植被、盛开在山间的烂漫山花、清澈宛如明镜般的河面、各种各样的珍稀动物，构成了唐家河美轮美奂天堂般的迷人景色。唐家河犹如一幅美丽的油画，五彩缤纷，无论你从哪个角度去看它，留给你的只有过眼不忘的美丽，这里是生命的家园。

唐家河的美丽是多变的，不同的季节有着不同的妆扮和不同的内涵，春的绽放、夏的静美、秋的绚烂和冬的力量，季节不同，带给你的惊奇与美丽就不同。

著名作家贾平凹先生游览唐家河后挥毫写下"国之隐士大熊猫，王者清幽唐家河"，一季又一季，一年又一年，一代又一代，唐家河虔诚守护的生命得到延续。轻些，请不要惊扰了它们的优雅。（整理：李倩）

8. 昭化古城

各位来宾、各位朋友：

大家好！欢迎诸位到昭化古城游览观光。我是昭化古城景区讲解员，我叫×××，今天，我非常高兴为各位导游，我将尽我所能把昭化最美好的景观介绍给各位。

首先，我在这里把昭化古城的概况介绍一下，让大家对昭化悠久的历史、厚重的文化有一个大致的了解，然后再进古城，与每一个景点零距离接触，我相信在游完昭化古城后，大家对"到了昭化，不想爹妈"的名谚会有更深层次的认识。

昭化古城，位于川蜀之北，秦岭以南，金牛古驿道与嘉陵江、白龙江水道交汇之处。四面环山，三面临水，北枕秦陇，西凭剑阁，南通阆中，而且周边关隘森列，形成了"东来有桔柏渡以拒之，西出有天雄关以镇之，南下苍阆有梅岭关以间之，北渡阴平有白水关以守之"的独特地势，成为了县、关并称的水陆要衢，被誉为"全蜀咽喉，川北锁钥"，是古代重兵布控的要地和川北政治、经济中心，1992 年被四川省人民政府公布为省级历史文化名镇。

昭化是巴蜀早期最开化的区域之一，原始社会就有先民在此聚居、生息；西周时，已有部落定居，称为"昔阝"；春秋时，建立了苴侯国，治地吐费城（即今境内石盘村的土基坝）；秦灭蜀并巴、苴后，始在吐费城置葭萌县、属蜀郡，成为了中国历史上建县最早的地区之一，史称"巴蜀第一县"，至今已有 2 300 多年建县史；东汉末，移治地于今天的昭化古城，属广汉郡；宋太祖开宝五年（972 年），为"昭示帝德，化育人心"改称"昭化"而沿用至今；1953 年移县治地于宝轮后，昭化古城先后为昭化区公所、乡、人民公社、镇驻地。2012 年，国务院批准元坝区更名为昭化区。昭化完整地展示了地方政权连绵不断的建置沿革，被专家称为地方政权建制的"活化石"。

昭化是国内保存较好的一座古代县城城邑。东、西、北三座城门雄姿仍在，古城墙残垣尚存，三横两纵的青石板街风格独特，融合了我国古代南北建筑文化风格的明清民居，保存也较为完整，大街小巷均保持着良好的空间格局和亲切宜人的尺度。

昭化古城，"旧系土城"，明朝正德年间"包筑以石"。古城面积 29 公顷，城池外形微圆，状若葫芦。昭化古城的选址、城池形状，以及城内衙门、街道、庙宇的修建，均与风水学有关，照我们现在的话来说，昭化古城是按环境学的标准来建造的，尤其是奇异的山水太极图构成了昭化古城和谐的人居环境。太极图由呈反 S 型的嘉陵江河道分割，面积为 20 平方千米，直径 5 千米，昭化古城正好位于太极图阳极的鱼眼之上，故而谓之"太极天成"。据目前我们所掌握的资料，如此宏大气势的山水太极图在国内尚属罕见，因此被誉为"天下第一山水太极"。

昭化交通便利，宝成铁路、绵广高速穿境而过，在昭化设火车站和高速出口，至广元仅 30 分钟车程。昭化至剑门关的旅游公路，全长 38 千米，将昭化与剑门蜀道三国游线更好地连接起来。白龙江与嘉陵江在此交汇，并可通航。嘉陵江渠化工程完成后，航船可上达广元，下溯重庆等地。

昭化是一座古代文化的传承之城，尤以三国文化著称于世。在漫长的历史长河中，无数清官名宦留下了可歌可泣的感人故事，许多文人雅士、墨客骚人留下了无数的传世之作。不同时期、不同朝代的英雄人物上演了一幕幕威武雄壮的历史活剧。然而从刘备入主葭萌（211 年）到蜀汉灭亡（263 年）短短的 52 年时间，却将昭化推向了历史的最前沿，使昭化的三国文化成为众多历史文化中最耀眼的一环。史载刘备、诸葛亮、张飞、黄忠、霍峻、费祎、庞统、魏延、马超、严颜等众多三国英雄人物曾在昭化运筹帷幄、厉兵秣马、跃马扬戈，留下了大量的三国蜀汉遗迹：葭萌古关、费祎墓、武侯祠、费敬侯祠、战胜坝、天雄关、牛头山、姜维井、桔柏古渡、鲍三娘墓等。因此，昭化古城有"蜀道三国重镇，世外千年古城"之称。

（1）葭萌坊

现在我们看到的是昭化古城最大的牌坊——葭萌坊，整个牌坊雕刻技艺精湛，图饰古朴典雅，它通高9.6米，宽7.4米，为什么称这座牌坊为葭萌坊呢？这与昭化古称葭萌有密切的关系。

在春秋时期，今昭化嘉陵江流域曾生活着原著居民，人们称其为苴人，这里成为蜀王小弟苴侯封国，治葭萌，事实上苴人是巴人的一支，他们于江河两岸捕鱼打猎，住干栏式房屋，梳锥状发髻，葬船棺。

公元前316年秋，秦惠文王派张仪、司马错、都尉墨等，率秦国大军从石牛道（金牛道）南下伐蜀，走汉中，出阳平关，取白水关，尔后沿白龙江直抵蜀国苴侯的都邑葭萌城。十二世蜀王开明氏亲率大军迎敌，双方在葭萌一带展开激战，史称"葭萌之战"，结果，蜀兵败，蜀王死，蜀国亡。秦国在灭掉蜀国后，并乘势占领了苴国和巴国，"葭萌之战"也就成为秦统一中国的起点。秦统一巴、蜀、苴后，开始推行郡县制，将原苴侯封地划为县，命其名为葭萌县，这便是昭化建县之始，算起来已有2 300多年了。

后人为了纪念葭萌这个"巴蜀第一县"，特修建了葭萌坊这座宏伟的牌坊，供世人瞻仰。

（2）益合堂民居

通过东门外街，现在我们来到了具有典型川北建筑风格特征的古民居——"益合堂"。"益合堂"修建于明末清初，为三进院落，依山就势而成，地势逐层抬高，有步步登高之意。它原是昭化城内四大旺族之一王家的祖业，主要用于经商和酿造业。昭化在旧时为水上交通枢纽，从水上运输的货物在装运前和卸船后都需要堆放，"益合堂"距桔柏渡码头较近，且宽敞，是十分理想的场所，因此，王家就利用其作为水运货物的存放中转站，称之为"堆栈"，王家从中收取堆存费用。另外"益合堂"的后半部原为酿酒作坊，也是王家所开。

在民国十六年（1927年），南部人杨益之租王家的"堆栈"的前堂作为药铺，取名"益合堂"，并请名医汪树森坐堂看病30多年，铺内有中药七八百味，并自制"刀口药"、"急药"等，在当地颇有影响，因而王家的"堆栈"被"益合堂"取而代之，并沿用至今。"益合堂"现为省级文物保护单位。

（3）古城门

昭化古城现存有三道古城门，它们分别是东门"瞻凤"，西门"临清"，北门"拱极"，均为省级文物保护单位。那么有没有南门呢？其实古城原本也有一道气势雄伟的南门名叫"临江"，在清代被销毁而改建一小门，现仍依稀可见其残存的遗迹。

说起昭化古城城门名的由来，还有一些有趣的故事呢！先说东门吧，东门名"瞻凤"，城门洞高4.2米、宽3.25米、深11.2米。古时，嘉陵江对岸的山岭叫"凤岭"，凤岭山上古木参天、茂密葱笼，在密林中栖息着一对"凤凰"，站在东门城楼上便可清楚地看见它们双栖双飞，因而取名叫"瞻凤"。南门名"临江"，取其直面嘉陵江的意思。据说南门曾经被改成小门，且由大改小的原由有三种说法：一是说由于南门高大，嘉陵江连年发洪水，江水从南门汹涌而入，泱及城内居民，为便于防洪，由大改小，既方便居民进出，又可在洪水来时，将南门及时封闭，以保城内平安。二是说由于城内经常发生火灾，故将南门由大改小。三是说凡在昭化任县令的夫人们，在来昭化之前个个恪守妇道，但随夫到了昭化，便全都"红杏出墙"，届届如此，这也成了当时人们茶余饭后的谈资，弄得县令们尴尬万分，难以做人。某年一新任县令，为避免重蹈覆辙，他上任所做的第一件事，就是观看古城天象地理，通过察看风水地脉，认为是南门作怪，便下令撤改南门。说来也怪，打这以后，县太爷的夫人们再也没有风流韵事的传闻了。西门"临清"，是面临一江碧水之意，城门洞高 3.6 米、宽 3.25 米、深 10.4 米。北门"拱极"是取众星拱北之意，城门洞高 4 米、宽 3.25 米、深 10.2 米。

昭化古城四道城门也有特定的功用，古时官员出入城都必从东、西两门，嫁女出城须从南门，出殡发丧必从北门，自古延用至今，这也许就是昭化独特的民俗吧！

（4）古城墙

据《昭化县志》载：旧系土城，始建于明正德年间（1506—1521 年），包筑以石，上覆有串房，四面有楼。清道光时又予以修补，城墙外用条石浆砌而成，内层用石脚砖身，中间填土夯实。现在我们所看到的城墙是根据昭化古城修建性详细规划对其采取遗址保留、原样修复、景观提示三种保护方式修复而成的。其中遗址保留 324 米，原样修复 636 米，景观展示 565 米，合计 1 525 米。

（5）怡心园

怡心园是原国民党昭化县党部书记鲁光华的祖业。在清代和民国时期，昭化古城内有谷、鲁、王、赵四大旺族，鲁家是其中之一。

据专家考证，怡心园为清代陕西商人在此修建而成。建筑为硬山式瓦屋面、青瓦坐脊、重檐，从外到内共四层，分为前厅、天井、中厅和正厅，"怡心园"是昭化城内现存的比较好的古民居建筑之一，从建筑结构、雕刻工艺、室内布局格调等，不难看出屋主人当时的富裕和悠闲的生活。"怡心园"现为省级文物保护单位。

（6）石板街

也许有人注意到我们脚下的石板街了吧，昭化古城的石板街，完建于明代，用清沙石做成条状，按三横两纵铺就而成，中间高、两边低，呈瓦背形，宽 4.2 米，两侧有排水暗沟，石板街呈"丁"字型布局，且街道互不直通，城门不相对。东去与桔柏渡相连，西出与金牛古驿道贯通，现保存完好的有相府街、吐费街、太守街、县衙街、衙门巷五条，总长度为 1 025 米，是四川境内保存较为完好的古街之一。

旧时在昭化石板街上行走是有讲究的，官轿居中，竖条石为轿夫行走，庶民则只能走两边，按来左去右的规则行走。街上有衙役专管交通，赶集时，行人不按规则乱走造成阻塞的，便会遭到鞭笞。在古时，昭化城内已就懂得对交通进行管制了。

（7）金牛古道、蜀道、皇柏大道和景谷道

我们脚下所踩的石板街也属于古蜀道的重要组成部分，昭化境内的重要古驿道有两条：一条是沟通川陕的金牛道，一条是沟通川甘的景谷道。

首先来说金牛道，又称石牛道，它南起四川成都，过广汉、德阳、梓潼，越小剑山，经昭化沿白龙江而上至白水关，再沿白龙江的支流刘家河而上，过刘家院、金山寺直抵阳平关，然后经宁强、勉县、褒城而与古褒斜道相接直达陕西关中平原。金牛道全长千余千米，在昭化境内的一段约 50 千米，其间山重水复、栈道相连、沟壑纵横、蜿蜒崎岖、最为艰险。关于金牛古道，还有一个流传 2 000 多年的离奇故事：相传战国时期，秦王垂涎沃野千里、物产丰富、水旱从人的蜀国山川，便命人造了五头石牛，谎称石牛能"日粪千金"，愿将石牛和大批美女一起送给蜀王。贪财又贪色的蜀王命五丁力士开山凿石造路以迎石牛。道路修通了，蜀王迎来的不是能日粪千金的石牛，而是秦国的万千铁骑，于是蜀国灭亡了……后来人们把这条路称为"金牛道"或"石牛道"。离奇的传说有多大的可信度已无从稽考了。但是，2 000 多年前，巴蜀先民在生产力十分落后的情况下，用勤劳和智慧实实在在地修建了一条沟通南北的大路——金牛道，却是勿庸置疑的。

最后是景谷道，是秦汉以来形成的由四川北部通往甘肃南部地区的又一条古道。它北起古阳平郡（今甘肃文县），初顺白水江而行，白水江在碧口附近注入白龙江后，它又沿白龙江谷继续东南行，在古镇姚度附近余家湾进入四川青川县境，并再沿白龙江南下直达白水（古为白水县，今为沙洲镇）与金牛道汇合后通往昭化。景谷道是因它的终结地白水镇北之乔庄河谷一带（古称景谷）而得名。景谷道中白水关至葭萌关的一段又称马鸣阁道，是昭化八景之一。

（8）考棚

考棚始建于清末同治年间，坐北朝南，面阔 11.9 米，进深 11.25 米，正面屋顶为歇山顶，有两根垂脊和戗脊，后屋顶为人字坡屋面，此建筑的显著特征是斗拱的使用，是中国传统木结构建筑。

昭化考棚是供童生参加童试的地方，中第者为生员，又叫秀才或庠生。只有通过童试取得秀才资格的人才可以参加由省组织的乡试，中第者为举人。

清光绪二十四年（1898 年）朝廷下诏："废科举，兴学堂。"昭化考棚终结了它的使命，光绪三十二年（1906 年），将考棚设立为"初等小学堂"。

（9）"文武官员至此下马"碑

游览了考棚，不能不说说"下马碑"。昭化"下马碑"通高 1.32 米、宽 37 厘米；汉白玉石质。上书"文武官员至此下马"八个大字，正楷字体，字迹端庄雄浑、雕刻工艺精湛，具有较高的文物价值和书法鉴赏价值。

据考，"文武官员至此下马"碑，为清同治年间刻立。由于多经搬迁，此碑原立于何处，为何而立，现有几种不同的说法：一说立于古城内太守街西段的文庙前（文庙文革中被毁），要求世人路过文庙前必须下马落轿，以示对孔圣人的崇敬。二说立于考棚前，表示对文化的崇尚。但民间还有一种说法，说此碑是为当朝的一位退休官员所立。据说，当朝一位姓吴名松山的朝廷命官，昭化人氏，在朝为官多年，官至都督。吴都督在朝为官时，对朝廷有汗马功劳。还乡养老时，皇上赐"文武官员至此下马"碑和铜靴一双，碑立于昭化西门外古栈道边的吴都督府前，并下旨各级官员无论官至几品，凡路过昭化吴府，都必须下马落轿，昭化县令可以不拜，但必须拜会吴都督，以表示对吴都督的尊敬。一次，有一钦差大臣带着仆役路过昭化，不知是不知情由还是公务紧急，经过都督府时并未下马，而是扬鞭催马往成都方向疾驰而去。吴府门差连忙禀告了吴老都督，都督愤然，当即穿上皇上赐与的铜靴，跨马急追，在天雄关追上了这位胆大妄为的钦差。于是，吴老都督责令其下马，不问青红皂白，叫手下乱杖数十，打得钦差皮开肉绽，最后用皇帝赏赐的铜靴将其活活踢死。可怜的钦差大人，就为这块"文武官员至此下马"碑而不明不白地命丧黄泉。

（10）八卦井

昭化古井很多，八卦井即为其中代表。八卦井为明代古井，井深30余米，井口圆形，直径57厘米，因井底砌成八边形，井壁由条石砌成八卦式坎卦图案而得名。常年井水丰富，是旧时古城居民日常生活的主要水源，现仍然可供城内居民饮用。

八卦井传说是因修"孝友"牌坊需垒土堆将巨大的牌坊石材装砌上去，取土后留一大坑，泉涌如注，且清澈甘甜，由于当时城内水井甚少，居民主要去嘉陵江挑水日用。城内有一极具商业头脑的富户，出资将此坑建成一水井，一则方便居民，二则通过卖水赚取收入。现支撑打水辘轳的石条上的两个深深的石窝，就是卖水时搁置铜钱天长日久磨就而成。

（11）桔柏渡

出昭化古城东门，沿古驿道前行约1千米，便来到嘉陵江边，这里便是古时船帆林立、货进货出的古桔柏渡。桔柏渡古称桔柏津，又有桔柏潭之名。据史载，昔日此处是："白天万人拱手，夜晚千盏明灯。"可以想象那种行人熙攘、车马塞路、热闹非凡的景象。为何称为桔柏渡？有人解释说：剑门蜀道，古柏成荫，称黄（皇）柏大道。此柏树到了秋天，叶成桔黄色，且散发桔与柏两味兼有的芳香，所以又叫桔柏树，此渡即以桔柏名之。还有人说是"安史之乱"时，唐明皇携杨贵妃逃难至桔柏渡边，前有江水阻隔，后有叛军急追，明皇叹道："真是急迫之渡啊！"后就演绎为"桔柏渡"。又说，"桔"是指桔树，昭化盛产红桔，是本地品种，桔红似火，个不大，籽虽多，但皮薄，甜如蜜，人称"昭化红桔"；"柏"是指参天古柏。昭化有"桔"有"柏"，且颇负盛名，故渡以"桔柏"命名。白龙江和嘉陵江在此汇合，从古至今，是通往阆中、南充、重庆的水上航道，亦为由秦入蜀的金牛道上必经的重要津渡。此处江深水急、山高城固，拒之则渡江困难，是古蜀道上的一道天堑，历来为兵家据守的要地。古有"过个桔柏渡，耽搁十里路"之说，三国时，蜀军（包括六出祁山在内的北伐行军）和魏军南下都从此渡经过。

（12）挽舟县令何易于

"县令拉纤"的故事，传为一段千秋佳话，在华夏大地上广泛流传，在唐人孙樵《书何易于》和《新唐书》上均有记载。唐文宗时，昭化（益昌）有一位县令姓何名易于。有一年春天，利州刺史崔朴趁着明媚的春光，聚集众多宾客从利州出发，泛舟游嘉陵江，直至昭化古城外的桔柏渡，宾客们饱览了嘉陵风光、品尝了美味佳肴之后又乘船返航。哪知逆水行舟缺人拉纤，崔朴便令何易于征派当地民夫挽舟。何易于挽起官袍，腰插笏板，下水拉着刺史的官船逆水上行。崔朴发现何易于在江边拉纤，说："我不是让你派民夫吗？为何亲自来挽舟？"何易于回答："目前正是春耕时节，农民不是犁田插秧，便是采桑养蚕，时间不可强占，相比而言，我没有什么急事要做，又是你的属下，正好来充这个差役。"崔刺史和众宾客一个个羞愧得跳下船去，骑马回利州去了。

唐武宗会昌五年，孙樵路过益昌，听闻易于爱民，百姓有口皆碑，尽述其政绩，还提问道："皇帝专门设立三等九级来考核勉励地方官吏，而我们的县令只得了个中上，这是为什么呢？"孙樵问百姓："易于督催上缴税赋如何？"百姓回答说："往往是请求上面宽限上缴期限，不紧逼百姓贱价卖掉谷物和布帛。"又问："督促公差劳役如何？"答："动用百姓差役，总是付给报酬。如果财政经费不足，县令便拿出自己的俸银支付，还特别优待贫苦的百姓。"再问："易于对来往这里的达官显贵，招待馈赠如何？"百姓回答："除了签发一纸去下一驿站的文书以外，什么东西也未给予。"最后再问："擒盗如何？"百姓回答："我们这里没有盗贼。"于是孙樵说：我住在京城，每年都听考校官对地方官吏的考核、评论，总是说，某官治理某县，通过上考下访的考察，又升了什么官。问其施政情况，就是：这个官能督促税赋，而且提前上缴；某官能督促劳役，为官家节省开支；某官能捉拿好多好多盗贼；某官精通官道，得到了达官贵人的美言。唉！那些县令得到上下等级，不过如此而已。百姓听后，再问，他们什么也不回答，都笑着走开了。

孙樵感叹道：他以为当世处在上面的官吏，都知道求得贤才最重要、最迫切，然而到了急需补充官吏时，就总说"我最大的优虑，是没有贤才、能人一道来治理国家"，若受命举贤荐能，就说："我恐怕完不成使命，无法回复诏令！"即使有了人才，又有哪个能识别出来呢？若要深究，何易于这样的人生前虽不得公正待遇，但要使其死后有一个公正评价，就只有史官来秉笔直书了。这就是孙樵《书何易于》一文的主要意思。

（13）三公祠

三公祠到了，这里为何称之为三公祠呢？原来它是后人为纪念武侯诸葛孔明、费公费祎和丁公丁宝桢而建造的。诸葛武侯大家都很熟悉，成都有武侯祠，陕西有武侯墓，这里就不多说了，先说费祎吧！

（14）费祎及费祎墓

费祎，字文伟，江夏鄳（河南罗山）人。少年时随叔公入蜀游学，定居于蜀。费祎自幼勤奋好学，头脑聪明。长大后才华出众，足智多谋，被诸葛亮委以参事之职，出使吴国，说服孙权联吴破曹，深孚众望。他是诸葛亮在《出师表》中向后主刘禅推荐的贤良志士之一。蒋琬于延熙九年（246年）死后，费祎以大将军录尚书事，主持蜀国军国大事。他继承诸葛亮的遗志，一直驻守在北伐的前沿阵地——汉寿（昭化）。252年，后主命祎开府汉寿，处理军国大事。253年，新春佳节，费祎在丞相府宴请前线武将和府中幕僚及地方官吏，共度新春。在互相敬酒祝贺中，费祎"欢饮沉醉"，被姜维在西平战役中俘获的魏国降人郭循刺杀身亡。

费祎死后，后主刘禅根据他对汉室所建的功勋，谥赠"城乡敬侯"，并为其举行国葬，将其安葬于汉寿城西门外，并勒石竖碑镌刻："汉尚书令费公敬侯之墓"。现存墓碑为清光绪三十三年（1907年）县令吴光耀所立，其字由其11岁长女吴正敬书写。碑文字迹浸润童女的娟秀伶利，一派女儿聪慧之气，是不可多得的石刻珍品。

费祎之死，加速了蜀汉政权的灭亡。费公逝后的许多年间，昭化的父老乡亲为其整修墓冢、造祠、立坊，以表敬念之情。雍正十三年（1735年），果亲王奉命赴泰宁送六世达赖喇嘛返回西藏，途经昭化谒费祎墓题"深谋卓识"匾。费祎墓保存完好，无被盗的文史记载和民间传闻，现为省级文物保护单位。

（15）丁宝祯与丁宫祠

丁宫保，世人所称的别名。本名宝祯（1820—1886年），字稚璜，祖籍贵州织金。其父丁建业，清嘉庆二十三年（1818年），任昭化县令，1820年丁宝祯生于昭化，遂请昭化梨树村（今战胜坝）张氏为乳娘。昭化是丁宝祯出生和成长的地方，因此，丁宝祯应认定为昭化人。丁宝祯的乳娘贤良正直、深明大义，丁宝祯从小受其言传身教，为后来为官正直清廉奠定了基础。清咸丰三年（1852年）宝祯中进士。咸丰十年（1859年）任湖南岳州知府，同治二年（1862年）任山东按察使，后升任巡抚；在任期间，整治黄河和运河、筑炮台、建机器局、加强国防等，颇有政绩；同治八年（1868年）秋，深得慈禧宠幸的贴身太监安得海受慈禧太后指派，前往东南各地秘察私访，沿途不择手段，大收贿赂，搜刮民脂民膏，所到之处地方官员和百姓叫苦连天。安得海来到山东，继续为所欲为。丁宝祯为除暴安民，冒着得罪慈禧和杀头的风险，巧借清官太监不得出都门的先朝祖训为由，将安太监就地正法。安得海被诛杀后，慈禧虽然心里很不是滋味，但无奈还得给丁宝祯予以嘉奖。丁宝祯此举还得到兵部尚书曾国藩的赞赏："稚璜真豪杰也！"

光绪二年（1876年），丁宝祯调任四川总督，在任期间，整顿吏治，严惩盗贼，复修都江堰故堤，造良田数十万亩，裁减徭役赋税，改革盐法，实行官运商销等，政绩卓著，多受朝廷嘉奖。这时丁宝祯已50多岁，回顾自己的成长历程，得益于昭化人民的养育之恩。为此，他在成都置良田200多亩，请人耕种，上交国库，以充公粮，以永久抵减昭化人民的赋税。光绪十二年（1886年），66岁的丁宝祯病逝于成都任上。逝后，谥封（太子太保）一品爵位，故世人称之"丁宫保"。

光绪十四年（1888年），昭化人民为纪念丁公父子，在昭化古城西门外建丁宫祠、宫保阁等楼台亭阁21间，每年农历4月28日为丁宫祠祭日，附近百姓前往追念，瞻仰丁公父子塑像。丁宫祠碑记载有宫保恩德诗：

台阁才华秉国钧，忠良之后更忠纯。

朝廷早已干城寄，宇宙咸钦社稷臣。

全蜀万民呼父母，当今一世仰经纶。

松生已验公侯兆，从此簪缨代有人。

著名川菜"宫保肉丁"在昭化乃至全川各餐馆都很受顾客欢迎。这道菜用青椒丁、油酥花生米、精猪肉丁三者加香料爆炸而成，淡白、翠绿、金黄，三香分明；香翠、鲜嫩、微辣，风味独特。据传这是丁宫保首创，也是他最喜爱吃的菜肴，后人为纪念他，将此菜都名为"宫保肉丁"。

（16）战胜坝

从三公祠往前一千米便是赫赫有名的战胜坝。《三国演义》第五十六回"马超大战葭萌关，刘备自领益州牧"中，张飞挑灯夜战马超的故事就发生在这里。

公元211年，刘备、诸葛亮、关羽、张飞等取下绵竹后，正欲分兵夺取成都。而马超受汉中张肃所派攻打葭萌（今昭化），欲牵制刘备，以救刘璋。当时葭萌由霍竣驻守，诸葛亮令魏延率精兵五百先行，张飞随之，刘备最后压阵，班师至葭萌关下。魏延接连战败杨柏、马岱，在乘势追击时，被马岱回身一箭射中了左臂，危急之时，张飞跃马飞奔而至，救了魏延。张、马激战十余回合，马岱败走。次日天明，葭萌关下鼓声大作，旌旗飘摇，马超请战，刘备关上观之，叹曰："人称锦马超，名不虚传！"此时张飞要求出战，被刘备制止，说"且休出战，先当避其锐气"。张飞热血沸腾，恨不得马上出去活吞了马超，均被刘备挡住。午后，刘备见马超部队人马皆倦，遂以精兵五百骑，同张飞杀下关来。张、马二人遂战百余回合，不分胜负。刘备恐张飞有失，鸣金收兵。张飞回阵稍歇片刻，又出阵与马超厮杀，再战百余回合，仍不分胜负。这时天色已晚，刘备又鸣金收兵。张飞这时正杀得性起，马超也不示弱，双方均无罢战之意，于是张飞请求安排夜战，刘备应允，一时两军点燃千万火把，马超也换马出阵，两将又展开鏖战，仍不分胜负，各自收兵回营，准备次日再战。这时诸葛亮赶来，并止战。后来诸葛亮用计收降了马超，为己所用。战胜坝发生的张飞挑灯夜战马超的故事脍炙人口，其情节家喻户晓，战胜坝也因此闻名遐迩。

（17）鲍三娘墓

距昭化古城北5千米处的白龙江畔的曲回坝，有一巨大穹型土冢，便是蜀汉鲍三娘墓。墓高二丈三尺（约8米），周围二十二丈八尺（76米）。据传明代墓前有一石碑，上部脱落，唯存"关夫人鲍三娘"几字。民国三年（1914年），法国人色加兰和拉底格以考古名义发掘，其墓室长6.45米、宽2米、高1.29米，墓系曲室，由汉代画像砖拱砌而成，并盗走额骨、画像砖等，复立石碑，上书"汉将军索妻关夫人之墓"。据《四川通志》记载："鲍氏者，关索之妻也。居夔州之鲍家庄，勇力绝伦。"建兴五年（227年），关索带伤由益州（今成都）北上屯兵汉寿（今昭化古城），鲍三娘随后请命前往，镇守葭萌关。炎兴元年（263年），曹魏以三路大军十万之众伐蜀，兵临葭萌关下，姜维命熟知地形的关索、鲍三娘紧守江防，怎奈魏军兵马太多，寡不敌众，鲍三娘一腔热血洒在了西汉水（嘉陵江）之滨。战后，人们便将鲍三娘安葬在她身前操练兵马的曲回坝上。因后主刘禅投降曹魏，一代巾帼鲍三娘未能得到她应有的封赐，千百年来，她只是默默地躺在曲回坝上，世代受着人们的祭拜和敬仰。

（18）牛首雄关

西距古城5千米，夹于嘉陵江和白龙江二江之间的牛头山，属剑门山系东支脉。牛头山极似一座巨型牛头耸立，有蜿蜒古驿道直通山顶。山腰有一雄关险隘，自然天成，天雄关至今关门尚存，有明、清碑刻10余通，并有汉柏数株。因山似牛头，关亦雄险，合称"牛首雄关"。牛首雄关，即"昭化八景"之一，也是当年"姜维拜水"之地。《三国演义》中"姜维兵困牛头山"说的就是这里，炎兴元年（263年），姜维与魏将钟会的战争进入白热化阶段，姜维率军驻扎在牛头山上，魏军将其围困住，山高水远，将士无水饮用，诸葛亮托梦姜维，要他设坛拜水。于是姜维下令挖好水井，搭起祭台，点燃香烛跪拜了三天两夜，可是井内仍然无水。姜维甚是焦虑，便派两名卫士察看，都禀报无水，而被姜维当场斩首。后又派第三名卫士前去察看，卫士心想反正无水，报也一死，不如报有吧，姜维一听，大喜过望，前来看时，真有半池水，卫士惊得目瞪口呆，"姜维井"也因此得名。从此，牛头山和姜维井就一直传为佳话。

姜维井至今泉水不断，"久雨不溢，大旱不涸"，任凭多少人饮用，水位保持不变，并且井水随嘉陵江的水清则清，水浊则浊，成为古蜀道上的一大奇观。

现牛首雄关景区已于 2006 年 9 月正式对外开放，站在牛头山巅，可感受蜀汉三国时期的滚滚狼烟，可一睹天下第一的太极山水，可领略登高望远的壮志豪情。各位如有兴趣，可继续前往牛首雄关景区游览观光。

好了，我们今天的游程到此结束了，愿昭化这座中国建制的活化石之城、三国文化的发源之城、通达古今的交通博物之城、古代川北民居建筑的集粹之城、依山临江的风水之城，带给诸位美好的回忆。当然也请带走我真诚的祝愿，带走这城、这山、这水对你们的谢意，欢迎各位游客朋友再来昭化古城游览观光！（整理：向喜）

9. 广元皇泽寺

尊敬的各位来宾：

你们好！欢迎大家来到女皇祀庙——皇泽寺参观。它位于广元市区、嘉陵江西岸乌龙山麓。景区包括：二圣殿、宋墓石刻、则天殿、摩崖造像、桑蚕十二事图等景点。因则天殿系武则天祀庙，御赐皇泽故名，取皇恩浩荡、泽及故里之意。

广元是中国历史上唯一一位女皇帝——武则天的出生地，皇泽寺是纪念她的寺庙，由北魏的西佛寺改造而成。据《元丰九域志》记载："利州都督武士彟生武后于此，因赐寺刻其真容。"寺庙距今已有 1 500 年的历史。

现在呈现在我们眼前的是皇泽寺大门，我们先欣赏大文豪郭沫若先生于 1962 年为皇泽寺撰写的这幅对联。

上联：政启开元治宏贞观。意思为：武则天在长达近半个世纪的执政期间，继承和弘扬了唐太宗时期的"贞观之治"，开启了唐玄宗时期的"开元盛世"，为唐王朝的繁荣作出了重大的贡献。

下联：芳流剑阁光被利州。意思为：武则天功德在川北剑阁一带流传颂扬，她的业绩使家乡利州感到荣光。

请大家随我进入皇泽寺内依次参观

（1）二圣殿

现在我们看到的是二圣殿。据南宋《舆地纪胜》记载：皇泽寺有二圣殿，供奉唐高宗、武则天真容铜像。659 年高宗李治染风眩病，目不能视，为此武则天开始扶佐高宗治国，政务都交由武则天处理。史书记载"麟德元年（664 年），每次上朝议事，帝坐于东间，后坐于西间，政无大小，皆于闻之，天下大权，悉归中宫，生杀大权，决于其口，天子拱手而已，中外谓之二圣"。在她掌理朝政近半个世纪期间，社会稳定、经济发展，为后来的"开元盛世"打下了坚实的基础。这在中国历史上是十分罕见的，充分显示了武则天卓越的政治才能。

（2）宋墓石刻

现在咱们看到的是 1974 年 11 月至 1980 年 1 月在广元境内出土的宋墓浮雕石刻 24 块，这组宋墓石刻都是用本地所产的黄砂岩刻成的，经文物保护者修复后分七组，镶嵌在这高 4 米、长 28 米的照壁上，永久馆藏供学者研究和游人观赏。图像古朴、雕凿精美，具有浓厚的民族风格和地方特色，是我国宋代石刻艺术的珍品。

首先我为大家介绍这幅大典演奏图，图上共 8 人，全部为女伎，所执乐器从左至右有：三弦、拍板、笛、手鼓。值得一提的是三弦这种乐器，因为中外学术界此前一直公认三弦始于元代，而在广元南宋初年的墓葬中出现这种乐器，应该是中国音乐史上又一重大发现，把三弦出现的时间至少提前了一个世纪。

我们再看，左起第三人通高 33.3 厘米，三弦长 24.8 厘米，假设图中之人是 1.7 米的中等身材，按比例求得三弦近似于实际的长度 126 厘米。根据西安音乐学院资料，现在的三弦长约 122 厘米，可以说三弦的长度自南宋淳熙迄今 800 年，基本没有变化。值得注意的是，两把三弦轸子的不同布局，一把上一下二，与今天三弦相同；一把恰恰相反上二下一，表明三弦乐器还处在试用期，因为时间一长，演奏者便会从中取舍优劣而趋于统一。这堪称器乐史上的奇迹，也表明广元一带自古就是礼乐之乡。

接下来我们看到的这组为孝行故事图，表现的是"二十四孝"其中的一部分。

孝敬父母是中华民族的传统美德，"二十四孝"是宣扬褒奖封建社会中二十四位大孝子尽孝的故事。

埋儿奉母图：它讲的是晋代郭巨行孝的故事。郭巨原本家道殷实，父亲去世后，他把家产分作两份给了两个弟弟，自己独自供奉母亲，后家境逐渐贫困，妻子又生下一男孩，郭巨担心，为了抚养这个孩子，必然影响供奉母亲，于是郭巨对妻子说："儿子可以再生，母亲死了不能复活，不如埋掉孩子，节省粮食好供养母亲。"妻子不敢违背郭巨的意愿，当他们夫妻二人在掘坑准备埋孩子时，在地下二尺的地方发现了一坛黄金，金上还刻有字："天赐孝子郭巨，官不得取，民不得夺。"夫妻二人得到黄金，回家更加孝敬母亲了。

卧冰求鲤图：它讲的是晋朝人王祥孝敬继母之事。据说王祥生母很早去世，继母多次在他父亲面前说他的坏话，父亲也就对他日渐冷淡。一次继母生病，他衣不解带地侍候，继母想吃活鲤鱼，当时正值寒冷的冬天，为了满足母亲的愿望，他来到河边，脱下自己的衣服横卧在冰上，用体温将冰融化，冰融化处跃出两条鲤鱼，王祥提着鱼回家给继母吃后，继母的病也好了并深受感动。正所谓是："继母人间有，王祥天下无，至今河水上，一片卧冰模。"王祥隐居 20 余年后，从温县县令做到司空、太尉等职。

这组宋墓浮雕石刻人物，刀法娴熟圆润，面形丰满，保留了唐代佛教造像的风格，是研究宋代美术史的宝贵资料；石刻伎乐图为研究南宋大曲、杂剧的发展提供了不可多得的形象资料；石刻生活图是当时当地人民生活的生动再现；石刻中仿木结构的门、窗、斗拱等，又为我们研究四川地区的宋代建筑提供了重要的史料，所以这组石刻具有很高的科学、艺术、研究价值。

（3）则天殿

现在我们先看看则天殿门前的对联："金仙降旨大云之偈先彰，玉屏披祥宝雨之文后及"。这是摘自武则天为《大周新译大方广佛华严经》所作序言中的两句话，书法是集武则天书《升仙太子碑》中的字而成。

上联是说：释迦牟尼佛曾经在《大云经》中预言一名天女以女身当了国王，得到转轮王所统领的四分之一的土地。这位女王实际上是菩萨的化身，只不过因为要教化众生而显现女身。这实际上是提供了女人也可以当皇帝的证据,为武则天顺利当上皇帝提供了理论上的可行和舆论上的支持。

下联是说:玉屏风也显出祥瑞,在《宝雨经》中也提及女人可以当皇帝的证据,《宝雨经》中说当时东方有一天子名日月天,在佛涅槃后第四个五百年中,于瞻部州东北方摩诃支那国,以菩萨现女身为自在天。这实际上是进一步暗示武则天是菩萨化作女身来当国王,显示出武则天当皇帝是合法的,是天意。

进入殿内我们看到的是国内仅存的唐代"武后真容石刻像"。宋《舆地纪胜》中记载:"皇泽寺内有唐高宗则天真容。"

这尊像雕刻反映的是武则天登基以后老年时期的金身真容,像高1.8米,由整块黄砂石雕凿而成,石像头戴化佛宝冠,宽额广颐,胸饰璎珞,臂绕披帛,下著长裙,双手交于腹前作禅定印,庄严妙相,一幅佛门圣母的打扮,庄重安详,令人起敬。这尊武则天造像完全是仿照佛教的菩萨妆束,以弥勒转世的形象出现,无疑使自己在政坛上的亮相得到了堂而皇之正统的诠释。

(4)广政碑与女儿节

我们再来看武后真容造像右侧这块"广政碑",该碑是1954年修筑宝成铁路时出土的,是后蜀孟昶广政二十二年(959年)镌刻的。上刻《利州都督府皇泽寺唐则天皇后武氏新庙记》。

碑文第三行载:"天后武氏其人也,事具实录,此不备书,贞观时,父士彟为都督,于是州始生后焉。"意思是说:唐贞观年间,武则天的父亲在广元做官,于是武则天就出生在这里。

碑文字中还出现了"则天坝"的地名,在广元出土的宋墓买地券中也有"白沙里则天坝"的地名,可见后人将武后出生地命名为则天坝或则天乡,至少自五代以来就是这样。

在"广政碑"中还记载有每逢广元有灾害之事,"军民祈祷于天后之庙,无不响应"。所以从五代至今,广元人民都沿袭着祭祀她的活动,也就是纪念武则天的传统节日——女儿节,这一天与全国任何一个农历节日都不挂钩,唯独广元有这样一个节日,也就是"正月二十三,妇女游河湾",每到这一天,广元的妇女什么事都不干,打扮得漂漂亮亮到皇泽寺江边游览玩耍。后为配合广元的经济发展,将这个节日改在每年的9月1日,所以广元的妇女比全国的妇女都多了一个节日,每到这天,广元的妇女要放假一天,还要举行盛大的纪念活动,即国际女子凤舟赛、百名女子登凤楼等。这天妇女还可享受到医院看病不用挂号、坐公交车不用买票等优惠。

由此可见,广元人民对武则天怀有特别的感情和真挚的敬意。

下面我们还是来说说武后其人其事:

武后出身于官宦世家,长于山川秀美的川北大地,聪慧达理,多才多艺,早在做皇后时就"建言十二事",系统地表述了务本戒奢、息兵劝农、男女同尊、加薪进言等治国主张。同时她还标新立异、造字作诗,颇有见地。如曌,音照,意日月当空,普照天下,此字为则天专用。又如埊,山水土为地也;圀,四面八方为国也。武则天诗文在全唐诗中保留有58首。

武则天有《腊日宣诏幸上苑》诗云："明朝游上苑，火急报春知。花须连夜发，莫待晓风吹。"这首诗后来流传为一个故事，说武则天于某年冬游上苑（皇家花园），令花神催开百花，花神奉旨，百花齐放，唯牡丹傲气，不奉诏，武后大怒，将牡丹贬到洛阳。

《全唐诗》对此诗加有注解，意为武则天当了皇帝，改唐为周，朝廷中，有一些保守势力极力反对，在暗中企图发动一场宫廷政变。第二年腊月，几位图谋政变的卿相上疏说，上林苑的百花在寒风中盛开，妄图骗武则天前往观赏，以便乘机谋害她。武则天识破了这个阴谋，她沉着果断，将计就计，挥笔写下了这首诗，从字面上看是一首即兴诗，实际上是一道不露声色的密令，下令拥戴她的亲信们连夜做好平叛前的准备。在武则天的指挥下，将阴谋叛乱者一网打尽，使武周政权得到巩固。

705年11月，武则天走完了89岁历程，临终遗言"去帝号，还政李唐"，以"则天大圣皇后"身份陪葬高宗乾陵，立"无字碑"将自己的千秋功罪交给后人评说。

武则天在长达半个世纪的时间里，参与并执掌了最高统治权力，功过分明、多有建树，在中国历史上贡献突出。概括起来，主要表现在以下几个方面：

①选贤举能，知人善用。武则天非常重视用人之道，她一方面鼓励告密，以巩固自己的政权；另一方面能及时发现和重用一些治国安邦的贤才，以稳定社会，发展生产。她选拔和培养的一些官员在开元时期成为了著名的大臣，如名相神探狄仁杰、才女上官婉儿、张柬之、姚崇等多达数十人。

武则天还进一步发展了唐代的科举制度，开创了"殿试"和"武举"。她所推行的科举制度一直被采用到清朝晚期。

②发展经济，注重农业。武则天继承了唐初重农的政策，继续实施均田制，她多次发布诏令劝导农桑，致使耕地增加，户有余粮。户口数由太宗时的380万户，增至女皇晚期的615万户。同时她还撰写了《兆人本业记》，这是中国古代历史上唯一的一部由皇帝主持撰写的农书。

③克平边患，巩固边防。武则天执政期间的一个重要功绩是打击吐蕃、突厥族的进犯，安定了边疆，恢复了原有的安西四镇，重新打通通往中亚西亚的"丝绸之路"，使大唐帝国的声威重震西域。国家版图进一步扩大，东西南北四至达到唐代的极致。

④破旧俗，树女权。武则天还大力改善了妇女的地位，使唐代妇女的生活丰富多彩、生动活泼。如在"建言十二事"中就提出了父在母丧，也得守三年，要建立父母平等的家庭地位；大力宣扬重用女性中的楷模，如上官婉儿即助其理政几十年；妇女可以广泛地参加文体活动；邀请妇女参加有政治意味的宴会，让她们和百官同坐在一个殿内，这在"男女有别"的封建时代，是一大创举。正如鲁迅先生所说："武则天当皇帝，谁敢说男尊女卑。"

⑤广开言路，善于纳谏。武则天倡导天下臣民，直言上书，连农夫、樵民都可以求见皇上，申述意见。

总之，在她执政时期，正是唐王朝经过初期的休养生息到走向鼎盛的重要时期。综观武则天的一生，她对历史的贡献是巨大的。正如已故的国家名誉主席宋庆龄对武则天作出的评价："武则天是中国历史上唯一的女皇帝、封建时代杰出的女政治家。"

（5）石刻艺术瑰宝——皇泽寺摩崖造像

我们现在来到迎晖楼看见的是皇泽寺的摩崖造像，它始凿于北魏晚期，历经北周、隋、初盛唐的不断雕凿，到中唐时期趋于衰落，持续时间300余年，是1961年国务院公布的第一批全国重点文物保护单位。

皇泽寺内现存57龛窟、大小造像1 203座，主要分布在写心经洞区、大佛楼区、五佛亭区，这些石刻造像对研究四川地区佛教的传播路线、造像题材和风格、人们的宗教信仰都具有十分重要的作用，具有非常高的历史、文化、艺术价值。

现在我们看到的是大佛窟，这是我们皇泽寺石窟中开凿规模最大的、造像最为精美的龛窟。它开凿于初唐时期，窟高6.86米、宽5.55米、深3.6米。窟内雕一佛二弟子二菩萨，窟门两侧雕二力士，后壁为天龙八部护法神像。

窟内主佛为阿弥陀佛，西方极乐世界的主佛，高4.9米，面相丰满，胸部隆起，身体各部比例匀称，神情睿智，整个姿态给人以静穆慈祥之感。尤其是双眼微向下俯视，目光恰好和礼佛朝拜者仰视的目光交汇，由此可见设计者的独具匠心。左侧为观音菩萨，右侧为大势至菩萨，他们与主佛阿弥陀佛合称为"西方三圣"。

阿弥陀佛坐镇西方，那里的宫殿楼台、树木花池都用金、银、珊瑚、琥珀等七种珍宝装饰的，伎乐声声不绝，香花飘洒不断，是人们向往的极乐世界。人们如果有什么需要，只要心中想一下就可以了，比如说：你想吃饭的时候，就有宝碗自然出现在你面前，里面都装满了各种美味佳肴；你需要衣服的时候，树上自然会出现华丽的衣服供你取用。这个世界是人们最为想往的世界，那么怎样才能来到这个美妙的世界呢？方法很简单，你只有一心念阿弥陀佛的法号，愿往生西方极乐世界，在你死的时候，阿弥陀佛和菩萨就会前来迎接你往生这个世界，使你享受到现实生活中无法享受到的幸福快乐。所以现在还常听人们念经念阿弥陀佛的法号。

不过，老百姓最信奉的还有观音，观音又称救苦救难大慈大悲的观世音菩萨（因避讳改为"观音"），人们如果遇到什么灾难，只要念观音菩萨的法号，他就会循声而往解救你，使你脱离一切苦难。

从整体上看，大佛窟造像布局合理、雕凿细微、技法熟练，像容渐趋丰满，介于阶梯式和圆刀间的过渡形式，确为目前国内初唐时期石刻造像的精品，也被专家学者们誉为四川唐代造像之冠，具有极高的科学、艺术、研究价值。

我们现在看到的中心柱窟又称支提窟，在我们南方地区的石窟中是非常罕见的，现在看到的这个也是我们四川唯一的一个中心柱窟，是我国早期北魏石刻艺术的珍品。

传说佛祖释迦牟尼涅槃后，八王分舍利，起塔供养，中心柱窟就是由佛堂中安放的佛祖舍利的塔演变而来的。《菩萨本行经》中说："若人旋佛及旋佛塔所生之处，得福无量也。"意为如果能经常性地围绕佛塔作礼拜（围塔转一圈如同念一遍经），就可以在来世获得无上的功德和福报。

中心柱窟始凿于北魏晚期，是皇泽寺雕刻年代最早的一窟。窟中一方形塔柱四面开龛，由塔基、塔身及塔顶组成，三壁各雕一大龛为三世佛，展现的是过去佛燃灯佛、现在佛释迦牟尼、未来佛弥勒佛，每龛中雕一佛二弟子二菩萨五尊石像，龛顶雕七佛八飞天，三壁其余部分凿千佛。

（6）"蚕桑十二事图"

人之生存温饱衣食为必须，食饱则重农，衣温则重桑，吃穿乃安民治国之大事，因此，植桑养蚕是我国传统自然经济的基础，有着5 000年悠久历史，历来都受到执政者的高度重视，武则天就为重农桑作了表率，从上元二年（675年）三月开始，每年都要举行隆重的亲桑和祭祀先蚕的仪式。而我国现存以连环图画形式表现蚕桑栽培史的却不多。

我们现在看到的线刻"蚕桑十二事图"雕刻于清道光七年（1827年），就是用通俗生动的连环画表现从培桑养蚕到缫丝的全过程。图中人物共101人，姿态各异、构图精美，富有浓厚的生活气息和淳美的川北山乡风情，是研究蚕桑民俗的重要资料，具有极高的科学、研究价值。我们现在有幸能亲见实物，它的拓本现藏于杭州丝绸博物馆。

此蚕桑图的作者是广元知县曾逢吉，他于清嘉庆年间先后任昭化、广元知县，先是倡导在驿道沿途和书院、寺庙四周遍植桑树，共植树10万余株，既美化环境，又造福于人民；后又在广元县境东南西北千余里的驿道上种桑树23万株，形成了"千里驿道皆桑树成荫，胜过河阳桃花、江南柳色"的壮丽景色。道光七年（1827年）冬，他升任松潘府同知（知府之副职）前，精心绘成这组"选椹（椹为桑树的果实）、种桑、树桑、条桑、窝桑、体蚕、馁蚕、起眠、上簇、分茧、腌种、缫丝"十二副图画，并令人刻立于先蚕祠内，意在劝农桑、重视农业，民国时移到南门蚕桑局，1974年移到皇泽寺内保存。

我们先来看首图，"蚕马图"为我们讲诉了一个美丽动人的故事，据晋干宝《搜神记》载：很久以前，一女孩的父亲外出经商久久未归，她非常思念父亲，有一天坐在白马背上自言自语："若有谁能将我的父亲找回来，我就嫁给他！"说完这话她就径自离去，听完这话，白马也随后起身长啸一声向远方奔去。没过几天父亲果然骑着白马归来，父女相见分外高兴，于是就用上等的马料来喂这匹，可马都不吃。每当看见女孩的时候就高声嘶鸣，父亲觉得很奇怪，就问了女孩，女子就告诉父亲，父亲得知此事后，大怒杀死白马，为除心头之恨又将马皮剥下暴晒，突然有一天一阵狂风将马皮吹起，然后把女孩紧紧裹住来到一颗树上，人们在树上找着马皮打开一看，这个女孩已经变成一个很小很小的小虫子，由于在这颗树上发生这样一件丧事，人们取谐音，将这颗树叫做"桑树"。你们再看，"蚕"字是由"天"、"虫"二字组合而成，所以人们就将这天上掉下的虫子叫"蚕"。女孩变成小虫子后，就把对亲人和故乡的思念化作了绵绵无尽的丝。这就是"蚕"的来历，后也被人们视为蚕神"马头娘"。

现在在浙江、广东一带的桑蚕之地和丝绸行业也还有祭祀嫘祖（中国历代祭祀的蚕神，传说是黄帝元妃，她最早发明了养蚕、缫丝、织丝绸）和马头娘的习俗。

我们再来看最后一幅，在一个绿树掩映的农家小院里，一家老小正在忙碌着，院中的车上有缫好的丝，窗前一个小孩露出头正好奇地看着这一切。看着这幅图不免让我们想起康熙皇帝在颐和园《御制耕积图》里对缫丝的描写："绿荫掩映野人家，每到茧时静不哗。一自夏初成茧后，篱边新听响缫车。"再看这幅图，正值丰收季节，一家人怀着喜悦的心情和对未来的憧憬，正坐在窗前盘算着这一年的收成和制订来年的计划，好一幅动人的画面啊！

皇泽寺景区内容丰富，可看之处尚多。由于时间关系，皇泽寺的讲解就到此结束。谢谢各位！（作者：向喜）

10. 明月峡古栈道

各位朋友：

这里就是著名的古蜀道遗迹——明月峡古栈道遗址，它位于四川最北端广元市朝天区，古往今来，这里都是出入川陕的咽喉要道，李白曾在此发出了"蜀道之难，难于上青天"的感叹。

明月峡，过去叫朝天峡。"朝天"因唐明皇"安史之乱"奔蜀，蜀中百官在此接驾朝拜天子而得名。明月峡，是明清以来，许多文人雅仕来此观嘉陵月色、品栈道古今，于是取李白"清风清，秋月明"的诗句誉称朝天峡为明月峡。明月峡栈道又称先秦古栈道，开凿的年代是先秦时期，居古金牛道的一段，距今 2 000 多年的历史了。栈道，一般指在悬崖绝壁上凿孔、架梁、铺板，使之成为人马通行的交通命脉。秦惠王灭蜀，他的 10 万大军就是在这条大道上行进的，这为秦朝的统一打下了坚实的基础。

《史记》中有"栈道千里通于蜀汉"的记载，刘邦"明修栈道，暗渡陈仓"，成就了汉朝完成一统天下的伟业，司马迁在《史记》中写道："汉之兴自蜀汉"，这些都与栈道密切相关。

三国时期，诸葛亮相蜀，为北伐中原、保证粮草军旅之进退，曾派大将费祎对这段栈道进行了修整：一是把原有栈道加宽至 2 米，可供两马并行；二是对栈道结构进行了改进，同时还制造了一种"木牛流马"的交通工具，以适应艰险蜀道的运输。当时，明月峡这条古道成为他调遣兵马、运送粮秣的生命线。

这里我们可看见明月峡全景，李白的《蜀道难》"上有六龙回日之高标，下有冲波逆折之回川。黄鹤之飞尚不得过，猿猱欲渡愁攀援"生动地再现了这一地貌。如今明月峡集水道、纤夫道、栈道、驿道、川陕公路、川陕高速、宝成铁路古今七道于一峡，被誉为"中国交通历史博物馆"，真实再现了中国交通历史的演变过程。今日蜀道不再难，当游船的汽笛声、火车的轰鸣声、汽车的马达声响起时，仿佛组成了一曲优美的交响乐章，令人怀古喜今。

大家看见的便是 2 000 多年前的栈道孔眼。全峡原有栈孔 1 400 多个，修川陕公路被毁坏后，现存有 400 个，分布在嘉陵江东岸岩壁上（大家乘船可以观看到）。这些孔眼设计奇巧而科学，首先，这栈道孔眼里边还有一个小方形孔眼，这是干什么的呢？原来这是一个小栓眼，目的是把横梁套住，防止木料滑脱。那么安好木栓的这根横梁又是怎么放进去的呢？原来，横梁比孔眼口径要小一些，当带木栓的横梁放进孔眼后，经抖动让木栓落在栓孔里自然卯住横梁，然后再用楔子把横梁楔实，木梁就自然紧固了。另外，大家仔细观察，还会发现孔眼是向上倾斜的，这样做的目的也是为了防止横梁向下滑脱。在明月峡其他的孔眼里，旁边有一个长方形的小槽，这是做什么用的呢？原来这叫引水槽，是为了把雨水从孔眼中引出来，防止木料的腐蚀。古人真聪明！即使是现在，工匠也很难完成这种孔眼的开凿。对了，这么浩瀚的栈道工程，古人究竟是怎么修建的呢？让我们到前边去看一看吧。

站在这里，栈道凌江飞架的感觉便出来了，这可是目前全国保存最好、最具代表性的古栈道了。它的修建要经过凿孔、架梁、立柱、铺板、盖棚等工序，盖棚的目的是防止沙石掉在人马身上。当时，没有铁钉，凿孔、安木都要经过精密计算，这样才能做到严实合缝、丝丝入扣。这些崖壁上的孔究竟是怎么开凿的呢？有人说，是在半壁上掉下一个箩筐，人站在箩筐里凿孔；有人说是在水里搭架，可有些地方水流湍急，也难以完成呀；有人说，是先凿好一个孔，铺一根木梁，再横向凿一个孔，再铺上木梁，这样就可以依次凿出一个一个的孔了。究竟怎么凿的，众说纷纭，莫衷一是，至今还是一个谜呢？可以想象这样的工程是多么的艰巨，难怪李白在《蜀道难》中写道"地摧山崩壮士死，然后天梯石栈相钩连"。这样修出的栈道，是非常牢固的，十万大军从上边经过依然安然无恙。当然栈道也是脆弱的，一旦哪处垮塌，全线交通就会崩溃。古代的战争，往往交通和战争路线的选择将对战争胜败起决定性作用。历史上楚汉相争和三国"火烧栈道"便是一种军事目的，起到断道的作用。前边就是《三国演义》"火烧栈道"的拍摄现场，现在请大家先在这里拍拍照，然后再去前边看一看吧！

现在人们把古栈道、长城与运河列为古代三大杰出建筑，一点也不为过。有人说，秦始皇修长城，当时费尽了人力、物力、财力，引起了民怨，是一种封闭意识的体现。而秦国修筑古栈道，虽然也费尽了人力、物力、财力，但最终得益于民，是一种开拓精神的体现。下面让我们去乘坐游船，在栈道之下真实地感受一下"蜀道难"吧。应该说，这是汉唐以来，川陕相连的重要驿道，也是我国最古老的国道了吧。它的开凿冲破秦蜀烟云，使中原文明与巴蜀文明相互冲撞、融合、创造，终有了华夏文明的繁衍。（作者：向喜）

11. 苍溪红军渡·西武当山景区

各位女士，各位先生：

大家好！欢迎到苍溪红军渡·西武当山景区旅游！我是导游××，你们远道而来，一路上风尘仆仆，舟车劳顿，你们辛苦了。

我们今天游览的是闻名遐迩的国家 3A 级旅游胜地——红军渡·西武当山景区。它位于苍溪县城南 2 千米武当山麓，南距阆中古城 24 千米。景区占地 5 000 余亩，由红军渡纪念园、武当山森林公园、中华百家姓氏追踪园、西武当道教文化园、乡土树种园五个主题园区组成，是一个以"红土地、绿山水、梨乡情"为主题，集红色旅游、生态旅游、道教旅游为一体的综合性旅游区。

70 多年前，在我们脚下的这片土地上，曾发生了一场永载史册的战役。1935 年 3 月 18 日，为配合中央红军北上，徐向前率领红四方面军三十军 263 团的勇士们在这里急袭渡江，攻破县城守敌余万人，红军战士的鲜血染红了滔滔嘉陵江。为纪念为国捐躯的先烈，砥砺后人，我们把当年红军渡江的渡口命名为"红军渡"，1980 年 7 月 7 日，四川省人民政府将它定为省级文物保护单位；1984 年 10 月，徐向前元帅为渡口遗址亲笔题名"红军渡"。

我们苍溪，又是道教发源地之一，是中国道教正一派的活动中心，被中国道教协会命名为"中国道乡"，我们身后这座山名叫武当山，传说天师张道陵曾在这里试法升天，2007 年，被中国道教协会确定为中国道教"西武当山"。因此，我们在创建国家

4A 级旅游景区时，就将其定名为红军渡·西武当山景区。

（1）红军渡纪念园区

①红军渡口

各位朋友，现在我们看到的是当年红四方面军浴血奋战、强渡嘉陵江的遗址。江对面，那片广袤的绿地，名叫杜里坝，那里树木葱郁，苇花如雪，芳草上、绿树间，有楼台亭树隐现其间，当年诗圣杜甫曾在此踏青游春，于是"杜里游春"便成为苍溪的"十景之一"。大家看到的那片开阔的滩地，即将规划打造为我们景区的水上游乐园。但在革命战争年代，那里是国民党军的江防阵地，暗碉处处，明堡林立，无数黑洞洞的枪口、炮管直指红军，妄想以此阻挡红军西进北上的步伐。然而，螳臂岂可挡车，蝼蚁何能撼树？国民党军号称"固若金汤"的江防阵地，在英勇的红军将士们面前顷刻之间灰飞烟灭。红军战士强渡嘉陵江的战役，在策应中央红军北上、红四方面军西征出发抗日的史册上，书写了光辉的一页！

朋友们，参观完红军渡口，让我们从当年红军渡江作战的烽火硝烟中走回来，继续参观景区的其他景点。

②红军渡广场及红军艺术墙

朋友们，现在我们进入景区广场，正对大门的是景区艺术墙，大家可以在此拍影留照，让你们的身影与红军渡的优美风景定格永恒。

现在，我们看到的是红军艺术墙，主题是"梨乡红霞"，由多幅精美的浮雕构成，共分为"迎接红军"、"百战苍溪"、"模范苏区"和"挥师北上"四大部分，表现了旧社会的苍溪人民与天下劳苦大众一样，生活在水深火热之中，当红军来到苍溪，他们不仅箪食壶浆夹道欢迎，而且妹送郎、妻送夫、母送子踊跃参加红军，当时全县仅有人口 28 万，就有 3 万多优秀儿女参加了红军，使川陕苏维埃政权的大旗迅速漫卷苍山溪水，成为闻名遐迩的"苏区模范县"。在不到两年时间里，苍溪人民支援红军取得了反国民党军"三路围攻"、"六路围攻"中的黄猫垭伏击、激战池口、马梁包合击、四平山大捷等 100 多次战斗的胜利，为红四方面军强渡嘉陵江、挥师北上策应中央红军作出了永不磨灭的贡献！

大家看，靠左前方映入眼帘的是一个朱红色的雕塑，那是红军战士一只穿着草鞋的大脚，脚骨苍劲，布满征尘。后有一组脚印雕塑，主题为"长征脚步急"，当年红四方面军战士正是从这里开始长征，强渡嘉陵江，攻克剑门关，跨过泸定桥，涉过金沙寒水，走过雪山草地，在枪林弹雨中风雨兼程，穿越万水千山，完成举世闻名的万里长征，最终夺取了新民主主义革命的伟大胜利。今天，我们面对这些历史的足迹，不禁肃然起敬，追思萦怀。

③红军标语石刻碑廊 将帅台

从广场右侧沿石级而上，我们首先经过的是"红军标语石刻碑廊"。这座碑廊是由张爱萍将军亲笔题写的，这里的每一块石刻标语都是从全县各地征集而来，具有很高的革命文物价值。"共产党是穷人自己的政党"、"赤化全川"、"斧头劈开新世界，镰刀割断旧乾坤"这样的石刻标语，当年曾遍布苍溪全境，或在交通要道，或在人口集中的场镇，或在十分醒目的高山悬崖，正是这些铭刻着历史记忆的标语，像黑夜中的火炬，唤起了劳苦工农大众的觉醒，砸烂了旧世界建立新世界的政策，掀起了革命的浪潮。

现在我们来到了将帅台。首先我们参观的是"红军渡"标志铜像，在这座宏大的铜像雕塑中，座基上"红军渡"三个大字是由徐向前元帅题名的。铜像由一名红军战士和一男一女两名赤卫队员组成，表达了当年军民鱼水情团结一心闹革命的崇高境界。他们双眉紧锁，昂首向前，身下是轻舟激浪，前方是刀光剑影，造型威严刚毅、栩栩如生，飘然飞渡的英姿，似战船劈波斩浪勇往直前，如利剑斜指长空，生动再现了当年红军那场气壮山河的战斗。

现在我们再回首，大家可以看到几位威武的将帅雕像，"红四方面军长征出发地纪念碑"上的三位将帅，坐者就是徐向前元帅，他神态镇定，目光坚毅，一手放在身侧，一手曲臂向前，展现了当年在金戈铁马岁月里那份指挥若定、叱咤风云的风采。再看这几位将军，他们或双手抱在胸前，或单手叉腰，虽然姿态各异，但全都雄姿伟岸、气宇轩昂，我们可以想象当年他们指挥千军万马、令敌望风披靡的英雄气概。他们都是从红军战士成长起来的苍溪藉将军，他们在血雨腥风的战争年代，出生入死，却无怨无悔，他们英勇顽强、足智多谋，让敌人闻风丧胆，为革命立下赫赫战功。在和平年代，他们又为新中国和家乡的发展建设鞠躬尽瘁、任劳任怨，做出不可磨灭的贡献。他们的生平事迹，在雕像基座上已有简介，我就不再一一介绍。左面依次是赵承丰、伍国仲、李泽民，右面依次是吴忠、李开湘、杨大易、樊学文。

④红四方面军长征出发地纪念馆

现在我们来到了"红四方面军长征出发地纪念馆"。纪念馆占地2 000余平方米，主题馆分别是序厅、长征前夕、激战嘉陵、挥师长征、苏区奉献、将帅风采。

如今留下来红军时期珍贵的革命文物有3 600多件，现在纪念馆一、二楼陈列台中展出的工农红军革命文物有962件，最有影响的是"红军印"（现已陈列于中国革命博物馆）、"钱衣裳"（国家一级文物）。

从纪念馆收集陈列的史料中，我们可以看到红四方面军从苍溪出发西进、北上长征所经历的曲折的战斗历程。

朋友们，出门请向右走，大家看，那架银灰色战机是歼-6甲战斗机，由中国人民解放军成都军区昆明空军部队向景区捐赠的。在飞机的下方，还有一辆也是由部队捐赠的军用坦克。看到它们，我们既为祖国日益强盛的国力和军事力量而自豪，同时也能追忆当年红军小米加步枪打败国民党飞机大炮的艰难困苦。

⑤红军街

朋友们，现在我们去游览"红军街"。当年红军为准备渡江战役，秘密驻扎在离这里20多千米的王渡场，并在驻扎地建起了"红军一条街"，一边造船，一边进行渡河训练。红军发扬艰苦朴素、自力更生的革命精神，编草鞋、编斗笠、打铁、造船，自给自足，为红军胜利强渡嘉陵江提供了物资保证。我们现在所行走的这条街，正是按照当年的"红军一条街"翻版重建的。

走进"红军街"，展现在我们面前的是具有川北民居风格的建筑，错落有致、整洁典雅。"红军街"占地13 000多平方米，主体建筑有宏伟的大门、蜿蜒的长廊、独具特色的川北民俗文化展览馆、谭家大院、红歌台和川北民俗文化体验区。从这里往下望去，我们看见的"王渡河"其实是一处浓缩景观。有军事专家称，这是红军的第一支水军诞生地。

现在我们看到的是"红四方面军强渡嘉陵江指挥部旧址"，当年叫做谭家大院。院子坐北朝南、三合式，穿拱斗架，有典型的川北民居特点。正房中部这间是当年徐向前元帅的简陋住所兼办公室，就是从这里，发出了一道道英明的指令，实现了"强渡嘉陵江，迎接党中央"的战略目标。

走出"红军街"，我们漫步而行。这里是"月牙湖"，小巧别致、涟漪为风；这里是"月光湖"，依山而卧、湖水幽蓝，像少女秋波含情。

⑥红军村

现在我们来到了红军村。当年，在渡江作战前夕，红军派出先遣部队来到村里，便装与群众秘密混居、侦查敌情，以熟悉作战环境，与当地群众结下了鱼水深情。后来，这座村子就命名为"红军村"。无论是革命战争年代，还是小康社会建设的新时期，红军村的人民群众在党的领导下，始终继承发扬了光荣革命传统，自力更生、艰苦奋斗，建设了美丽富饶的家园。现在，红军村已成为苍溪县社会主义新农村的示范村。

⑦功勋馆

大家请看，广场左面那座肃穆的建筑物就是"功勋馆"。进入馆内，这面巨大的石壁就是红军英烈纪念碑，在黑底白字的红军英烈名录上看着那一个个陌生又熟悉的名字，我们怎能不震惊！整个苏区时期，苍溪烽火连绵，山河尽染，战火曾把这里烧成一片焦土，红军的足迹遍布全县，烈士的鲜血染红了苍山溪水，30 000 多名苍溪儿女成为红军将士，其中有25 000 多人献出了宝贵生命，有名可查的烈士达6 000 多名，为中国革命立下了不朽的功勋。

步出"功勋馆"的后门，是一条曲折的石径，石径的左面就是高高的武当山，沿山脚有一排错落有致的碑林，上面拓刻的是老红军、老领导以及社会知名人士为苍溪特别创作的诗文，是对苍溪人民的谆谆寄语。

（2）西武当道教文化园

我们已经知道，苍溪是道教发源地之一，是中国道教正一派的活动中心，天师张道陵曾在苍溪传道、试法升天，道教在苍溪有1 700 多年的历史。我们现在所游览的这座山，就是被中国道教协会命名的中国道教"西武当山"。

"道教文化园"占地120 亩，投资1 100 余万元，园内主要建有真武宫、慈航殿、天师殿、玄武殿、文昌殿和老君阁等建筑，由苍溪籍民营企业家、金厦实业有限公司董事长张绍国于2006 年6 月开始捐资修建，至今已建成全国知名的"西武当道教文化园"。

走近真武宫，细细观看宏大的建筑群，我们无不为道教文化的博大精深所震撼。从肃穆的山门进宫，迎面是一面壁照，两面都有一个遒劲有力的"道"字。绕过壁照，在高高的铜制香塔后面，并肩耸立的依次是慈航殿、真武宫、天师殿，左为玄武殿、文昌殿和老君阁，右面是苍溪县道教协会及游客娱乐中心。石梯两边是老子的《道德经》，洋洋五千言，究其精要全在"道"与"德"两个字中。《道德经》上方，那巨大的"道法自然"四个字诠释了道教的全部精髓。

真武宫外的玄武宫，规模宏大、香火缭绕，这里鸟鸣山幽、蝉噪林静，是居士悟道、信众解惑的绝好去处。

道教是中国土生土长的宗教，是我们祖先留下来的丰富文化遗产，也是全人类的共同精神财富。由东汉顺帝时期沛国丰邑人张道陵创立，尊奉春秋杰出的思想家老子为道祖，以《道德经》为经典，时称正一盟威之道，俗称"五斗米"道。永恒不变的"道"，本质上并没有你我他的界限，也没有时间和空间的区别，以"道生一，一生二，二生三，三生万物，万物负阴而抱阳，中气以为和"的思想，形成了具有东方文化特色、博大精深的道学文化体系。

在道教创立之初，奉道尊教之风盛行。天师张道陵在离苍溪县城约 20 千米的云台山设坛讲法，使苍溪奉道尊教之风盛行。由于这里是张道陵学道、炼丹、传道试法的重要场所和后期道教活动的中心，所以就成为了"二十四治"中心之一。苍溪武当山已成为中国西部正一道的中心。

拂去真武宫道家香烛的缕缕轻烟，离宫向上数十米，我们就来到了景区的另一个重要景点——仰天楼。楼体呈八角飞檐式，全楼共 5 层，高 39 米，建筑面积 1 120 平方米，被誉为"千里嘉陵第一楼"。楼下平坝雕有"八仙"单体石像八尊，增添了仰天楼神韵。大门正中对联"民为天居官当仰敬，地乃母做人须孝诚"，"仰不愧天，俯不怍地"，体现了为官做人之根本，这就是"仰天楼"的由来。

登临斯楼最高之处，放眼四望，山光水色尽收眼底，让人胸襟顿开，颇有一览众山小的万丈豪情。凭栏东望，只见山峦起伏，田畴沃野上别墅式的农家新居点缀其间，不时有麦浪翻滚、稻花飞扬、瓜果飘香的景象。向南凝视，白塔山上的"崇霞宝塔"古韵悠悠，如一支笔尖向天的巨笔，在蓝天倒写着梨乡 80 万儿女改革开放奔小康的宏篇华章。转而望西，但见天际云山隐隐，千里嘉陵一路东来，浩浩江面上帆影点点。在这千里嘉陵第一楼上，登高望远，感今叹昔，真是人生一大快事啊！

朋友们，今天我十分荣幸为大家作导游，我们今天游览的这个景区，只是绿色苍溪、梦乡苍溪锦绣风光的缩影，还有许许多多如诗如画的美好景致，欢迎你们去发现、去品味，我相信，我们苍溪是一个你们来了还想来的地方。最后，恭祝朋友们合家幸福，吉祥安康，顺祝返程平安顺利！（作者：向喜 周立新 天然）

第五节　成都旅游区

一、武侯祠

各位朋友：

大家好！欢迎来武侯祠观光。自古以来，四川乃群英荟萃之地，其中最有名气的一位就是诸葛亮了。诸葛亮生前被封为武乡侯，死后谥忠武侯，后人便尊称他为"武侯"，而今天我们要参观的正是三国蜀相诸葛亮的祠堂——武侯祠。

武侯祠始建于西晋末年十六国时期，成（汉）皇帝李雄为纪念诸葛亮而建于少城，到唐代已初具规模。明初与纪念刘备的"汉昭烈庙"合并，形成了君臣合庙的特有格局，现存庙宇于清康熙十一年（1672年）重建，1961年被列为全国重点文物保护单位。今天的武侯祠位于成都市武侯区内，占地37 000平方米。这里古柏苍翠、红墙环绕，前后两大殿分祀刘备与诸葛亮，主体建筑坐北朝南，摆在一条中轴线上，依次是大门、二门、刘备殿、过厅、诸葛亮殿五重，西侧是刘备陵园及其建筑。轴线建筑两侧配有园林景点和附属建筑，共同构成两组四合建筑结构。

我们现在的位置是武侯祠的大门，门上悬挂着"汉昭烈庙"的横匾。汉，是三国时刘备政权的国号。昭烈，是刘备的谥号。匾额说明，这里是祭祀蜀国皇帝刘备的庙宇。既然如此，人们为什么又称之为武侯祠呢？其实武侯祠最初与惠陵、汉昭烈庙毗邻，不是当今格局。明初蜀献王朱椿敬仰诸葛亮忠君爱国的品质，提出"君臣宜为一体"，乃打破原来布局，将武侯祠诸葛亮像移入汉昭烈庙，成为君臣合祀庙宇，专祀诸葛亮的武侯祠遂被废。明末，祠庙毁于兵燹。清康熙十一年，在川湖总督蔡毓荣、四川布政使宋可发等主持下，于废址上复建武侯祠。为兼顾君臣之礼，将祀刘备的昭烈庙建于前，纪念诸葛亮的武侯祠置于后，形成今之所见格局。只因为诸葛亮的历史功绩大，他在百姓心中的威望超过了刘备，人们就不顾君尊臣卑的礼仪和这座祠庙本来的名称了。民国年间邹鲁写的一首诗，道出了这个缘由："门额大书昭烈庙，世人都道武侯祠。由来名位输勋业，丞相功高百代思。"

屹立于武侯祠大门内碑亭中的唐碑，又称"三绝碑"，是成都最古老的碑刻之一。此碑本名《汉丞相诸葛武侯祠堂碑》，唐宪宗元和四年（809年）立，碑身及碑帽通高3.67米、宽0.95米、厚0.25米，下有碑座。碑帽的云纹雕饰，具有唐代石刻艺术特点。其石质为峡石，碑文共22行，每行约50字、楷书。碑文作者裴度，是唐代中后期有名的政治家。元和二年（807年）成都动乱，唐王朝派相国武元衡出任剑南西川节度使，裴度作为幕僚随行。裴度久欲撰文颂扬诸葛亮，到成都游武侯祠后，便怀着景仰之情写了这通碑文。碑文内容分序文和铭文，序文开篇处，裴度称颂诸葛亮兼具开国之才、治人之术、事君之节和立身之道，是千古罕有的封建政治家。裴度说，当汉末大乱、群雄纷争之际，士人奔走献策唯恐不力，诸葛亮独高卧隆中，自比管、乐，一旦刘备三顾，诸葛亮便以《隆中对》"一言而定其机势"，确立三足鼎立之大计，出手不凡。裴度赞扬诸葛亮革除汉末弊政，执法公允，任人唯贤，治戎讲武。他认为经诸葛亮的苦心治理，蜀汉政令划一、道德风行，一跃而为殷富之国，拥有一支能征善战的劲旅。裴度驳斥崔浩等人对诸葛亮的评价，认为不以成败论英雄，假如上天再给诸葛亮一些时间，必能完成统一大业。铭文将诸葛亮比于前代名臣伊尹、姜尚、萧何、张良，盛赞其不朽业绩。最后，称颂诸葛亮功德如高山流水，长存于天地之间，长存于蜀地百姓心中。书写碑文的是著名书法家柳公绰，他是楷书柳体创始人柳公权之兄，其书法浑厚笃实，既有柳体笔韵，又自具风格。后人赞赏该唐碑笔力雄健、辞丽义精，书法遒劲端严。碑文由当时蜀中著名刻工鲁建所刻，其刀法谨严、超群绝伦。此碑因文章、书法、雕刻皆为上乘，在明代即被誉为"三绝碑"。裴度之文、柳公之书、鲁建之铭三者天作之合，精湛至极、无愧三绝。

进二门，长廊壁上，是前、后《出师表》石刻。石碑共37块，每块高63厘米、宽58厘米，刻工精良，字体为行草，笔力遒劲、龙飞凤舞，书法艺术价值极高。此墨迹为南宋著名抗金将领岳飞手书。岳飞兼资文武，能诗善书。据记载，当日岳飞率军路过南阳武侯祠，遇雨，当晚就住在武侯祠，夜读《出师表》，岳飞泪如雨下，"竟不成眠，坐以待旦"。道士让岳飞题字，岳飞就写了这前、后《出师表》，当时"挥涕走笔，不计工拙，稍舒胸中抑郁耳"。

二门内是刘备殿。殿的正中，供奉着蜀汉皇帝刘备的贴金泥塑坐像。像高3米，头戴天平冕冠，身着黄袍，手捧朝天圭玉，宽面大耳，神态静穆。左右侍者，一捧玉玺，一捧宝剑。两侧偏殿，分别供奉着关羽、张飞等人，与殿相接的东西两廊，是蜀国的28位文臣武将的彩绘泥塑像。

刘备，字玄德，东汉时涿郡（今河北涿州）人。三国时期著名的军事家、政治家，蜀汉王朝的创建者。他出生于汉朝皇室，论辈分是汉献帝的族叔。188年，刘备与关羽、张飞在涿郡组织起了一支地方武装。在东汉末年的军阀混战中，刘备集团的力量相对较弱，又无稳定的根据地，一直处于颠沛流离的境地，曾经一度寄居在大军阀曹操、袁绍、刘表麾下。后来他三顾茅庐，拜诸葛亮为军师，并采纳诸葛亮的战略方针：占荆州、联孙吴、退曹兵、入四川，最后在221年于成都称帝，建立蜀汉王朝，疆土包括今川渝及云南、贵州北部、陕西汉中一带。223年，刘备在为关羽报仇而发动的对吴战争中失败，退兵回蜀；同年4月在白帝城（今重庆奉节）病逝，谥号为"昭烈"。

刘备爱民爱才、宽厚仁义、知人善任，待人公正真诚。《三国志》评价刘备"先主之弘毅宽厚，知人待士，尽有高祖之风，英雄之器焉"。他能将一大批优秀的政治、军事人才收为己用，最典型的范例就是诸葛亮。据《三国志》记载，刘备临终前对诸葛亮说："君才十倍曹丕，必能安邦定国，终定大事。若嗣子可辅，则辅之；如其不才，君可自为成都之主。"此为何等胸怀？刘备的政治品格特点，是中国传统的政治思想理念的体现。孔、孟的政治主张强调"德治"、"仁政"，告诫统治者要"以德服人"，要用自己的人品、高尚的道德来影响臣民、征服百姓。刘备在复杂的政治斗争实践中领略到遵循儒家政治思想理念对于角逐天下的重要性，十分注意自身品德人格的修养，时刻树立贤德之君的风范，临终时仍不忘留下遗诏告诫刘禅："勿以恶小而为之，勿以善小而不为。惟贤惟德，能服于人。"正是这个"惟贤惟德，能服于人"的基本政治理念，铸成了刘备一生受人敬重的政治品格，成就了刘备的一生霸业。

在刘备像东侧，是他的孙子刘谌的塑像。刘谌是刘禅的第五子，封北地王。在魏国邓艾军队进逼成都、蜀国处于危难的时候，其父刘禅准备投降，刘谌则力主抵抗。他正气凛然、悲愤交加地说："若理穷力屈，祸败必及，便当父子君臣背城一战，同死社稷，以见先帝可也。"但仍改变不了刘禅的投降决心。刘谌只得哭诉于祖庙，挥泪泣血，杀身殉国。后人为了嘉赏其临难不苟的节烈情操，为之塑像于此。刘备像西侧原有刘禅的像，由于他不能保住父业，投降了魏国，当上安乐公后"乐不思蜀"，不知亡国之耻，在宋代，他的像就被毁掉，自此没有再塑。正殿的两壁，悬挂着木刻的《先主传》、《后主传》，传文录自陈寿《三国志》，蜀国的兴亡，可从《先主传》、《后主传》中了解始末。东偏殿内是关羽及其子关平、关兴、部将周仓、赵累的塑像。关羽像高2米多，头戴冕旒，红脸、丹凤眼、卧蚕眉，两眼半睐半闭，美髯垂胸，身着金袍，手执象简，一付帝王打扮、神灵面孔。

出刘备殿，下一个台阶，就是过厅。为什么要低一个台阶呢？这是当时封建社会君尊臣卑等级观念的体现。诸葛亮虽为蜀中人民敬仰，但终究是臣，当然不能跟刘备这个皇帝平起平坐。

出过厅，就是诸葛亮殿。殿的门楣楹柱上挂满了前人留下的匾联。其中最有名的是悬挂在诸葛亮殿正中的一联，即"能攻心则反侧自消，从古知兵非好战；不审势即宽严皆误，后来治蜀要深思"，联文是清末赵藩撰书。

赵藩撰写这副攻心联可谓用心良苦。全联30个字，其"关键词"一是"攻心"，二是"审势"。赵藩选用了诸葛亮在平息招抚西南各土著部族时，七擒七纵孟获的故事。他指出，只要你工作做到家，桀傲如孟获者，都会俯首称臣。会用兵的人首先应该是个"攻心"的谋略家，他不一定喜欢打仗。但诸葛亮又非一味宽大，在如何治蜀这一点上，地位仅次于诸葛亮的法正主张应像汉高祖入关时那样政策宽松一点。面对当时"蜀土人士，专权自恣"，地方豪强势力目无法纪、为所欲为的局面，诸葛亮感到已危及社会的稳定和统治基础，故他在《答法正书》中坚决主张不能照搬汉高祖刘邦入关时的那一套，必须"威之以法"。他令行禁止，说到做到，并抓了两个典型：一是严惩了刘氏皇族后裔刘琰，二是罢黜了名门望族出身的来敏。对皇亲国戚和"高干子女"的处理结果，大大震慑了地方豪强势力，使他们再不敢贪赃枉法、胡作非为。对百姓亦如是，也是以"攻心"为主、教育多数、严惩个别。诸葛亮赏罚分明，不因人而异，哪怕对自己的错误他也能主动承担责任，如中国老百姓都熟知的失街亭的故事：他一边挥泪斩了马谡，同时又提升了有功的王平，还勇于承担了自己作为主帅应负的责任。正是因为诸葛亮这种宽严结合或者在今天叫做"法律面前人人平等"的做法，使得蜀中政局稳定，他才得以多次顺利出征北伐而后院不起火，无"反侧"之忧。这充分证明诸葛亮以德服人、以法治国的效果。《三国志·诸葛亮传》评价他"终于邦域之内，咸畏而爱之，刑政虽峻而无怨者，以其用心平而劝戒明也"。

这就是"攻心"而消"反侧"，这就是"审势"而定"宽严"。赵藩仅以30个字便概括了诸葛亮作为政治家、军事家、外交家成功的一生，真是了不起啊！

诸葛亮殿内，供奉着诸葛亮和他的儿子、孙子的贴金泥塑像。诸葛亮像居于正中的龛台上，他羽扇纶巾、身披金袍、凝目沉思，其忧国忧民、深谋远虑的神采，显示出一代儒相的风采。诸葛亮，字孔明，山东琅琊人，是中国历史上杰出的政治家、军事家。他年轻时隐居于襄樊隆中，因才智超群、刻苦好学、胸怀大志，得"卧龙"之美称。经刘备三顾之请，拜为军师。为报答刘备三顾茅庐的知遇之恩，呈上前、后《出师表》，拟订创业宏图，史称"两表酬三顾"。他先铺佐刘备，创建蜀国；刘备死后，受托孤之重任，辅佐其子刘禅，执掌朝政，治蜀达20多年；他施行教化，严明赏罚，选贤任能，兴修水利，发展生产，南征至滇池，北伐出祁山，以忠贞、勤勉、廉洁和才智，换来了蜀地的安定和繁荣。史学家陈寿评论说，当时的蜀国，政治清明、民风淳正、田野开辟、仓廪充实，到处是升平景象。由于过度辛劳，54岁时，诸葛亮病逝于北伐前线五丈原军中，埋葬在陕西勉县定军山下，坟墓至今尚存。

诸葛亮的一生共两个 27 年。207 年以前的 27 年，是他修身养性、立志匡世的准备阶段。他学有所成后没有北走曹操，也没有南归孙权，而是辅佐了"名微众寡"的刘备，这固然有客观原因，但也并非出于偶然。他之所以要选择兴复汉室的道路，说明他是一个维护封建纲常、崇尚儒家忠义道德的正统思想家。207 年以后的 27 年，是诸葛亮效忠蜀汉的阶段。无论先主、后主都非常信任他。他没有教条地恪守儒家思想，他尊王而不攘夷，进兵南中，和抚夷越，在三国中执行了最好的民族政策；他明法、正身、和吴、治军，以"鞠躬尽瘁，死而后已"的无私奉献精神战斗到生命的最后一息；他忠君爱民的奉献精神，生前就深受蜀人爱戴，死后更长期受到后人的敬仰，已成为中华民族传统文化的一份遗产。于是，人们便修起了一座又一座武侯祠来纪念他，还把他作为忠臣贤相的典范、智慧的化身而加以崇拜。

诸葛亮的儿子诸葛瞻、孙子诸葛尚，在蜀国危亡之际，率部与魏军奋战，终因寡不敌众，为国捐躯。由此可见，诸葛亮也算是满门忠烈。

诸葛亮殿内陈列有一面铜鼓，是五六世纪时的文物。铜鼓，原是西南兄弟民族古代的炊具，后来逐渐演变成一种乐器、礼器，在集会、庆典时使用，表示富有。相传诸葛亮南征时，曾使用过这种铜鼓，白天用来煮饭，晚上当鼓，用来报警，一物多用，所以又称为诸葛鼓。

在两侧厢房内，西厢有毛泽东、董必武、张爱萍、方毅、周谷成、楚图南、梁漱溟等人的墨宝共 12 幅，东厢为木刻的《隆中对》和《出师表》。

出诸葛亮殿，我们将参观刘备墓。刘备墓土冢高 12 米，墓上绿荫覆盖，有一道 180 米长的砖墙环护着陵墓，墓前有碑和寝殿。

刘备伐吴失败后，退驻白帝城，于 223 年 4 月病逝。5 月，诸葛亮扶灵柩回成都，8 月下葬，墓称"惠陵"。据史书记载，墓中还葬有刘备先后死去的甘夫人、吴夫人两位皇后，是一座合葬墓。此墓距今 1 700 多年，至今未发现被盗痕迹，也没有发掘，墓中情况不详。

传说唐代时一伙盗墓贼，在一个漆黑的夜晚打洞进入墓室内，看见里面灯火辉煌，刘备正与关羽下棋，张飞在一旁观战，十名武士侍立一侧。贼人吓得魂不附体，纷纷下跪求饶，刘备挥手示意卫士赐予玉带和琼浆。他们喝了琼浆，系上玉带，惊慌爬出洞来，回头一看，洞口自然封好，玉带变成了大蛇，缠住了腰，琼浆变胶粘住了嘴。据说从此再也没有人敢动刘备墓了。（作者：付净）

二、杜甫草堂

各位朋友：

眼前就是"万里桥西一草堂"的杜甫草堂了，它位于成都浣花溪畔，是杜甫流寓成都时的故居。

杜甫生活在唐代由盛转衰时期，一生坎坷，终不得志。759 年 12 月，杜甫因避"安史之乱"由长安经甘肃流亡到成都，第二年在友人的帮助下，在浣花溪畔建成一间茅屋，自诩为"草堂"，在宋、元、明、清时期，世人习惯称它为"浣花草堂"，1961

年被国务院公布为首批全国重点文物保护单位。杜甫一生居住过若干茅屋、茅斋、草堂，如东屯草堂、襄西茅屋、西枝草堂等，其中数成都浣花草堂最为杜甫怀念，为杜甫咏叹最多。可以说它是全国许多纪念地中最负盛名的中国文学史上的圣地，它的名气和地位超过他的生卒地。

杜甫在此居住近四年，共作诗近300首，占他传世著作的20%，其中很多诗都以草堂为题，融景生情而作。他在此过了几年清闲的日子，如《江村》、《春夜喜雨》等诗中都有反映。具体看，"万里桥西一草堂"、"万里桥西宅，百花潭北庄"是写草堂的位置；"浣花溪水水西头，春江一曲抱村流"是描写草堂的环境；"水槛温江口，茅堂石笋西。移船先主庙，洗药浣花溪"是概述草堂周围的地形。由此可见，杜甫对浣花草堂是十分喜爱的，而被杜甫誉为"新人民"的成都人对浣花草堂也是爱护备至，使这一诗圣故址历经1 200多年的变迁，屡经天灾人祸而悄然屹立。而今草堂内已是楠木参天，梅竹成林。步入园内，满目青翠，庄严肃穆而古朴典雅的祠宇建筑掩映在苍楠翠竹之中，显得格外幽深静谧，而因带着浓郁的文化气息，加之流水环绕、小桥相连，更添几分情趣。历来无论文人雅士、高官豪绅还是普通百姓只要来到成都都会到草堂凭吊这位伟大的诗人，并留下了数不清的感怀诗文，杜甫草堂也因此成为巴蜀文坛的一种标志。

好了，各位朋友，您一定按耐不住想去园内凭吊一下他老人家吧，现在就请大家随我入内游览。

现在大家看到的第一个建筑叫"大廨"，"廨"是古代官吏办公的地方，有办公室的意思。杜甫曾做过左拾遗和检校工部员外郎等官职，虽都为下品，但百姓尊重其爱国忧民的情怀，特建大廨，此处建筑也由此得名。大廨为一开敞式过厅建筑，厅中的杜甫塑像，是中央美术学院著名雕塑家钱绍武先生的杰作，大家请看这尊铜像，如此单薄瘦弱的身姿，概括了杜甫一生饱经忧患、贫病交加的不幸经历；那沉思苦吟的神态，把诗人忧国忧民的博大情怀恰如其分地表现了出来。我们似乎已经看到在1 200多年前的一天，杜甫正漂泊在江河之上，他跪立船头，手抚诗卷，双眉紧锁，仰天长叹倾诉出内心的苦闷："乾坤含疮痍，忧虞何时毕。"

杜甫，字子美，号少陵，712年出生于河南巩县，770年因贫病交困，逝世于湖南湘江的一条船上。杜甫经历了唐玄宗、唐肃宗、唐代宗三朝。他虽具有"致君尧舜上"的远大政治抱负，并且才华横溢、诗文出众，却始终得不到重用。政治上的失意，加上经济上的贫困和国家战乱，使他一生颠沛流离、饱经忧患。同时，这也使他能更深刻地认识到当时社会存在的种种矛盾和弊端，体验到下层百姓生活的艰辛和困苦。国家破败、亲人分离、百姓处于水深火热之中，加之自己命运坎坷，忧国、忧民、忧己，三者交加，他又怎能不如此瘦弱和苦闷呢？

忧国忧民的杜甫把笔触放在了苦难深重的黎民百姓身上，用诗歌记录了唐朝由盛到衰的历史，他传世的1 400多首诗，大都是这种反映现实、忧国忧民的不朽作品。如"三吏"、"三别"、《兵车行》、《丽人行》、《自京赴奉先县咏怀》等都是具有代表性的名篇。因为杜甫有着深沉而博大的思君、忧国、爱民的情怀，还因为他的诗歌代表着中国古典诗歌创作的最高成就，所以后世尊称他为"诗圣"。

眼前这副对联是清代学者顾复初所撰，上联"异代不同时，问如此江山龙蟠虎卧几诗客。"意思是：我（作者）与你（杜甫）生活在不同的朝代，试问这人杰地灵的神州河山，古往今来，在众多诗人墨客中，能有几个像你我这样才华横溢、立志报国，但却不能为世所重，只能如蟠龙卧虎，不得伸展凌云壮志！下联"先生亦流寓，有长留天地月白风清一草堂。"意思是：您杜少陵先生和我一样，也是在蜀中流寓作客，但您却留下了这座伴随着明月清风而流芳千古的草堂，与天地共存。这一方面说明了杜甫受后人敬仰，另一方面也慨叹同为流官，自己命运更加不幸，却什么也没留给后人。可是作者万万没有想到，正是因为他撰写了这副对联，他的名字才与草堂共存。这副对联写得非常含蓄雅致而耐人寻味。1958 年毛泽东同志游览草堂时曾在这里驻足仔细观赏，久久沉思。郭沫若称赞它是"句丽词清，格高调永"。每个人看后都有不同的想法，您又能品出它的哪种韵味呢？

大廨内还可以看到杜甫草堂全景图。杜甫于 765 年春天离开成都，顺长江向东飘泊。诗人离去不久，他的茅屋在风雨中已是墙破屋漏了，但是这样一位伟大的诗人，后人又岂能忘记？五代时，前蜀宰相韦庄，寻找到"柱砥犹存"的草堂遗址，便"重结茅屋"来表达对杜甫的崇敬和怀念之情。北宋元丰年间，成都知府吕大防再次重修，并把杜甫像画在墙壁上，使草堂具有了纪念祠堂的性质。明蜀献王朱椿来成都后，拨专款对其重修，使得草堂的规模和档次大大提高，自此，成都的草堂就成为全国首屈一指的杜甫纪念堂。到清朝，康熙皇帝的第 17 子果亲王允礼在杜甫草堂亲书"少陵草堂"并碑刻纪事，成都就成了纪念杜甫的中心地。嘉庆十六年再次翻修，进一步巩固了杜甫草堂的地位，这就是成都的杜甫草堂并非其生卒地却如此有名的原因。这次翻修基本上奠定了今日草堂的规模和布局。经过 1 000 多年的演变，杜甫当年"诛茅初一亩"的草堂故居，已成为今天供人们瞻仰、凭吊"诗圣"的纪念性建筑群，规模已空前扩大。1952 年，政府对草堂进行了全面整修，并正式对外开放；1985 年，成立了杜甫草堂博物馆，如今总面积近 300 亩，是国内现存杜甫行踪遗迹中规模最大、保存最完好、最具特色和知名度的一处。

杜甫草堂的园林建筑以草堂为主题，建筑风格古朴典雅，不作雕梁画栋处理，也不很高大，这体现了草堂为诗人故居旧址的民居特点。巧妙理水是草堂的特色之一，以溪为主，以池为辅，园林建筑沿溪池呈一条中轴线布局，主体建筑从正门、大廨、诗史堂、柴门到工部祠都在这条线上，两旁以对称的附属建筑相配，这体现了纪念祠堂的建筑特点。园林植物以竹、梅、楠为主，分布东西，各自成林，并能看到松杉、银杏、桃树、李树、桂花树、海棠等，整个园林既庄重肃穆，又清幽雅致。漫步其中，我们不仅可以瞻仰凭吊诗圣，表达心中的敬意，还可以体味到田园风貌的诗意氛围，可以说草堂是纪念性建筑与园林景观相结合的成功典范。

各位朋友，我们现在已来到了工部祠，它是杜甫草堂里的最后一个庭院，是供奉杜甫的殿堂，因杜甫曾被授予"检校工部员外郎"官职，人称"杜工部"，所以如此命名。在工部祠的左右两侧各有一座配殿式平房，西边为"恰受航轩"，取自杜诗"野航恰受两三人"；东边为"水竹居"，也取自杜诗"懒性从来水竹居"。两座建筑与"工部祠"呈"品"字排列，并与柴门一起，配合"工部祠"组成了一座似断实连的四合院。两屋内展出杜诗的各种版本，有宋、元、明、清历代的精刻本、手写本和解放后的铅字本，还有朝、罗、英、法、德、日、意等数种外文译本。可见，杜诗不仅是我国古典文学的瑰宝，也为世界文学的发展增添了光辉。

大家看到的这副对联由清代学者、书法家何绍基撰写："锦水春风公占却，草堂人日我归来。"意思是说，杜甫先生，你生前不得志，但在你身后，锦江的水、春天的风，却让你的草堂都占了，说明草堂流芳百世。一个传说属于人的日子，我来了。"人日"为农历正月初七，古代四川人认为，正月初一至初七分别为各种动物和人的节日，即一鸡、二狗、三猪、四羊、五牛、六马、七人。"人日"对草堂有着特殊的含义。杜甫流落成都时，恰逢他20多年前的好友、著名诗人高适在蜀州即今天的崇州做刺使，在长安时两人就交谊甚厚，曾一起漫游祖国名山大川，饮酒作诗，畅谈国事。杜甫落难时，高适向他伸出了援助之手，给予其经济上的资助和精神上的慰藉。761年正月初七，即民俗称为"人日"的这天，高适给杜甫写了一封书信，信中有诗句"遥想故乡思故人"表达了杜甫对这个老友的思念。数年后，杜甫漂泊到湖南湘江，一日偶然从书箧中翻出这首诗，这时高适已经去世，杜甫自己也处于"亲朋无一字，老病有孤舟"的悲惨境地，不禁睹物生情，潸然泪下，于是提笔写下《追酬故高蜀州人日见寄》一诗，抒发了对故友的哀悼之情。这体现了两位诗人相互推崇、相互尊重的宝贵情谊，他们的这段友谊在文学史上被传为佳话。清代学者何绍基当然熟知这个典故，便趁在四川做官的机会，有意在农历正月初七这一天前来拜谒草堂，写下这副对联。联中以"我"对"公"，并用"归来"作双关，表面上是说回到成都，来游草堂，实际上是含蓄地表达了他以杜甫继承者自居的深意。何绍基是清代中叶有名的大书法家，以他当时在文坛的地位和杜、高二人的佳话，影响了此后成都的风俗习惯。故成都的文人每年正月初七这天都要来游草堂，吟诗作对，并逐渐成为民间自觉响应的一项活动，并一直延续到今天。

在工部祠内，按理说只须供奉杜老先生一人，但此处告诉我们，"荒江结屋公千古"，是以杜甫彪炳千秋为主，"异代升堂宋两贤"为辅（"宋两贤"一是陆游，二是黄庭坚）。为什么要塑黄、陆二公来配杜甫呢？这就是"物以类聚，人以群分"，他们三人在经历上相似，都因失意、失势而寓居四川，并且都是取得极高成就的诗人，陆游为剑门诗派的首领，而黄庭坚则为江西诗派的代表，他们对美丽的蜀中山水赞不绝口，离开蜀地而一直没忘记蜀情蜀景。这些共性，使蜀人在为杜甫建祠堂时很自然地想到了宋代的这两位大家。此外，若殿内只塑杜甫一人，异乡作客，未免过于孤单，三人一堂，也可以共论诗艺，免除冷清，想得十分周到。其实杜、黄、陆三人共享一堂，本身就是一首新作，意味着他们对成都的赞美，余音缭绕、延绵不绝……

此处杜甫的塑像为清嘉庆年间所建。杜甫先生，究竟长什么样，没有人清楚。后人因带有对"圣人"的崇敬，早已使杜甫的画像失去了原味，这里有明清两代的杜甫像碑，明胖清瘦，使得人们对杜甫的长相越来越没底。1985年小平同志来参观草堂，饶有兴趣地讨论了这个话题。他问身边的人："你们说说，哪一个杜甫更接近真实的杜甫？"有人说，明代距唐代要近些，还是明碑更接近原型。小平同志说："杜甫一生起落沉浮，政治上受打击，还那么忧国忧民，他胖得起来吗？"众人听后不禁联系到小平同志三起三落的际遇，后来的杜甫塑像受这个故事的启发，再也没有胖乎乎、满脸官像的杜甫造像了。

工部祠的东边有一间小小的茅亭，立有石碑一通，上刻"少陵草堂"四字，是果亲王的手迹，是今日草堂的标志，大家请在此留影纪念吧！半小时后我们在草堂门口集合。（整理：蔡玉华）

三、望江楼

各位嘉宾：

大家好！欢迎大家光临望江楼风景区。

望江楼景区座落在成都东门锦江南岸，以拥有望江楼古建筑群、唐代著名女诗人薛涛纪念馆等文物遗迹及各类珍奇异竹而闻名中外。全园面积188亩，分为文物保护区和园林开放区，现为全国重点文物保护单位。

现在呈现在我们面前的是崇丽阁，它枕江而立，是园内的主体建筑。崇丽阁是一座高27.9米全木结构的建筑，其名取义于晋代文学家左思的《蜀都赋》中"既丽且崇，实号成都"，因其矗立在锦江岸边，民间称之为"望江楼"，楼上供奉文曲星。请看对联，上联是："望江楼望江流望江楼上望江流江楼千古。"请大家对下联："映月井映月影映月井中映月影井月万年。"

现在映入我们眼帘的是吟诗楼，依据薛涛晚年住地修建而成。三叠相连、四面敞轩的楼身掩映于江边柳荫竹影里，波光云影相衬，颇具画意诗情。下层厅堂装点有一组薛涛与当时的著名诗人元稹、白居易、杜牧、刘禹锡等吟诗作赋的"神交"意象图。

五云仙馆内展示的是木板雕刻的薛涛诗，由著名书法家们以各种字体书写。

浣笺亭为品字形建筑，造型独特精巧，馆内展示了唐代的造纸流程和制笺艺术。

清婉室，木格花窗、古朴简洁。室内陈列有清代贵阳陈矩的薛涛像、清代文人题咏望江楼和薛涛的碑刻。

各位朋友，现在我们来到了薛涛纪念馆，其展示了唐代女诗人薛涛的生活经历及其诗歌艺术等相关史料。

这口井名为薛涛井，"薛涛井"三字是清康熙六年，由成都知府冀应熊手书。面前的塑像大家一定都知道是薛涛塑像了。此像1984年落成，塑像高3米，汉白玉雕成，地面绿草如茵。

薛涛墓于1994年10月恢复修建，由墓碑、墓体、墓基平台及墓表组成，墓碑题有"唐女校书薛洪度墓"。

读竹苑是1995年建成，为竹类主题公园。

望江楼风景区是以竹为主的园林景观，是全国竹子品种最多的专类公园。薛涛一生爱竹，赞颂竹"虚心能自持"、"苍苍劲节奇"。为纪念薛涛，后人在园内遍栽各类佳竹，荟萃了国内外200余种竹子，其中不乏名贵竹种，园内竹子姿态万千、各有妙趣，如粉箪竹、人面竹、佛肚竹、鸡爪竹等，它们各逞姿态，而又和谐相处，或互抱成丛，或交织成廊……人们把这幽篁如海、清趣无穷的园林，誉为"竹的公园"。

朋友们，欢乐的时间总是过得那么快，今天的游览就此结束，祝各位旅途愉快！

（作者：李华堂）

四、成都金沙遗址博物馆

各位朋友：

大家好，欢迎你们来到成都金沙遗址博物馆参观。

金沙遗址博物馆位于成都市城西金沙遗址路 2 号，属遗址类博物馆，是全国重点文物保护单位。

金沙遗址博物馆是在 2001 年 2 月考古发现的金沙遗址基础上建立的博物馆，占地面积 456 亩，总建筑面积约 38 000 平方米，主要由遗迹馆、陈列馆、文物保护中心、生态环境园林区、学术报告厅和 4D 影院、游客接待中心等部分组成，于 2006 年年底对公众开放。

现在我们看到的是遗迹馆，建筑面积 7 588 平方米，成半圆形，体现了古人"天圆地方"的宇宙观，63 米大跨度钢结构，最大限度地展示和保护了发掘现场原生态的完整性，我们可以在这里近距离实地观看考古发掘的过程。这里展现的是金沙遗址的祭祀区，位于摸底河南岸，是中国发现的延续时间最长（600 年）、保存最完好、祭祀器物埋藏最丰富的古代祭祀区遗存。

（走出遗迹馆）

在我们的对面就是金沙遗址博物馆的陈列馆。陈列馆是一座斜坡式的方形全钢结构建筑，建筑面积 6 000 平方米。它与遗迹馆的外形一方一圆，一起构成博物馆内的两个主体建筑，各具特色、相得益彰。它们均采用斜坡方式，喻示着金沙遗址从大地上冉冉升起。其顶上的方格就像考古发掘中的一个个探方，显示着金沙遗址的大量遗迹尚未发掘，神秘的宝藏还未彻底探明，让我们不要去惊扰这片神圣的土地和那些沉睡了千年的精灵，而那些已经被破译的远古信息却在清晰地再现与表达。

我们面前这条静静流淌的河流被称为摸底河，它由西向东把金沙遗址分成了南北两个部分。几千年来它默默无闻地陪伴着金沙遗址，但是它到底源于何时，却不得而知了。而"金沙"这个美丽的名字，启用于何时，我们也不得而知。在金沙遗址范围内发掘的一座五代后蜀时期墓葬出土的墓碑上，将此处称为"金沙乡"，隶属当时的犀浦县，说明至少在五代时期"金沙"这一名称就已存在了，并一直沿用到现在。

（过摸底河后）

现在我们前方就是金沙遗址博物馆的陈列馆，分为五个展厅，它用现代科技手段，以科学、通俗、生动、活泼的方式，从古蜀金沙王国的生态环境、建筑形态、生产生活、丧葬习俗、宗教祭祀等方面，通过重要遗迹和遗物，全面展示金沙文明的辉煌与灿烂。我们接下来先去感受一下古蜀先民的远古家园。

第一厅《远古家园》

（介绍风景画）现在呈现在大家面前的是古蜀国家园远古时期的某一时刻：

碧野蓝天、万物萌发、薄雾淡烟、白云飘浮，茂密的森林由近至远，直达天边；伴随着林间禽鸟的高唱，摸底河清波激滟、流水淙淙，自然天籁之中，还夹杂着几声驯畜家禽的鸣叫。纵目天际，春潮涌动。近处农田中，有人精耕细作；远方森林里，有人狩猎捕获；河中的独木舟上，有人放鱼鹰捕鱼；村寨院落边，有人进行手工制作，还有小孩在玩耍嬉戏、尽情欢歌……

当朝霞出来，西北远处的雪山在灿烂的阳光下开始散发出神圣的光辉。它是古蜀人心里的神（圣）山，是古蜀文明的发祥地，也是古蜀先民的福地。传说中古蜀族的祖先蚕丛等就是从这西北的高山中一步步走进了成都平原。

这是一首田园的牧歌，一派祥和的气氛，好一幅人与自然和谐相处、共存相亲的美好画卷。其实这是一幅虚构的场景，但却取得了众多考古学材料的学术支撑。金沙遗址及同时期其他遗存中出土的大量建筑遗迹与丰富器物，还有众多的动物植物标本等，都为我们复原这一场景提供了坚实的依据。

大量考古学资料证明，金沙时代的成都曾是一个自然森林密布、野生动物繁多的天地。遗址中，出土了数以吨计的象牙，还有大量野猪犬齿、鹿角、麋骨、犀牛骨、马牙等，并埋藏有大量乌木；遗址中还发现了大量的陶器等人类遗存，这一切，都向人们昭示出，数千年前成都平原气候温暖湿润、河渠纵横、植物繁盛、动物成群。在这舒适宜人的环境中，金沙先民繁衍生息、辛勤劳作，从事着农业、狩猎、渔捞、家畜饲养以及手工业等生产活动，世世代代过着平静而充实的生活。

大量的古文献也为我们描述出了成都平原的美丽图景：

《汉书地理志》说："土地肥美，有江水沃野，山林竹木，蔬食果实之饶……"

《后汉书公孙述传》云："蜀地沃野千里，土壤膏腴，果实所生，无谷而饱……"

《华阳国志蜀志》记载："其宝，则有璧玉、金、银、珠、碧、铜、铁、铅、锡、赭、垩、锦、绣、罽、牦、犀、象、毡、氉、丹、黄、空青之饶……"

在我们身旁的这几个展柜里，展出的正是金沙遗址及其附近同时期考古遗址中出土的一些动植物标本，有象的臼齿、鹿角、野猪的犬齿、黑熊的臼齿、马骨、狗骨、灵芝等。这一件件珍贵的标本正是金沙时期成都平原生态环境的真实写照。

金沙遗址位于北纬30度、东经104度，所处的地理位置也是非常特别的。这个纬度线具有神奇的魅力。在这条线上，有地球上最丰富的动植物资源，也有地球上最荒凉的流浪沙漠；这里有众多古代文明留下的深刻烙印（古埃及、古巴比伦、古印度河文明、古希腊、苏美尔、玛雅、巨石、河姆渡、良渚、大溪等）；这里有佛教的圣地、伊斯兰教的故乡、基督教的中心、道教的仙境，还有最高的山峰、最深的海沟、最奇怪的湖泊、最瑰丽的山体、最壮观的大潮、最汹涌的海流……璀璨金沙是这条神奇线条上又一道耀眼的风景线。

这是一个互动参与活动，当你击拍这个台面的任何一个位置，就能看到你想知道的世界早期文明的故事，有兴趣的朋友可以试试。而在那边的触摸屏里还有一些关于金沙遗址动植物群的资料，你们也可以自己动手查找相关的动植物知识。

现在让我们走出远古家园，去看看金沙宝藏，然后再步入第五厅去解读神奇的金沙之谜吧。

第五厅《解读金沙》

金沙遗址的发现，使3 000年前那段辉煌灿烂的文明奇迹般地展示在人们眼前，人们不禁要问，是谁创造了这段历史？是谁铸造了这个奇迹？它们何以如此辉煌？它们来自哪里？又去向何方？十多年过去了，随着金沙遗址的发现与发掘，一些谜底在慢慢揭晓，有的疑问已经找到答案，但却仍有大量的谜团还未解开。

第一，辉煌之谜。

《华阳国志蜀志》记载："杜宇称帝，号曰望帝，更名蒲卑。自以功德高诸王，乃以褒、斜为前门，熊耳、灵关为后户，玉垒、峨眉为城郭，江、潜、绵、洛为池泽。以汶山为畜牧，南中为园苑。"为我们描绘出了古蜀杜宇王时期的强大与宽阔，那么这段文献是否可靠呢？

其实在金沙遗址发现之前，成都平原及周边地区就发现了许多商代晚期至西周时期的重要遗迹。梳理这些考古资料，发现它们的文化面貌与金沙遗址非常相似，它们应是同一时期的人类文化遗存。

20世纪80年代，在成都市区十二桥遗址发现了大型的干栏式木构建筑和大量的尖底陶器，以及卜甲等物，随后的几年又在十二桥附近由西向东分别发掘了抚琴小区、盐道街、岷山饭店、岷江小区、黄忠村等遗址，这些遗址绵延十余千米，彼此之间相距不远，文化面貌也极其相似，因此把这些遗址统称为十二桥商周遗址群。

十二桥遗址商代木结构建筑遗迹分布面积约1万平方米，且保存较好。在这个遗址里还发现有一种干栏式的建筑。它的长度在30米以上、跨度达7米，这座建筑的建筑结构是，先将许多下端削尖的原木桩打入土中，构成密集的桩网。在木桩的上端绑扎纵横交错的大小地梁，形成方格状的基础结构，再在其上铺设木板，作为居住面。房顶为两面坡，檩椽上铺压厚厚的茅草。这种建筑的居住面高于户外地面，并且悬空，彩桩基础起到了防潮隔湿的作用。尤其适应当时成都平原河流纵横、洪水时有发生、地下水位高、地面普遍潮湿的地理环境。

这件在成都市郊出土的西周大铜罍，高达66厘米。在方池街遗址出土的这件石跪人像造型风格则与金沙遗址祭祀区出土的众多石跪人像如出一辙。十二桥遗址出土的这些石饼也与金沙遗址祭祀区出土的同类器物相同，可能用途也是一样吧。

20世纪50年代发现的成都羊子山土台遗址，是个呈方形的三级夯土台。它的最底层面积为103.7平方米，一、二级各宽18米，最上层面积为31.3平方米，高有10米多，总体积为35 574立方米。这座土台始建于商代晚期，应是此时期象征古蜀国国家权力的大型标志性礼仪建筑，是古蜀国统治阶层举行祭祀大典的又一神圣之地。它也是迄今我国发现的最大的一座商周时期的宗教性祭祀土台。

20世纪50年代发现的新繁水观音（商周遗址出土的陶器）与金沙遗址陶器面貌基本相同。1959年、1980年彭县竹瓦街先后出土了两批窖藏青铜器，是这个时期目前出土青铜器最为丰富的一处文化遗存。这批青铜器具有强烈的地方特色，代表了金沙王国时期青铜工艺的最高水平，又体现出与中原商周文化的交流，是研究四川盆地青铜礼器制度发展演变的重要材料。

广泛分布、势力强劲的金沙王国在十二桥文化时期也影响到四川盆地及周边地区，目前在东达湖北西部、北到陕西南部、南达川西南地区都发现文化面貌与之接近的古文化遗存。如雅安沙溪遗址、汉源麻家山遗址、阆中坪上遗址、三峡以西的中坝遗址与哨棚嘴遗址晚期，以及三峡以东的中堡岛遗址、朝天嘴遗址、红花套遗址等，还有陕西宝鸡茹家庄遗址等，分布范围相当广阔。

　　这些现象证明了以金沙为代表的蜀文化不仅与长江中游地区存在着深层的文化互动关系，同时又与北边的商周文化发生了密切接触和交流。成都平原腹心地带在商代晚期至西周时期绽放的文明之光，粲然彰示了一种开放、先进的文化姿态及一个强势的古蜀政治、经济及宗教文化的格局。

　　目前从这众多同时期遗址情况看，以金沙遗址的规模与等级最高，遗址内具有一定的规划和较为明确的功能分区，每一个区内又都具有一定的布局结构，遗址内出土了大量的高规格礼仪性用器和一些与宗教祭祀活动密切相关的特殊遗迹现象，这些都是一般聚落所无法比拟的。从金沙遗址的规模与等级来看，是目前成都平原众多遗址群中面积最大、堆积最丰富、出土器物等级最高的一处。因此，可以说在公元前1200年至公元前600年，金沙应是古蜀王国政治、经济、宗教、文化的中心，也是古蜀王国的第二个都城所在。此时，四川盆地及周边地区，同时存在着的几十处文化遗存，它们如同满天星斗，围绕在金沙遗址周围，一方面形成众星拱月的态势，烘托出金沙遗址在这一时期不可动摇的中心地位；另一方面，又与金沙遗址一起共同构架出了商代晚期至西周时期古蜀王国强大宏伟的面貌。

　　第二，来源之谜。

　　当我们领略了金沙王国的雄浑壮阔与奇幻绚烂后，不禁会问，这个神秘的王国来自哪里？它们是从天而降，还是拔地而起？其实成都平原有着悠久的发展历史，传说中古老的蜀族很早就在此繁衍生息。"蜀"不仅是一个族号，也是一个国号。相传蜀国经历了蚕丛、鱼凫、柏灌、杜宇、开明等数个王朝，然而古蜀国的面貌却一直笼罩在虚无缥缈的众多神话传说中，文献资料中也只有只言片语的记载。近几十年经过几代考古学者不懈的努力，已基本了解到古蜀文明发展历程的大致脉络。

　　其实从目前的考古发现看，蜀地早在四五千年前，即已进入文明社会。宝墩文化是成都平原目前已知时代最早的新石器时代文化，以新津县龙马乡宝墩遗址命名，年代约为公元前2800年至公元前1700年，约当中原地区龙山文化时代至夏代早期。宝墩文化时期的社会经济，以原始农业和渔猎为主，在成都平原已有数量众多且具一定规模的古城址群出现。这些古城址，建在河流间的较高阶地或台地上，其布局规范、结构严整，面积在10万~60万平方米，城墙采用平地起建斜坡堆砌法修筑而成，在有些城址内还发现有大型礼仪建筑遗迹，古城可能兼具防御、治水、经济文化、政治宗教中心等功能。这种相对独立的、高于氏族部落的古城址群的出现，表明成都平原地区此时已进入文明起源的历史阶段。

　　这是在郫县古城遗址中发现的一处宝墩文化时期的大房子，长度达50米、宽约11米、面积约550平方米。房屋呈西北—东南向，与城的方向一致。该房屋以卵石为墙基，于卵石中埋木柱。墙体可能为木柱间编竹笆，内外抹草拌泥形成墙体。房内垫土中掺入红烧土防潮，房内无隔墙，有五个台子横列于中部，台子间的间距3米左右，每个台子的周围都挖有小基槽，槽内埋设密集的圆竹，推测可能以圆竹作为护壁，于护壁内填卵石、护壁外抹泥形成台子。由于这座建筑附近地层堆积比较纯净，出土的生活遗物又极少，也未发现一般的生活附属设施，推测这座房屋不是一般的生活居所，而可能是大型的礼仪性建筑。在这座大房子旁边发现的小型房屋一般都是围绕着这座大房子布局，它们的门向都是朝着大房子，清楚地表现出这座房子的重要性。

这些陶器与石器出土于八个古城址中，它们是宝墩文化时期的典型器物，表现出了当时生产生活的一些状况。

公元前 2000 年前后，古蜀文明的发展进入了一个新阶段，典型的三星堆文化正式形成，其年代为公元前 1700 至公元前 1200 年，约当中原夏商时代；分布范围以三星堆遗址为核心，辐射至四川大部分地区及鄂西、陕南一带。

三星堆遗址规模宏大的城墙体系、分布密集的房屋建筑基址、气势恢宏的祭祀遗迹、精美绝伦的文物瑰宝，这一切，都有力地勾画出一个繁荣古国的雄姿风仪，折射出一段灿烂文明的七彩光焰。

从考古材料看，三星堆王国衰落消亡的时间大约在公元前 1200 年，而金沙遗址正好与之相接踵，在此时开始兴旺繁盛。距三星堆遗址 38 千米的金沙遗址内出土的大量文物及文化信息都显示出其与三星堆文化有着极其深厚的渊源关系。大量资料表明，金沙文明就是直接秉承三星堆文明的精髓，并在此基础上进一步发展壮大的，辉煌的金沙文明实是三星堆王国政权迁徙南移的结果。

第三，去向之谜（遗韵）。

大约在公元前 600 年，金沙王国也逐渐走向了衰落。从考古资料看，那些曾经热闹繁华的村落在此时已大多荒芜人烟，有的还沦为了墓地，神圣的祭祀场所也变成了一片废墟，古蜀国的都城再次迁移，去向不明。但早期蜀文化之文脉却蜿蜒潜行、承传不坠。成都平原发现的大量战国时代遗迹与遗物，明晰地勾勒出一幅五彩斑斓的晚期蜀文化图卷。巨大的船形棺、精丽的漆木器、奇峭的蜀式铜兵器及至今难以释读的"巴蜀图语"等，皆是当时文明华表之见证。这一时期的考古学文化称为晚期蜀文化，年代约为公元前 600 年至公元前 300 年。

金沙晚期开始出现的船棺葬式，以及金沙遗址流行的陶尖底盏，在战国早期还有较多的发现，它清楚地表明了金沙王国的大致去向。

古文献中曾有杜宇传位于鳖灵（即开明）的一段史事，讲"杜宇之相开明，决玉垒山以除水害。帝遂委以政事，法尧舜禅授之义，禅位于开明。帝升西山隐焉。"

20 世纪 50 年代在成都百花潭中学出土的一件铜壶上以错金银技法刻划着精美的《宴乐渔猎攻战图》，反映了战国时期蜀地社会生活之大貌。

战国时代的一系列木椁墓、船棺墓的出土则具有更为明显的时代特征。此期墓葬以成都商业街船棺墓、新都马家木椁墓等最为重要。木椁墓是此时蜀地最常见的葬制。新都马家木椁墓墓内出土的铜礼器多具规范的器物组合定式，推测系使用的标准礼器，其墓葬形制与出土遗物多具楚文化特色，对探究当时蜀、楚间的文化关系等具有重要意义。船棺则是以整木凿制成独木舟形以装殓遗体及随葬品的葬具。其形拟舟楫，具承载灵魂升天之象征意义。2000 年发现的成都商业街大型船棺墓则是一座长方形土坑竖穴多棺合葬墓，为古蜀国开明王朝王族或蜀王本人的家族墓葬，年代为战国早期。整个墓葬规模宏大，下为墓坑，上有地面建筑，结构讲究，墓坑长 30.5 米、宽 20.3 米、面积约为 620 平方米。墓中现存大型船棺、独木棺等葬具 17 具，其中最大的船棺长 18.8 米、直径 1.5 米。墓葬虽多次被盗，但仍出土了大量的漆器、竹编器和陶器等。

商业街船棺墓葬是迄今为止世界上发现的数量最多、体积最大的船棺合葬墓，为研究古代陵寝文化制度提供了丰富的实物资料。商业街船棺墓葬当年就被评为中国十大考古发现，并被评为中国国家级文物保护单位。现在商业街船棺遗址博物馆也正在筹建中，不久的将来各位就可以莅临现场参观。

当我们追溯完金沙遗址的来源与去向后不难看出，古蜀历史是如此的源远流长。我们了解到其实当历史的脚步在跨进金沙时代之前，早就有着厚重的积淀，而当它迈过金沙时代之后，仍在继续向前，最终，百川归海，大势所趋。公元前316年，秦并巴蜀，至此，历经千载沧桑的古蜀文明、古蜀社会顺应时代潮流自然而然地融入了多元一体的中华文明大家庭中。

第四，未解之谜。

上承三星堆、下传晚期蜀文化的金沙王国的发现，在新世纪初给我们带来了无限的惊喜与震动。我们在庆幸已找到了三星堆的流向和战国蜀文化的源头之时，却被更多的谜团所困扰。近几年的发掘，虽然已经为我们揭开了金沙王国神秘面纱的一角，但是金沙仍然还有许多谜团是我们现在无法解答的。

岁月掩埋了金沙，也保存了金沙。随着现代文明的步伐，一个过去我们从不知晓的国度、一段失落的文明，就这样一步步向我们走来。在这一片厚实的泥土下还会有什么惊人的发现呢？在下一秒又会有什么新的疑问呢？恐怕谁也不能回答。但是我们相信随着考古工作的开展与深入，文明的碎片会一点点拼接起来，金沙神秘的面纱也终将被全部撩起，金沙一定会带给我们更多的惊喜。

我和大家的金沙发现之旅在这里就要结束了。但就像我们金沙遗址的发掘一样，这是一个了犹未了的故事。接下来我们还为大家准备了许多精彩节目，会让你们的这次旅程更加精彩和丰富。有兴趣的朋友可以继续参加我们的体验金沙互动参与活动，也可选择观看四维特效影片《金沙传奇》，利用现代高科技，去几千年前的古蜀王国里体验一番。

谢谢大家！希望与您再次相约金沙博物馆。（作者：李华堂，依据金沙遗址博物馆网站公布资料整理）

五、都江堰水利工程

亲爱的各位朋友：

现在我们的车正经过宽敞平直的幸福大道驶入玉垒山公路，欢迎大家前来参观闻名中外的都江堰景区。

大家在成都平原看到的沿途纵横交错的河渠、奔涌的清泉淌进远近碧绿的田野，那就是都江古堰的灌渠。2 000多年来，古堰把滔滔东泻的岷江水引入广袤的成都平原，造就了"天府之国"的富饶和美丽。

都江堰修建以前，由于成都平原的地势是西北高东南低，从高山连绵的松茂峡谷中汹涌而下的浩荡岷江，每到涨水季节，总是顺地势四下漫流，常常给平原生息的远古生灵带来可怕的洪涝灾难。后来经过距今大约3 000年前的鳖灵治水，才使这片土地初步得到平安。鳖灵的巨大功绩，使蜀王杜宇把王位让给了他，成为开明王朝的第一位蜀王。

但是真正把岷江引进平原，缔造了"益州天府"的大功臣，则是战国时代（公元前3世纪）的秦国蜀郡太守李冰。他带领人民群众建造了举世无双的都江堰工程，非常科学地完成了导江、防洪、引流灌溉的系列工程。其后，由于都江堰水利受到历代统治者的重视，设置专门的官员管理，前后有不少明智的地方官，又在管理和维护中不断地将积累的经验变成规范性的典章制度，使都江堰历经2 000多年一直发挥着巨大的水利功能，使都江堰成为成功孕育四川天府的第一功臣，闪射出中华民族智慧之光。新中国成立以来，都江堰古堰逢春，灌溉面积已由新中国成立时的200万亩扩展到1 000多万亩。都江堰能有此千古长效的伟大功能的奥秘何在？我想这也是各位朋友今天游览的目的吧！

现在，我们走上景区公路，沿途森林夹道，依次从观景楼往下游览。

1. 都江堰鸟瞰

站在楼台的敞廊上远看都江堰的水利工程，可以看见岷江从山里滚滚而来，在拐弯处被一条像鱼头的长坝一分为二，堤坝右边的江水顺玉垒山脚流到一座孤立的山头离堆前，堤坎矮下去了，而水流都靠着山这边走向远方，这就是都江堰的渠首工程。长堤的头部叫鱼嘴，堤尾矮下去那段叫飞沙堰，孤立的山头离堆和玉垒山之间的水道叫宝瓶口。鱼嘴、飞沙堰、宝瓶口是都江堰的三大主体工程，鱼嘴用于分水，让灌溉的水进内江，多余的水走外江；飞沙堰用于溢洪排沙；宝瓶口用于引流入渠。就是这三部份工程的巧妙配合，奠定了都江堰千古长存的"不坏金身"。今天我们看起来，它们是那样的简单，甚至觉得平凡，其实正印证了一句"伟大出于平凡"的格言。都江堰渠首工程蕴涵着极大的科学性，其设计和建造所体现的认识自然和利用自然的水平之高，即使是2 000多年后的今天，仍然可以称之为最高成就。等一会我们到了现场再作详细介绍，现在我们去看二王庙。

2. 二王庙

二王庙建筑群坐落于玉垒山麓，面向岷江，是纪念都江堰修建者李冰父子的庙宇。这座庙宇原是纪念蜀王杜宇的"望帝祠"；南北朝时迁"望帝祠"于郫县后，为表达对李冰父子功德的崇敬之意，就被更名为"崇德庙"；宋朝，由于李冰父子相继被封为王，便改崇德庙为"王庙"；到了清代，才正式定名为"二王庙"。

二王庙的建筑有五大特点：一是占地少，仅10 072平方米。二是建筑密度高，达到60%，在这狭窄陡峭的坡面上竟建造了6 000平方米的楼堂殿阁，犹如天女散花。三是不强调中轴对称，这与大多数中国古建筑的基本特点相悖。四是上下高差大，有63米。五是规模宏大，布局严谨，每逢云雨霏霏，整个二王庙便掩映在烟波云海中，宛如海市蜃楼，成为了名副其实的"玉垒仙都"，令人赏心悦目。这五大建筑特点我们将边参观边体味。

现在我们从二王庙的后山往下走，先去文物陈列室。在这里有我国两位著名画师的真迹镌刻在石碑上，他们的名字可谓是家喻户晓，要问是哪两位？其实不用我在这里多说，大家一看画就知道了，这仕女图是张大千先生画的，这奔马自是徐悲鸿的杰作。大家再看左边的这个碑，谁能认出这是什么字？这本来也不是字，是用来降魔镇妖的道符，也难怪大家和我一样"一字不识"。与陈列室平行的是二王庙后殿，现在塑的是李冰夫妇的神像。我们在二王庙中参观，自然知道二王是指李冰父子，但我们却见不到李冰儿子李二郎的塑像。其实史书从未介绍过李冰儿子，所以李二郎只不过是个传说中的人物。我们都有自己崇拜的偶像，有人崇拜毛泽东，有人崇拜拿破仑，有人则崇拜刘德华，当时的四川人却非常崇拜李冰。偶像又都应该是完美的，李冰没有儿子，在封建时代有这么一句话"不孝有三，无后为大"，李冰备受蜀人尊敬和崇拜，自然人们都希望他有一个英雄的儿子，能替他传宗接代，李二郎这个人物也就由此而产生了。

李二郎这个人物的原型可能是跟随李冰一起治水的年轻人。所以，李二郎代表的不是真有这个人，也不仅是治水的年轻人，应该说李二郎代表了所有和李冰一起治水的堰工的形象。

前大殿就是李冰殿，是一座四合院式建筑。大家知道，战国时期是一个产生杰出人物的时代，比如墨家墨子、法家的韩非子、儒家的孟子等。李冰也是这个时代的杰出人物，诸子百家也应有水利家的一席之地。李冰是一名政治家，更是一名杰出的水利科学家。李冰是秦的蜀郡守，级别相当于现在四川省省长，但蜀郡当时所管辖的区域比现在的四川要小。李冰一方面因为一心为民办实事，治蜀有方，受到秦王的信任；另一方面，他信任群众，依靠群众，用比较现代的话来说，便是"走群众路线"，所以得到广大人民群众的拥护和爱戴。李冰任职 40 年，办了许多实事造福于民，所以李冰不仅是一位伟大水利专家，还是一位杰出的政治家。在这尊塑像中，李冰儒雅仁厚、勤于政务的风貌得到了淋漓尽致的展示。

殿的对面是戏楼。戏楼顾名思义就是唱戏的地方，不过这戏不是唱给凡人看的，而是唱给李冰看的。每年的农历 6 月 24 日这天，是二王庙庙会，明清时代，每到这一天，这里都要唱戏，人们赶庙会敬神、祈福、看戏，甚为热闹。

这座塔是"字库"，烧纸钱的地方。农历 6 月 24 日庙会的这一天，人们会把一些歌颂或赞扬李冰的字、画从底层塞入燃烧，塔心中空，青烟直上，塔尖有两只蛤蟆，大家看清楚了没有？烟就从蛤蟆嘴中冲出，直上云霄，这样天上的李冰就可以知道人们对他的评价了。从戏楼下面走出大门，一条高陡的石阶梯顺势而下，把庙宇显得格外巍峨高耸。返身上看，这隶书"二王庙"匾额，是民国三十年（1941 年）冯玉祥将军来都江堰时题写的，三个大字苍劲有力，每一笔画都凝聚了敬意。请大家在这里拍照留影定格这难忘的记忆吧！

再往下走，林荫深深的阶梯旁，摩崖雕刻着历代积累的都江堰维修治理的经验总结，字句精炼、涵义准确，很有科学价值。这是岁修都江堰的"六字诀"：深淘滩、低作堰。"低作堰"是说飞沙堰不能加高，"深淘滩"的"滩"指的是凤栖窝（也就是飞沙堰对面淤起的浅滩）的一段河床，在每年枯水季年节岁修清淤时，要深淘。深到什么程度呢？最早水下埋的是三个石人（石马），以前以涨水不过肩部、水枯时不低于人的足部为标准。现今淘滩，以看到四根卧铁为标准，这四根卧铁分别是明、清和民国时期以及新中国成立后的 20 世纪 90 年代埋下的，只要看见四根卧铁就行了，淘得过深，宝瓶口进水量偏大，会造成涝灾；淘得过浅，水量不足，难以满足灌溉。

这边的"遇湾截角，逢正抽心"八字格言，是治理岷江和解决灌区输水及疏通排洪河道的方法，也可以说是一切治理疏浚河道的通则。"遇湾截角"指岁修时遇河流弯道，在凸岸截去锐角，减缓冲势，使其顺直一些，减轻主流对河岸的冲刷。"逢正抽心"就是遇到顺直的河段或河道又沟很多时，应当把河床中间部位淘深一些，达到主流集中的目的，使江水"安流顺轨"，避免泛流毁岸、淹毁农田。石刻的经验还有很多，有的我们在游览中再作解释。

前面这座小楼叫"乐楼"，是清代典型的仿道教建筑，每逢清明节放水，要举行隆重的"放水典礼"，成都的大官员来时，这里就奏乐迎接。乐楼左、右两边分别塑的是汉代的文翁和三国时期的诸葛亮。他们都是发展和保护都江堰水利工程的功臣。文翁穿湔江以灌田，诸葛亮派马超率 1 200 名士兵保护都江堰。

3. 安澜桥

走出二王庙，看到的就是都江堰，也就是岷江的内江，架在内江上的铁索桥，就是著名的安澜桥。请大家随我走过桥去，参观鱼嘴。

安澜桥是我国著名的五大古桥之一，全长 320 米，最早称绳桥或竹藤桥，这与它修建的材料有关。清嘉庆八年（1803 年），何先德夫妇倡议修建竹索桥，以木板为桥面，旁设扶栏，两岸行人可安渡狂澜，故取名"安澜桥"。民间为纪念何氏夫妇，又称之为"夫妻桥"。它是沟通内、外江两岸的交通要道。

桥的原址本来在鱼嘴处，1974 年因兴建外江水闸，经国务院批准，将索桥下移了100 米，改用钢索建造。索桥是我国古代人民为征服高山峡谷、急流险滩，利用本地竹木资源创建的悬空过渡桥梁形式之一，是世界桥梁建筑的典范。现在就让我们一起走过这晃晃悠悠的安澜桥，去体味如履薄冰的感觉吧！

4. 鱼嘴

大家已经知道，鱼嘴是都江堰工程的主体工程。站在鱼嘴的坝口，看岷江迎面而来，经鱼嘴一隔分为两股，即外江和内江。鱼嘴就是分水堤的头。为什么要修在这里呢？起多大作用呢？这就是二王庙石崖所刻的"分四六、平潦旱"了。

鱼嘴主要起分水作用。李冰修建鱼嘴，因地制宜，充分利用了天然的韩家坝的稳固性和分水作用，并在此基础上加工而成，起到了事半功倍的效果。由于这段河道的河床外高内低，再加上正有一个弯道，所以鱼嘴分水后，在春耕季节枯水期江水流量较小时，主流就有约 60%的水进入内江，首先保证了成都平原的农业灌溉用水。洪水季节，流量急增，水位大幅度提高，水势受河床弯道的制约明显减少，再由于外江一侧江面较宽，内江一侧江面较窄，内江的流量会自然低于外江，进水仅占主流的 40%，这样又在很大程度上解决了成都平原的防洪难题。这种功用便是都江堰三字经中所说的"分四六、平潦旱"。

鱼嘴还具有一定的排沙、排石功能。岷江是长江最大的支流之一，它发源于四川省松潘县境内，全长 760 千米，源头至此约 340 千米，基本上算中上游，每年大量的沙石顺流而下，根据弯道环流原理，江水在弯道产生的漩流，会将下层的沙石卷到水流上层，大部分便自动被带入外江而不进内江。鱼嘴正处于"正面取水"、"侧面排沙"的理想位置，80%的沙石从这里排走，大大减少了内江淤塞之害。

　　现在的鱼嘴已是钢筋混凝土建筑，但从前它可是土石作基，用卵石竹笼护堤，即用川西盛产的竹子编成长长的竹笼横置坝边，里边塞满河边冲积的卵石，一笼接一笼，一层接一层，造成了坚固耐冲又不积水的堤坝，就地取材，方法简易而效果极好。紧接鱼嘴的这道长堤叫金刚堤，每年内江淘起来的泥沙就用来堆积加固堤坝，既保证内江护岸，又解决了泥沙的出路，这就是岁修"三字经"上说的"挖河沙，堆堤岸"。

5. 飞沙堰

　　飞沙堰是都江堰的第二个主体工程，位于金刚堤堤尾，是一道低坝，堰坝顶距内江河床仅 2.15 米。它的主要功能是为内江泄洪排沙。从鱼嘴分进的内江水，被离堆一顶，自然旋流起来，每当夏秋之季水流量大于宝瓶口的可流量时，宝瓶口不能通过的水，主要从飞沙堰泄出，而且旋流所泛起的泥沙也就从飞沙堰一齐流入外江。"飞沙"二字的意思就在于不仅溢洪还能排沙。

　　测量资料表明，内江流量越大，飞沙堰的泄洪能力越强。特大洪水时，从鱼嘴分进内江总干渠的流量可达宝瓶口流量的 4 倍，75% 的内江水可从这里泄入外江。当枯水季节，水位低于飞沙堰时，它便成了一道天然节制闸，自动失去了泄洪功能，保证了成都平原的灌溉用水。资料还表明，在飞沙堰第二次利用弯道流体力学原理，排走江水含沙量的 15% 时，鱼嘴早已排沙 80%，这样流向成都平原的水流含沙量就只占 5% 左右了。

6. 宝瓶口

　　宝瓶口是都江堰水利工程的关键环节。宝瓶口是内江水进入成都平原的咽喉，犹如瓶口一样，严格控制着江水进入成都平原的流量。当宝瓶口的进水量饱和（约 700 立方米/秒）后，无论岷江发生多大的洪水，宝瓶口也拒之"口"外，概不容纳。这种稳定的进水量，对成都平原的农业、灌溉、防洪、运输等都产生了特大效益。

　　宝瓶口旁的这座小山叫离堆。选择在宝瓶口位置开凿离堆是极其科学的，它使内江水经过一段流程后水势便于控制，水质得到进一步澄清，然后被迎面独立的离堆顶托，创造了飞沙堰泄洪排沙的功能和宝瓶口的瓶颈效用，保证了成都平原的防洪和灌溉。所以说，在宝瓶口位置开凿离堆，决定了整个渠首工程的布局。2 000 多年前的李冰能利用岷江和玉垒山的山形水势，设计出这样妙绝古今的水利枢纽工程，是何等的了不起呀！都江堰所展示的我国古代水利科学水平，难道不值得我们为之感到自豪、振奋吗？

7. 离堆公园

　　从飞沙堰前行就到达离堆公园。

　　离堆公园是都江堰的市内入口，也是市区最美丽的园林，奇花异木、盆景艺术、丛林幽径，处处让人留连。其中有两处我认为是必去之地，那就是伏龙观和新辟的文物陈列馆。

　　伏龙观就建在离堆上，因"二郎擒孽龙"的神话而得名。

　　走上 42 级台阶后便可见右方的一碑，碑曰"离堆"。抬头看右前方的山头，那便是玉垒山。李冰当时修建都江堰水利工程时，首先开玉垒山，引水灌田，便使玉垒山的主峰和我们脚下的这块山丘分隔开了，形成了一个孤立的小山堆，这分离的小山堆便叫离堆。左侧并排的 11 块石碑，依次为"神禹峋嵝碑"、"道都符碑"和"佛教梵文碑"，意在借助儒、道、佛三教的神力以镇水，通称"镇水碑"。也有说镇水碑不是镇水，而是镇压下面的孽龙。孽龙若没有上面碑的神力镇压，便又会兴风作浪。

伏龙观前殿，供奉的是李冰神像。神像是东汉末年石刻像，像高 2.9 米、重 4.5 吨，于 1974 年修建外江江闸才从河床中捞出来。因石像卧在江中，胸前文字清晰可见，中间有文："故蜀郡李府君讳冰"，两袖有文："建宁元年闰月戊申朔二十五日都水尹龙长陈壹造三神石人镇水万世焉"。这段文字表明，此石刻像雕刻时间是东汉灵帝建宁元年（168 年）闰三月二十五日，迄今已有 1 800 多年了。都水是东汉郡府管理水利的行政部门，旁边这尊缺头人像大概就是当时的都水尹，由于岷江中上游沙石含量大，石像的头给撞毁了。他没有"头"，却依旧把当时的治水工具"锸"握得紧紧的，足以证明他治水的决心与信心。在那时，官员们腰间的绶带代表他们官位的大小，他腰间绶带并不长，反映了他在当时的官位并不大。据推测，他的官位相当于现在都江堰管理局局长。前殿的另一侧，陈列着都江堰市出土的汉墓石刻，其中有石俑（有趣的是，他手中所持的工具也是"锸"）、石马（个头矮壮矫健的川马）以及石刻水塘。眼前的石人石马是汉代仿李冰治水时留下的文物雕琢而成的。古书记载，造石俑放入内江江心，在淘滩的时候，以石人（马）为标准，低不过足踝，高不过肩，以保证岷江江水既造福于民、灌溉良田，又避免水量过大造成成都平原水灾。当然，后来用卧铁代替石人石马，因此石人石马便成文物了。这石刻水塘展现了都江堰竣工后，农田自流灌溉的繁荣景象和庄园主的生活。要请大家留意石刻水塘之间的凹槽，这些凹槽中间是一些闸，这些闸用于控制田间进水量，如实反映了都江堰的"自流灌溉"情景，这是与水利相关的汉代石刻艺术瑰宝。

沿着天井的石阶进入中殿，原名铁佛殿，现为文物陈列室，展示有关李冰修建都江堰的文物、文献和中外嘉宾在伏龙观的留影和题词。

后殿原名玉皇殿。殿四周均有回廊，视野开阔、移步换景，山光水色令人陶醉。左侧开阔处有一亭子，名"观澜亭"，在这里可见内外江奔腾呼啸，脚下的离堆此时更显出"中流砥柱"的气势。

离堆是当年李冰在此处开凿的一个引水口。早在 2 000 多年前的秦国，还没有火药，而且铁的使用也较少，这玉垒山又属子母岩（砾岩沉积岩），结构十分坚固，要人工开凿缺口确实是一件不容易的事。但人们的智慧是无穷的，于是想到了用"火攻"的方法，先用柴火焚烧岩石，使之炽热，然后浇水醋，凿去一层，再烧一层，如此反复进行，终于在八年后，开了一个宽 20 米、高 40 米、长 80 米的通道，这缺口使玉垒山分出了离堆，也建成了宝瓶口。据传，在开凿宝瓶口时，李冰不仅身先士卒，奋勇当先，同时李冰的女儿"冰儿"也为之英勇献身。当宝瓶口还需剥去最后一层岩墙就可打开时，每人都知道打开这层岩墙的人便必死无疑。"冰儿"却毅然要求去，宝瓶口凿开了，可"冰儿"却被滚滚的江流吞食了，人们说她死后羽化成仙，神灵便附在玉垒山上，从远处便可见"冰儿"安祥地仰卧在玉垒山，日日夜夜地守护着这千年古堰。

现在，我们一起原路返回，去参观都江堰文物陈列馆，馆内陈列了有关都江堰水利工程的大量史料，将加深大家对古堰的认识。（供稿：古堰管理局）

六、青城山

女士们、先生们：

早上好！欢迎大家来青城山游览。

青城山位于都江堰市西南，距离成都市区 56 千米，因景区青山环列、林木繁茂、终年幽静清凉，历来是川西著名的游览和避暑的胜地；又因这里是中国道教的发源地之一，东汉以来历经 2 000 多年，一直是道教生存和发展的重要基地，影响广及全国，所以青城山又是著名的道教名山、天师道的圣地。说到这里，大家可能已经听出青城山的基本特点了，那就是离都市最近的、自然景色清幽和道教文化源远流长的风景名胜地，而且还要加上六个字："保护相当完好"，因此，1982 年就被国务院确定为第一批全国重点风景名胜区。2000 年青城山与都江堰景区被联合国教科文组织列入世界文化遗产名录。现在也是国家 5A 级景区。当然，"眼见为实"，一会儿大家亲临其境，就知道我所言非虚了。

青城山的得名有两种说法：一种说法是说青城山有阴阳 36 峰环状排列，峰锐崖陡、林木葱笼，宛如一座绿色的城郭，以形得名，取名青城山；第二种说法是说青城山原名清城山，青字本有三点水，因古代神话说"清都、紫微，天帝所居"，即神仙居住的地方，所以取名"清城山"。后来，道教创始人东汉的张陵创立天师道以清城山为基地，道教主张"清虚自持"、"返朴归真"，与清城仙都的意思相合，山名就无变化。唐初佛教发展很快，清城山上发生了佛道间地盘之争，官司打到皇帝那里，唐玄宗信道，亲自下诏书判定"观还道家，寺依山外"，道家胜利了。可是诏书中把清城山的清字写成了没有水旁的"青"了。道家既然已借助于皇帝亲判的威力收回地盘，也就将清城山改称青城山了。这个故事并非传说，山上保存的唐碑诏书全文具在，足以佐证。

1. 道教文化

据地质考察，青城山形成于 1.8 亿年前的一次造山运动，山体抬升时受强烈挤压，岩层破碎、起伏较大、褶皱明显，所以山形千奇百怪。相传青城山区有 36 峰、8 大洞、72 小洞、共 108 景。108 是一个吉祥数字，表示景点很多，但人们更向往的是这里满布山岭的古木森林和蜿蜒山路上那无尽的清凉幽意，以及历史悠久的道教文化和保护完好的宫观建筑艺术。说到道教文化，由于道教在青城山 2 000 多年的历史，特别是经过历代道教学者的主持和经营，青城山一直作为道家的祖山，俗家心目中的"神山"而得到充分的保护。可以说，今天青城山的古建筑、古遗址、历史传说、饮食习俗，乃至林木花草，都渗透着道教文化的精神。

青城山道教的发展有几个起落，远在东汉顺帝汉安二年（143 年），在邛崃山系的鹤鸣山（今大邑县境）修道的张陵，来到青城山赤城崖创立道教。因张陵被其弟子尊为"天师"，所创道教被称为"天师道"。天师道经过张陵及其子孙历代天师的创建和发展，影响逐渐遍及全国，晋隋时期，天师道已有北天师道和南天师道的兴起和地区教派的产生。青城山所传属于南天师道的正一教派。至唐末，著名道士杜光庭来青城山，天师道乃与上清道结合。上清道宣称修行得道可升"上清天"，比天师道理想的"太清境"更高。杜光庭后来在前蜀皇帝王建手下做官，官至光禄大夫、尚书户部侍郎，封上柱国、蔡国公，晚年居青城山近 30 年，著书立说，对道教的发展影响很大。到南宋时，青城山道士李少微等人创清微派，以行雷法为能事，将内丹术与符咒术相结合，称"可以驱邪，可以治病，可以达帝，可以啸命风雷，可以斡旋造化"，元朝封他为"雷渊广福真人"，一时信徒很多，青城山又再度兴旺起来。明代，青城山道教所传属于全真道龙门派。全真道与原来的天师正一道不同的是，它主张修道者要出家投师，住庵当道士，不娶妻室，不吃荤腥，创立了一套养身习静的修练方法。道士住山，自然对宫观的维护和山林的栽培就更为重视。明朝末年，战乱不断，青城山道士逃走，直到清康熙八年，武当山全真道龙门派道士陈清觉来青城山主持教务，又使局面重新改观。后来陈清觉在四川官员的帮助下，得到康熙皇帝的钦赐御书"丹台碧洞"，并封他为"碧洞真人"。

从清康熙以后，青城山道系属于全真道龙门派丹台碧洞宗。新中国成立以后，青城山吸收了各地道士，原来丹台碧洞宗的格局有所改变，但其在道教中仍是很有影响的一支。1957 年，"中国道教协会"成立，青城山道士易心莹被选为副会长兼副秘书长。后来，傅元天道长被选为中国道协副会长，1992 年当选为会长，并兼任中国道教学院院长。所以，研习道教文化的人是必定会来青城山的。

2. 山门

各位嘉宾，现在已到青城山前，眼前这座古朴庄重的山门和后面青翠入云的山林，总是让每一个来客感到一股浓浓的幽意，急于走进这清幽世界的心情也油然而生。请不要着急，让我们先看看山门旁的建福宫。

建福宫在丈人峰下，始建于唐开元十八年（730 年），原名丈人祠，宋时朝廷赐名"会庆建福宫"。丈人峰因宁封得名，相传宁封是黄帝时的制陶官员，能履蹈烈焰，随烟上下，又能驾御风云，宁封帮助黄帝学会"龙跷飞行"之术，打败了蚩尤，统一了华夏，被黄帝封为统领五岳的"五岳丈人"。宋代又加封蜀州青城山丈人观九天丈人、储福定命真君。道教的十大洞天都各有一位主治神仙，宁封便是青城山的主治神仙。

今天的建福宫是清光绪十四年（1888 年）重建的，建筑面积 1 196 平方米。前建亭楼映衬，后有丹台翠林，门额"建福宫"三字是 1940 年国民政府主席林森所题，前殿叫"长生殿"，供的是晋代道教学者范长生；正殿是宁封和杜光庭塑像；后殿有三尊塑像，中间是太上老君，被尊为道教教主，左是东华帝君，即神话中的东卫公，为全真道的第一位祖师，右为道教全真派创立者王重阳。殿堂板壁上有张三丰祖师的诗。楹柱上挂的 394 字的"青城长联"，写景说典，有兴趣的可以一读。

3. 索道

进山门，我们将右行沿这条林间山道去月城湖乘缆车上山。

现在进入眼帘的是山路旁并立的雨亭和翠光亭。

青城山的游山道上散布着许多亭、桥和牌坊，与林相配、因山取势，形成意趣不同的风景图画。雨亭多取枯树为柱，以树皮盖顶、树根为凳、枯枝古藤为装饰，符合道教的清静无为、回归自然的教义，与青幽的山景浑然一体。亭型也随景而异，有随路转折形成的三角亭（怡乐窝），有半倚山崖的方亭（泠然亭），有伫立峰顶的八角亭（息心亭），有因山路穿过而减柱的卧云亭。这些亭子都应景造型、命名切景，又配有贴切的楹联，更富有诗意。各位在游程中将会不断看到。

月城湖到了。这里原有一股甘泉，名叫"丈人泉"。1985年人们在此筑坝拦水，形成湖泊。我们过湖乘缆车直达上清宫，从高处往下走，比步行登山省时省力，也就有更充足的时间和精力来游览了。索道全长980米，采用安全舒适的循环式吊椅载客，游人凌空观景、眼界开阔，别有一番情趣。

4. 上清宫

上清宫位于高台山之阳，是青城山现存38处宫观中位置最高的一座道观。宫门上"上清宫"三个大字是蒋介石手书，两旁联文是国民党元老、书法家于右任撰书"于今百草承元化，自古名山待圣人"，意即青城山的草木都得到了道家仙气的沾染，自古这座名山就等待各位朋友的光临。主殿的右侧南楼前有两井并列，称为鸳鸯八卦井。两井一方一圆，其泉源相通，但一浑一清、一浅一深，井旁刻有国画大师张大千手书"鸳鸯井"三字。殿右侧厅有楠木板壁刻《道德经》全文。殿左侧有长廊通向配殿，内祀孔子和关羽，取名文武殿，两旁有张大千所绘麻姑、王母、三丰祖师、花蕊夫人画像石刻。文武殿右下为麻姑池，传为麻姑浴丹处，形如半月、深广数尺、水色碧绿、长年不竭不溢。

上清宫主殿供奉的是太上老君，也就是道教的教祖老子。旁有小路直上高台山的峰顶彭祖峰，山上有亭叫呼应亭，取"登高一呼，众山皆应"之意，现在改建成一个接待点，又在其更高处新建了"老君阁"。

三层楼的罩式高阁里面供奉着道教教主李老君骑青牛的巨大铜像。站在老君阁的三楼观光廊上，凭廊远眺青城诸峰，碧绿一片、拱伏眼界、山风横过、翠浪起伏，那份清心爽目的舒适和快意，真是难以形容；再远看，岷山隐隐、岷江如带、婉蜒飘逸。成都平原如千里锦绣，历历在目。如果夜宿上清宫，那么还可赏神灯、观日出、看云海，这是青城山的三大奇观，各有情趣。

沿路下山，前面要经过一段崎岖陡峭的山路，虽有扶手铁链，也请大家小心，经过大小朝阳洞，到了"访宁桥"路就好走了。

5. 祖师殿

访宁桥往左约1 000米就到祖师殿了。此殿始建于晋，原名洞天观，现存殿宇建于清同治四年（1865年），供奉真武大帝和三丰祖师，故又名真武宫。祖师殿面对的山谷叫白云溪，背后是轩辕峰，林岚掩映、环境清幽。古迹有唐代高道杜光庭的"读书台"。

1982年祖师殿被定为全国道教重点宫观，殿右那条小道可去青城后山。冯玉祥将军在抗战期间三次到过青城山，1945年那次住祖师殿，得到日本无条件投降的消息后，将军不胜喜悦，在殿侧刻碑筑亭以为纪念。此碑现在祖师殿内，作为文物受到保护。

这里叫古龙桥，请看南面那条山缝，从崖顶直到山脚笔直裂开的一条石缝，说是山缝，实际约有18米宽、深达70多米，景色奇险，传说是张天师为降伏青城山的妖魔鬼怪，念咒画符之后，朱笔一掷，笔迹裂山为槽，人们就叫它为"掷笔槽"。

6. 天师殿

这里是天师殿，天师洞景区是指以古常道观为代表的一组宫观建筑群。天师殿是最上部也是常道观的最后一殿。此殿位于第三混元顶的岩腹洞前，于光绪十年（1884年）重建。上层洞窟里面供的是张天师，因此人们说这里才是名符其实的天师洞。请看这座隋代石刻的张天师像，三只眼睛怒视、神态威严、左掌直伸，现出掌中"阳平治都功印"，据说是天师以镇山之宝降魔的法像。旁边是他的第30代孙、宋代虚靖天师的塑像，和气文雅，一副济世救人的形象。天师殿是天师道的祖庭，过去的江西龙虎山历代天师就任后，都要来这里朝拜。

往前为"三皇殿"，内有伏羲、神农、轩辕三皇石像各一尊，神座前有唐代开元皇帝书碑，令"观还道家，寺依山外旧所"，十分宝贵，世代传为镇山之宝。其他碑刻有张大千先生的"天师像"和龙门派碧洞宗"道脉渊源碑"等，都是值得观赏的文物。

黄帝祠在正殿"三清殿"后，我们从上清宫下来，是从后向前看，所以先看天师殿，再进黄帝祠，最后再游三清殿。黄帝祠供奉的是轩辕黄帝。殿宇重檐回廊、古朴静雅，横额上有国民党元老、大书法家于右任手书的"古黄帝祠"四个金字，祠前的"轩辕黄帝祠碑"刻的是冯玉祥将军1943年撰题的颂词："轩辕黄帝，伟大民祖，战功烈烈，仁爱各族。制礼作乐，能文能武，垂教子孙，流芳千古。"这位中华民族的始祖，受人崇敬，被尊为神。青城山因有黄帝到丈人山，访宁封修习"龙跷飞行"之术的传说故事，所以早在隋朝山上就立洞祭祀了。

7. 三清殿

现在我们游览三清殿。三清殿是天师洞景区最宏伟和最值得欣赏的道教宫观建筑。大殿为重檐歇山顶楼阁式建筑，建于1923年，殿前通廊以9级石阶接托，前檐以6根大石圆柱支撑，石柱又分别立于高1.2米、精雕奇兽图案的石础上面，显得庄严而又十分气派。殿堂横列五大开间，共580平方米，前后檐柱和经柱共有4.4米高的整石圆雕大柱28根，石柱上端撑弓、弯门全系镂空花刻，有飞禽走兽、人物花草，色调素雅，与整体建筑风格和谐协调。楼上是"无极殿"，楼正中有八角形楼井，用于采光通风，还可卸去游人压抑之感。正中悬有康熙御书"丹台碧洞"匾额。殿内供奉道教至高无上的三位尊神：居于玉清化境（在清微天）的元始天尊，象征洪元世纪；居于上清化境（在禹余天）的灵宝天尊，象征混元世纪；居于太清仙境（在大赤天）的道德天尊，象征太初世纪，这位道德天尊即太上老君。三位天尊合称"三清"，所以这里叫"三清殿"。

殿前的石栏上，刻有许多人像，光头露背、翻腾扑跃、嬉闹戏耍，光头上没有戒疤，天灵盖下凹未平；有的还有"毛根儿"，穿开裆裤，若婴孩形象，是为"赤子"。按《道德经》说："常德不离，得力归于婴儿"，教人要保持纯洁、善良的赤子之心，认为修道的人要回返童心不泯的境界。石雕中还设计了一些乐器，那海螺遇到山风，会发出悦耳的声音，叫"天籁"。这组石雕就是《天籁婴灵图》，反映了道教的哲理和审美情趣。

殿前还有一株古银杏，高约30米（相当于10层楼房的高度），树冠直径36米，传为张天师手植。

8. 下山

走出古常道观的山门，天师洞景区的游览就告一段落。请大家再看一下这宫观的位置，当初的选址人是何等的高明！

古常道观位居白云溪和海棠峰之间的山坪上，海拔高1 000米，后有第三混元顶耸立如屏，左接青龙岗，右携黑虎塘，三面环山，前方白云谷视野开阔，可望千崖迤逦、万树凝烟，身居深山、目及天际，一派神仙都会的境界。天师洞的宫观建筑把山门、三清殿和黄帝祠作为核心，布置在中轴线上，大小十多个天井和曲折环绕的外廊，随地形高低错落，把殿宇楼阁联成一片，廊柱上楹联诗刻、天井中古木奇花，充满诗情画意，与周围的山景相衬，分外幽雅，十分符合道教融于自然的思想。

各位朋友，现在顺路下山。我们今天看到的青城山比它以往的任何时候更青幽、更美丽，到此旅游的中外游客也比任何时期都多。这是因为，改革开放之后，青城山的自然面貌和宫观亭阁得到了政府的高度重视和充分保护，1999年，都江堰—青城山景区正式申报文化遗产，政府又投入大量的人力、物力、财力，使青城山焕发了青春，更加靓丽。

大家就要离开青城山了，有的朋友想带土特产回去馈赠亲朋好友，在这里我介绍四种青城山有名的特产：白果炖鸡、洞天乳酒、青城贡茶、洞天泡菜。最后祝大家好运，再见！（作者：陈柏树、李华堂）

七、洛带古镇

亲爱的游客朋友们：

大家好！欢迎来到洛带古镇，我是你们本次行程的导游员小玲，很高兴为大家服务，今天我将带领大家游金龙长城、燃灯寺、五凤楼、甑子场牌坊、洛带湖广会馆等，在游览过程中，希望大家爱护景区内的公共环境，绿色旅游；同时也请大家紧跟我的脚步，以免走失哦！

洛带镇位于成都市东部，距市中心约18千米，属亚热带季风气候，冬无严寒、夏无酷暑、气候宜人，水质、空气均达国家标准，全年均适宜旅游；同时，地处成都市"二圈层"经济圈，是四川省打造"两湖一山"旅游区的重点之一。洛带古镇有"中国西部客家第一古镇"之称，其距今已有1 800年的历史，古镇老街以一街七巷为代表，在这些古街古巷中，有许多明清风格的古建筑，按照功能，大致可分为民居、府第、宗祠和会馆。其中最具特色的就是会馆四类。古镇有四座会馆，分别是湖广会馆、江西会馆、广东会馆和川北会馆，其建筑格局和风貌各不相同。在这四座会馆中，广东会馆是保存最为完好、规模最大的一座，现已成为洛带古镇的标志性建筑。说到这标志性建筑洛带还有一处，那就是牌坊。

好了，游客朋友们，我们现在所看到的就是洛带古镇标志性建筑之一的牌坊了。说到这牌坊，它就是一种门洞式的装饰性、纪念性建筑物。这时候许多朋友会说，牌坊在四川有很多的，没有什么特别的地方，其实这个洛带的牌坊不同于其他地方的牌坊，它的背后记载了一个故事，这个故事就在这牌坊上。大家请看这座四柱三门牌坊，形制虽然简约古朴，但是四根坊柱上有两副对联，中门为流沙河先生撰联：玉带落井流到东海；铁钟在亭叩响西川。上联讲的"井"即八角井，下联说的"钟"即现存于燃灯寺内的明宣德钟。八角井位于古镇八角井街燃灯寺旁。从前，传说洛带镇叫甑子场，场内有一池塘，塘中有一八角井，井水为东海龙王口中所吐，味极甘甜，泡茶茶香、洗脸美颜。井里有东海鲤鱼，肉味鲜美，食之可益寿延年。蜀太子阿斗闻之，择一黄道吉日，率众太监来到甑子场八角井旁，但见一条条金色鲤鱼穿石洞于水井和池塘间游进游出，煞是可爱。众太监脱靴挽裤，跳入池中，虽扑腾半日，但终无斩获，急煞阿斗。却闻身后一声"好"，一条大鱼随一白发老者钓竿甩动，划一弧线飞出井来。阿斗眼红，老翁却不卖；太监强抢，阿斗得鱼。鱼落阿斗手中而不甘，奋力摆尾，阿斗连人带鱼跌入池塘。鱼儿穿石洞进八角井，溜哉。阿斗气极，和衣跳入井中。那鱼却钻进海眼，回东海去了。阿斗被众太监拖起，忙乱中腰带却掉入井底，回头欲找老翁算帐，已无人影，老翁坐钓处仅余一白绸帕，上书一诗：不思创业苦，孺子太荒唐。带落八角井，帝运终不昌。阿斗脸铁青，将绸帕掷入井中，堵住了海眼，井水从此变浑变苦。后人遂改甑子场名为"落带镇"，后演变为"洛带镇"，这也就是洛带古镇的由来了。

好了各位朋友，下面就让我们去游览洛带古镇另一大标志性建筑——会馆吧！等会儿我再为大家一一讲解这些会馆。（作者：李巧玲）

八、成都大熊猫繁育研究基地

大家好，我是今天的导游小石，我们今天要游览的景点是成都大熊猫繁育研究基地。成都大熊猫繁育研究基地位于成都市北郊斧头山侧的浅丘上，占地面积 1 530 亩。今天我们的游览路线为熊猫活动场所、大熊猫苑、天鹅湖，最后在大熊猫生态园停车场上车，游览时间大约为 3 小时。在游览之前，小石得提醒大家：不要随意喂大熊猫食物，注意保持环境卫生，不要吸烟。

现在我就为大家简单介绍一下大熊猫繁育研究基地的历史沿革。成都大熊猫繁育研究基地于 1987 年建立，是中国大熊猫迁地保护的重要场所，以建立初期从野外抢救的 6 只大熊猫为基础，截至 2011 年年底已成功地使大熊猫圈养种群数量增加到 108 只，成为全球最大的圈养大熊猫人工繁殖种群。

成都大熊猫繁育研究基地是为拯救濒危野生大熊猫而兴建的具有世界水平的非营利性大熊猫繁育科研机构。基地建成了科研大楼、开放研究实验室、兽医院、兽舍、熊猫活动场所、天鹅湖等，形成了竹木苍翠、鸟语花香、集自然山野风光和优美人工景观为一体、适宜大熊猫及多种珍稀野生动物生息繁衍的生态环境。

据说，大熊猫原来全身颜色都是白色的，可现在为什么成了黑白色的呢？

相传，秦岭山脚下住着一位美丽的姑娘。一天，她到山林里去放羊，看见一只熊猫即将被老虎吃掉，善良的姑娘拼尽全力救下了这只可怜的大熊猫，然而不幸的是，自己却落入虎口。熊猫见姑娘为救自己献出了宝贵的生命，悲愤极了。于是它把山中所有的大熊猫都召唤出来，按照熊猫族的风俗，臂上戴黑纱，对姑娘表示哀悼。由于泪流满面，不时用戴黑纱的手臂擦眼泪，两只眼圈就被染黑了；千万只熊猫抱头痛哭，哭声惊天动地，把耳朵快要震聋了，它们就用手臂去揉耳朵，两只耳朵也被染成了黑色。从此以后，白色的大熊猫就成现在这个样子了。

大家知道熊猫的平均寿命是多少吗？就让小石来告诉大家吧，一般情况，人工饲养下的熊猫，平均寿命为25岁，而野生熊猫的平均寿命只有15岁。饲养在动物园的大熊猫也有活到38岁的，不过这都是极少数，大熊猫的寿命如此短暂，就让我们携手去保护他们吧。

大家请看这只大熊猫，它正在吃竹子，就像人吃甘蔗一样，用牙熟练地撕掉竹皮；它们吃叶子时，会将竹叶握成一把，抖掉叶上的杂物，吧嗒吧嗒地咀嚼，看，就如那只大熊猫一样；吃竹笋时啊，更是精益求精，先选大而嫩的，用牙将带毛的笋壳层层剥掉，只吃笋肉。大家是不是觉得它们很聪明又很可爱呢。

好了，现在有半小时的自由活动时间，大家快去和熊猫亲密接触吧。（作者：李巧玲）

九、建川博物馆聚落

各位游客：

大家好，欢迎来到建川博物馆参观游览。建川博物馆，全称建川博物馆聚落（Jianchuan Museum Cluster），由民营企业家樊建川创建，位于中国博物馆小镇——四川省成都市大邑县安仁古镇，是刘氏庄园所在地。

建川博物馆馆长樊建川曾说："建博物馆、收藏文物是为了记录和还原历史，这不仅仅是为了纪念，而是为了让每个人的心灵都直面民族创伤，让战争的记忆成为民族的思想资源。"因此，博物馆以"为了和平，收藏战争；为了未来，收藏教训；为了安宁，收藏灾难；为了传承，收藏民俗"为主题和宗旨，建设抗战、民俗、红色年代、抗震救灾四大系列30余座分馆（已建成开放24座场馆），占地500亩，建筑面积近10万平方米，拥有藏品800余万件，其中国家一级文物329件，是目前国内民间资本投入最多、建设规模和展览面积最大、收藏内容最丰富的民间博物馆，也获得了国家4A级旅游景区、全国光彩事业重点项目、全国爱国主义教育基地、中国十大民间博物馆，以及四川省科普、国防、廉政文化教育基地等荣誉称号。

建川博物馆聚落匠心独具地突破了传统意义上的单纯的"博物馆"的概念，不仅超乎想象地在国内第一次将20余个博物馆汇集在一起，而且还进一步将各种业态的配套如酒店、客栈、茶馆、文物商店等各种商业等汇集在一起，让这些配套设施呈现亚博物馆状态，形成一个集藏品展示、教育研究、旅游休闲、收藏交流、艺术博览、影视拍摄等多项功能为一体的新概念博物馆和中国百年文博旅游及乡村休闲度假旅游目的地。同时，建川博物馆聚落与老街、老公馆群街坊构成的古镇旅游区及刘文彩和刘文辉公馆田园风光区形成了安仁古镇的三大旅游版块。

博物馆展览馆分为四个主题：抗战博物馆系列、红色年代博物馆系列、地震博物馆系列、民俗博物馆系列。每个系列由若干个馆来展示。目前已对外开放的纪念馆有抗战文物陈列的中流砥柱馆、正面战场馆、飞虎奇兵馆、不屈战俘馆、川军抗战馆及抗战老兵手印广场和中国抗日壮士群塑广场；红色年代系列的瓷器纪念馆、生活用品纪念馆、章钟印纪念馆、镜面纪念馆、知青生活馆、邓公词；民俗系列的三寸金莲文物纪念馆、老公馆家具纪念馆、中医文物纪念馆；地震系列的震撼日记5.12-6.12馆、地震美术作品馆、5·12抗震救灾纪念馆等。

现在大家请随我一起进行参观游览。我们现在来到的是建川博物馆聚落的入口，大家看到门口耸立着一座碉堡，这可是抗战时期留下的侵华日军用的碉堡，是樊先生花了十几万元从天津买来的，放在这里是为了让我们不忘历史，细心的朋友也观察到了，门口的工作人员也都穿着军装，这里的一切透着厚重的历史感，仿佛走入了另一个年代，让人肃然起敬。

我们从聚落大门往里走，在各位正前方的一个桔红色的方形馆便是我们今天参观的第一个馆——中流砥柱馆，是游客参观的第一站。中流砥柱馆的规模居各馆之首，展厅面积为2 435平方米，它以历史照片、资料、实物、文献以及地道战、地雷战、青纱帐场景复原或实景景观等方式陈列，通过三个主题单元——"民族的脊梁"、"敌后之岁月"、"根据地建设"，生动展示出中国共产党及其领导下的军队、敌后民众八年抗战情况，突出反映了中国共产党代表全中国人民的意志，领导和推动了伟大的抗日战争，浴血奋战于抗战最前线，成为全民族团结抗战的中流砥柱的光辉历史。大家请看，这里展示的是当年抗战用过的武器，游击队用过的大刀虽然现在已经锈迹斑斑，但当年游击队员就是用这种长刀来奋勇杀敌的；另外，还有八路军用过的铁制手枪，地雷战用过的地雷，新四军用过的手雷、军用水壶、弹夹等，这些装备虽然看起来非常的简陋，但军民就是使用这种简陋的武器与日军进行了持久的抗战，显示出中华民族的铮铮铁骨。大家来看这是什么？就这么看上去只是一个普通的柜子，让我来把柜门打开，大家就可以看个究竟了，呵呵，这位游客猜对了，这里面是一段地道，此刻大家脑海里是不是浮现出经典的黑白电影《地道战》中我军战士是如何与日本鬼子在地道上下斗智斗勇的情景呢？现在我们可以跨进柜门走个来回，体会一次当年地道战的感觉。

从中流砥柱馆出来，在主干道的左手边，我们看到一排排的玻璃墙，这就是抗战老兵手印广场了。中国老兵手印广场占地面积3 000平方米，呈V字形，寓意胜利。每座手印墙宽1.2米、高2.6米，采用腐蚀钢化玻璃将老兵手印表现出来。目前，共征集到4 000余名抗战老兵的手模，而且征集活动还在进行中。大家走在这片手印林中，把自己的手放在老兵的手印上面，闭上眼睛，当年老兵们双手挥舞大刀、长矛，投掷手榴弹、埋地雷、炸碉堡的情景是不是还历历在目呢？正是这些手当年挡住了来势汹汹的日本侵略军，力挽狂澜，扭转乾坤，将整个中华民族的未来托起。现在，这些老兵虽然已到古稀之年，但是这些功勋卓著的手将在历史上长留下来，以表彰卫国勇士、警示后代，这便是是我们修建手印广场的目的。

手印广场往前走，是正面战场馆，此馆位于共产党抗日军队博物馆旁，取意国共合作抗击日军之意，建筑面积1 299平方米，是一座素白色的方形建筑。该馆共有三个单元，第一单元"抗战缘起"，简要介绍1931—1937年国民党政府从避战到抗战这段历史，重点介绍国民党部分爱国将领的局部抗战。第二单元"正面战场"，主要以国民党军队在抗日战争中的二十二个重大战役为主要展示内容，真实地重现中日军队对决场景。第三单元"空中御敌"，展现了当时空中战场的艰难残酷，和我空军敢于以小搏大、以弱战强的无畏精神。现在请大家自行进馆参观。

聚落的抗战博物馆系列还包括前方的飞虎奇兵馆和川军抗战馆。飞虎奇兵馆展示面积1 382平方米，分为三个单元，第一单元"援华概述"介绍了抗日战争期间美军援华的整体情况。第二单元"飞虎神兵"展示陈纳德将军和他的飞虎队的传奇经历，展示内容共分为：飞虎队和陈纳德的简介、飞虎队的战斗、飞虎队的生活三个小部分。第三单元"友谊长存"通过展示中美两国人民，特别是二战老兵举行的活动，纪念中美友好历史，见证中美友谊。

川军抗战馆展厅面积2 087平方米，分为"300 000川军出川抗战"、"3 000 000壮丁奔赴前线"两大部分，突出表现30万川军出川抗战、300万壮丁奔赴前线的历史。该馆主题是：四川是抗战大后方，为抗战提供了巨大的人力资源奔赴前线浴血奋战，为八年抗战作出了特殊贡献。该馆不仅在外观设计上具有显著的川西建筑风格，在展示手段上也突破了传统博物馆的设计，通过采用复原场景、沙盘模型、雕塑、绘画、浮雕、多媒体放映等多种艺术手段，给人以视觉的冲击和爱国主义精神的启迪。

聚落抗战博物馆系列的最后一个部分是中国壮士群雕广场。中国壮士群雕广场位于聚落的南边，面积约1万平方米，以纪念中国人民抗日战争为主题，制作塑造了200多名1931—1945年中国抗日战争期间的全民族抗日将士英雄群体形象。一群真人一样大小的身着旧军装的石雕，远远看去像悲壮出征的战士，非常壮观。这里有的是高级军官，有的是普通士兵，有的是汉族，也有各个少数民族的战士，他们象征着中华民族不屈不挠的抗战精神，像一座座丰碑，将永远屹立在人们的心中。

建川博物馆聚落的另一主题——红色年代系列博物馆位于聚落的东北边，主要包括知青生活馆、红色年代系列瓷器纪念馆、章钟印纪念馆、生活用品纪念馆等。知青生活馆是以知识青年上山下乡运动为主题，以文件、图片、文物、场景等为载体，通过知青之路、知青岁月、知青磨难、知青人物四个展陈单元，以激情、磨炼、情结为脉络，以场景为主体，点、线、面相结合，演绎当年知青在特殊历史条件下的"人和事"。通过展览，客观真实地记录知识青年成长的历史，纪录艰难环境的人间真情和当年知识青年上山下乡的蹉跎岁月，展现当年知青身上闪耀的使命之光、奉献之光、奋斗之光，以及延续至今并由此产生的凝聚力和驱动力，是中华民族复兴伟业不可或缺的精神财富。

红色年代系列的瓷器纪念馆陈列的是红色年代瓷器，其中包括"老农学毛选"彩瓷雕、贴"大字报"彩绘瓷瓶、"四川很有希望"白地褐花泡菜坛罐等珍贵瓷器，数千件瓷器画面组成一幅生动的"清明上河图"，红色年代瓷器独具的气质，是历史风范、革命岁月和心灵体验在非常时期的非常凝聚。

红色年代系列的章钟印陈列馆展示了包括全国十大名章之"双全"像章在内的红色年代里的具有时代色彩的各类印章、座钟等事物。在那个年代里，毛主席像章是人人必须佩戴的，馆内的各种像章、座钟、公章，将会带领人们从另一个角度去认识那个红色年代。

走进红色年代系列的生活用品陈列馆，仿佛回到了那个年代的家里，它通过文物、图片、场景，展示了红色年代的社会生活的各个方面，保存那个时代最真实的记忆。

整个展厅、展柜都以白色为基调，寓意这一年代的人们心灵纯洁而朴素。这个馆主要由工人家庭、农民家庭、干部家庭、士兵营房等十二个场景，书籍、搪瓷缸、收音机、奖状等二十二个专题以及五十七项精品陈列组成，通过丰富的馆藏文物和图片史料，形象直观地展现了红色年代中普通百姓的生活状况。

建川博物馆聚落中的地震博物馆系列位于聚落的中部，集中展示了"5·12"大地震的情况，由5·12汶川大地震博物馆、5·12抗震救灾纪念馆、地震美术作品馆等几个馆组成。

5·12汶川大地震博物馆由"鸟巢"中方总设计师李兴钢先生设计，展厅面积3 000余平方米。该馆突破传统单元式陈列方式，以5月12日至6月12日这一个月的日记为展出提纲，以地震灾难——救援——灾后重建为线索，通过几千幅图片、四万余件地震灾难和救援实物，真实记录汶川地震的场景以及全体抗震救灾民众的泪水与汗水，定格巨大灾难降临时中华民族凸现出来的大勇和大爱。

5·12抗震救灾纪念馆以全面展现抗震救灾历程为主线，弘扬伟大抗震救灾精神为主题，分为序篇和"坚强领导，心系人民"、"争分夺秒，全力营救"、"临危不惧，奋起自救"、"八方支援，共克时艰"、"恢复生产，重建家园"、"伟大精神，不竭动力"六大部分。地震美术作品馆收藏展出了地震后全国艺术家在特殊的心理环境下创作的雕塑、油画、中国画、书法等作品，其中不乏价值极高的艺术精品。

地震博物馆系列为我们真实再现了大地震的情景，在这里，我们能看到被砸坏的的汽车和遗留的书包，这些遗憾和痛苦将被永远铭记。

建川博物馆聚落的民俗博物馆系列位于聚落的北边和东南面，向我们展示了四川地区的民俗，分为中医文物馆、老公馆家具陈列馆、三寸金莲文物陈列馆、刘文辉旧居陈列馆等几个特色鲜明的博物馆。

中医文物馆以中医药文化为主题，以文件、图片、文物、场景等为载体，分为中医药的历史、中医的诊察、中药的炮制、中医养生疗法、中医药商匾、中医药宣传画、十大名中医家雕塑、中医药走向世界八个展陈单元。通过陈列，表现人民群众与疾病抗争的精神、揭示中医药的奥秘、普及中医药知识以及提高民众医疗保健水平。

老公馆家具陈列馆展示了各类风格各异的精美家具，其中最著名的一套陈列品家具是从金牛宾馆收购来的老家具。该套家具采用珍贵木料精雕细琢而成，原为四川军阀所有，为毛泽东参加成都会议时使用，后为周恩来、刘少奇、朱德、邓小平、江泽民等党和国家领导人以及老布什、西哈努克、胡志明等许多的外国首脑到成都时使用，不仅有精美的艺术价值，也有着不凡的历史价值。先是国民党的"诸侯"使用，后来变成新中国的领袖使用，是百年中国巨变的见证文物。

三寸金莲文物陈列馆讲述了古代女性从缠足到放脚的历史过程，展示了封建社会扭曲的审美。眼前精美的莲鞋见证了长达1 000年的女性辛酸血泪史。该馆展示的绣花鞋，做工之考究，图案之精美，令人叹为观止。三寸金莲馆也收录并展示了反缠足的艰辛历史。三寸金莲馆堪称一部古代女性的百科全书。

刘文辉旧居陈列馆讲述了刘文辉将军的生平。通过少年求学从戎、青年以武崛起、主政西康、刘邓潘起义、投身新中国建设五个部分介绍了刘文辉将军从一个旧军阀走向革命阵营，成为共和国部长的历程。刘文辉旧居始建于 1938 年，于 1942 年竣工，占地 40 余亩，占地总面积 23 822 平方米，建筑面积 8 626 平方米，天井 27 个，房屋 200 间，是由两个大门组成的连体公馆，各有三进院落和花园、网球场等，还有望月亭、戏台、金库等，既有封建豪门府邸的特点，又兼取西方城堡建筑的某些形式，形成了自己独特的建筑风格，是四川西部一座典型的中西合璧式的近现代建筑。

各位游客，建川博物馆聚落的主要展馆已经参观完毕，大家一定累了、渴了，我们的前方有个巨大的茶壶和几个大茶杯，那就是阿庆嫂休闲茶庄，我们就到那里去坐一坐，品尝甘甜的茶水，回忆阿庆嫂掩护八路军伤员突围的故事。（整理：曹婉莉）

十、三圣花乡

尊敬的各位来宾、各位朋友：

欢迎大家来到三圣花乡游览。首先我给大家简单介绍一下三圣花乡的概况。

三圣乡曾经是锦江区最穷的乡之一，三圣乡红砂村的农民有种花的习惯，2003 年 10 月，成都在这个村举办了四川首届花卉博览会，几天中村里一下涌进来数十万游客。受此启发，红砂村乃以花卉产业为载体打造乡村型开放公园，把上百家"农家乐"组合起来构建大型生态休闲空间。"农家乐"成为乡村生态旅游公园中的旅游服务点。

2004 年，受此影响政府因势利导，根据传统种花习俗，明确打造国家 4A 级风景旅游区"三圣花乡"目标，以花卉产业为载体，充分挖掘梅、菊、荷等花文化内涵，统一规划，大力发展新型都市观光、休闲农业，把全乡五个村分别建设成为各具特色的农业文化旅游观光区，发展成为"五朵金花"：幸福梅林、东篱菊园、江家菜地、花香农居、荷塘月色五个景区，目前已成为成都人的后花园。

好了，现在请随我一道走进"幸福梅林"。

"幸福梅林"位于三圣乡幸福村，2005 年荣获"中国人居环境范例奖"桂冠，景区内建有梅花知识长廊、照壁、吟梅诗廊、精品梅园、梅花博物馆、湿地公园等人文景观，川西照壁、君子乐、岁寒三友等景点贯穿于梅林之中，衬托出梅林的秀丽与典雅。在这梅花的世界里，我们不仅看到了巧夺天工的梅花盆景和中国稀有的梅花品种，还可以了解到梅花与中国精神，梅花与中国文学、中国书法、绘画艺术的渊源；知道梅花的生长规律、品种、分类、品梅方法等相关知识，领略到梅花文化的独有魅力。仅在首届梅花节期间，幸福梅林景区就接待市民和游人 130 万人次，餐饮经营收入 1 022 万元，梅花销售收入 243 万元，现在村民人均纯收入已逾万元大关。

参观完幸福梅林我们来到了花乡农居——红砂村。

红砂村种花的历史悠久，最早可追溯到清代，2003 年，锦江区区委、区政府以举办四川省首届花博会为契机，按照城乡政策一体化、农业生产工业化、农村发展城市化、村民生活市民化"四化"的城乡统筹发展思路，聘请了有关专家教授进行精心的策划和设计，打造出了以红砂村为核心的花乡农居景区。倘佯花乡农居景区，仿佛置身于花的海洋、花的世界，这里环境优美、空气清新、鸟语花香，放眼望去，满是激情奔放的红、璀璨夺目的黄、优雅神秘的紫……

各位朋友，我们观光车已进入江家菜地。

"江家菜地"景区位于三圣乡江家堰村，是成都市蔬菜种植基地。这里依托江家绿色蔬菜品牌，通过都市人与菜地农户代种结对，实现村民增收致富。闲暇时，都市人在农户的指导下，可以自己耕作播种，体现种植和收获的喜悦，体验吃农家饭、干农家活、住农家房、享农家乐的田园生活。江家菜地的打造，始终围绕种菜来做文章，通过菜地认种的方式，解决了村民所希望的"劳作风险降为零"的问题。这里以认种土地、村民代种蔬菜的方式进行市场运作，都市人与农户签约结对，委托菜地农户代种，自主选择地块大小认种土地，即成为认种人，认种人可以自主决定土地种植的农作物品种；村民为认种人提供蔬菜种子、苗、肥料、农药、农用工具并负责日常耕种和管护。这是一种以"休闲、劳作、收获"为主要操作形式的新型产业模式，"江家菜地"让更多村民走上致富的道路，同时也有效地实现了城乡互动。

看到满目的菊花，想必大家都知道我们来到了东篱菊园。

"东篱菊园"景区地处三圣乡驸马村。这里的村民世代植菊，规模种植达 300 亩，经过政府的规划引导，目前已形成了 1 000 余个菊花品种、300 余万盆盆栽菊花、2 700 余亩的菊花种植规模。

东篱菊园取自陶渊明《饮酒》一诗中"采菊东篱下，悠然见南山"的意境。初建之时，成都市依托省农科所的技术力量，以规模种植菊花为支撑，引导村民规模化、多样化进行大规模种植菊花，辅之以农房改造，形成了缤纷的色彩、壮观的场面，带来强烈的视觉冲击效果，大大提升了菊花的文化艺术品位，延伸了菊花产业链，促进传统农业向休闲经济发展，带动村民增收致富，达到"环境、人文、菊韵、花海"的和谐交融。通过招商引资，吸引企业投资兴建会所、乡村酒店，发展休闲、餐饮产业，聚集人气，壮大集体经济，打造西部绿色商务休闲谷。

最后，我们来到了最美的荷塘。

"荷塘月色"景区位于三圣乡万福村，这里的村民以种植莲藕和花卉为主，通过政府的引导和规划，集中种植 200 余亩荷花。成都人素有爱莲、赏荷的喜好，村民自发种植的数百亩莲藕，形成荷塘月色独特的生态、人文景观，吸引了国内外知名画家来此创作。目前这里已与其他四朵金花形成"你中有我、我中有你"交相辉映的景致。

欢乐的时光总是过得很快，朋友们，今天的游览即将结束，欢迎大家下次再来我们"五朵金花"走一走、看一看。（作者：李华堂）

十一、宝光寺

各位朋友：

大家好！欢迎你们来到宝光寺参观游览。

宝光寺位于成都市新都区宝光街，全寺占地面积 120 亩，由一塔二坊三楼五殿十六院组成，是一座历史悠久、规模宏大、结构完整、环境清幽的佛教禅宗寺院，又称为宝光禅院，是全国重点文物保护单位；与成都文殊院、镇江金山寺、扬州高旻寺并列为长江流域的禅宗"四大丛林"，是全国重点文物保护单位。

宝光寺这组"塔寺一体，塔居中心"的早期佛教寺庙建筑群，于清代重建。

1."福"字照壁

大家请看这块大红色的"福"字照壁，照壁是我国七种传统建筑之一，古时候的人都比较含蓄，都不愿意让自己的房子被别人一览无余，所以在宫殿或者大型的民居处修建较大的墙壁用做遮掩，这种墙壁就称为照壁，在西方或者印度的佛教寺院门前是没有的，那么在这里立一块照壁完全是佛教传入中国后的产物。大家请看，在照壁的正中刻有"南无阿弥陀佛"六个金字，"南无"是梵语的音译，中文意思为"致敬"，是佛教徒心归向于佛教的用语，常常用来加在佛、菩萨或者经典题名之前，表示对佛、法的尊敬和虔诚。

佛教创建于公元前6世纪的古印度，西汉时期传入中国，佛教有"三方佛之说"，"三方佛"分别指东方琉璃世界、中间的娑婆世界和西方极乐世界，而阿弥陀佛是掌管西方极乐世界的教主。西方极乐世界是一个满是琉璃珠宝、充满幸福祥和的乐土，是一个人人都向往的地方。佛经上说，如果你常常念阿弥陀佛名号，并对阿弥陀佛深信不疑，死后就可以进入西方极乐世界。所以，在佛教寺院中我们最常听到的、最常看到的六个字就是"南无阿弥陀佛"。照壁背面有一个四尺见方的红色"福"字，"福"字照壁就是由此得名的，来宝光寺游览的客人到这里都有一个习俗，就是站在山门口，闭着眼睛，伸出手掌，一直往前走，走到照壁前若能摸到"福"字便是有福气。要是能摸到"福"字下面的"田"字就更有福气，因为"田"能生长棉麻稻麦，能丰衣足食。

2.山门及山门殿

寺院的大门称为"山门"，古时候寺院大多居于山林之处，寺院大门沿山而建，因此称为"山门"，现在成为寺院大门的专称。而修建在平原地区的寺院大门则称为"三门"，"三门"一般有"空门"、"无作门"、"无相门"，象征三解脱，所以又称三门。宝光寺的山门建于清代道光十五年，在空门上方"宝光禅院"四个字是当时新都知县钱履和所书。从匾额上可以看出，宝光寺是一座禅宗寺院。佛教自西汉传入中国以来，一共分了"三论宗、天台宗、华严宗、法相宗、律宗、净土宗、禅宗、密宗"八大主要宗派。这八大宗派中以净土宗和禅宗流传最广，是影响最大的两大主要流派。净土宗以念"南无阿弥陀佛"为修行方式，以往生西方极乐世界为宗旨，是最简便的法门，在民间影响最大。禅宗是纯粹中国化的佛教，它以觉悟众生性为主旨，宣称"自性悟，众生即佛"，是中国佛教历史上流传最久远，对中国文化、思想、政治影响最广泛的宗派，在近代汉地佛寺中，几乎都是禅宗寺庙。

我们来看空门两边的这副对联："龙藏远承恩经传觉苑，鸡园常说法派衍宗门"。龙藏指的是"龙藏经"，当年唐玄奘西天取经，取回的就是"龙藏经"。道光年间，宝光寺妙胜禅师将"龙藏经"迎回宝光寺。"鸡园"的"园"是佛主曾经讲经说法的地方，泛指佛寺。这里用鸡园比喻宝光寺，对联的意思就是说"承蒙皇帝的恩德，佛教大藏经从遥远的京城传到了宝光寺。希望宝光寺能像鸡园那样，常有高僧来说法，使得佛教代代相传，日益兴旺。"

山门殿为宝光寺的第一重殿，殿内横梁上挂有一块原来国民政府监察院院长于右任所书的"宝相光明"。于右任精通书法，是我国近代草圣，他集古代草书之大成，独创"幼体字",其字像小孩子一样,天真直率,天然无雕饰,起笔落笔轻轻松松一笔呵成,简单又独具神韵。"宝相光明"是对宝光寺所塑佛像的赞美,也巧妙地嵌入了"宝光"二字。宝相指庄严的佛像,光明有两个含义:一是破暗,二是现法。

山门殿内左右两侧分别雕塑的是手持金刚杵的金刚力士,金刚力士是护持佛法的天神,中国早期佛教的金刚力士只有一位,为了符合中国人讲究对称的传统习惯又添上了一位,成了两位。左边一位,正张口发梵语的"哼"音;右边的一位,正闭唇发梵语的"哈"音。在《封神演义》中,为使二位金刚进一步汉化,就说他们是哼、哈二将死后所封的神。

宝光寺山门殿与其他寺庙山门殿有所不同的是,这里除了雕塑有金刚力士之外,还多了两位客人,这两位分别是明朝时期的两朝首辅杨庭和他的状元儿子杨升庵。他们二人都是新都人,在朝廷中功绩显著,平时也乐善好施,多次出资维修宝光寺,所以宝光寺为他们塑像作纪念。

3. 天王殿

这里是天王殿,在天王殿前挂着一副前四川军阀邓锡侯所书的"一代禅宗"匾。心细的朋友可能已经看出来了,"代"字和"禅"字的点是点在下面的,他之所以要这么写,就是希望佛法能代代往下传。天王殿供奉弥勒佛和四大天王。佛经上讲,世界的中心在须弥山,四大天王住在须弥山的陀螺山,其任务就是各护持一方天下,所以又称为"护世四天王"。我们来看殿前的这两副对联"进这步通身是佛,伸斯臂支手擎天",佛教认为佛是为了点悟人性的本源,让我们明白事理,解脱众生苦恼,这副对联就是说:"来到这里到处是佛,佛与我们无时无刻不在一起,四大天王伸着手臂撑着四天下,保护国泰民安。"

中间这尊佛像是弥勒佛,根据佛经记载,弥勒生于南天竺婆罗门家庭,后来成为释迦牟尼佛的弟子。佛主曾预言,在 5.68 亿年后,弥勒佛将生于印度,在华林园得道成佛,超度一切众生,因此弥勒佛又被称为未来佛。我们现在看到的弥勒佛的形象并非是依据佛经上所记载的弥勒佛的形象所塑,而是根据五代梁朝布袋和尚的形象所塑。布袋和尚在浙江奉化岳林寺出家,他经常用杖挑着一只布袋,见物就乞,说话也疯疯癫癫。圆寂前,他坐在岳林寺前说了一句偈语:"弥勒真弥勒,分身千百亿,时时示世人,世人总不识。"世人听后才明白,原来他就是弥勒佛的化身,后来寺院中就将布袋和尚的形象塑在寺中供奉。在佛像两边有一副对联曰"何出此身容入座,与君相见有前缘",这副对联就是说,弥勒佛坐在这里接受众人朝拜都是前世因缘所定。佛教讲究缘分,相遇是缘分的再现,珍惜是缘分的重温。

弥勒佛两边雕塑的就是四大天王,这四大天王分别是:青脸南方增长天王、白脸东方持国天王、红脸西方广目天王、黄脸北方多闻天王。四大天王手中所持兵器也各有所不同。南天王持宝剑,剑舞生风,代表风;东方天王抱琵琶,弹琵琶调弦,代表调;西方天王持伞,撑伞避雨,代表雨;北方天王托塔,塔镇妖魔,使其归顺,代表顺。四大天王像就代表着"风调雨顺",在靠天吃饭的封建社会里,人们就祈求四大天王保护世间风调雨顺、国泰民安。

4. 宝光塔

宝光塔全名无垢净光宝塔，是一座高 30 米的密檐式四方形砖塔，塔身 13 层，每层四面各有三尊佛像，共有佛像 40 尊，底层雕塑的佛像是释迦牟尼佛的塑像。宝光寺的主体建筑都在一条中轴线上，左右两边有大小房廊相对应，与故宫博物馆的建筑结构相似，宝光塔位于整座寺庙中轴线的中心，前后有天王殿，七佛殿相呼应，左右有钟鼓楼相对峙，展示了我国现在已经不多见的"塔寺一体，塔居中心"的典型早期佛教寺院的布局。这也是宝光寺的一大特色。

佛塔起源于印度，称为"塔婆"或"浮屠"，汉语的意思是高显坟，即为意义显立的坟墓，用来供藏佛舍利。宝光塔建造的确切年代现在已经无从考证了，根据佛经上记载，古印度阿育王将释迦牟尼的真身舍利分葬于八万四千座宝塔内。宝光寺就是他在中国的十九座宝塔之一。据说东汉时期这里曾有一座木塔，后来被毁一直没有重建。881 年，黄巢起义攻破长安，唐僖宗带着国师悟达禅师逃到了成都，觉得宝光寺是一个宝地，于是就在这里修建行宫。一天晚上，唐僖宗在寺中闲游，忽然看见古塔废墟上迸射出紫色的霞光，他惊奇地问悟达禅师，悟达说："此乃舍利放光，是祥瑞之兆，如今黄巢之乱已经平息，陛下可以起驾回长安了。"唐僖宗听了非常高兴，便派人挖掘，果然挖出了一只石函，里面就放有十三颗晶莹彻透的佛舍利。于是唐僖宗便命令悟达国师在这里修建了一座十三层的宝塔供奉佛舍利，取名宝光塔。宝光塔，又名"无垢塔"，千余年来，塔身寸草不生、蛛网不结、于尘离尘，实为娑婆世界之无垢相。宝塔的塔身现在已经有点向西方倾斜了，塔身西斜的原因，现在专家还未探明，有人说宝光寺之所以香火旺盛，正是因为宝塔西斜，因为西方是极乐世界，是佛主生活的地方。

宝塔左右两边是钟鼓楼，钟、鼓原本是我国古代的两种乐器，后来佛教利用它们作为寺院生活起居的信号，更用为宗教仪式的重要法器，敲钟表示苦海无边回头是岸，击鼓代表妙音能脱三世苦，寺院一般都是早晨先鸣钟后击鼓，晚上先击鼓后鸣钟，也就是所谓的晨钟暮鼓。

这里叫伽蓝堂，是寺院的监控机构，是寺外僧人来此挂单（外寺僧人因故来此暂住）的地方，凡是云游僧人来寺院挂单都要到伽蓝殿接受伽蓝神的审查。此处不详谈，下面请参观七佛殿。

5. 七佛殿

这座殿叫七佛殿，供奉的是过去七佛。七佛殿中所雕塑的前三位佛为过去庄严劫千佛的最后三位佛，后四位佛为现在贤劫千佛的前四位佛。这七佛中除了释迦牟尼佛外，都是过去的佛，所以统称为过去七佛。七佛殿前有两个石础是用木兰围起来的，这两个石础是当年唐僖宗逃亡入川在这里修建行宫时候所留下的，是唐朝时期的文物，但是现在这些支撑殿宇的柱子却被很多人误以为是水泥铸成的。需要特别申明的是，宝光寺的殿堂都是清朝修建，那时候还没有水泥，这些柱子都是来自金堂云顶山，一共有 400 多根。这 400 多根石头柱子不仅支撑了宝光寺古朴的小青瓦屋顶，也支撑了千百年来一方信众的虔诚信仰。

七佛殿后面雕塑的是韦驮天尊像，它与对面大雄宝殿内的释迦牟尼遥相呼应。根据佛经上说，韦驮的父亲是位国王，释迦牟尼是国王的第一夫人所生的千个儿子之一。

韦驮是第二夫人所生的一个儿子，他发誓说："金刚不坏，竟真不破我"，要一直保护一千个哥哥转法轮。后来韦驮成道之后被封为护法天神，常陪伴在释迦牟尼左右，在寺院中有释迦牟尼的地方就有韦驮。

右边是斋堂，也就是僧人用斋的地方，斋堂外所挂的称为"梆"，我们通常所讲的"梆响过堂"，就是敲木鱼，呼唤僧人进堂用斋。木鱼还有表示寺院规模的作用，这里鱼头向外，说明宝光寺是丛林大寺，可以接待云游僧人挂单；如鱼头向内，说明这里是子孙小庙，无力接待云游僧人挂单；头尾横向说明这里是一半子孙小庙，一半丛林，可以部分接待云游僧人挂单。

6. 大雄宝殿

现在我们已经来到了全寺的主殿——大雄宝殿，"大雄"在梵语意即大力士，在古印度佛教徒用以尊称释迦牟尼。大雄宝殿就是用来供奉释迦牟尼的大殿，殿前所挂的"南无释迦牟尼佛"，据说是当年济公和尚所书。

周恩来总理曾说过，到成都有两副对联必须看，一副是武候祠内的"攻心联"——"能攻心则反侧自消，从古知兵非好战；不审视即宽严皆误，后来治蜀要深思"。还有一副就是大雄宝殿内这副由清朝何元普所书的"世外人法无定法，然后知非法法也；天下事了犹未了，何妨以不了了之"。何元普是四川金堂人，曾经做过四川道台，八国联军侵华时，何元普有战功，得到提升，后遭奸臣嫉妒，被贬回四川。当时他游览了宝光寺后深有感触，因此挥笔写下这副对联。这副对联有非常强烈的哲理性和辩证观点。首先，佛教中把超脱红尘俗世之外的人称为世外人，把世间一切事物的规律称为法。对联讲：超凡脱俗的人，看待一切事物没有固定不变的，天下许多事情，了结了又好像没有了结，许多问题许多矛盾都是一个接一个产生，何不用暂时回避的办法把事情拖延过去作为了结呢？

大雄宝殿内供奉有释迦牟尼的诞生像、成道像和说法像三尊佛像。佛教创立于公元前6世纪的古印度，世界各大宗教中，佛教创立的时间最早，创始人叫乔达摩悉达多，佛教徒尊称他为释迦牟尼，意思是释迦族的圣人，他与中国孔子同时代。殿内所供奉的诞生像为高约六寸的铜质镀金立像，儿童模样，左手指天，右手指地。佛经上说，西印度迦毗罗卫国国王净饭王王后摩耶夫人临产，按当地风俗习惯必须回娘家分娩。她在离开王宫路过蓝毗尼花园时，就感到身子不舒服，于是就用手扶着无忧树，这时悉达多太子便从她的右肋降生。降生后他向东南西北各行七步，脚下步步生莲，然后一手指天，一手指地说："天上地下唯我独尊！"这时，天空出现了两条巨龙，一条口吐温水，一条口吐凉水，为太子洗浴。根据佛经上记载悉达多当时是右手指天左手指地。但这尊像却与其相反，这里为了适合中国传统"以左为大"的传统习惯，而改为左手指天，右手指地，这也是佛教传入中国的一种汉化。大殿正中为释迦牟尼佛的说法像，左右两边是他的弟子迦叶和阿难，迦叶是释迦牟尼死后佛教第一次集会的召集人。阿难侍从释迦牟尼佛26年，擅长记忆，传说佛教第一次集会，就是由他诵出经文，成为最早的佛经。

释迦牟尼佛的背后是阿弥陀佛，阿弥陀佛是西方极乐世界的教主。西方极乐世界是佛教所向往的最美好的社会，在那里天上常传来美妙的音乐，四处金砖铺地，住的楼阁也用金银玛瑙装饰。众生没有痛苦，享尽欢乐。佛经上讲，只要一心念着阿弥陀佛的名号，就可往生西方极乐世界，所以阿弥陀佛又称"接引佛"，这里的阿弥陀佛就是接引众生的姿势。

7. 藏经楼

接下来我们参观藏经楼，它是整座寺庙中最大的一幢建筑物。藏经楼高20多米，加上楼顶的建筑装饰物就与宝光塔齐高，所以宝光寺又有"一楼与一塔齐高"之说。藏经楼上藏着清雍正、乾隆年间印的佛经《大藏经》，共6 000多卷，楼下是历代方丈升座说法的地方。藏经楼左右两边分别是龙潭和狮窟，龙潭是前任方丈住的地方，狮窟是现任方丈住的地方。

我们先来看藏经楼内清代竹禅和尚（曾经做过慈禧太后的绘画老师）的两幅大作，这幅图叫《捧沙献佛图》，图高6米、宽5米，是当时重修藏经楼时，竹禅大师依照墙面的大小所画的。《捧沙献佛图》画的是佛经中的一个典故：释迦牟尼佛一次与弟子进城化缘，路上遇到一群小孩在做游戏。小孩见佛主来了，顿生布施之心，捧土献佛表示虔诚。阿难当时非常生气，觉得小孩不懂礼貌，居然把泥土献给佛主。但佛主却说这个小孩非常难得，这么小就心存善心，懂得布施，难能可贵。于是便为这个小孩摸顶受戒，在他身上留下了佛主的印记。三百年之后，小孩转世成为了统领印度的阿育王，其他小孩也转世成为了阿育王的王宫大臣。佛教有三世因果之说，前世注定今生，今生注定来世。这幅画的含义就是教化人们要懂得行善积德，种善因得善果。与《捧沙献佛图》相对应的是一幅相同大小的书法作品，写的是《华严格经》的序文，这也是竹禅和尚所书，字体是他老年时期独创的"九分禅字"，兼有隶书的笔意，禅味悠长，隶书又称八分字，加上一分，因此取名"九分禅字"。

8. 东花园宝藏

东花园是现任方丈住地，是一座独立的小型四合院，中间有两棵古银杏树，古朴典雅，显现了佛教的内敛和沉稳。小客堂内当中挂的这幅观音像是1941年我国国画大师张大千在敦煌莫高窟临摹古代壁画时的作品。1946年张大千到成都开画展时，新都县县长用全县所捐的一百担大米将它买下，供奉在宝光寺内。整幅画主要以蓝、绿、红三种颜色为主，用黄金勾线，天然矿物填色。这幅画60多年色彩如新，是画界公认的当年张大千先生所临摹的古代壁画中最传神的一幅作品。

这幅是清代文人张船山所画的《蜂猴图》，画面非常简单，两只猴子、三只蜜蜂。画面虽然简单，但其所表达的意思却是非常积极，取其谐音，"蜂"通"封"，"猴"通"侯"，理解为"封侯拜相"，希望人人都有所作为，前途远大。

这幅是元代赵子昂所画的《五马图》，这幅画有一个特点，"远三近四细看五"，就是从远处看是三匹马，走近再看是四匹马，如果认真地数一数就能发现，原来一共是五匹马，这幅画就告诉我们不能片面地看待事物，要多作分析。

这幅是宋代宋徽宗所画的《百鹦鹉》，现在这幅画也有颜色脱落，已经看不出来原有的风貌。当时宋徽宗是用珍珠粉画这幅白鹦鹉的，色彩非常艳丽，这幅画有个特点就是它的印记是盖在整幅画的正上方，一般文人作画盖印记都不盖在中上方，因为盖在上方会影响画的主体。宋徽宗把印盖在上方，就是要表示他是天子，地位高高在上，无人可及。

旁边这幅是明代江南四大才子之一文征明的画，另外还有唐伯虎、祝枝山、清代陈延壁的画。

这幅单条是前任国防部部长张爱萍为宝光寺所题的词："宝光景重落宝光，新都竹染绿新都。"

这间房内所供奉的就是释迦牟尼佛的真身舍利，佛舍利是佛主的化身，代表了释迦牟尼佛，是佛教最高尚最圣洁之物。供奉佛舍利的地方自然也就是寺院中最圣洁的地方。

这座塔叫舍利宝塔，是1987年柬埔寨西哈努克亲王送给宝光寺的。宝塔为铜质镀金的四方形单层亭式小宝塔，高约20厘米，表面都用纯天然宝石镶嵌。释迦牟尼佛的两颗真身舍利就供奉在宝塔内的水晶瓶中。当年释迦牟尼佛涅槃之后，他的弟子阿难将其遗体火化，火化后遗留了许多珠状物，此物晶莹坚固，推击石破称为舍利。舍利有三种：白色为骨舍利，是佛主尸骨所化；红色为肉所化；黑色为发舍利，是毛发所化。宝塔内供奉的是一颗白舍利和一颗黑舍利，这两颗都是清朝光绪年间，宝光寺禅师真修和尚去印度朝佛，路径斯里兰卡，正巧遇到斯里兰卡国内一座大型寺院宝塔维修，宝塔地宫被打开，真修和尚正巧有幸见到佛舍利。于是真修和尚就请求寺内主持，希望能够送几颗舍利给他。但是主持不同意，真修和尚也并不灰心，为了求回佛舍利便每日绕着宝塔走动。12天之后斯里兰卡国王到寺中朝拜，见到真修和尚，被真修和尚的真心打动了，于是就送了两颗给他。这两颗舍利被真修和尚带回来之后一直供奉在宝光寺内，成为宝光寺的镇寺之宝。

来到这里，我们入乡随俗，为了表示对释迦牟尼佛的尊敬我们也来拜拜佛。佛教讲求做人要饮水思源，知恩图报。报恩就是报三恩，第一报父母恩，第二报师傅恩，第三报国土恩。拜佛有很多种拜法，我们这里拜佛就是佛教中最常用的一种拜法，首先两脚分立于蒲团前，前八后二，脚尖分开八分，脚跟分开二分，代表做人要四平八稳，双手合掌放于心间，表示一切从心也从新开始，先做一次问询，然后右手放于蒲团间，两脚分跪于蒲团下方，双手再向上翻开放在蒲团上方，然后叩头，连续三拜之后，再做一次问询，这就是一个完整的礼节。

出小客堂我们可以看见两组照片，这两组照片分别是1999年江泽民总书记和1986年邓小平主席来宝光寺参观的时候所拍摄的。

小客堂对面是大客堂，门楣所挂的是"问本堂"匾额，突出了有来者不忘闻本之意。"问本堂"即方丈询问初入佛门的僧人出家本意的地方。

国画大师徐悲鸿先生以画马著称于世，宝光寺内也珍藏有徐悲鸿的真迹，就是这幅《立马图》。在20世纪30年代，新都桂湖公园是徐悲鸿先生与他夫人廖静文女士的定情之地。1942年徐悲鸿先生游览了宝光寺，为宝光寺画了这幅《立马图》，50年后，廖静文女士再次重游宝光寺，又一次见到了徐悲鸿大师当年画的这幅《立马图》，见物思人，当时廖静文女士见到画时就热泪盈眶，宝光寺当时请廖静文女士题词，廖静文女士沉吟片刻，饱蘸浓墨，在纸张上一气呵成，写下个斗大的"缘"字，接着又在右侧写下两排小字："一九四二年悲鸿于宝光寺画马，保存至今，览之，欣喜不已，深感前缘不断。"她觉得意犹未尽，在署名和年月之后，又写下"不胜感慨"四字。

这四幅屏称为宝光寺的"三绝屏"。第一绝，文章绝，三国时期诸葛亮所写的《前出师表》，古人有读出师表不落泪不思之说，所以文章是第一绝。第二绝，书法绝，大家请看落款"岳飞"这幅字是岳飞的字。第三绝是什么呢？很多人都不知道，这四幅屏看起来好像是刚写的，墨迹还未干，其实这并非是一幅书法作品，而是一幅绣品，是中国四大名绣中的蜀绣，所以蜀绣绝就是第三绝。

9. 寺中寺

出了东花园，我们现在来到的地方为宝光寺非常独立的建筑群，是宝光寺的"寺中寺"，在我国佛教八大宗派中，因为净土宗的修行方式非常简单，所以在民间流传非常广泛，宋代以后，佛教其他宗派也兼修净土宗。宝光寺自清朝以来，历代住持几乎都是禅、净双修的宗师，所以在宝光寺内建寺，为净土宗单独立院。

这座殿堂叫寿佛殿，相似于禅院的山门殿，两边所雕塑的是地水火风四金刚，中间所供奉的是无量寿佛，其依据唐朝全真和尚的形象所雕塑。根据传说，全真和尚是唐代柳州人，出家后在广西建净土院，他活到132岁，死后他的弟子将他的遗体涂上生漆，供在佛内，若干年后，全真和尚的尸体一直没有腐烂，于是佛教徒把他作为佛来敬仰，香火十分旺盛，到唐僖宗时候，正式封为"无量寿佛"。在寿佛殿的背面同样有一尊韦驮像与对面极乐堂中的释迦牟尼佛相对应。这尊佛是清朝光绪年间，宝光寺真修和尚效法唐僧西天取经，经过缅甸的时候，不辞辛苦雇工匠采玉雕琢而成。这尊佛像是用全玉石精心雕刻而成的，宝冠上镶嵌的也是天然的红蓝宝石，当年整整用了两年时间才运回宝光寺，非常珍贵。

极乐堂后面为念佛堂，念佛堂内供奉有一座通高5.2米的石凿舍利宝塔，这座舍利宝塔是光绪三十二年经三代工匠花了三年时间用三块大青石镂空雕成，墙上是清代壁画《释迦牟尼涅槃图》。

10. 罗汉堂

宝光寺罗汉堂修建于清朝咸丰年间，是中国现存的四大罗汉堂（另外三处在北京碧云寺、苏州西园寺、武汉归元寺）中历史最悠久、规模最大的泥塑罗汉堂，它以塑像奇巧多姿而扬名天下。有人说，宝光寺的罗汉是数不清楚的。因为罗汉堂建筑结构奇特，塑像纵横交错，道路四通八达，宛如一座迷宫，前来数罗汉的人往往又被千奇百怪的塑像所吸引，边数边看，数来数去，结果总不一样，如果要数清楚罗汉堂一共有多少塑像，就必须要了解它的建筑结构。

罗汉堂内有四个天井，从上往下，其平面呈"田"字形，中间以"十"字相连，其他塑像围绕"田"字，内外四层，以进门的孔雀明王、中央的观音菩萨、里壁的三身佛为中轴线，左右对称，前后呼应，内外协调，每层每排均有定数。罗汉堂内一共雕塑有三佛、六菩萨、十八罗汉、五十师祖、五百罗汉，一共有塑像577尊，进门中间这位是孔雀明王，左右两边两位罗汉身上分别坐了四个和六个小孩，代表着佛教的四大皆空和六根清静。房梁上分别有一条龙和一只老虎，与其对弈的就是五百罗汉中的降龙和伏虎罗汉。

这尊是千手千眼观音像，观音原名观世音，意为观世间因果。到唐朝时期，为了避唐太宗李世民的讳，所以去掉了中间的"世"字改为观音，宝光寺内的千手千眼观音一共雕塑28个头、56只手、196只眼睛。为观音雕塑千手千眼完全是佛教传入中国的一种汉化，因为古代人们都乞求观音救苦救难，而观音只有一个，世上那么多难，都要他去搭救，实在忙不过来，所以为他雕塑上了千手千眼，表示法力无边。

这位是地藏菩萨，地藏菩萨的道场在安徽九华山，地藏菩萨曾说过："地狱不空誓不成佛。"释迦牟尼涅槃之后，弥勒佛降生之前，就由他来普渡众生，这里所雕塑的地藏菩萨的形象是南宋时候一位疯僧的形象。这位疯僧还有一个传说，南宋时期奸臣秦桧害死了岳飞，人们都对他恨之入骨，但是又敢怒不敢言，有一天秦桧进寺庙烧香，一进门就看见一个疯和尚一手拿着吹火筒一手拿着扫把站在那，秦桧觉得很奇怪，于是就问他为什么，当时疯僧就说："吹火筒两头通，一头通大宋，一头通金邦，扫把扫奸除恶。"当时秦桧非常生气，就说："你这个疯和尚叫什么名字？住什么庙？"疯僧说："我叫也十一，住在东南第一山。"说完就不见了，东南第一山是九华山，也十一组成一个"地"字。秦桧马上明白了，原来地藏菩萨现身来惩罚他了，当时就吓得连滚带爬地跑出了寺庙，后来人们为了纪念那位疯僧就把他作为地藏菩萨雕塑在寺院中。

与地藏菩萨相对应的是另外一位南宋时期的活佛——济公。济公在世时候，为百姓做了很多好事，百姓们都非常喜欢他，他死后有人曾在六合塔下见过他，他说："只因为面目无人认识又往天台走一遭。"天台山传说是五百罗汉现身的地方，因此人们就说他是五百罗汉中降龙罗汉的化身，济公活佛的脸雕塑得非常有特色。正面看是哭笑不得，从左边看是哭脸，从右边看是笑脸，寓意就是人们的面相都是哭笑掺半，那我们的生活也应是喜忧掺半，有苦有乐的生活才充实，有得有失的生活才合理，有成有败是公平，有生有死才自然。（作者：余志勇）

十二、天府之国（四川概况）

各位朋友：

大家好！当你们走下飞机旋梯，便踏上了天府之国的沃土。这里山川秀美、地灵人杰、热情好客。现在请允许我代表巴蜀儿女为大家的到来表示热烈的欢迎，让我们一道走进天府之国，回顾巴蜀悠久的历史，品味四川多姿多彩的现实。

首先，我将为大家介绍四川及天府之国的由来。四川简称川或蜀，历史上又称"天府之国"，是中华文化发展最早的地区之一，有着悠久的历史，距今40 000年前，处于旧石器时代的"资阳人"曾在这里生息；商周时期，建立了巴、蜀两国；公元前316年，秦将司马错灭巴、蜀两个诸侯国，设巴、蜀两郡；北宋初置西川、峡西路，宋真宗咸平四年（1001年），将川、峡二路分为益州（今成都）、梓州（今三台）、利州（今广元）、夔州（今奉节）四路，合称"川峡四路"。元世祖忽必烈取"川峡四路"一、三字，颠倒过来正式设置为四川行省，这就是四川省的由来。四川不是因为境内有四条大江（金沙江、岷江、沱江、嘉陵江）而得名。

四川美称"天府之国"，（"天府"，在古代是朝廷中司掌库藏的官衔），最早用这个美称的是战国时期著名的纵横家苏秦。《战国策》记载，苏秦在回答秦王如何富国强兵统一中国时说："田肥美，民殷富，战车万乘，奋击百万，沃野千里，蓄积饶多，地势形便，此所谓天府"，以后《汉书张良传》里正式出现了"此所谓金城千里，天府之国"的美称。更为确切地说，四川成为"天府之国"是在都江堰修成以后的秦汉时期，诸葛亮在《隆中对》中劝刘备夺取四川作为统一中国的根据地，其理由就是："益州险塞，沃野千里，天府之土，高祖因之以成帝业"。晋代常璩《华阳国志》称赞都江堰水利工程的效益时写道："灌溉三都，开稻田，于是蜀沃野千里，号为陆海，旱则引水灌溉，雨则杜塞水门，故记曰水旱从人，不知饥饿，时无荒年，天下谓之天府也"。所以，历史上有了"天府美自古堰来"、"得蜀者得天下"之说。

其次，我将为大家介绍四川现状。四川省位于中国西部，面积48.5万平方千米，其中东部属四川盆地，面积约为17万平方千米，西部属青藏高原的边缘和云贵高原的延伸部分，面积为30万平方千米。全省分为18个地级市、3个民族自治州，共181个县（市、区），全省总人口为8 750万，其中汉族约占96%，少数民族14个，人口约占4%。

四川地形复杂，东、西地势高低悬殊，东部盆地，海拔在160~700米，以成都平原为中心。盆地四周环绕着山地和高原：北有米仓山、大巴山，西北有龙门山，西有岷山，西南有邛崃山、大凉山，东有华蓥山，南有大娄山，盆地四周山地海拔多在800~1 000米，西部山地及高原平均海拔在3 000~4 000米及以上。

四川境内气候差异明显，盆地属亚热带湿润气候。以成都为例，夏无酷暑，冬少冰雪。盆地降雨量丰富，大部分地区均在1 000毫米左右。西部高原气候特点是气温低、降雨少、太阳辐射强，有的地区几乎终年积雪，有四川极寒之称，甘孜县城年均日照小时数仅次于拉萨，有四川"日光城"之称。

四川又称"千河之省"，有大、小河流近千条，分属两个水系，除阿坝—若尔盖草地一小部分属黄河水系外，其余大多属长江水系。全省通航河流数百条，100多个市、县有水上交通，里程8 000千米，其中约5 000千米可行机动船。四川水能资源蕴藏量达1.5亿千瓦，占全国总量的24%，其中岷江、大渡河、金沙江、雅砻江、嘉陵江等都在进行阶梯级开发，为全国送去了无限光明和无穷动力。

四川除发达的水上交通之外，有以成都为枢纽的成渝、宝成、成昆、达成等6条铁路干线和若干铁路支线贯通全国铁路交通网。

全省公路通车里程10万千米，居全国首位，其中高速公路通车里程5 500千米，省内所有的县市和90%以上的乡镇都有公路相通，6条国家级公路（川陕、川汉、川黔、川湘、川滇、川藏）与各省、区相连。

航空以成都、绵阳为中心，20多条航线通往全国各主要城市，省内还有多条国际航线，成都有直达中国香港、曼谷、韩国等多个国际航班。

唐代大诗人李白"蜀道之难，难于上青天"之叹息，已不复存在。

四川物产丰富，是国内、外企业投资选址的理想之地；四川是全国的重要粮食产区和肉猪基地。四川西部林牧业发达，是中国三大林区之一、五大牧区之一，土特山珍、珍稀动植物很多，茶叶、桐油、柑桔、桑蚕、生漆等农副产品量大质优，虫草、川贝、天麻、黄连、麝香、熊胆等名贵中草药享誉国内外；资源性植物4 000多种，药用植物3 000多种；珍稀动物有大熊猫、金丝猴等；四川矿产资源130多种，已探明储量的 80 多种中，20 种名列全国前茅，天然气储量占全国 40%。

川菜，是中国四大菜系之一，驰名中外，享有"食在中国，味在四川"的美誉。川菜选料广泛、做工考究、调味多变、麻辣为主，以百菜百味见长，"该浓则浓、该淡则淡、淡中有浓、浓而不腻、淡而不薄、变化无穷"。比如，同样的"豆腐"，既可做成味浓色艳的麻婆豆腐，也可做成清爽可口、一清二白的青菜豆腐汤，甚至可做出上百种菜肴，如剑门豆腐宴。又如"锅巴"本是焖饭的残焦废料，但厨师们把它油酥之后，制成"锅巴肉片"、"锅巴海参"等名菜，随着上菜的"沙沙"响声，食客们享用这道菜时，简直就是一种艺术的享受。此外，四川还有集数十种菜品和佐料于一体的"火锅"、味美可口的名特风味小吃、"有病治病，无病强身"的药膳等，极大地丰富了"食在四川"的内涵。川菜发源四川，影响全国乃至世界，成为世界上享用人数最多的菜系，川外餐馆家家冠名正宗，而无一正宗；川内餐馆虽未加冠正宗，但家家正宗。人生在世，与川菜无缘，必是最大遗憾。

四川又是名酒之乡，在全国 13 种名酒中占 5 种：五粮液、泸州老窖特曲、剑南春、全兴大曲、郎酒，人称"五朵金花"。

蜀绣、蜀锦是全国四大名绣、名锦之一，以"竹"为主的工艺品有"瓷胎竹编"、"竹器"、"竹帘画"、"根雕"等。

四川旅游资源丰富、品味高、门类齐，拥有世界遗产 5 处、国家历史文化名城 7 座。九寨的神奇、峨眉的秀色；古蜀文明和三国文化的厚重；现代朱德、邓小平的伟大……吸引了无数的海内外朋友来此观赏旅游。相信我们天府之国的秀美山川、伟人名家及美食特产，一定会让大家玩得"安逸"、耍得"巴适"，在此我也祝愿后续几天的巴蜀之行带给你们历久弥新的回忆。（作者：李兴荣）

第二章　模拟途中导游

第一节　川北旅游环线（九环线）途中导游

一、成都—九寨沟途中讲解

1. 成都—九寨沟（取点：藏寨、经幡）

各位游客朋友们：

大家好！今天我们的旅游目的地是人间仙境九寨沟，沿途将经过德阳、绵阳，全程约 450 千米，行车时间大约 8 小时。九寨沟位于北环线上，环线长约 1 000 千米。

九环线是四川省"十二五"规划中确定的五条精品旅游路线之一，涵盖了成都、德阳、绵阳、阿坝四个市、州的行政区域范围，以 316 国道、317 国道为主线，以与此交叉的省道为辅线。该环线包含了浓郁的民族风情和秀丽的风光特色，旅游资源更是极其丰富，有以"一包烟、两瓶酒、三只鸡"著称于世的重工业基地德阳，以两弹一星享誉中外的科技城绵阳，阿坝境内的旅游资源更是富集天下，藏灵秀山水于胸怀，蕴奇妙人文于眼底。世界自然遗产九寨沟、黄龙风景区隔山相望，神秘的白马藏族、辽阔的红原大草原让人心驰神往，"黄山归来不看山，九寨归来不看水；桂林山水甲天下，九寨风光胜桂林。"这不就是九寨沟的真实写照吗？

各位游客朋友们，从成都出发，我们的旅游车行驶了 6 个小时，透过车窗大家是否发现公路两旁散布着许多村寨呢，这里便是藏族村寨了。在村寨周围插有很多五颜六色的旗帜，在藏族地区这些旗帜被藏族同胞称为"经幡"。经幡有五种颜色：蓝、红、白、绿、黄，它们象征着水、火、地、风、空五大要素。五彩经幡还有这么一个美丽的传说：相传在古印度，女子们平时都身着纱丽裙衫，每当她们的丈夫出门远行时，她们就从身上扯下一块衣角挂在家门口或者树上为其送行。纱丽带着妻子无限的思念被吹到丈夫的身边，丈夫看着这似乎被泪水洗掉了颜色的纱丽，就会想到远方的妻子，就会听到妻子相思的呼唤，于是，远行的丈夫就会毅然回到家中。

随着佛教的兴盛，这种纱丽渐渐演变成了一块块薄薄的纱布，被染上了颜色，并印上了神像和祈愿的经文，渐渐地演变成了今日的经幡。五彩经幡，金木水火土，生命之属，凭借五彩，藏族人民演绎了千古不灭的生命赞歌。经幡的各种颜色是固定的，不能随便创新；每块颜色的排列顺序是严格规定的，不能有任何差错，因为经幡的意义很明确，不是为了美化环境，而是祈求福运隆昌，消灾灭殃。

具体说来，最顶端为蓝色幡条，它象征蓝天；蓝色幡条下面是白色幡条，象征白云；白色幡条下面是红色幡条，象征火焰；红色幡条下面是绿色幡条，象征绿水；最下面的幡条是黄色，象征黄土，或者大地。五种颜色的排列形式正是客观大自然物质存在的立体排列形式，因此，像大自然中天地不容颠倒一样，这五种颜色也不容错位。

五种颜色象征自然界的五种现象，这种现象是生命赖以存在的物质基础。当自然界天平地安、风调雨顺的时候，人间便是太平祥和、幸福康乐；当自然界出现灾害的时候，人间灾害重重、不得安宁。世世代代生活在高原上的人们对大自然的变化更为敏感，祈盼人间太平幸福首先应该希望大自然无灾无祸，于是用经幡上五种不同颜色的幡条来表示这种心理寄托，真是绝妙无比。

经幡插在不同的地方意义也是不同的，如果插在路边或桥边，就代表着祝过往人一路顺风、一路平安！如果插在村寨里面，就代表为村寨里面的人祈求平安、健康长寿！如果在一面山上插满密密麻麻的经幡，就代表这座山是藏族人民心目中的神山，他们每年都会来这里朝拜、转山！有时候，你能够看到在很高的山上有稀稀拉拉的几只经幡，就代表着那是藏民最后的驿站。

好了，朋友们，说着说着啊，咱们已驶离了漳扎镇，我们到了九寨沟会有机会与藏寨经幡零距离接触。现在，请大家先休息一会，等我们到了九寨沟精彩继续吧。（作者：李巧玲）

2. 成都—九寨沟（取点：松潘古城）

各位游客：

从成都出发，经6小时330千米的车程，沿途经过郫县、都江堰、青城山、紫坪铺、旋口、映秀、汶川、茂县、叠溪，前面我们将到达松潘。松潘原是唐时两个边陲重镇，松州和潘州，这里实际上是古松州，因为潘州在若尔盖，宋朝时期中央政权将它迁并到了此处，所以合称松潘。

松潘古城已有1 000多年的历史，所以当地民间的说法是："松潘城修了150年。"松潘古城始建于829年，明代多次扩建增修，至明朝嘉庆年间，才形成了城墙的整体规模。这时距明初大规模建城墙已有147年了，修成后的城墙总围长达6.2千米，当时筑城的青砖每块重30千克，城墙高12.5米、厚12米，以糯米、石灰、桐油熬制的灰浆粘连勾缝。古城原有七道城门，各城门都是大块规则的长方条石拱圈，顶部呈半圆形。城门上建有重檐歇山式城楼，可惜现在仅存四座城门，大家看见的城楼是近几年在原址上修复的。

松潘的古城墙主要毁于"文化大革命"和20世纪七八十年代的农田基本建设，以及拆墙砖用于修房屋等。即便如此，我们还是可以自豪地说，现存的这座城门的进深为31米，比北京故宫的城门洞还要深1米，是我国现存最大的明代古城门，也是原貌保存最好的古城门之一。

大家可以仔细地看看这些高浮雕的须弥座、莲花柱础，看看这些浅浮雕的"双鹿吃叶"图案和各种各样的纹饰，特别要看一下，门洞内壁两侧的城基分别雕刻了28～30匹骏马从城内向城外奔驰的图案，自起步到止步的系列动作都形象逼真、生动传神，而且每匹骏马之间还装饰有云彩纹。有专家认为，松潘古城城墙的长度、高度、厚度，以及石刻的精美在该地区是首屈一指的。松潘古城在1991年被列为四川省历史文化名城、2001 年被列为国家级文物保护单位。

大家都看见了松赞干布和文成公主的巨型雕塑吧，但是文成公主进藏并没有经过松潘，而是当年松赞干布派使者前往长安求婚，使者路过松州，被州官扣押，松赞干布闻讯大怒，亲率 20 万人马入侵松州，而且首战告捷。唐太宗急命吏部尚书统军救援，在现在的川主寺一带夜袭吐蕃，大获全胜。松赞干布被迫退回西藏，后来又派遣使者送黄金，以求通婚和好，唐太宗最后同意了。如果没有松州一战，唐太宗是否同意就很难说了。而且松州一战之后，松州成了川、甘、青边区最大的贸易集散地，即使到了宋代，茶马古道的重心转移到了长安，松潘的茶马互市也没有中断过。

大家可以猜一下，松赞干布的一只手指向远方是什么含义？（有游客答：远处是长安）不对，文成公主进藏后再也没有回家探亲。松赞干布用手指向远方，告诉文成公主：那边就是人间仙境九寨沟……（廖荣隆. 四川导游人员资格考试口试复习资料 [M]. 北京：中国旅游出版社，2012：83.）

3. 成都—九寨沟（取点：抵达九寨沟口前）

各位游客朋友们：

大家好！大家一路辛苦了，经过几个小时的行程，还有 10 分钟的时间我们就要到达九寨沟了。九寨沟位于岷江上游阿坝藏族羌族自治州九寨沟县境内，纵深 40 多千米，总面积 6 万多公顷。南距我们今天的出发地成都 450 千米，因为沟里有 9 个藏族村寨而得名。这里保存着具有原始风貌的自然景色和浓郁的藏族风情，据说，在世界别的地方已经很难见到。1992 年九寨沟被列入《世界自然遗产名录》，现为中国首批 5A 级景区之一。

人们说啊，如果世界上真有仙境，那肯定就是九寨沟了。九寨沟是一个佳景荟萃、神秘莫测的旷世胜地；是一个不见纤尘、自然纯净的"童话世界"，有"黄山归来不看山，九寨归来不看水"的美誉。它的水刚烈与温柔相济，被誉为"中华水景之王"。古老而勤劳的藏族人民世世代代在这深山沟壑之间、在人与动植物的和谐共存中生息繁衍、辛勤劳作，创造了举世闻名、博大精深的藏族文化：飘动的经幡、古老的水磨坊、迟缓的牦牛、轻盈的弦子、豪放的锅庄、洁白的哈达等融化在奇山异水、蓝天白云之间，人们进入九寨沟便有了羽化登仙的感觉。

大家知道九寨沟景区的精华是什么吗？大家说的都有道理，但最重要的是因为九寨沟特有的品质：翠海、叠瀑、彩林、雪峰、藏族风情，人称九寨五绝。九寨沟因深居内陆，由于地震冰川钙化形成了 100 多个高山堰塞湖，湖底的绿色藻类植物加上光和作用，使湖水的颜色和大海的颜色非常接近，所以，藏族人亲切地称它们为大海的儿子——海子。九寨沟共有 108 海，处处有佳境，被称为"水景之王"，赵紫阳同志曾讲："桂林山水甲天下，九寨山水胜桂林。"九寨沟不仅是关于水的博物馆，而且是关于水的百科全书。这里是水的各种存在形态、各种运动方式、各种颜色以及山与水的亲密组合，山水与人文的紧密融合都那么完美无缺、无懈可击。九寨彩林，指的是每年 10 月中旬，九寨沟内会有很多的红叶倒映在海子里，非常漂亮。所谓雪峰，指的是冬季九寨沟完美的雪景。在沟里还有大熊猫、金丝猴、独叶草等国家保护珍惜动植物数十种。诗人说九寨沟是一首诗，音乐家说那是一曲惊世的交响乐，画家说那是无人可触的天然画卷，游客说那不是仙境而是人间童话。

九寨沟一年四季都有不同的景色，每个季节的景色都有它不同的美。今天呢，我们将要去感受一下九寨沟的冬之旅，去感受那冰清玉洁的童话世界。撩人心魄的飞雪，飘飘洒洒、纷纷扬扬，像柳絮一样不停地飞舞着，放肆地亲吻着山峦、亲吻着海子。冬季的九寨沟，海子由于海拔及水底沉积物的不同而展现出不同的季节景观：树正沟的海子一片绿蓝，没有一点结冰的迹象；日则沟的海子则呈现半冰半水的奇特景色。冬天九寨沟的水不再像其他季节那么生性活泼，但却绝非静寂，他好像在告诉我们："水是有生命的，而且正经历着不同的生命段。"

好了，我们马上就要到达沟口了，兴奋之余请大家记注小潘的提示吧：首先，九寨沟景区昼夜温差大，请大家夜间注意保暖防寒；白天，请大家戴上墨镜和抹上防晒霜。其次，在水边不要投食喂鱼。为了确保大家的安全，请大家在我的陪同下游览。如果大家还有其他什么需要请及时与我取得联系，我的联系电话是××××××××，我们的车牌号是川××××××。

好了，我们的车现在已经到了九寨沟的停车场了，请大家带好贵重物品，关上车窗随我下车吧！（作者：潘莉）

二、九—黄东环线途中导游

1. 九环线东段（取点：德阳）

各位游客朋友们：大家好

现在我们已经进入了德阳市区，德阳旅游资源丰富；以"一包烟（什邡烟草）、两瓶酒（剑南春、蓝剑啤酒）、三只鸡（德阳重机、东方电机、东方汽轮机）"著称于世。德阳距离我们的目的地九寨沟还有350多千米，大约还需要6个小时。

现在请看你们左边车窗外，这就是有名的德阳孔庙，又称文庙，它是祭祀孔子的庙宇。这座孔庙始建于南宋开禧二年（1206年），明代和清代曾多次扩建，现存的孔庙是清道光三十年（1850年）的格局。庙内建筑占地20 700平方米，整座孔庙坐北朝南、红墙黄瓦、殿宇轩昂、布局严谨，宛如帝王宫殿。如今的德阳孔庙已经被建设成专题性孔庙博物馆，成为西南地区研究孔子、弘扬儒学的中心，也是我国西南地区保存完整、规模最大的一座孔庙。所以大家有机会一定要来看看。

朋友们，现在我们已经驶入了泰山北路，请大家看右边这个石雕。这就是德阳艺术墙的标志，里面就是艺术墙公园。艺术墙用了浮雕、透雕、园雕、建筑及墙体的各种组合，表现出自然、生命、民族团结等宏伟主题，墙体全部用石料砌成，分段组合、虚实结合，塑造出一系列既独立又相互联系的石刻史诗画卷，朴实而深邃。石刻全长1 040米、高7米，包括35个在形式上与音乐有着密切联系的圆拱组成的民族文化长廊，32根与圆拱对应、形态各异、栩栩如生的蟠龙柱，大型浮雕"生命之歌"和"中华源"、十二生肖柱等，古今交融，跨越时空，展现出华夏文明的永久魅力。

各位朋友，现在我们已经出了市区，再过十几分钟，车就要上高速了，半小时后，我们将进入绵阳，大家坐了这么久的车也累了，那么现在就请大家休息一会儿，等到绵阳，我们再继续欣赏。（作者：李兴贵）

2. 九环线东段（取点：绵阳）

各位朋友，经过 1 个多小时的车程，我们现在已驶入绵阳境内了。

绵阳位于成都平原北端，距成都 98 千米，管辖面积 20 249 平方千米，人口 520 万。绵阳作为我国西部的科技城市，科技力量十分雄厚。绵阳以"两弹一星"享誉世界，在这里，有"国宝"之称的中国工程研究院及一系列重要的国防科研单位，可以这么说，绵阳是我国国防工业的大后方。

现在，我们右边的是绵阳国家高新技术开发区，被称为"绵阳科学城"。在这里建有"西部信息产业园"、"生物工程产业园"、"新材料产业园"和"精细化工产业园"。它们是绵阳科技城发展高新技术产业和科技成果转化的主要基地。另外，我们最为熟悉的长虹总厂也位于此地，在当地，还流传着一句话："长虹厂一个哈欠，绵阳就得重感冒。"由此可见，长虹厂对绵阳的经济十分重要。大家请看，那座火炬形的大厦是高新技术开发区政府所在地，其独特的火炬造型，象征着欣欣向荣与坚强不息，所以它成为了绵阳标志性建筑之一。

绵阳不仅是一座现代化的科技城市，更是一座历史悠久的文化名城，古称"绵州"。自西汉高祖六年设置涪县以来，已有 2 100 多年的历史了。在这里，尤以源远流长的巴蜀文化和遍地可寻的三国遗迹著称于世。现在我们的车已驶入绵阳东郊了，大家请看，那座掩映在群山之中的塔，名叫富乐塔，位于富乐山之中，每当夜幕降临之时，富乐塔在灯光的映衬之下，如一座仙塔立于山中，引人神往。

富乐山，原名东山，是著名的三国遗迹所在地，是"二刘"（刘备、刘璋）相会之地。据《方舆胜览》记载："汉建安十六年（221 年）冬，昭烈入蜀，刘璋延至此山，望蜀之全胜，饮酒乐甚，刘备欢曰：'富哉！今日之乐！'"富乐山因之而得名。

另外，三国时蜀汉有"文有蒋琬，武有姜维"之说。与镇守剑门关的武将姜维齐名的蒋琬之墓也位于绵阳西山上。

好了，各位朋友，现在我们的车正驶向江油，请大家休息一下，到时我将带领大家感受"天下第一雄关"——剑门关。（作者：李兴贵）

3. 九环城东段（取点：江油）

各位旅客：

现在我们正从绵阳开往江油，大约需走 30 分钟。我们现在已经经过圣水寺，来到清义镇，大家向左边看，这就是绵阳市重点发展的西南科技大学。它是一所全日制普通本科学校，学校已有 50 余年办学历史，它是教育部确定的中国西部重点建设的 14 所高校之一，占地 4 000 多亩，它原为清华大学绵阳分校，校园绿树成荫、碧水环绕、景色宜人，是个读书的好地方。

各位，现在我们已经进入江油界内了。

江油位于四川盆地西北部，涪江上游，龙门山脉东南，它以平坝和丘陵的地貌为主，自然条件优越，气候温和，也是川北的一座历史文化名城。自古是四川通向中原的陆路口岸和重要的物资集散地，历史上是四川四大名镇之一。同时它还是诗仙李白年少时生活的地方，留下了丰富的人文遗迹，除了人文景观丰富外，还有美丽的自然景观，如窦圌山、佛爷洞、白龙宫等 30 多处旅游景点。

各位朋友，现在我们即将经过青莲镇，听到这个名字，相信大家应该明白这就是李白故里了，因为李白曾经叫做"青莲居士"。

李白故里距江油只有 12 千米，这里现在保存有陇西院、太白祠、衣冠墓、磨针溪、洗墨池等遗迹。待会，我们将会在这里停留两个小时以供大家参观。请大家携带好自己的随身物品，请按秩序依次下车，注意安全。（作者：李兴贵）

4. 九环城东段（取点：报恩寺）

各位游客：

游完太白故里后我们开始前往平武了，江油到平武约 150 千米，约 2 小时的行程。首先给大家简要介绍一下平武县，平武位于四川盆地西北部、青藏高原向四川盆地过渡的东缘地带，长江二级支流涪江的上游地区，这里居住着汉、羌、回、藏等 11 个民族，也是白马藏族的主要聚居地，无论是自然景观还是人文景观都十分丰富。

好了，各位游客，现在我们已经进入平武界了。让我们从平武第一关林家坝开始，一同领略平武的山水风光。林家坝是进入平武的第一个小场镇，所处地势扼九环线的要冲，可以说是"一夫当关，万夫莫开"的地方。大家看到前边有一个岔路，右拐是我们的目的地平武县城。而左拐可以到羌族聚居区，那里原名豆叩，居住的羌族占平武全县总人口的六分之一。这一地区盛产茶叶，品质优良，历史上曾以"贡熙茶"著称，一直上贡朝廷。

各位，我们前面马上要通过的隧道，叫牛角垭隧道，以前过往的车辆只能盘山绕行，不仅费时费油，而且在多雨季也很危险，从 1997 年开始，九环线建设时，就在牛角垭腹地钻山打洞。此洞全长 1 593 米，能容纳两辆大型车辆洞中会车，牛角垭这道危险的门槛从此被削平，现在是畅通无阻。

各位游客，我们前面就是平武县的另一个重镇——南坝。它就是《三国演义》描写的阴平古道上的蜀汉江油关，唐宋时期称为龙州。江油关四面环山、地势险要，是四川通往甘肃的咽喉地，历来是兵家必争的重镇。据一些史料和民间传说，这里有唐王朝修补"龙脉"牛心山的故事，有古《龙安府志》所载的"叮当泉"、"岭水泉"，还有与攻占江油关灭蜀有关的"聪泉"。如果各位朋友对这儿有兴趣，我们可以稍停片刻，让大家参观一下。

好了，各位游客看过了江油关的险，我们又经过了黑水和百草两个镇，现在大家看到的就是古县城了。它是平武过去的县城，即老平武。"古城"这个名字也是由此而来，它是继古龙州南坝以后的又一个政治文化中心。从古城到今平武县城大约要 30 分钟的路程，现在请各位在座位上稍微休息一下，养足精神，以便兴致勃勃地游览平武县城、观赏报恩古寺，领略这颗万山丛中的明珠。（作者：李兴贵）

第二节　川西旅游环线途中导游

1. 川西旅游环线（取点：雅安）

各位游客：大家好！

今天我们游览的目的地是著名的海螺沟国家冰川森林公园。从成都到海螺沟大约330千米，约5小时的车程。海螺沟位于四川五大精品旅游线路之一的川西环线，又称大熊猫环线。这条环线以成灌高速、都汶高速、成雅高速、213国道、317国道、318国道为主线，以与之交叉的省道为辅线，辐射成都、阿坝、甘孜、雅安四个行政区。这条川西旅游环线的旅游资源极其丰富，有独具特色的藏羌风情、神秘的贡嘎山、悲壮苍凉的岷江大峡谷、溜溜的康定城以及民族走廊雅安等。

不知不觉，我们的旅游车已经行驶了两个小时的车程，现在我们已经抵达了位于四川中部的雅安市。进入雅安，不知道大家注意到没有，咱们的车窗外下起了淅淅沥沥的小雨，现在，请大家打开车窗深呼吸一下，是不是一下子就神清气爽了呢？咱们现在感受到的就是雅安的三绝之一——雅雨。雅雨细弱银针、润物无声，而且饱含负氧离子，所以能使人精神振作，据有关部门测试，雅安的空气质量是全省最好的，是个绝对的天然氧吧。现在我们的旅游车正行驶在雅安市雨城区，不仅这个城区名为雨城，而且雅安也称为雨城，大家知道这是为什么吗？在咱们民间还有这样一种说法："雅无三日晴，天天小雨淋。"相传，盘古开天辟地之后，由于火神祝融与水神共工为争夺帝位，相互厮杀，最终水神落败。于是水神在一怒之下撞断了擎天柱，"天顶盖"就塌了下来，此刻人间大雨倾盆，洪水滚滚。女娲为拯救万物于水火，于是炼五彩石补天。当补到西蜀之地时，材料不够了，致使雅安上空还有一个天窗没有补上，就形成了"西蜀漏天"。当然，这只是一个传说，其实，雅雨是由于在邛崃山脉交汇的两大气流分别被邛崃山的西北和东南坡面阻挡，形成了我国地理上一道很长的"华西雨屏"。于是雅安终年云雾笼罩，自然而然就有了"雨城"之称了。

现在，请大家再往车窗外看，公路旁的这条江就是青衣江，在青衣江里，可有咱们雅安三绝的另一绝。大家猜猜是什么呢？没错，就是鱼。但这不是一般的鱼，它叫雅鱼。它有什么特殊之处呢，还请大家听我慢慢道来，这雅鱼，又叫嘉鱼、丙穴嘉鱼、学名叫裂腹鱼。雅鱼的头颅骨内有一骨刺，形如宝剑，于是就有传说说这雅鱼是女娲的宝剑落入江中化成的。其实啊，雅鱼头上的宝剑是为了适应雅江落差大这一恶劣环境而产生的适应性特征。而雅鱼的出名可不只是它独特的生理结构，还因为它绝佳的鲜美口味。

好了，今天给大家讲了这么多，大家肯定在期待我们的雅鱼午餐了，大家先稍作休息，待会儿我会再给大家讲讲雅安三绝中的最后一绝——雅女！（作者：李巧玲）

2. 川西旅游环线（取点：蒙顶山）

各位朋友：

刚才大家已经游览了雅安市，相信这沿途秀美的风光一定给您一股神清气爽的感觉了吧。虽说是一路辛苦，但沿途青笼苍翠，大家的疲劳是不是都一扫而光了呢？不知道我们的团队中有没有爱品茶的朋友？提醒一下，我们马上就要经过以茶闻名的蒙顶山风景区了。

朋友们，有没有闻到茶香？大家看那边云雾缭绕、烟雨蒙蒙的山，它就是蒙顶山了。蒙顶山古名蒙山，坐落在雅安市名山县内，可以说是久负盛名了！早在唐朝，蒙顶茶作为贡茶就已闻名遐迩，它享有"扬子江心水，蒙山顶上茶"的美誉。说到这蒙顶山茶，可谓历史悠久，蒙顶山茶是我国有史可考的人工植茶最早的地方，据考证追溯蒙顶山茶的历史，始于西汉，距今已经有 2 000 多年了。公元前 53 年的时候，有位药农叫吴理真，在蒙顶山发现了野生茶的药用功能，于是在蒙顶山五峰之间的一块凹地上移植种下了七株茶树，据清代《名山县志》记载，说这七株茶树是"两千年不枯不长，其茶叶细而长，味甘而清，色黄而碧，酌杯中看云雾覆其上，凝结不散"。吴理真种植的这七株茶树，就是培植贡茶的专用茶树，而吴理真则被后人称为"茶祖"。

蒙顶茶还有一个惊人之处，那就是从唐朝开始被列为贡茶就一直沿袭至清末，持续时间长达一千余年，这在中国茶史上是非常罕见的。说到蒙顶贡茶，就要讲到这制作贡茶的地方了，它不是作坊，也不是工厂，而是一座寺庙，叫智矩寺。这里还有一段传说，智矩寺内塑有两条巨龙，一条称干龙，一条称湿龙，这干龙一年四季雨过风吹而全身均无水迹；而湿龙则相反，一年四季都含水欲滴、晴天潮湿，雨来前更见湿润。因而老百姓奉之为"神龙"，终年香火不断，这也成了蒙顶山古代的气象树。它是否属实，我们已无从考证，但或许就是因为这神龙的保佑，才让蒙顶山年年出好茶，茶香不断吧！

朋友们，蒙顶山已过，以后如果有机会，您可以去品一品正宗蒙顶山仙茶，去感受一下悠远的蒙顶茶文化。接下来，再经过半个小时的车程，我们将到达碧峰峡风景区。（作者：杨萍）

3. 川西旅游环线（取点：碧峰峡风景区）

各位朋友：

刚才我们品尝了正宗的上等蒙顶山茶。现在，我们将前往下一站，那就是以秀美的自然风光而扬名海内外的碧峰峡风景区了。碧峰峡是国家 4A 级风景区，位于雅安北部 18 千米，距成都 128 千米，也就是说，我们还有大约半个小时的车程就可到达美丽的碧峰峡。碧峰峡生态家园幅员约有 20 平方千米，森林覆盖率高达 90% 以上，人称"天府之肺"，也就是它为我们天府之国源源不断地制造氧气。碧峰峡生态园包括碧峰峡生态风景区、生态动物园、极限运动中心、大熊猫生态园，在 2001 年被评为国家 4A 级风景名胜区，被喻为西部旅游的一匹黑马，可见这碧峰峡的游览价值是很高的。说到其游览价值，当首推野生动物园了。碧峰峡野生动物园是全国第一家生态野生动物园，该园规划面积有 10 000 多亩，仅第一期建设就占地 3 000 亩，总投资 2 亿元人民币，分为猛兽车行观赏区和温驯动物步行观光区两个部分。在这里，您既可以看到憨态可掬的大熊猫、活泼调皮的猴子，也可以欣赏到猛虎、雄狮的威风。园内 400 多种野生动物一定会让您目不暇接的。

好了，朋友们，对于碧峰峡的介绍就先到这里了，下面的时间，就留给大家，请

乘景区观光车入园参观吧。（作者：李兴贵）

4. 川西旅游环线（取点：藏族风情）

各位朋友：

现在我们已经到了巍峨险峻的二郎山脚下了。越过二郎山，我们就正式进入甘孜藏族自治州了。说到藏族，很多朋友肯定都并不十分了解吧？其实，藏族是我国55个少数民族中人口较多的一个，主要分布在青藏高原及周边地区，是一个非常热情好客、勤劳勇敢的民族。藏民们一般以青稞、牛羊肉及乳制品为主食，素食糌粑。他们的主要饮料是青稞酒和酥油茶。另外，藏族人民的服饰也是十分具有特色的，而且价值不菲，一般都有金银或玛瑙作装饰，等大家到了康定，就可以一睹藏族朋友们的风采了。

朋友们，现在我们正穿越的这条隧道叫二郎山隧道，全长8千米，于2002年正式通车。因为山势险峻，所以它是全国施工最艰巨的一条穿山隧道。这条隧道的修建，给进出甘孜州的游客带来了极大的便利，也促进了州内经济的发展。现在我们的所在地叫甘露寺，但是当地人却习惯把这里叫"甘谷地"，从甘谷地往北走，再过1个小时，就能到达我们美丽的康定城了。途中还将经过以红军飞夺泸定桥而著名的泸定县城。这里就先为大家讲一讲康定吧，康定地处四川盆地西缘山地与青藏高原的过渡地带，是甘孜藏族自治州的州府所在地。康定面积约1.15万平方千米，人口约11万，其中藏族就占总人口的70%。康定的银器和藏族服饰十分出名。康定的特产牦牛肉干、青豆和松茸也都被列入了《中国名优商品大词典》。其实我知道大家对康定的了解都是从一曲《康定情歌》开始的，这首脍炙人口的情歌可谓是名扬海内外了。大家都会唱吧？那好，我和大家一起来唱一曲吧，歌声将伴随我们走进康定溜溜的城。（作者：李兴荣）

5. 川西环线（取点：抵达海螺沟前）

各位朋友：

刚才大家游览了我们美丽的康定溜溜的城，是否还陶醉在那浓郁而又别具特色的藏族风情中呢？好了，接下来，我们将从原路返回泸定县，再经过甘谷地往西走，前往今天我们的最终目的地，位于泸定县境内磨西镇的海螺沟冰川森林公园。这海螺沟冰川森林公园，距成都319千米，距康定49千米，是国家4A级风景名胜区。它是发源于蜀山之王贡嘎山主峰东坡的一条冰融河谷。海螺沟有三大特色（雪山、冰川、温泉）：一是海螺沟身处山脚，在阳光照耀下，遥看终年积雪不化的贡嘎山，气势恢弘、瑰丽辉煌。二是这海螺沟内不得不说的冰川，这里的冰川是世界仅存的低海拔冰川之一，冰川舌深入原始森林6千米，形成了冰川与森林共生的自然绝景，而且沟内还有宽1 000多米的大冰瀑布，举世罕见。冰雪崩时，声动如雷，一两千米范围内都能听见，一次崩塌量达数百万立方米，堪称自然界一大奇观。而这第三大特色，就是在这冰天雪地的冰川世界里，还有着温泉数十处，水温为40℃~80℃，其中更有一眼温泉是水温高达90℃的沸泉，可以沏茶、煮蛋。这冷热集于一地，甚为神奇。好了，我们先点到为止。大家想知道更多的话，到了景区后身临其境，就会有更加深切的感受了。

朋友们，现在我们即将经过的气势雄伟的大桥，就是大渡河大桥，因为桥拱色彩斑斓，又俗称"彩虹桥"。这座大桥跨度为500多米，于1998年建成通车，这座大桥的建成，极大地改善了进出海螺沟景区的交通状况，大大节省了时间。大家请看，桥头那块石碑上刻写着的五个金光闪闪的大字——"大渡河大桥"，这还是当年江泽民同志亲自撰写的。

过了大桥，我们就抵达海螺沟景区的门户磨西镇了。今晚，我们将下榻××饭店。请大家好好休息，养足精神，明天一早，我将带领大家去尽情感受海螺沟的美丽与神奇。（作者：刘珊）

第三节 川东南旅游环线（长江线）途中导游

1. 川东南旅游环线（取点：成渝路龙泉山）

各位朋友：

我们今天将去的目的地是蜀南竹海。蜀南竹海位于川东南旅游环线上。该环线以城东、乐宜、泸自、内宜、内遂、城南、泸自宜高速公路为主线，以与之交叉的省道为辅线，辐射成都—乐山—宜宾—泸州—自贡—内江—遂宁7个市纵横交错的水陆旅游交通线，又被称为长江旅游环线。

离开成都市区，我们就走上成渝路。这条成都到重庆的高等级公路是1995年建成通车的。现代技术手段的路确实是"修"的，而不是过去所说的"世上本没有路，只是因为走的人多了，便有了路"。但成都通往重庆的路，确实是经过了走出去的和修筑成的两个阶段。走出去的路是老成渝公路的基础，过去到重庆，出成都要翻龙泉山，龙泉山是成都东面极重要的险关要道，山高海拔近千米，山路一上一下30千米，翻山翻得人精疲力竭。在交通不发达的古代，做小本生意的是靠肩挑背扛、骡托马运，既劳累，又不安全。直到龙泉设驿，有了"官道"、驿站，行人才略感方便，赶考的秀才、上任的官员、做生意的商人过往此路的渐渐增多，专业挣脚力钱的轿夫、挑夫、马帮也兴旺起来。这样春去冬来经过了许多年月，直到1938年以后才有了公路，而且确实是一截一截修的。老成渝公路在龙泉山完全是一条蜿蜒曲折的盘山路，路窄坡陡，加上路况不好，一路颠簸，十分辛苦。成都到重庆总共是450多千米车程，顺利的话也要走两天。现在的成渝高速，在龙泉山开一条隧道，免去爬山之苦，再加上一路上裁弯取直，里程大大缩短。单是我们今天要走的成都到内江段，缩短距离就达130千米，节约时间5小时。据统计，这条路上每天运送客流量达2万人次，运送物资上千吨，有力地促进了四川经济的快速发展。

现在我们行驶在龙泉区境内。龙泉地名的由来出自神龙吐水的民间传说。龙泉山多有泉眼，泉水流瀑出没山间，应了一句"水不在深，有龙则灵"。在唐天宝年间曾建县于此，名叫灵池县，宋朝改名灵泉，明清时设龙泉驿，现为成都市的龙泉驿区。龙泉驿因是成都门户，自古为兵家必争之地。明末清初，农民起义军张献忠在成都建大西政权，阻击清军的大本营就依山筑险于此。清末著名的红灯教反清灭洋武装起义，教主廖观音率领的神拳武装就以龙泉山为根据地，一度让整个四川的清朝政权和洋人教会惊恐不安，轻易不敢经过龙泉山境。

龙泉山在战争年代是兵家必争之地，但时至今日却已是闻名遐迩的旅游胜地。这儿是中国三大水蜜桃种植基地之一，水蜜桃品种多达130余种，近百万株，年产600万千克，果大、味好、脱皮、一咬一泡水，满口溢香，吃桃犹如喝饮料。每年三月，桃花红得深沉而庄重，往往会产生其他的花开得有点轻浮的感觉。龙泉桃花节吸引的车流人流之多令人咋舌，每天都要靠交警疏通；否则，汽车会排行几十千米，让你等半天也进不了景区大门……

2. 川东南旅游环线（取点：内江）

前面快到内江了。内江原属资中，东汉时始建县，先称汉安，后叫中江，意思是沱江从城中穿过，清朝以沱江在城内穿过改名内江，1951年改县为市。由于自古盛产甘蔗，制糖技术全国领先，"内江蜜饯"远近闻名，故又有"甜城"的别称。让内江人骄傲的是这里曾经出了一个孔夫子的少年老师苌弘，孔圣人曾经向9岁的苌弘请教，对他来说，是"不耻下问"的美德，对资阳来说，有了这位神童是无上的荣光。大家请看，天下的文庙只有资阳的文庙孔夫子是站着的。老师在此，学生就该侍立嘛！内江在四川的地位，是在历史发展的进程中不断提升的。随着重庆的开阜、自贡的盐业发展和宜宾的军事地位的确定，内江逐渐发展成四川腹地的商贸、交通枢纽，往来的车辆、船只，使内江热闹非凡。由于四通八达，人们广见博闻，内江产生了不少风云人物。有一个说法叫"内江出大官"，唐代有状元范金卿，宋代有状元赵奎、国公赵雄，明代有宰辅赵大洲、礼部尚书张潮、都察御史高公韵、三边总督梅友松、大司马阴武卿，清代也出了状元骆成骧。据说内江出状元、大官跟风水有关，内江东兴镇有一山叫"挂榜山"，山上有七个眼孔住着七只金鸭子，保佑内江人才辈出、官运亨通。骆成骧中状元后，他的邻居望子成龙，想把金鸭子捉回家，黑夜上山，掏遍七个山眼孔，惊飞了金鸭子，一个也没有再飞回来，内江从此不出状元了，这个故事当然全是传说。内江以后虽没出状元，但有民国大将军喻培伦、国画大师张大千和张善孖，以及新中国的上海市长曹荻秋、新闻界名人范长江等，仍然是名人辈出。

3. 川东南旅游环线（取点：自贡）

内江到自贡，早在20世纪30年代就修通了公路。与当时杨森以省政府名义修建成灌公路不同的是，内江到自贡的公路是商人的纯商业行为。抗日战争爆发后，自贡盐商获得历史上第二个飞跃发展的机会，促进了自贡向外发展的进程。自贡一个大家族的后人李星桥打通了自贡通内江的这条陆路交通，一时间，运盐的、走私枪支、鸦片的人越来越多，使内江与自贡之间的这个地带热闹非凡。而说到枪支、兵匪、盐业，最值得说到的就是前面我们将要经过的三多寨。

三多寨之名，就连自贡人也在争论到底是哪三多？一般人想，是井多、灶多、枧多；或钱多、小孩多、富人多，或是牛屎多、炭花多、乞丐多。成都解放前也流行三多的说法，诸如茶馆多、茅厕多、闲人多之类的。自贡的三多寨是一个城堡。当年自贡的盐业发达，富商云集，造反的穷哥儿们都想打打这个金窝窝的主意，所以自贡的盐商中有远见者李、颜、胡三大家族，提前看中了三多寨这个地势险要之所，投放巨资经营这个安身立命的富人后院。三多寨三面为悬崖，背面靠大山，只一条陡险的小路上山，修建有厚实的城门和连成一线的城垛，城内驻民团，能打造枪械，山后有良田万亩，饮水蓄积丰富，集军事、经济、农业、商贸于一体，俨然一个独立的小王国。清咸丰十年（1860年），农民起义军李水和、兰大顺策应太平天国运动，率领声势浩大的几千人进逼三多寨，但居然在几十天内无损于城寨一毫毛。由于久攻不克，而朝廷的援军又在逼近，这支义军不得不弃阵而逃。这次军事对峙，不仅造就了三多寨显赫的名声，更造就了一个百年家族的显赫人物——王朗云。

在自贡的四大家族中，王郎云是"王李颜胡"四大家族的领袖人物、王三畏堂的掌门人。当年，自贡分东西两个盐场，分别由王、李两个家族把持。民间有这样一说："河东王，河西李，你不姓王就姓李，老子就是不怕你。"这河就是指纵贯自贡市区的釜溪河。釜溪河流域早在中古时代就已有产盐的历史。相传一牧羊女发现了自流盐泉，就以泉筑井，开始有自流井之说，这是自贡的前身。此后人工凿井在北宋庆历、皇祐年间已十分普及，在众多盐井中独有一井的盐卤堪称上上乘，所熬制的盐被朝廷指定为贡品，故以此井为核心，周围的整个盐场称为"贡井"。而今，自流井和贡井分别是自贡的两个行政区，当年是两个大工厂。可以说，自贡是因盐而生、因盐而兴、因盐而荣、因盐而名，到1939年，就因盐设市了。

现今的自贡市大抵是这样建成的：先是分布不均匀的打井工人，在经营井业的一帮投资商的管理下，围井作息，成为一个点；一盐井淘成功后，或就近建"灶"（熬制盐的作坊），或修建"枧"管（输卤输气的）；"枧"将"井"与"灶"连接起来，纵横交错，布成一张大网，将所有工作、生活在这个区域的人们"一网打尽"，逐渐就有了房舍、小巷、商铺，城市的轮廓也逐渐凸现，最终经千百年发展，成为一个大型的工业城市。城市中的街道大都以井命名，所以在自贡游玩，不管你提不提防，反正是一不小心就掉到一个"井"里。

没有哪个城市的街道像自贡这样充满着往昔生活的气息。比如自贡有一条小巷子叫"牛屎巷"，取名不雅，但意味却非常。因自贡是山城，而牛是自贡城市崛起的大功臣。当年盐场作动力的牛多达几万头。牛在盐场享受着比普通百姓家高一等的待遇，能吃鸡蛋（防牛中暑）、胡豆等上等食物，干完活以后还有放松肌肉的"桑拿浴"，浴盆就在釜溪河。放牛娃赶着一群牛从釜溪河爬上岸回"推"房，中间经过一条巷子，这个巷子就叫牛屎巷。倒不是因为满街牛屎之故，照老年人的说法，牛屎不可能掉到地上，因为刚见牛尾巴翘起，牛尾巴下面就已经有一个撮箕候着牛屎了。牛屎里面还有一些未消化的胡豆，捡牛屎的人拿回去以后要从牛屎中把它们选拾出来，淘洗干净做饭菜吃；而牛屎，是极好的天然燃料。放牛娃一般要垄断这个产业，冬天的时候才让牛屎掉在地上，光脚丫的放牛娃要先踩进牛屎里去烤烤脚，取暖以后才收拾牛屎回家，而糊在脚上的牛屎无疑等于穿了一双鞋了。

现在我们可以看到从地底冒出的一个个刺破青天的大木架了。这在盐场称为天车，实际上就是井架。一眼泉淘成以后，必须借助这个井架才能提捞井底的卤水。井架越高，说明井底越深。之所以叫天车，是因为井架上下两端有一个车轳辘似的定滑轮，靠着两次力的方向的改变，井上的人才能将地底深处重达千斤的卤水提捞出地面。从事这项工作的职业商人叫"推户"，为"推户"干活的人叫"推工"。由于推工这个行业太辛苦，早期的推工编着口诀骂黑心商人，叫"天辊子转么，地辊子圆，老子推水么，儿赚钱"，以泄心头之愤。推工们成天像驴子一样围着一个轴心的大盘轮，背上背纤，双手合在胸前抵住推棒。沉重的卤水筒要从1 000多米深的地下绞上来，推工们就得走上1 000多米，累得精疲力竭，浑身冒汗。汗毛孔还在大张旗鼓地出气，冷不防绞盘又得逆时针旋转，嗖嗖冷风在推房刮起，只穿了一条裤衩的推工们冷得瑟瑟发抖。长年累月如此，大多数人关节疼痛，干不了几年，都患上风湿病甚至终身残废。这个残忍的工作逐渐没人愿干，推户只好养一群牛来代替。但盐场后来闹了两次牛瘟，养牛有大风险，所以晚期也有租犯人来干这项工作的。

自贡盐场四大产业：井、灶、枧、号，以井最复杂。关于这些，我们下午参观盐业博物馆时再看图解说。至于自贡恐龙博物馆的参观，我们的安排是在返程时再去，届时我将在途中向大家先作一番介绍。

在用午餐时，不知大家注意到四碟凉菜中的那盘金丝牛肉没有？四川有张飞牛肉、麻辣牛肉、灯影牛肉等品种，大家可能不知道，这一切都源于自贡最早的火边子牛肉。自贡盐场的牛多，牛瘟病死或牛老无力了就只有宰杀吃肉，如果牛肉多了就弄来腌制。在清代曾发生两次牛瘟，盐场被迫将所有的牛宰杀，弄得牛肉滥市，四处推销，仍然不能在短时间内消化。有心人一边腌制牛肉，一边开始精研牛肉的腌制法。所谓火边子牛肉，就是专选牛大腿的腱子肉，用锋利的薄刀向解绑带一样将腱子肉片成薄透如纸的肉片，片长可达一米余，对灯一照可见光影，将薄片放在土缸中，用传统的方式进行腌制，放入本地的精盐、花椒、胡椒、辣椒、八角、山柰等香料，腌制三天后取出，放置在蔑竹片编成的栅片上，竹篾下面点燃牛粪火。由于牛粪火是文火，牛的食物结构为草食，在燃烧过程中的薰烟是一种植物的清香，烟火温度渐渐烤焦竹篾，摊在竹篾上的薄牛肉片慢慢烘干、烤熟，最后火尽篾焦，牛肉也烘烤熟脆，放入口中即化成渣，无牙的老太太也随便吃得。由于做工是用文火，选料剔削成片，所以称为火边子牛肉。新中国成立以后，人们根据其工艺对牛肉进行加工，香料虽越加越多，但味道却始终纯正不起来。老年人一针见血地指出：关键不是牛粪烤的。（廖荣隆. 四川导游词精选［M］. 北京：中国旅游出版社，2003.）

5. 川东旅游环线（取点：宜宾）

各位游客：

大家好，今天我们所游览的目的地是国家首批4A级旅游区、中国国家风景名胜区的蜀南竹海风景区。从成都到蜀南竹海约380千米，大概5小时的车程。蜀南竹海位于川东南旅游环线，也就是我们熟悉的四川省"十二五"规划中确定的五条精品旅游线路之一的长江旅游线，该环线是由成都、乐山、宜宾、泸州、自贡、内江、遂宁所构成，其中有著名的乐山大佛、蜀南竹海、泸州老窖、自贡灯会等旅游文化资源特色。

各位团友，我们的大巴车已经行驶了300千米，现在我们已经行驶在宜宾境内了，距离我们的目的地蜀南竹海呢，还有大约80千米，也就是1个小时的车程。

我下面给大家介绍一下蜀南竹海的历史沿革，蜀南竹海位于宜宾市境内长宁、江安两县交界之处，北距成都400多千米，以万顷竹海著称。蜀南竹海空气清新、纯净，相传蜀南竹海所在的"万岭山"原是女娲娘娘补天时遗落的赤石。

宜宾为什么会是江之头呢？大家请看车窗外，我们可以看见一座宏伟的大桥犹如巨龙般卧于岷江之上，桥下的岷江水流滚滚、气势磅礴。千里岷江水流过这座桥再过3千米，就要与金沙江汇合成为长江的起源了。因此，宜宾又有"万里长江第一城"之称。

如果说起盐首推千年盐都自贡的话，那么关于酒呢，宜宾自是当仁不让。大家不妨闭上双眼，细细地感受一下，是否闻到了一股扑鼻而来的酒香呢？宜宾有3 000多年的酿酒史，素有"中国酒都"之称，更有"一枝独秀蜀山水，千种佳酿在宜宾"的说法。宜宾是中国酒文化的发祥地之一，古往今来，宜宾的酒不知倾倒了多少文人墨客，赞美诗词如泉似河。唐代诗人杜甫写道："重碧拈春酒，轻红擘荔枝"，使得宜宾美酒名扬天下。

浓缩宜宾酿酒技术精华的代表就是前面我们所提到的"酒之头"五粮液了。五粮液作为世界白酒大王，是中国酒文化的集大成者，素有"三杯下肚浑身爽，一滴沾唇满口香"的赞誉。五粮液这个名字如今早已家喻户晓了，那有朋友知道"五粮液"这一名称是如何而来的吗？关于这个呀，还有一个传说，相传在1928年"利川永"烤酒作坊的老板邓子均利用高粱、玉米、小麦、大米、糯米五种粮食酿造了香味醇浓的杂粮液。1929年，晚清举人杨惠泉称此酒集五粮佳液之精华，于是就改其名为五粮液。

朋友们，咱们说完了酒，再来聊聊吃的吧。我想这一路走来您们一定已经注意到道路两旁的面馆几乎每家都打着"宜宾燃面"的招牌。这里肯定有朋友要问了，为何要叫燃面呢？

好了，游客朋友，说了这么多，现在请大家稍作休息，待会我再给大家娓娓道来。

第四节　川西南旅游环线（香格里拉线）途中导游

1. 川西南旅游环线成都—西昌（取点：太阳城·火把节）
各位游客朋友们：大家好！

今天我们游览的目的地是著名的"太阳城"西昌，从成都出发到西昌大约700千米，7小时的车程。西昌位于四川省五大精品旅游线路之一的香格里拉环线上，这条环线以成雅高速、雅攀高速，以及318国道、319国道为主线，以与之交叉的省道旅游交通为辅线，辐射成都、凉山、雅安、攀枝花、甘孜5个州市纵横的旅游交通线，这条环线有雅安的"三雅"文化，有凉山州美丽神秘的邛海和泸沽湖，有攀枝花令人向往的"三线建设"，有"最后的香格里拉"稻城亚丁以及红军长征走过的雪山草地和众多遗址。

现在我们的旅游车已经行驶在西昌市境内了。西昌市是四川省凉山州彝族自治区首府，1728年，清朝雍正年间改名为西昌，并沿用至今，且司马相如的开疆拓荒、诸葛亮的猎猎南征、杨升庵的浅吟低唱、马可波罗的异域探奇、"彝海结盟"的千古绝唱都在此演绎。这里素有太阳城、小春城、月城、航天城的美称。邓小平同志说：这里得天独厚！这里"万紫千红花不谢，冬暖夏凉四时春"，比起春城昆明，这里毫不逊色。

到了西昌我不得不给大家讲一下我们彝族的火把节，相传在很早以前，天上有个大力士叫斯惹阿比，地上有个大力士叫阿体拉巴，两人都有力拔山兮气盖世的力气。有一天，斯惹阿比要和阿体拉巴比赛摔跤，可是阿体拉巴有急事要外出，临走时，他请母亲用一盘铁饼招待斯惹阿比。斯惹阿比认为阿体拉巴既然以铁饼为饭食，力气一定很大，便赶紧离开了。阿体拉巴回来后，听母亲说斯惹阿比刚刚离去，便追了上去，要和他进行摔跤比赛，结果斯惹阿比被摔死了。天神恩梯古兹知道了此事，大为震怒，派了大批蝗虫、螟虫来吃地上的庄稼。阿体拉巴便在旧历六月二十四那一晚，砍来许多松树枝、野蒿枝扎成火把，率领人们点燃起来，到田里去烧虫。从此，彝族人民便把这天定为火把节。传说归传说，火把节的真正来历其实也就是人们用火驱赶野兽和昆虫。

透过车窗，我们看到的那沐浴在阳光下的广场，就是火把广场了，威严的九虎塑像后 56 根红色火炬型巨柱红光闪闪。为什么要设计 56 根呢？这位朋友回答对了，56 根直径 2 米、高 6~9 米的名族文化柱象征 56 个名族大团结，而柱体表面的装饰性浮雕则反映了彝族的优秀文化和经典传说。火焰般的民族文化中心照映着高大的铁制火图腾，更显出 400 多万彝族同胞对火的崇拜和挚爱。

今天大家赶得真巧啊，今天正是火把节开幕式，待会我们一起去一饱眼福哦。（作者：李巧玲）

2. 川西南旅游环线西昌—攀枝花（取点：攀枝花概况）

各位游客朋友们：

大家好！我们离开西昌已一个小时了，很快就将抵达攀枝花市了。攀枝花位于四川省的西南角、金沙江与雅砻江的汇合处，距离成都 749 千米，辖三区两县，人口 94.8 万，面积 7 434 平方千米。攀枝花气候干燥、炎热，只有雨季和旱季之分；年平均气温 20.3 度，全年日照时间长达 2 300~2 700 小时，因此，攀枝花又有"太阳城"的美称。

现在大家看见的窗外的这条咆哮的河流就是金沙江了。古时候有人说金沙江是条恶江，然而一直临江而建的攀枝花却并未受到这条恶江的影响，反而是深受其眷顾。作为一个新兴的钢铁工业城市，这里有着丰富的矿产资源。攀枝花已探明的钒钛磁铁矿储量达 100 亿吨，也是我国四大铁矿之一。钒资源列全国第一，钛储量居世界第一，水利资源也十分丰富，已建成的二滩水电站是全国第二大水电站。攀枝花的气候条件和地形地貌适于发展立体农业，粮食作物一年三熟，出产芒果、香蕉、木瓜等热带水果。

说到攀枝花，我们就不得不提二滩水电站。二滩水电站距攀枝花市 52 千米，是我国在 20 世纪建成的最大的水电站。水电站第一台机组于 1998 年 8 月并网发电，于 2000 年工程全部竣工。水电站枢纽工程由高坝、导流洞、尾水洞、泄洪洞和地下厂房组成。大坝高 240 米、宽 74.4 米、底坝厚 51.5 米，坝上有 17 个泄洪孔，每年夏天会泄洪，泄洪时形成 180 多米的瀑布，比著名的黄果树瀑布还要高 100 米，场面颇为壮观。地下厂房长 280 米、宽 25.5 米、高 65 米，是亚洲第一大地下厂房。它所发的电主要供给四川和重庆地区，为西部大开发贡献了巨大力量。同时库区形成后，对攀枝花市的气候起到了很好的调节作用，也成为市民平日休闲的好去处，近几年更是作为一个新兴的工业旅游基地吸引着中外游客的目光。

攀枝花市沿金沙江两岸分布，城市交通全靠桥梁连接，可以说是座名副其实的桥梁博物馆。全市有桥梁473座，其中最著名的就是连接矿区和市区的密地大桥，它也是输送尾矿的跨江管道的支撑梁，1969年建成通车至今已有40年历史，它为攀枝花开发和发展作出了重大贡献，人称密地旧桥。但后来因不堪重负，2008年12月又在旧桥下游26米处开工修建互通式密地新桥。为什么叫密地大桥呢？早年刚开发渡口的时候，这一带被当地人称为"迷"地。一方面是因为矿石中含磷的缘故，当地居民对于晚间到处游移的星光不明究竟，认为是神灵出现，因而有扑朔迷离的神秘感；另一方面，居住这一带的彝族神职人员毕摩、曲诺常常作法，沟通天地，对外地人大有迷惑感。后来三线建设的大军来到此地，破除封建迷信，普及科学常识，使"迷"惑的迷地不再具有迷惑性，但由于三线建设在早期具有强烈的保密性，因而，人们就把"迷"地就改成了"密"地。

各位朋友，现在我们的车正行驶在前往攀枝花市区的主干道上。攀枝花市中心距我们已经十分接近了。现在我们正通过倮果大桥，一个繁荣兴盛的攀枝花已呈现在我们眼前。大家请看，现在位于我们右侧的就是攀枝花广场，这里是市民散步、休闲的好去处。饶过广场向右就是攀枝花市的美食街，在这里您既可品尝到独具风味的小吃，也可以感受大饭店的气派。向左走是攀枝花的购物中心，这里有德明阳光购物城、北京华联、阳光海岸等大型购物广场，如果您有购物需要，这儿可是您的好去处。

各位朋友，今天咱们下榻的饭店是攀枝花××宾馆，就在正前方，请大家带好随身物品，准备下车。（作者：李兴荣）

第五节　川东旅游环线（三国线）途中导游

1. 川东旅游环线成都—南充（取点：大英死海）

亲爱的游客朋友们：

大家好！欢迎大家参加南充三国文化源探索之旅。我是你们的导游，我姓孙，大家可以叫我孙导或小孙。现在我们正行驶在成南高速公路上的大英县境内，距离我们的目的地南充市还有94千米，需要1个小时左右。大英县位于川东旅游环线上，这条环线以成南、南广、广达、绵广、成绵高速为主线，以与之交叉的省道旅游交通为辅线，辐射成都、遂宁、南充、广安、达州、巴中、广元、绵阳、德阳9市。旅游路线以三国文化、伟人故里、红色苏区为重点，是四川省十二五期间重点打造的五条精品旅游线之一。对了，问大家一个问题，大家听过死海吗？没错，就是中东的死海。由于海水盐度很高，浮力很强，人跳进海里不会沉下去反而会漂起来，又由于死海盐度太高，使得海里与海岸线两边都没有任何动植物，故名死海。那么再问大家一个问题，大家有没有听过中国死海？好的，有的朋友答对了。中国死海就位于大英县境内，大家想不想了解一下这属于我们国家自己的死海呢？好的，那我就简单地为大家介绍一下吧。早在一亿五千万年前，地球的两次造山运动在四川大英县境内形成了地下古盐湖盆地，其盐储量达42亿吨，形成了"中国死海"。勤劳智慧的大英人民以享誉中外的卓筒井技术汲取地下3 000米深处的盐卤水。中国死海与世界著名的旅游度假地"中东死海"一脉相承，不会游泳者在水中也能神奇般地漂浮不沉，但如果我们知道了它的秘密，也就不足为奇了。原来它的含盐量多达22%，其中富含钠、钾、钙、碘等40多种矿物质与微量元素，经国家权威机构验证，对风湿关节炎、皮肤病、心脑血管、呼吸道疾病、肥胖症等都有显著的疗效，可以充分舒缓疲劳、缓解精神压力。人在死海中漂浮一小时，可以达到八个小时的睡眠功效。

"中国死海"旅游度假区依山傍水而建，它以"死海漂浮"为主，结合了现代水上运动、休闲、疗养、保健等要素，构成了一个集新颖、时尚、趣味为一体的旅游度假胜地。在死海面积超过30 000平方米的死海漂浮与游乐区，可同时容纳上万人在水中漂浮。在其间穿插着茂密的热带丛林、古老的中东图腾、精巧的雕塑、帐篷群、古遗址（失落的城堡）、青蛙岛、水面风情小屋以及神秘莫测的海盗船探险。悠悠古味中还你一个远离尘嚣的美妙世界。（作者：孙伟）

2. 川东旅游环线成都—阆中（取点：南充）

各位游客：

我们团队的旅游车离开成都，沿着成南高速公路走了大约200千米、2个小时车程，沿途经过了成都金堂县、德阳中江县仓山镇、遂宁大英死海风景区，我给大家介绍了大英死海风景区的特色，想必大家看到和感觉到了沿途公路两旁展现出的四川浅丘田园的村落和各具丰富物产的风景画廊。我们现在已经离开遂宁驶入成南高速南充段，再过1小时左右、大约100千米，就要抵达今天的旅游目的地阆中了。

在这里，我给各位朋友们先介绍一下南充旅游资源概况，南充是川东北区域中心城市，以三国文化源、伟人故里、千年绸都著称，主要景区有陈寿万卷楼、凌云山、罗瑞卿故居、张澜故居等景点。

南充是三国文化的发源地，纪念《三国志》作者陈寿的万卷楼是很值得一看的地方。233年，陈寿就出生在今天的南充。现在的西山风景区的万卷楼，是以前陈寿读书治学之地。传说陈寿拜学者谯周为师的时候，谯周问陈寿："你家有藏书多少？"陈寿答曰："千余卷"，谯周继续问："要治学，再加十倍行吗？"陈寿答："行"。万卷楼之名由此而得。其实搞学问就要像司马迁一样"行万里路，读万卷书"。万卷楼始建于三国蜀汉建兴年间，因年久失修，今日已经不复存在，今天的万卷楼是1993年建成的仿汉代建筑。万卷楼门楣是一副贴金匾额，书有"并迁双固"四个大字，这是对陈寿极高的评价，寓示陈寿及其所著的三国志可与司马迁的《史记》并列，可与班固的《汉书》齐名。陈寿的传世经典《三国志》为我们真实地描述了1 800年前魏、蜀、吴三国纷争的历史画卷，因而成为《三国演义》及众多三国影视作品的母本。所以人们说，没有陈寿就没有《三国志》，没有《三国志》就没有三国文化流传至今。因此陈寿在中国文化史上具有非常重要的地位，可以说具有不可磨灭的功绩，而陈寿的万卷楼正是三国文化之源。

南充自古以来，人才辈出，汉代忠义将军纪信，西汉的天文学家落下闳，蜀汉名将王平、马忠，"四川的孔子"谯周，陈寿就不必说了，在近代更是人才济济，共和国开国元帅朱德，大将罗瑞卿、中央人民政府副主席、民盟主席张澜，为人民服务的好战士张思德，他们都是南充人。

南充还是有名的丝绸城，如今已经成为中国四大丝绸生产出口基地之一。南充民风浓郁，南充大木偶、南充皮影、南充灯影、南充剪纸被誉为"南充四绝"。

跨过嘉陵江大桥右行，我们就进入212国道了，再北行120千米，就将抵达中国历史文化名城——阆中，途中还需90分钟。现在请大家闭目养神，养精蓄锐，到了阆中我们精彩继续。（作者：李兴荣）

3. 川东旅游环线成都—广安（取点：邓家祖坟的传说）

各位游客：

现在我们距邓小平故居还有8千米的路程，大约10分钟之后就可以到了。大家已经开始展开联想了吧。

我们说邓小平是世纪伟人，其实，这位伟人的祖上也并非等闲之辈。清朝时，其先祖邓时敏就曾考入翰林院，授以编修，之后又升任大理寺正卿。那我们就可以看出，早在清朝，邓氏就是一个兴旺的家族了。据说曾经有人考察过邓家祖坟，说那是一块风水宝地，而邓氏家族世代兴旺的原因就在于此了。

邓氏祖坟位于佛手山，就在山腰上，山前有一条河名曰渭河，背山面水，坟侧有一个白色的巨石。整个地理位置恰似一把金椅，左青龙、右白虎、前朱雀、后玄武，邓氏墓地正好处于佛手山心窝之处。按照风水理论，这块就是风水宝地了。

至于这块墓地的来历，民间则有一个十分玄妙的传说。据说江西有位风水大师，偶然发现一对金兔向北缓缓游走，便一路追踪到了四川佛手山下，金兔顿然消失，消失之处绽放出金色莲花。那风水先生由于长途跋涉，此时已体力不支，晕倒在地。恰好邓家先人路过此地，将他救回家悉心照料，待风水先生好转之后，为感谢邓家恩德，便将金兔化莲之事告之，并一再告诫说此地风水可以保佑家族世代兴旺，但宜葬女眷。下葬时会呈现"披红挂彩、鲤鱼上树、头戴铁盔"的奇异景象，于是邓家先人便将此地买下，作为邓家过世女眷的安葬之处。1926年邓小平的祖母戴氏仙逝。说来也奇怪，戴氏下葬之时，山下恰有一嫁女队伍经过，披红挂彩、敲锣打鼓从山腰经过；又时值渭河涨水，一渔人打渔至此，将鲤鱼挂在树上停下来看热闹；又有一农夫到协兴场赶集归来，头顶一口铁锅经过。这三种情况就正好印证了那风水先生的说法。可是不知大家相不相信这样的传说呢？

好了，传说讲完了。我们还是先去参观邓小平故居，一起去体会这位伟人不平凡的一生吧。大家带好贵重物品准备下车吧。（作者：李兴荣）

第六节　成都旅游区途中导游

四川五条精品旅游环线，都是以成都为中心向五个方向辐射的，途中讲解选点原则都可以以成都为起点向周边出城通道展开。为方便教学，本节选择了入城2个节点和出城 2 个节点的途中讲解词供参考。

1. 成都旅游区入城沿途讲解（取点：机场—市区罗曼大酒店）

各位北京来的贵宾：

大家好，一路辛苦了。欢迎大家到四川观光旅游，我是成都××旅行社的导游员小莉，顺便告诉大家，我是土生土长的成都人，除了知道的我都不知道，除了不知道的我都知道，所以小莉是绝对不会胡导的。这位是有多年行车经验的张师傅，他是我们此次四川之旅的全程驾驶员。在这里，我和张师傅代表旅行社真诚地欢迎你们的到来，我们有信心带领大家揽尽成都风光。从现在起，车上的大朋友、小朋友全都是我的朋友了，我们会竭诚为大家服务，同时也恳请大家多多支持我的工作，给我提出意见或建议。最后，祝愿大家乘兴而来，满意而归。

朋友们，我们的车正驶入机场高速，您的四川之旅已经从这条光辉大道上开始了。今天是 2014 年 5 月 12 日，天气晴朗，阳光明媚，是适宜出行的好日子。然而 6 年前的今天对四川乃至对中国大地来说是个令人伤心的日子，我提议在此汶川"5·12"特大地震周年祭日为汶川特大地震中遇难的所有同胞们默哀三分钟。默哀之后，请允许我们代表四川父老乡亲向在座的朋友们一年来对四川灾区的无私援助表示衷心的感谢。灾难已经过去，四川正在雄起。我自信地告诉大家，你们将在此次四川之旅看见：四川人正走出伤心，走出阴影，老人们，老有所依；孩子们，尽情欢娱；年轻人，在奋发自救。大地上的伤痛渐渐淡去，我们已迎来新的美好生活。是的，四川依然美丽。

好了，现在我将行程为大家做一下简要的说明：30 分钟后我们将入住成都四星级旅游饭店罗曼大酒店，12 点在酒店 5 楼用午餐，下午参观武侯祠和杜甫草堂，明天去九寨沟。

朋友们，我们的旅行车还有十几分钟就要行至成都市区了。地球人都知道，中国公认的三大城市是北京、上海和广州。谁是第四城呢？这就是有着悠久历史的成都。成都又叫蓉城，后蜀国王孟昶环保观念很强，他令成都遍种芙蓉花，花开时节，四十里花香不断，蓉城因此而得名。今天成都的经济飞速发展，借着西部大开发的春风而成为西部经济、文化、科技、交通的战略高地。成都的特点被称为四多：红灯多、私家车多、茶馆多、美食多。红灯多说明成都车多但秩序井然。成都的私家车数量仅次于北京，居全国第二，这也正说明了成都市民的生活过得富足殷实。成都的街头巷尾茶馆众多，传统的盖碗茶融色、味、技于一身，体现了成都人追求休闲舒适的生活态度。成都小吃也非常有名，在北京有"北京烤鸭"，在成都有辣子鸡丁、麻婆豆腐、夫妻肺片、担担面、龙抄手、赖汤圆、火锅等。下午逛完武侯祠，我们就可以在锦里尽情地品尝天府之国地道的小吃，让大家一饱口福。

现在大家看到的这座雄伟壮观的斜拉钢索立交桥就是成都南大门的最新标志性建筑——南站立交桥。大家可以看见桥上有一个金光闪闪的太阳形标志，它叫"凤凰涅槃"。它是仿 2001 年 2 月于成都西郊金沙遗址出土的"太阳神鸟"金饰制成的。专家推测"太阳神鸟"是古蜀先民的图腾，现在它是我们成都的标志，象征着巴蜀文化光耀千年，也象征着立交桥沟通传统与未来。

好了，大家现在看到的横跨在我们前方的这条路是市区二环路，全长 28 千米。现在我们走的人民南路就是成都的南北主干道，在我们正前方就是成都的中心——天府广场，我们入住的罗曼大酒店就在附近。同时，车右边这条路就是领事馆路，1986年建成的美国领馆就在这个路口上。此外，还有德国、法国、韩国、泰国和新加坡五个国家在成都设立了领事机构，成都的领馆数量居全国第三位，也说明成都正高度国际化。

好了，朋友们，酒店马上就要到了。我们一会儿下车办理完入住手续后，12点在5楼用午餐。现在请大家带好随身物品，关好车窗，准备下车。（作者：潘莉）

2. 成都旅游区入城沿途讲解（取点：火车北站—锦江宾馆）

各位朋友：

大家好！大家旅途辛苦了。欢迎来到美丽的天府之国——成都。很荣幸能认识大家，更荣幸能为大家导游。

首先我做一下自我介绍，我姓×，名叫××，这位司机先生姓×，希望我们的服务能使大家对此次的四川之旅感到满意。

根据预订的计划，我们今天的行程是这样安排的：20分钟后我们将入住五星级酒店××宾馆，休息片刻后，10点在酒店一楼大厅集合，随后前往文殊院游览。12点半左右回酒店用午餐，下午2点左右前往杜甫草堂和武侯祠游览，晚上游览锦里。明天我们将前往美丽的九寨沟。

现在我们正行驶在人民北路上，在我左边的是成都的荷花池批发市场，主要经营服装、百货等，年成交额达50亿元，是四川境内重要的商品集散中心。但由于其设施落后、配套不齐、交通拥堵等原因，已经不适应现代商业的需要了。根据有关规划，荷花池批发市场群除保留新建的大成市场、大正市场、金荷花、荷花金池、盛世荷花五个市场外，其余市场将逐步搬迁至成都国际商贸城，建成新的"荷花池现代商住区"。

朋友们，我们的旅行车正在跨过锦江（府河），它从西北向东南纵贯成都市区，是城镇居民生活的重要水源。现在我们已进入人民中路，大家左边的建筑群是文殊院，文殊院是川西著名的佛教寺院，传说清代有人夜见红光出现，官府派人探视，见红光中有文殊菩萨像，便于康熙三十六年（1697年）集资重建庙宇，改称文殊院。康熙帝御笔"空林"二字，钦赐"敕赐空林"御印一方。康熙帝墨迹至今仍存院内。在这里我就不详细介绍了，一会我们将会安排大家目睹它的真容。

朋友们，这里就是成都的中心——天府广场，离我们所入住的酒店大约2分钟的车程。天府广场的形式与地位同北京天安门广场相似，面积为8万多平方米，广场北面座落着四川美术馆和省展览馆；广场东面的锦城艺术宫曾经是西南地区最大的艺术殿堂。地铁1号线和2号线在天府广场交汇，使天府广场成为新的焦点，天府广场下穿隧道的绿化主要是利用人工更换手段，在隔离带和两侧平台定期放置可更换的四季花卉，从而将其打扮成为成都最漂亮的鲜花隧道。

朋友们，前面就是××宾馆，请朋友们收拾好行李物品，关好车窗，准备下车。为保证此次成都一日游顺利运行，请大家一定要遵守集合时间，同时旅途中有什么困难和特殊要求，请及时与小×沟通交流，我们一定会尽力帮助您。

好了，××宾馆到了，请大家下车吧。（作者：潘莉）

3. 成都旅游区出城途中讲解（取点：成都香格里拉大酒店—龙泉）

各位朋友：

大家早上好！随着汽车的启动，我们的龙泉一日游已经开始了。我是此次龙泉之旅的导游，大家可以叫我小×，这位×××师傅，是我们此次旅程的驾驶员。成都平原富饶辽阔，美不胜收的田园风光、别具特色的民俗节庆是天府风光中令人瞩目的一大胜景。今天我们的龙泉之旅就将带大家去花果飘香的龙泉山和古韵犹存的洛带古镇领略这怡人的天府胜景。

现在我为大家报告一下今天的行程安排：我们将在半个小时后到达龙泉，然后去书房村赏桃花，中午在书房村乡村酒店用午餐；下午去洛带游古镇（包括广东会馆、湖广会馆、江西会馆、川北会馆、客家博物馆、客家公园等景点），晚上返回成都。

我们现在经过的这条路叫龙兴大道，四川师范大学就座落在这条大道上。川师大已有半个多世纪的办学历史，为各行各业培养了十余万名优秀人才，这里学风严谨、美女甚多，现在红遍半边天的美女主持人杨乐乐、谢娜、施丹，"开心辞典"的主持人李佳明都是从川师校园走向银屏的。

好了，大家现在看到的这座立交桥叫娇子立交桥，过了这座立交桥，前面的这条大道叫成龙大道，沿着这条宽敞的大道一直向前行驶就可以到达龙泉驿了。现在我为大家介绍一下龙泉驿区。

龙泉驿区位于成都市东郊，是成都市 10 个区（包括高新区）之一，东傍龙泉山麓，西连成都平原，全区幅员面积 556 平方千米，辖 4 个街道办事处、8 个乡镇，人口 57 万。龙泉驿区历史悠久，原为古灵泉县地，唐设置东阳县。明清时期，在龙泉设巡检司和驿站，故名龙泉驿。龙泉驿区是国务院命名的"中国水蜜桃之乡"、四川省经济综合实力十强县（区）。

龙泉驿区交通四通八达。区政府所在地距成都市中心 12.6 千米，距双流国际机场 28 千米，为蓉城东大门，居川渝要津，是成渝经济走廊的桥头堡。

龙泉驿区农业基础良好，"龙泉驿水蜜桃"被列入"国家地理标志产品保护名录"，先后被评为"国家农业科技成果示范区"、"国家农业标准化生产示范区"、"全国无公害农产品加工基地"。全区有果树近 400 个品种，栽培面积 25 万亩，年产水蜜桃、枇杷、葡萄、梨等水果 2 亿千克以上；2007 年，龙泉驿区成功承办了成都市首届国际农业博览会。

龙泉驿的湖光山色特别漂亮，是四川省花果山风景名胜区和四川省新五大旅游景区"两湖一山"的主体区域。龙泉的枇杷节、桃花节是其特色旅游产品。一年一度的成都国际桃花节已成为享誉中外的集旅游、招商、民俗于一体的国际性盛会，200 余平方千米的桃花观赏区世界罕见，20 余平方千米的观光果园宛如生态迷宫，8 000 余亩的龙泉湖景色怡人。

龙泉驿民俗文化独具特色。西部客家第一镇洛带古镇跻身全国知名古镇行列，洛带客家文化保存良好，被民间誉为"东有周庄、西有洛带、南有丽江、北有平遥"，广东会馆是四川省境内保存最完整的客家会馆建筑。

凭着这些丰富的旅游资源，龙泉驿区吸引了来自四面八方、五湖四海的游客。

朋友们，随着一股股桃花香气扑鼻而来，我们现在已经进入龙泉驿市区了，马上就要到达书房村，请朋友们带好随身贵重物品准备下车吧。（作者：潘莉）

4. 成都出城途中讲解（取点：成都饭店—峨眉山、乐山方向）

各位朋友：

大家昨天晚上休息得好吗？我是导游小×，今天将和××师傅一起陪同大家开始愉快、舒适、安全的峨眉乐山旅程。自古以来，巴山蜀水人杰地灵、风景秀丽，人文景观数不胜数。那么这一次呢？我们将由成都出发，途经乐山，前往峨眉山，中午在乐山用餐，晚上住宿峨眉山××宾馆。行车里程大约160千米，用时约2个小时。

我们的车正从成都市区南行，前方这座桥叫九眼桥，看那里矗立的大楼是有名的香格里拉大酒店及其写字楼。现在大家看到的前方那个亭子叫合江亭，千百年来，合江亭一直是个繁华热闹的码头渡口，无数的舟楫停泊于此，随时扬帆东下长江。唐朝大诗人杜甫名句"窗含西岭千秋雪，门泊东吴万里船"，就是他寓居成都时写的。好了，现在我们来到了一环路的南一段，左手边就是著名的四川音乐学院。大家沿着我手指的方向看，这里是成都有名的新世纪电脑城。现在我们就要上永丰立交桥了，过了立交桥我们沿着高新大道一直往前走，就是成雅（成乐）高速公路的收费站路口。司机在留下买路钱之后，我们就将驶入成乐高速公路了。

成乐高速公路，北连省会成都，沿线经彭山、眉山、青神、夹江四个县，南止于乐山市。成乐高速公路的建成通车，是四川省委、省政府1999年为全川人民办的"十件实事"之一，它内联盆地腹心，外达盆周山区及西部高原，并与国道108和国道213主干线融为一体，大大缩短了省会成都与乐山、眉山两市的时间距离和空间距离，对带动乐山、眉山两地经济的快速发展和资源开发具有重要的推动作用。

现在我们的车正在成乐高速路上平稳、快速地行驶着。我们此次的旅程是一次别样的旅行，之所以这样说，是因为此次的游览路线是一次佛教文化之旅，大家可以体验到佛教文化始终贯穿于整个行程当中。乐山，有中国佛都之称，世界第一大石刻弥勒佛——乐山大佛就座落在凌云山中，那里"山是一座佛，佛是一座山"，气势恢弘，大家可以身临其境，抱一抱佛脚。峨眉山，人称"峨眉天下秀"、"仙山福地"，又是中国四大佛教名山之一，在中国，甚至国外的佛教徒民众中影响极为深远。一路之上，大家可听可看的东西真的是太多啦！四川素有"天府之国"的美誉，农业发达，"水旱从人，不知饥馑"。大家能领略到川西南地区所特有的田园风光。途中还可以看到川西坝子非常有特点的一种被称为"竹笼"式的建筑。在一马平川的田野上，星星点点的房屋总是座落于葱绿的竹林当中，形成一种独特的景观。

关于峨眉山和乐山大佛的详情我在这里就不详细介绍给大家了，等到了目的地我们再仔细听景点导游的讲解，在这里就先留一点悬念吧！现在请大家先在车上休息一下，养足精神，一会儿才有饱满的精神去游览我们著名的乐山大佛，去抱抱佛脚。（作者：潘莉）

附 录

附录1　四川旅游知识问答100题及答案

1. 汉昭烈庙为什么叫"武侯祠"？

武侯祠是纪念诸葛亮的祠庙，建于唐初，与祭祀汉昭烈帝刘备的汉昭烈庙相邻。明献王朱椿入蜀以后，认为君臣祠庙平起平坐，有违礼教，便将原武侯祠拆毁，并入了"汉昭烈庙"，形成现存武侯祠君臣合庙的格局。但世人缅怀诸葛亮的丰功伟绩，便不顾君尊臣卑的礼制和祠堂的本名，将"汉昭烈庙"称为"武侯祠"。清康熙十一年后重建的昭烈庙就依民间习惯上的称呼正式定名为"武侯祠"。清乾隆十一年，四川布政史周琬对历史上昭烈庙和武侯祠的兴废作了一番考证，认为清初重建的武侯祠本是建在刘备庙的旧址上，不应喧宾夺主，于是将武侯祠大门匾额换成了"汉昭烈庙"，庙内的诸葛亮殿改称武侯祠，这个折衷方案一直保持到今天。但门匾虽改，老百姓却仍以"武侯祠"相称。对于这个问题，民国时期文人邹鲁有诗论曰："门额大书昭烈庙，世人都道武侯祠。由来名位输勋业，丞相功高百代思。"新中国成立后，1956年申报重点文物保护单位，国家决定采用民间认可的"武侯祠"这一名称为其正式名称。也就是说，在称呼上，对此统一为"武侯祠"，但"汉昭列庙"这一块匾额因为是文物，也不能再改了，就那样置于祠庙大门之上。

2. 蜀献王朱椿是哪个朝代的人？他对成都、峨眉山有何贡献？

朱椿是明朝开国皇帝朱元璋的第十一子，曾于洪武二十三年（1390年）被封为蜀王，谥号为"献"，因此史称"蜀献王"。因他喜欢读书，举止优雅，且对文人儒生十分尊重，故又有"蜀秀才"之称。

对成都的贡献：在成都聘请大学者方孝孺为师傅，兴办郡学；改革吏治，革除弊政；击败番人入侵。史书上赞他"以礼教守西陲"，"蜀人由此安乐，日益殷富，川中二百年不被兵革，椿力也"。

对峨眉山的贡献：蜀献王朱椿经常关注峨眉山佛教，当年峨嵋山主持为迎接朱椿所建的清音阁接王亭，则有"峨眉山第一风景"之称。朱椿的孙子，蜀怀王朱申鉌还捐资重建了被火灾毁坏的普光殿（即今华藏寺）。帝王的支持，使山上佛事越来越兴隆，峨眉山也自然成了蜀地佛教中心。

3. 武侯祠中的三绝碑是哪三绝？

三绝碑，本名"蜀丞相诸葛武侯祠堂碑"，在武侯祠大门至二门之间的东侧碑亭中，于唐宪宗元和四年（809年）刻建，碑高367厘米、宽95厘米、厚25厘米。

三绝有新、老三绝之说。老三绝是指诸葛亮的智绝、裴度（唐代宰相）的文绝和柳公绰（柳公权之兄）的书绝；新三绝是指裴度的文绝、柳公绰的书绝和鲁建的刻绝（即裴文、柳书、鲁刻）。

4. 汉朝一共分为几个阶段？共有多少个皇帝？谁开国？谁篡国？谁亡国？文景之治是指谁？文治武功最有名的又是哪一位？成都武侯祠的哪副对联表明了蜀汉与汉政权一脉相承的联系？

汉朝可分为三个阶段，即西汉（定都长安）、东汉（定于洛阳）、蜀汉（定都成都），前后共计26个皇帝。西汉开国皇帝为汉高祖刘邦，后由王莽篡权，改国号为"新"，西汉灭亡。光武帝刘秀平定王莽后，定都洛阳，建立东汉，献帝是最后一个皇帝。刘备创蜀汉，历2世。文景之治是指孝文帝、孝景帝父子执政的时期，由公元前180年至公元前141年，共38年。文治武功最有名的是汉武帝。武侯祠刘备殿正梁有一块"业绍高光"的匾额，表明了刘备蜀汉政权是继承汉高祖刘邦西汉政权、汉光武帝刘秀的东汉政权的天然大统。所以，在三国纷争的动乱中，人们也一向认为刘备为正统继承人（冯煦：誓欲龙骧虎视，以扫荡中原，惊风雨，泣鬼神，前出师表，后出师表；时当地裂天崩，求续承正统，失萧曹，见伊吕，西汉功臣，东汉功臣）。

5. 三国时期，三大阵营的主要文臣武将有哪些？

蜀——武将：关羽、张飞、赵云、马超、黄忠、魏延、关兴、张苞、严颜、糜芳、姜维、王平、廖化、马岱等；文臣：诸葛亮、庞统、法正、马良、马谡、糜竺、蒋琬、董允、简雍、孙乾、伊籍、邓芝、黄权、刘巴等。

魏——武将：徐晃、张辽、于禁、乐进、张郃、曹仁、曹洪、夏侯渊、夏侯敦、郭淮、许褚、典韦、李典、邓艾、钟会、曹休、曹真等；文臣：郭嘉、司马懿、荀攸、程昱、贾诩、满宠、娄圭、辛毗等。

吴——武将：周喻、吕蒙、陆逊、黄盖、程普、韩当、蒋钦、周泰、甘宁、太史慈、丁奉、贺齐、董袭、潘章、陈武、朱桓、朱然等；文臣：鲁肃、张昭、张肱、顾雍、阚泽、步骘、严峻、陆绩、薛综、朱治、吕范、诸葛瑾等。

6. 静远堂是因为距成都很遥远，所以很寂静而得名吗？

静远堂取意于诸葛亮的大作《诫子书》，是诸葛亮在出征途中写给自己儿子的警语："夫君子之行，静以修身，俭以养德，非淡薄无以明志，非宁静无以致远。"

7. 四川有哪些名联？列举三副以上。

成都武侯祠"攻心联"、草堂"人日对"、宝光寺"了犹未了联"等。

8. 岑春煊是清朝在四川的第几任汉人总督？在他之前还有几任有名的汉人官吏？

岑春煊是第 27 任四川总督。在他之前有 26 任有名总督。

岑春煊是继骆秉章、丁宝桢之后的四川第三任汉人总督。在清朝，汉人官吏直到天平天国运动之后才成为朝廷股肱。因平定太平天国而崛起的骆秉章，功劳卓著，非封大疆吏不能彰显其功。所以在满族人一统天下的四川，骆秉章因授权剿平白莲教而入驻川督。继后的丁宝桢在历史上有勤王之功，以大学士的身份、宫保之显赫头衔继任骆秉章之职。岑春煊则因是慈禧的宠臣而成为第三任汉人总督。

9. 宫保鸡丁由何而来？

一说：丁宝桢原籍贵州，清咸丰年间进士，曾任山东巡抚，后任四川总督。他一向很喜欢吃辣椒与猪肉、鸡肉爆炒的菜肴，据说在山东任职时，他就命家厨制作"酱爆鸡丁"等菜，很合胃口，但那时此菜还未出名。调任四川总督后，每遇宴客，他都让家厨用花生米、干辣椒和嫩鸡肉炒制鸡丁，肉嫩味美，很受客人欢迎。后来他由于戍边御敌有功被朝廷封为"太子少保"，人称"丁宫保"，其待客常用的炒鸡丁一菜，也被称为"宫保鸡丁"。

二说：丁葆桢是贵州人，贵州有一道青椒炒鸡丁深得他的喜爱，所以他接任四川总督以后，因公事繁忙，常常在官府中与同僚一起吃宵夜，每次必要吃青椒炒鸡丁。半夜要新鲜的青椒，而且不分季节，这自然让他的家厨苦于应付，于是聪明的家厨用干辣椒、花椒、花生一起炒制成干鸡丁，装入空酒坛中保存，丁葆桢试吃之后，觉得比家乡的青椒炒鸡丁还要美味。后来，这道菜推广到了民间，因丁葆桢有"太子少保"之衔，此菜被称为"宫保鸡丁"。

10. 历史上有著名的"除去三张伪法"，这三张是指哪三张？

"除去三张伪法"是指北魏太平真君年间（440—450 年），嵩山道士寇谦之在魏太武帝和宰相崔浩的支持下，自称承太上老君的意旨，对道教的教规、仪范进行整理和修订。此处的"三张"即指在道教创立过程中起过重要作用的张陵、张衡、张鲁祖孙三人。

11. 成都的永陵是指谁的陵墓？他是四川多少个偏安一隅政权中的一个？

成都的"永陵"是五代时期建立"前蜀"政权的王建（847—918 年）的陵墓。前蜀政权是四川七大割据政权之一。这七大割据政权分别为：两汉之际，公孙述建立的成家政权（25—36 年）；东汉末年，刘备建立的蜀汉政权（221—263 年）；西晋末，李雄建立的成汉政权（304—347 年）；东晋末年，四川又为谯纵所割据（405—413 年）；五代时，王建建立的前蜀政权（907—925 年）；孟知祥建立的后蜀政权（934—965 年）；元末，明玉珍建立的夏政权（1362—1371 年）。

12. 成都为什么简称锦，又为什么简称蓉？

成都自古商贾云集，是一个内外交融的大都会。早在东汉时期就已开始织锦，蜀锦是全国驰名的三大锦缎之一，锦是四川高级丝织产品的专称。锦在当时是朝廷的重要赋税，朝廷派遣专门的锦官在成都管理织锦业。管理锦业的衙署被称为"锦官城"，故成都又有"锦官城"、"锦城"之称。

五代时后蜀主孟昶，在城墙上遍种芙蓉，并有变色芙蓉，使成都"四十里为锦绣"，故成都还有"芙蓉城"、"蓉城"之称。

13. 成都在历史上还有哪些别称？

成都的别称，先有秦时的秦城、龟城、大城、少城，后有两汉时期的汉城、锦官城、车官城，唐时的羊马城、罗城、高骈故城，五代十国的蓉城，明代的皇城，清代的满城。

14. 杜甫"门泊东吴万里船"是指哪道门？成都在历史上有多少道门？

杜甫居住在成都的浣花溪。按地理位置和宅居的朝向，其西北面是西岭雪山，东南面是成都的南门，这个"门泊东吴万里船"的门就是成都的老南门。

不同时期的成都城的形制不一样，因此门的数量也不一样。唐时，由高骈修建的"罗城"已奠定东西南北四道门的基础。但由于成都有大、小城之分，实际上的城门远不止四道。就清代来说，成都城分大城、满城。大城有5门，南西北各一，东二；满城有7门，东三，北三，西一。新中国成立后，城墙被拆毁，因此看不到城门了。今天，与这12门有关的地名尚存3个，那就是东门大桥、老南门大桥、通惠门。

15. 草堂寺是寺吗？它与今天的草堂是何关系？

草堂寺本为古寺，始建于刘宋末年（约470年）。杜甫入川（759年）后，在亲友的支持下置一茅舍，与草堂寺相临而居。因唐代文人喜用"草堂"二字来命名自己的居所，故杜甫亦将他的茅舍取名为"草堂"。杜甫离开成都后，川西节度使崔宁的夫人（浣花夫人）据草堂寺而居，同时将周边纳入自己家的庭院。这样，杜甫的"草堂"便与草堂寺的庙宇合为一体。现在草堂寺已成为草堂内一处颇具特色和魅力的园中之园。

16. 安史之乱是怎么回事？它对四川的发展有何影响？

"安"，指"安禄山"；"史"，指"史思明"，755年12月，安禄山、史思明发动叛乱，于次年攻占唐朝首都长安，这次叛乱前后达七年之久，史称"安史之乱"。"安史之乱"发生后，唐玄宗逃入四川避难。对于唐玄宗的这次逃亡，就全国而言是一次灾难，但对四川来说却被称为"幸蜀"。它对四川发展的促进作用主要表现在：一是交通上，改进蜀道，古金牛道得以修缮和扩建；二是经济上，朝廷无论从物资转移还是投资转移，都以四川为基地，比如一向沉寂的成都东区就是在这时得以扩建；三是文化上，大量的文人、画家、僧侣为避难也纷纷进入四川，如杜甫、无相禅师、李珣（药物学家）、薛郧（薛涛之父）、吴道子、孙位（画家）、卢楞伽（画家）等，对四川的佛教、医学、美术、文学起到了带动作用。四川因此成为大唐的陪都，有了"南京"

之名。

17. 唐朝年间，成都市区有一条由西而东穿城而过的河流，它叫什么名称？是由哪位节度史开凿的？为什么要开凿？在历史上起了什么作用？

川西节度使高骈建成的罗城，在晚唐时期遭到南方叛军的围攻，虽然在城内坚守城池，保证了成都未失，但由于被困时期城内缺水，导致军民饮水困难。所以，在白敏中继任节度使后，由西向东开凿了一条穿城而过的河流。因带来的是金子般的水源，故称"金河"。

金河开通以后，城内饮水、消防、排污得以解决，甚至成为一条运输通道，将大量的物资转入，于两岸边形成的集贸市场，历经唐宋元明清 1 000 余年，对成都市的发展和繁荣发挥了重要作用。

唐朝时期，成都城中开凿的西东向河道有三条，按开凿的时间顺序分别是：

（1）濯玉溪，由剑南西川节度使韦皋开凿，由城西北的油子河（即今府河）引水，经今天的玉沙街、白家塘、王家塘（即新华西路一线），汇入摩诃池（隋代蜀王杨秀修筑的人工池塘，面积约 500 亩，覆盖今天府广场、顺城街、青石桥、东大街、滨江路一带），再经过玉带桥、锦江街（今红星路耐克专卖店对面的小街），穿过大慈寺、东城门，然后再次汇入油子河（即今府河），成为摩诃池的排水渠道，并且兼具排污泻洪、供水通航的作用，同时这条河道中盛产一种细沙，适合用来琢磨玉石，它的名称也因此而来。

（2）襟河（禁河、金河、金水河、金卞河），为剑南西川节度使白敏中开凿，从磨底河引水，经今通惠门、金河街、将军衙门街、祠堂街、西御街、东御街，汇入摩诃池，与濯玉溪合流。金河分出众多的大小支渠，沿着当时成都城的每条街道分布，使成都成为一座"东方威尼斯"，方便了市民用水和排污，也增强了成都城的抗涝能力。

（3）府河新河道，为剑南西川节度使高骈开凿。府河在高骈开凿之前就存在，当时叫郫江，本来是从今九里堤一带穿过成都城流向东南，高骈为了加固成都城的防御功能，在九里堤一带修筑糜枣堰，强迫郫江改道，从城墙北面经过东面，南入濯锦江（南河）交汇，形成了"二江抱城"格局，保留至今。

此外，要补充的是，自高骈改道府河之后，濯玉溪失去水源，但由于金河的供水，濯玉溪的下段还有水。但在明蜀王朱椿填平摩诃池之后，濯玉溪就干涸消失了。金河则于 20 世纪 70 年代被填平，成为一条街道，即金河大街，但还残存一小段，即人民公园进门处的那条小溪，虽然现在这条小溪是靠人工供水，但它的河床即是金河的故道。

18. 三清殿为哪三清？分别有什么代表意义？

三清殿中，供奉的是道教至高无上的三位尊神。所谓"三清"，即上清（灵宝天尊）、玉清（元始天尊）、太清（道德天尊）。道教认为这三位天尊均为老子的化身，因此有"老子一气化三清"之说。其中，元始天尊代表天地尚未开辟之前的混沌状态；灵宝天尊代表天地已经开辟，阴阳分明的状态；道德天尊代表天地繁衍出万物的状态，也代表老子的肉身形态。

19. 天府之国是什么意思？

"天府"本是周代官名，是专门保管国家珍宝、库藏的官吏。作为地名，最早见于司马迁的《史记·苏秦列传》："秦四塞之国，被山带渭，东有关河，西有汉中，南有巴蜀，北有代马，此天府也。"因此秦汉时期的天府指关中平原。此后，天府被用来指称自然条件优越、物产丰富的地区。四川被称为天府最早见于《华阳国志》："沃野千里，号为陆海，旱则引水浸润，雨则杜塞水门，故记曰水旱从人，不知饥馑，时无荒年，天下谓之天府也。""天府之国"在历代文人学者笔下逐渐成了四川盆地的代名词。

20. 蜀犬吠日有什么含义？

蜀：四川省的简称；吠：狗叫。"蜀犬吠日"这个成语出自唐代韩愈的《与韦中立论师道书》："蜀中山高雾重，见日时少，每至日出，则群犬疑而吠之也。"四川盆地空气潮湿、天空多云，四周群山环绕，中间平原的水汽不易散开，年平均日照时间居全国最低。四川的狗不常见太阳，偶见太阳后觉得奇怪，就要叫。因此蜀中有"天无三日晴"和"蜀犬吠日"之说。

21. 子规啼血讲的是什么典故？

子规，又叫杜鹃，是四川常见的一种鸟类。子规啼血的典故最早见东汉杨雄所写的《蜀王本纪》："望帝去时，子规鸣，故蜀人悲子规鸣而思望帝。望帝，杜宇也。"至于为什么说杜鹃鸟是杜宇死后所化，历来有不同解释，最常见的说法是杜宇禅位于鳖灵之后，被鳖灵害死，因为冤屈而化为杜鹃鸣叫。

（1）望帝相思于大臣鳖灵的妻子，望帝以其功高，禅位于鳖灵。在这之后，望帝修道，处西山而隐，化为杜鹃鸟，至春则啼，滴血则为杜鹃花。这声声啼叫是杜宇对那个梦牵魂绕的佳人的呼唤。

（2）蜀王杜宇（望帝）擅长农耕，但对洪水肆虐一筹莫展，一个叫鳖灵的人自告奋勇，将洪水治理好了，杜宇将自己的王位禅让给他。鳖灵继位后建立开明王朝。但他不事农业，望帝去规劝，但遭到丛帝（鳖灵）的闭门拒绝。望帝便变成一只鸟飞进了王宫，丛帝让人将他赶得无法落脚；望帝只好直接飞到田间地头，一直不断地鸣叫，直到啼血。血滴到地上开出的花，即为杜鹃。而以望帝精魂所化的神鸟，也被称为"杜鹃鸟"。

22. 四川"不鸣则已，一鸣惊人"出自谁口？表达的是什么意思？

出自明初德阳人李调元，表达的是重塑川人信心。

23. 如何解读扬子江中水、蒙山顶上茶？

扬子江指扬州以下的长江下游。扬子江心水指今镇江市石弹山中冷泉。在唐代时，该泉位于扬子江故道的江心处，后来扬子江改道，才露出了石弹山。唐代茶圣陆羽曾经将中冷泉评为"天下第七泉水"，而后来的唐代书法家刘伯刍则将其评价为"天下第

"一水"，从此文人墨客竞相推崇此水，历史上很多皇帝宰相也派人或者亲自来取水煮茶，比如李德裕、苏轼、文天祥等。

蒙茶起于西汉时期，自唐代以来就被定为贡品，是中国最早出名的名茶，受到贵族文人的追捧，唐皇室还将其作为赠送给日本遣唐使的礼物，当时用一匹布换不到一斤蒙顶茶。白居易曾经写诗说："琴里知闻唯渌水，茶中故旧是蒙山"，其他的文人如苏轼、刘禹锡、陆游等都有描写蒙顶茶的诗词。因此到了明代，就出现了"扬子江心水，蒙山顶上茶"的说法。

24. 什么叫茶马古道？从什么地方开始，经过什么地方，最后到达哪个国家？

茶马古道是指存在于中国西南地区、以马帮为主要交通工具的民间国际商贸通道。茶马古道得名于唐宋时期的中原与吐蕃的"茶马互市"，自宋朝正式设置"茶马司"衙门后正式称这些运送茶叶的道路为茶马道。茶马古道兴于唐宋，盛于明清，第二次世界大战中后期最为兴盛，对于历史上吐蕃和中原的政治、文化、经济交流起到了重要作用。

茶马古道分川藏、滇藏两路。滇藏线包括两条，一条为丽江（或剑川）—盐井—林芝进入西藏，另一条为中甸—昌都进入西藏。川藏线起点为雅安，道路有两条，一条是经康定—里塘—巴塘—昌都至拉萨，另一条是经康定—道孚—炉霍—德格—昌都至拉萨，最后从西藏将商品转口至不丹、印度、尼泊尔境内，直到抵达西亚、西非红海海岸。

25. 安顺场在不到 100 年的时间内发生了两起影响深远的重大历史事件，它们分别是什么？

第一件发生在 1863 年，川督骆秉章率军凭借大渡河天险俘获太平天国首领翼王石达开，石达开全军覆没。第二件发生在 1936 年，中国工农红军第一方面军在大渡河岸兵分两路，右路军在安顺场强渡大渡河，左路军一昼夜强行 160 千米抢夺上游的泸定桥，两军在大渡河北岸成功会师，摆脱了敌人的追击，随后与红四方面军胜利会师。后人因为这两个历史事件，称誉安顺场为"翼王伤心地，红军胜利场"。

26. 长征在四川发生了哪些重大事件？它们分别发生在什么地方？

长征发生在四川的重大事件主要有：红军在川、黔、滇三省交界处迂回，四渡赤水，迷惑了敌人，最终进入四川宜宾地区；红军将领刘伯承与彝族头人小叶丹在彝海结盟，红军顺利进入大小凉山彝族地区，摆脱了敌人的追击，史称彝海结盟；红军激战凉山会理城，取得会理大捷；红军在雅安市石棉县安顺场强渡大渡河，成功攻占安顺场；在甘孜州泸定县飞夺泸定桥；在雅安市宝兴县硗碛乡成功翻越夹金山；红四方面军在翻越夹金山之后，于懋功（今小金县城）的一座桥上与张国焘率领的红一方面军会师，建立了革命根据地，史称懋功会师；红军在极其艰苦的条件下穿越松潘大草原（今红原县、若尔盖县）；在巴中建立川陕革命根据地。红军主力部队在四川的总行程 8 300 千米。所以，四川有"红色四川"之称。

27. 九寨沟是指哪九个村寨？

九寨沟指：盘信寨、尖盘寨或扎如寨、彭布寨、则查洼、黑角寨、盘那亚寨、故洼寨、荷叶寨、树正寨九个村寨。这九个村寨又称为"何药九寨"。

28. 羌族在历史上有哪些著名人物？

炎　帝——中国羌炎农业文化始祖

蚕丛王——四川蜀国先王

周武王——灭商复羌朝之王

姜子牙——山东齐国创始人羌族伟大军事家

勾　践——浙江越国国王

秦昭王——战国七雄西羌之王

李　雄——四川成汉国皇帝

元　昊——大夏国皇帝

王　特——四川冉駹义军羌王

29. 历史上的唐蕃会盟有几次？分别发生在哪一年？主角是谁？

共有 8 次。

（1）景龙元年（707 年），唐（中宗）蕃（赤德祖赞）会盟于长安，主持者为魏元忠、豆卢钦望、悉熏热。

（2）开元二年（714 年），唐（玄宗）蕃（赤德祖赞）会盟于河原，主持者为解琬、尚钦藏、名悉腊。

（3）开元二十一年（733 年），唐（玄宗）蕃（赤德祖赞）会盟于赤岭，主持者为张守珪、李祎、莽布支。

（4）至德二年（757 年），唐（肃宗）蕃（赤松德赞）会盟于长安灵州，主持者为郭子仪、裴遵庆、论茫赞。

（5）永泰元年（765 年），唐（代宗）蕃（赤松德赞）会盟于长安兴唐寺，主持者为元戴、杜鸿渐。

（6）建中四年（783 年），唐（德宗）蕃（赤松德赞）会盟于清水（今甘肃省清水县西北），主持人为张镒、尚结赞等人。

（7）贞元三年（787 年），唐（德宗）蕃（赤松德赞）会盟于平凉，主持者为浑瑊、崔汉衡、尚结赞。

（8）长庆元年（821 年），唐（穆宗）蕃（赤祖德赞）会盟于长安西郊，主持者为刘元鼎、崔植、王播、杜元颖、论讷罗、钵辅布等人。

30. 为什么将峨眉山称为仙山佛国？

峨眉山在东汉时已有道家宫观，后成为道教三十六小洞天中的第七洞天，是求仙修道的理想处所，因此被誉为"仙山"。佛教是晋初传上峨眉山的，唐宋时期，两教并存；明代之际，道教衰微，佛教日盛，峨眉山成为普贤菩萨道场，是我国四大佛教圣地之一，所以被称为"佛国"。

31. 佛教寺院中的"三身佛"与"三世佛"有何区别？

"三身佛"指报身佛（卢舍那）、法身佛（毗卢遮那）、应身佛（释迦牟尼），分别代表佛的本性、德业和肉身。

"三世佛"有两种，分别称为"横三世佛"（代表三个不同的世界）和"竖三世佛"（代表三个不同的时间段）。横三世佛为三个空间同时存在的佛，包括阿弥陀佛（代表西方极乐世界）、释迦牟尼佛（代表娑婆世界，即现世）、药师佛（代表东方净琉璃世界）；竖三世佛表示佛的传承关系，包括迦叶佛（也叫燃灯佛，代表过去世）、释迦牟尼佛（代表现在世）、弥勒佛（代表未来世）。

32. 四川名称是怎样得来的？

秦国征服巴、蜀后，在四川辖区设巴、蜀二郡。汉设益州部。唐设剑南道、山南道，后又将剑南道分为剑南东川节度使司和剑南西川节度使司。唐杜鸿渐曾任三川节度使，故唐即有三川之名。宋设西川路和峡西路，后将西川、峡西二路分为益州、梓州、利州、夔州四路，合称"川峡四路"，简称"四川路"，"四川"一名由此产生。

33. 湖广填四川是指什么时间的四川移民活动？这次移民历时多久？四川现在人口结构比例有什么特征？

在中国历史上曾多次出现向四川的移民活动。"湖广填四川"是指清朝初年开始的四川移民活动，起于顺治十年（1653 年），前后持续 100 余年，入川人口 100 多万。此次移民产生的原因是当时的四川由于经历明末战乱、张献忠屠杀，本地人"十不存一"，因此清政府推出优惠政策鼓励移民，从湖北、湖南、广东、广西、贵州、福建等地招揽移民进入四川。最初的移民是强制性的，后来移民发现四川土地肥沃、气候温和，便自动举家迁入。据专家统计，现今四川人多为移民后代，重庆占了 85%、成都占了 70%、山区有 50%~60%。

34. 乌尤山是一座别山，它是由谁开凿的？为什么称离堆，作用是什么？

乌尤山，原与凌云山相连，早在 2 000 多年前秦蜀守李冰开凿麻浩河分洪而形成中国古代最大的"离堆"。"离堆"在汉语中特指山体位于河流弯道处，由于江水的冲刷或人工开凿而将山体切割开，导致河流改道，而新旧河道之间的被切割下来的山体即被称为"离堆"。其作用一是分洪以避沫水之害；二是改变水道方向，让江水得以直行，避免船难事故的发生。

35. 什么叫三线建设？它对四川经济产业产生了哪些积极作用？

三线建设即 20 世纪 70 年代，受第二次世界大战之后"冷战"格局的影响，我国为加强国防而进行的战略后方建设。将沿海一带和陆地边界区域称为"一线"；四川、贵州、云南、陕西、甘肃、宁夏、青海等西部省区称为"三线"；剩余的腹地中部省份称为"二线"。

"三线建设"就是中央保证资金、物资和政策的供应，将建设重心移往三线。"三线建设"前后持续了三个五年计划，有力地保障了中国抵御外敌的能力。由于选定的工业中心攀枝花、政治中心重庆均在当时的四川，所以四川受益最大，对推进四川的经济建设、改变四川原有产业结构、提升四川人力资源素质起到了巨大的促进作用，为后来四川经济的腾飞奠定了坚实的基础。

36. 什么叫裂谷？它是怎样形成的？

"裂谷"是板块构造运动过程中，大陆崩裂至大洋开启的初始阶段的构造类型，也是岩石圈板块生长边界的构造类型，在陆壳区大洋中脊上均有发育。按形成方式的不同，可分为主动裂谷和被动裂谷两类。主动裂谷是地幔的上升热对流的长期作用，使大陆岩石圈减薄、上隆而致破裂，然后出现坳陷而成裂谷，如东非裂谷、红海亚丁湾。被动裂谷则是由于地壳的伸展作用或剪切作用，使岩石圈减薄、破裂而导致裂谷的形成。

37. 唐宋八大家是哪几个？他们分别在什么朝代？几个是四川人？

唐宋八大家指：唐代的韩愈、柳宗元；宋代的欧阳修、苏洵、苏轼、苏辙、王安石和曾巩。四川籍的有苏轼父子和欧阳修（他 16 岁以前生活在四川）。

38. 自贡名称来源于两口井，是哪两口井？

一是源于最早的一口露天井——自流井，二是源于最好的一眼盐井——贡井，这两口井分别在釜溪河两岸的东西两场。东西两场在 1938 年已达到空前的规模，于 1939 年合并两场建市，因这个新兴的城市因盐而兴、因盐设市，所以，城市的名称也因井而命，取两场最具代表性的两口井的首字，得名"自贡"。

39. 竹是由哪几部分组成的？说它浑身是宝主要指它们分别产生什么作用？

竹子地上部分是由有节的竹秆、竹枝和竹叶组成。竹秆的基部连接着地下茎，地下茎也分节。地下茎的节上有细长的根，称为须根。

竹子浑身是宝。竹叶可以虑尘、造氧、作引燃材料；竹秆可以用于造纸、加工板材、建造房屋、作交通竹筏；竹根可以雕塑；竹荪、竹笋可以食用，是山珍类食品。

40. 与竹有关的成语有哪些？

胸有成竹、青梅竹马、竹篮打水、成竹在胸、罄竹难书、势如破竹等。

41. 中国四大奇书有几部跟四川旅游资源有关系？

第一部是《三国演义》，蜀汉文化兴于葭萌（昭化），灭于剑门，以涪（绵阳）为中心的三国文化，南至成都，北至汉中，东延南充，西抵威州。第二部是《西游记》，以二郎神、哮天犬（蜀犬）、定海神针（都江堰的铁棒）为代表。

42. 顺泸起义包括几次军事起义？分别在哪年哪个地方？组织者是谁？

"泸顺起义"包括两次军事起义。1926 年 12 月 1 日，袁品文、陈兰亭宣布起义，攻占泸州城。1926 年 12 月 3 日，秦汉三、杜伯乾在顺庆（今南充）发动起义，并于 12 月 5 日与刘伯承、黄慕颜的起义部队汇合；1927 年 5 月 12 日，起义失败。"泸顺起义"是中国共产党独立掌握军事力量、开展武装斗争的第一次尝试，它影响了后来发生的南昌起义。

43. 南充号称四总之乡，是哪四总？他们分别是哪里人？

总司令朱德（仪陇）、总设计师邓小平（广安，原属南充辖区）、总参谋长罗瑞卿（顺庆）。由于胡耀邦总书记曾经在南充主政川北行署，因此被南充人视为乡人。

44. 陈寿纪念馆正门刻有"并迁双固"匾，这四字有什么意义？

"迁"指司马迁，《史记》的作者；"固"指班固，《汉书》的作者。陈寿是蜀汉时代人，著有《三国志》。"并迁双固"四字是赞美陈寿其书能与《史记》、《汉书》并驾，这是对陈寿及其《三国志》的高度赞誉。

45. 当代四川名人，既有一代文豪，又有川北圣人，还有川南革命家、成都大才子，他们或著述等身，或影响深远，请列举 5 人以上，并分别简述他们的经历和著作。

郭沫若（1892—1978 年），汉族，四川乐山人，曾任中国科学院院长，为现代著名文学、史学界权威人士，蜚声国际，是我国现代著名的作家、文学家、诗人、剧作家、考古学家、思想家、古文字学家、历史学家和著名的革命活动家；著有诗集《女神》、《长春集》，历史剧《屈原》、《虎符》，专著《甲骨文研究》、《郭沫若文集》，翻译书目《茵梦湖》、《少年维特之烦恼》）。

巴金（1904—2005 年），原名李尧棠，四川成都人，无党派；现代文学家，翻译家，出版家，"五四"新文化运动以来最有影响的作家之一，中国现代文坛巨匠；曾任上海市文联副主席、主席，政务院文化教育委员会委员，全国政协副主席，中国作家协会第五届委员会主席，第五届全国人大常委；代表作有《激流三部曲》、《爱情三部曲》，散文集《随想录》等。

张澜（1872—1955 年），男，字表方，汉族，四川南充人（今西充县莲池乡人）；曾任民盟中央执行委员会主席、四川省省长、北京《晨报》执行董事、中华人民共和国中央人民政府副主席、全国人大常委会副委员长、全国政协副主席；1943 年著文《中国需要真正民主政治》，揭露国民党"实施宪政"的骗局，阐明民盟的民主政治主张，为争取抗战胜利作出了卓越贡献。

陈毅（1901—1972 年），中国人民解放军创建人和领导人、军事家、共和国元帅，字仲弘，四川省乐至县人；1919 年赴法国勤工俭学，1921 年回国；1923 年加入中国共产党；参加领导南昌起义、湘南起义；土地革命战争时期，任党代表、师长、军长、军区总指挥、中共赣西南特委书记等职，领导了南方三年游击战争；抗日战争时期，任新四军第一支队司令员，江南、苏北指挥部指挥，新四军代军长；解放战争时期，任新四军军长兼山东军区司令员、华东军区司令员兼政治委员、中原军区和中原野战军副司令员、第三野战军司令员兼政治委员；中华人民共和国成立后，任华东军区司令员兼上海市市长、人民革命军事委员会副主席、国务院副总理兼外交部部长、中共中央军委副主席，1955 年被授予元帅军衔。

朱德（1886—1976 年），中国人民解放军创始人和领导者、军事家、共和国元帅，1922 年加入中国共产党，组织了南昌起义；红军时期，历任军长、总司令等职；抗日战争时期任八路军总司令；解放战争时期任人民解放军总司令，协助毛泽东指挥了全国解放战争；新中国成立后任国防委员会副主席、全国人大常委会委员长等职。朱德革命一生，功勋卓著、位高至极，但他谦虚谨慎、勤勤恳恳、朴实无华、忠厚仁慈，给世人留下了质朴而崇高的元帅形象。

46. 发生在四川的保路风潮保的是什么？孙中山对此评价如何？

四川保路运动保的是"川汉、粤汉铁路修筑权"。由于晚清昏庸，将铁路的承办权转让给列强，出卖民族资本家和中小资产阶级，导致了全川范围的"保路风潮"。孙中山事后评价说："若没有四川保路同志会的起义，武昌革命或者要迟一年半载的。"

47. 什么叫苏区？四川的苏区以何处为中心？毛泽东如何评价这个苏区？

苏区就是采用"苏维埃政权"为政权组织形式的地区。四川的"苏区"是指以四川北部的通江为中心的 23 个县和一个特别市约 400 平方千米范围、500 万人口的地区。毛泽东在评价四川苏区时说，川陕苏区有地理上、资源上、战略上和社会条件上的许多优势，是扬子江南北两岸和中国南北部间苏维埃革命发展的桥梁，在争取苏维埃新中国的伟大战斗中具有非常巨大的作用，是"中华苏维埃共和国的第二大区域"。

48. 中国工农红军的三大主力是哪三支军队？在四川活动时间最长的是哪一支？有哪些重要将领？

中国工农红军三大主力军是红一方面军（又称中央红军）、红四方面军和红二方面军。在四川活动时间最长的是红四方面军。领导红四方面军的主要将领有：张国焘、徐向前、朱德、刘伯承、李先念、陈昌浩和许世友等一大批高级将领。

49. "巴"、"蜀"二字按说文解字方式作何解释？它代表的地域大概在什么范围？

在商周时期，"巴"、"蜀"是作为今天四川境内的 2 个国家的名称，《说文解字》载："巴，虫也。或曰食象蛇"。"蜀，葵中蚕也。从虫，上目象蜀头形，中象其身蜎蜎象形"。

巴国的地域大致在陕南的汉水上游，南及大巴山北缘，东至襄阳，春秋时有所扩展。战国初期迫于楚的势力，巴国举国南迁至长江干流，先后在清江、川峡之间至川东立国。

蜀国最盛时期的地域按《华阳国志》的记载为："乃以褒斜为前门，熊耳、灵关为后户，玉垒、峨嵋为城郭，江、潜、绵、洛为池泽，以汶山为畜牧，南中为园苑"，即西部疆域为今阿坝州草原地区，南部到达云南和越南北部，东部与巴国接壤，北部疆域为陕西汉中平原。

50. 天下文宗是指谁？他的代表作是什么？

"天下文宗"指唐代诗人王维，他的代表作是《使至塞上》、《山居秋暝》、《渭川田家》、《九月九日忆山东兄弟》、《送元二使安西》。

51. 中国大约有多少个皇帝？其中有几个实际执掌朝政的女统治者？登基成女皇的有几个？是哪里人？

中国皇帝（自公元前 221 年至 1911 年清宣统皇帝逊位，前后历时 2 232 年），正统王朝经历了 67 个，有 446 位帝王。如加上少数民族建立的政权，以及一些由政变、夺权所建立的政权、农民起义建立的政权，中国皇帝共有 1 000 多位。吕后、武则天、慈禧曾实际上执掌朝政；武则天是唯一一个登基的女皇，生于四川广元。

52. 武则天为何要怂恿编撰《大云经疏》？

《大云经疏》是一本注释佛教经典《大云经》的著作，《大云经》中记载了佛祖的预言，说有位天女将会降临人间，成为国王。武则天之所以要怂勇编撰《大云经疏》，就是为了利用《大云经疏》这一点，说她自己是弥勒佛降生人间，从而打下了她当皇帝的舆论基础和理论基础。

53. 万户飞天讲的是一个什么典故？

明朝年间，有一位中国的官吏叫万户，他在一把座椅的背后，装上 47 枚当时可能买到的最大火箭，并把自己捆绑在椅子的前边，两只手各拿一个大风筝，然后叫他的仆人同时点燃 47 枚大火箭，其目的是想借火箭向前推进的力量，加上风筝上升的力量飞向前方。

万户是世界上第一个利用火箭向太空搏击的英雄。他的努力虽然失败了，但他借助火箭推力升空的创想是世界上第一个，因此他被世界公认为"真正的航天始祖"，为了纪念这位世界航天始祖，世界科学家将月球上的一座环形火山命名为"万户山"。

54. 唐代中国的四座文化名楼是哪四座？杜甫《越王楼歌》是如何吟诵的？

唐代中国的四座文化名楼是：湖北武汉的黄鹤楼；湖南岳阳的岳阳楼；江西南昌的滕王阁；四川绵阳的越王楼。

越王楼歌　　【唐】杜甫

绵州州府何磊落，显庆年中越王作。

孤城西北起高楼，碧瓦朱甍照城郭。

楼下长江百丈清，山头落日半轮明。

君王旧迹今人赏，转见千秋万古情。

55. 李白诗中的"蚕丛及鱼凫，开国何茫然！"讲的是什么意思？

蚕丛、鱼凫都是古蜀国的领袖，但对于他们的历史记载很少，因此他们的生平、历史功绩、开拓蜀国的事迹等，都很难考察。"蚕丛及鱼凫，开国何茫然！"的意思就是传说中蚕丛和鱼凫建立了蜀国，开国的年代实在久远无法详谈。

56. 金牛道是指哪条路？它在历史上产生过什么作用？

金牛道乃古蜀道的主干线，又名石牛道、五丁道、剑阁道、蜀栈、南栈。金牛道的具体线路是：成都—绵阳—梓潼—剑门—昭化—广元—明月峡栈道—陕西宁强县—勉县—汉中，全程共约 600 千米。

金牛道在历史上的贡献有四：一是政治动脉，二是经济走廊，三是交通官渠，四是文化纽带。其也是诸葛亮北伐时多次使用的道路，一直使用到民国时期，在金牛道的基础上修建了川陕公路。

57. 四书五经是指哪几部书？

四书指的《大学》、《中庸》、《论语》、《孟子》四种著作；五经指的是《易》、《书》、《诗》、《礼》、《春秋》五部典籍。

58. "富哉，今日之乐乎"是谁讲的？讲的是什么意思？

三国蜀汉年间，刘备以帮助刘璋抗拒中原为名进驻入蜀，刘璋来到此山迎接，当二刘在山上饮酒欢宴时，刘备见山下良田沃野一望无际，一派富庶丰饶景象，不禁叹道："富哉！今日之乐乎"，富乐山因此而得名（富乐山位于绵阳城东 2 000 米处，规划占地面积 2.1 平方千米，是 1987 年开始陆续新建的以再现"三国故事"为主题的由多处园林建筑有机组合的大型公园）。

59. 文昌宫里供奉的是谁？他是怎样被捧上帝君宝座的？

文昌宫里供奉的是文昌帝君。原系梓潼民间流传的梓潼神，因屡显神灵，唐玄宗追封其为左丞相，唐僖宗又加封其为梓潼大帝，后成为专门司职官运、文运的最高天庭掌管者。明末清初，农民领袖张献忠进入巴蜀，与文昌帝君张亚子联宗认祖，下诏追封张亚子为"始祖高皇帝"，把七曲山文昌宫认作家庙，俗称太庙，从此七曲山大庙成为天下文昌宫的祖庭。

60. 明良千古中的"明"字为何目字旁而非日？

"明良千古"的匾额上，"明"字左面不是"日"，而是"目"。这有两种说法来解释，一种因为题匾者为清代人吴英，有人把它与清初文字狱相联系，避用"明"字（封建时代避讳字，都是在原字笔划上或加或减一笔），免去无妄之灾；另一种强调之所以用"目"旁，说"明君"之"明"，重在擦亮眼睛，才能识人、识势。

61. 都江堰放水节的前身叫什么？形成的相关习俗有哪些？

清明放水节是都江堰市的民间习俗。每年农历二十四节气的清明这一天，为庆祝都江堰水利工程岁修竣工和进入春耕生产大忙季节，同时也为了纪念李冰，民间都要举行盛大的庆典活动，包括官方祭祀和群众祭祀等。

放水节初始于"祀水"。那是因为都江堰修筑以前，沿江两岸水患无常，人们饱受水患之苦，为了祈求"水神"的保护，常常沿江"祀水"。都江堰修筑成功后，成都平原从此水旱从人、不知饥谨，后人为了纪念伟大的李冰父子，将以前"祀水"改为了"祀李冰"。当地群众也自发组织到二王庙祭祀李冰父子，举办二王庙庙会，又称清明会。

旧时，大典通常由四川高级官司员主持。放水前一日，有关人员先到郫县望丛祠祭祀望帝、丛帝。放水之日，仪仗队抬着祭品，鼓乐前导，主祭官率众人出玉垒关至二王庙，祭祀李冰父子。随后主祭官朗诵《迎神辞》。众人肃立，唱《纪念歌》。歌毕，献花、献锦、献爵、献食。主祭官读完《祝辞》，与全体祭者向李冰塑像三鞠躬，祈愿一年风调雨顺、五谷丰登、六畜兴旺。然后，砍杩槎放水。杩槎是将三根木棒的顶端都扎在一起构成的三角架，它和签子、篱笆等一起，填土筑堤，可截断流水。主持都一声令下，"咚咚咚"三声礼炮，身强力壮的堰工奋力砍断鱼嘴前阻断内江的杩槎上绑索，河滩上的人群用力拉绳，杩槎解体倒下，江水顷刻奔涌而出。此时，年轻人跟着水流奔跑，并不断用石头向水流的最前端打去，称为"打水头"。人们争舀"头水"祭神，认为这样可以消灾祈福，求得神灵庇佑，该俗现仍流行。

62. "美酒成都堪送老，当垆仍是卓文君"是哪位诗人的名句？所指唐汉遗风在今日成都的何处？

这是李商隐的诗句，"汉唐遗风"在今日成都的锦里。

63. 成都人喜欢踏青，每年的踏青日从正月初七开始，为什么？

正月初七被中国人称为"人日"，又叫"人过生"，成都人自古即喜欢踏青，古代史料记载，唐代的成都人喜欢在春天结伴出游。而之所以从人日开始踏青则始于清代，清代的四川学政何绍基仰慕杜甫，他在人日这一天将一副对联（锦水春风公占却，草堂人日我归来）送到杜甫草堂，因此形成了成都人"人日游草堂"的习俗。

64. 少陵是陵吗？

少陵不是陵，是杜甫的号，但这个号取自陵。杜甫一生崇拜自己的祖父杜审言，因为他曾承蒙皇恩被武则天宣召过，有过面见圣上的机会，是杜甫一生念念不忘的先祖。杜审言定居在洛阳郊外，有皇妃的陵墓临近其住地，当地人将皇妃墓称为少陵，以区别洛阳城的泰陵（皇帝的大陵），杜审言自觉皇妃墓在跟前也是一种贵族气，因此号"少陵"。杜甫继祖父杜审言的衣钵也自号"少陵"。

65. 少陵草堂碑为谁所书？此人是哪个民族的？

"少陵草堂"四字是清康熙之子、雍正之弟果亲王写的，此人为满族。

66. 茶母子、加班茶、谈茶分别是什么意思？

茶母子：喝茶时，杯底留下的茶水。加班茶：到茶馆向茶客讨茶水喝。谈茶：顾名思义就是谈茶论道。

67. 薛涛何许人？

薛涛（约759—834年），成都人，晚唐著名女诗人，字洪度、宏度，父宦游入蜀时，生于成都；8岁能诗晓音律，貌美聪慧；14岁诗已出名；发明制作了"薛涛笺"（一种彩色的笺纸）。今望江公园有薛涛井、薛涛塑像等纪念性建筑。薛涛诗集叫《锦江集》，共五卷，诗五百余首，但原著诗集已佚。明人辑有《薛涛诗》一卷，是从《万首唐人绝句》等选本拼凑起来的，其代表作有《罚赴边有上韦相公》、《筹边楼》、《月》等。

68. 崇丽阁是成都的标志性建筑吗？名称源于何时？何人？别名是什么？

崇丽阁，别名望江楼，为纪念唐代女诗人薛涛而建，是成都望江楼公园的主体建筑，也是历史文化名城成都的标志性建筑，高27.89米，得名于晋代文学家左思《蜀都赋》中的"既丽且崇，实号成都"。

69. "云舫长联"有多少字？与它字数相差不多的有名的长联还有哪两副？（提示：一副在昆明，一副在峨眉山）

云舫长联共计210字，与它字数相差不多的长联是昆明大观楼长联，共有180字；另一副在峨眉的红椿坪，长联共有200字。

［清］钟云舫题成都望江楼公园崇丽阁：

几层楼独撑东西峰，统近水遥山，供张画谱。聚葱岭雪，散白河烟，烘丹景霞，染青衣雾。时而诗人吊古，时而猛士筹边。最可怜花蕊飘零，早埋了春闺宝镜。楷杷寂寞，空留着绿野香坟。对此茫茫，百感交集。笑憨蝴蝶，总贪迷醉梦乡中。试从绝顶高呼：问问问，这半江月，谁家之物？

千年事屡换西川局，尽鸿篇巨制，装演英雄。跃冈上龙，殒坡前凤，卧关下虎，鸣井底蛙。忽然铁马金戈，忽然银笙玉笛。倒不若长歌短赋，抛撒些闲恨闲愁。曲槛回廊，消受得好风好雨。嗟予蹙蹙，四海无归。跳死猢狲，终落在乾坤套里。且向危梯频首：看看看，那一块云，是我的天。

昆明大观楼长联：

五百里滇池，奔来眼底，披襟岸帻，喜芒芒空阔无边。看东骧神骏，西翥灵仪，北走蜿蜒，南翔缟素。高人韵士，何妨选胜登临。趁蟹屿螺洲，梳裹就风鬟雾鬓；更苹天苇地，点缀些翠羽丹霞，莫辜负四围香稻，万顷晴沙，九夏芙蓉，三春杨柳。

数千年往事，注到心头，把酒凌虚，叹滚滚英雄谁在。想汉习楼船，唐标铁柱，宋挥玉斧，元跨革囊。伟烈丰功，费尽移山心力。尽珠帘画栋，卷不及暮雨朝云；便断碣残碑，都付与苍烟落照。只赢得几杵疏钟，半江渔火，两行秋雁，一枕清霜。

［民国］冯庆樾峨眉山洪椿坪：

峨眉画不成，且到洪椿，看四壁苍茫：莹然天池荫屋，冷然清音当门，悠然象岭飞霞，皎然龙溪溅雪；群峰森剑鸣，长林曲径，分外幽深。许多古柏寒松，虹枝偃蹇；许多琦花瑶草，锦彩斑烂。客若来游，总宜放开眼孔，领略些晓雨润玉，夕阳灿金，晴烟铺绵，夜月舒练。

临济宗无恙，重提公案，数几个老辈：远哉宝掌住锡，卓哉绣头结茅，智哉楚山建院，奇哉德心咒泉；千众静安居，净业慧因，毕生精进。有时机锋棒唱，蔓语抛除；有时说法传经，蒲团参究。真空了悟，何尝障碍神通，才感化白犬衔书，青猿洗钵，野鸟念佛，修蛇应斋。

70."合江亭"合了几江？分别是哪几江？

"合江亭"始建于唐代贞元年间，北宋时由川西节度使韦皋重建。它汇合的是两条江，自西南而入东南者名流江（今南河），从西北绕城东北者名郫江（今府河）。

71. 洛带的客家人何时何因入川？现在是第几代？有多少人？有什么文化特色？

洛带的客家人据说是湖广填四川时由江西迁来的。现在是第 14 代，约 2 万余人。文化特色有：水龙节、火龙节、九斗碗、酿豆腐、盐焗鸡、舞火龙、客家话等。

72. 龙泉桃花节是什么时候？

由于时令关系，桃花的最佳花期在每年的三月，且有一定的出入，因而，一般以 3 月 18 日最接近的一个周末作为桃花节开放时节。整个桃花节前后持续一个月，分为序询、正询和续询。序询为开节前的十天，游人如织，正询为开节的十天，几乎是人潮花海；续询是桃花凋谢过程的 10 天，高潮渐渐退。

73."满城"的名称是怎么得来的？

康熙年间，因受班禅之请，清军进藏帮助达赖喇嘛平定暴乱，清政府从荆州抽掉3 000 精锐八旗兵从成都入藏，这次军队完成平叛任务以后选择成都作为驻地，修建的一个军民结合的城镇，因满汉不合流，城内为清色的旗人，史称满城。

74. 锦城开始于什么时候？

锦城始于蜀汉时代，当时成都出现了中国三大名缎之一的蜀锦。锦在这个时候成为朝廷最重要的税收财政来源，成都便享有锦城的盛誉。

75. 蓉城的名称有什么特色？

后蜀政权孟昶时期，鼓动全民在成都种植芙蓉树，几乎是家家门前有树，遍街是树。芙蓉树开花的季节，颜色一日三变，早白，中午红白相间，傍晚一片紫红。诗人称成都为芙蓉城，宋代大文学家陆游有诗云："花重锦官城"。

76. 龟城建于哪个年代？

战国时期。

77. 秦城是成都的别称吗？为什么？

"秦城"不是成都的别称，是秦国攻占四川以后，按照中原一带的方式修建的城市，城内有大量移居的秦人居住，故被当时的蜀人称为秦城。

78. 成都绕城高速有多长？修建于何时？投资有多大？

成都绕城高速全长85千米，双向6车道，是成都环状加放射形高速公路网的重要组成部分；建成于2001年12月19日，总投资4.3亿元。

79. 成都有多少条街道？街名有几大特色？

成都现有街道2 000余条，街名特色大致主要有：①以文化名人命名，如状元街；②官署衙门命名，如督院街；③方位方向命名，如南北西东什么街；④作坊经济命名，如打金街；⑤树木植被命名，如槐树街；⑥桥梁街坊命名，如半边桥街；⑦大石文化命名，如五块石；⑧寺庙宫观命名，如文庙街。

80. 将军衙门在哪里？成都最有名的将军是哪位？

在今天的金河大酒店，成都最有名的将军是雍正帝时代的年羹尧。

81. "交子街"的"交子"是什么？在历史上有什么重大意义？

"交子"是世界上最早的纸币，最早出现在宋朝时期的成都。它的产生是古时以货易货贸易形式的重要转折，也是对金银的简化，其携带的便捷性，更进一步促进了商业贸易的流通，是商品经济进入文明时代的一个重要标志，在印刷史、版画史、货币史上都占有重要的地位。

82. 驷马桥跟成都哪位名人有关？

驷马桥与司马相如有关。西汉时期，汉武帝在长安宫中偶读到司马相如的《子虚赋》，认为这是天下难得的好文章，拍案叫道："多可惜啊，若是写作此赋的人与朕同时就好了，朕好虚心请教！"原来，他误以为司马相如是已经作古的前人，因此发出这样的感叹。恰巧宫中有个负责养狗的太监杨得意，是成都人，认得司马相如，便向汉武帝举荐，随后司马相如得到召见。他离开成都进京是从北门一座石桥起程，他对妻子卓文君和前来送行的官员发誓：我这次赴京，不乘坐高车驷马，决不回乡。这座桥（古称升仙桥）后来就被人们叫做驷马桥。司马相如返回成都时，乘坐的是朝廷配备的四马高车，这乘高车进入成都时的第一座桥后来就取名叫"驷马桥"。

83. "衣冠庙"的"衣冠"是指谁的衣冠？

"衣冠庙"是关羽的衣冠冢。关羽阵亡以后，刘备将其衣冠葬于成都，并建庙祭祀，这个纪念性的建筑就被称为衣冠庙，是中国第一座纪念关羽的武圣庙。

84. "红照壁"这个地名是怎么来的？

明朝年间朱元璋封第 11 子朱椿为献王，藩地在成都，先遣宦臣康庄赴成都修建王府，王府规模极为浩大，完全是皇家规制，府祇前设照壁，并粉以皇家标志的紫红色，人称红照壁。后拆壁建街，留下了现在的"红照壁"这个地名。

据史载，明代皇城有城墙，御河围绕城墙。皇城正南门御河上有金水桥三座。桥前的空地，是文武百官到皇城朝拜藩王的停轿驻马之处。这里立有赭红照壁，是皇族的标志，每年都要漆上赭泥以示吉庆，街名因此照壁得名。红照壁于 1927 年拆除，街名保留至今。

85. 东城根这个名称作何解释？

东城根街的得名是因为它位于"满城"的东城城墙脚下。

86.《华阳国志》的作者是谁？

《华阳国志》的作者是常璩，东晋四川崇州人。《华阳国志》是中国的第一部地方志，详细记载了四川的地理、人文、沿革、经济和民俗。

87. 扬雄一生主要有哪些成就？

扬雄是西汉时期的益州郡郫邑人（今成都市郫县），是一个有多方面成就的大学者，主要成就有：

辞赋家。善于模仿司马相如的风格，后世将二人并称为"扬马"，汉赋方面的代表作有《甘泉赋》、《羽猎赋》、《解嘲赋》、《逐贫赋》、《酒箴》，他也善于模仿屈原写楚辞，代表作有《反离骚》等。他还是一种文体——连珠体的创始人，代表作即为《连珠》。他的散文成就也很高，代表作为《谏不受单于朝书》。

哲学家。写作了《法言》、《太玄经》等哲学著作。在《法言》中，他主张文学应当宗经、征圣，以儒家著作为典范，这对刘勰的《文心雕龙》颇有影响。

语言学家。他也是中国最早的语言学家，整理了当时的中国方言，创作了《方言》。《方言》是世界上第一部方言比较学词典，也是研究西汉语言的重要资料。

史学家。编写了《蜀王本纪》，开中国地方志的先河，该书已经亡失，但依靠《后汉书》、《华阳国志》的引用得以保存了大部分内容。

88. 杜光庭是哪个朝代的大道士？他在成都的哪个地方修道？

杜光庭是唐末五代时期的著名大道士，是道教理论集大成者。他常年在成都青城山白云溪修道，期间完成了对道教神仙系统的系统阐述。后来在青城山飞身成仙，为道教名山青城山增添了不可或缺的仙风灵气。

89. 成都第一条公路是今天的哪条路？有何特点？

成都第一条公路是今天的老成灌路。1913年，川督兼民政长胡景伊筹修成都至灌县马路，从灌县起修出二里，因政局变化停工；1923年，省长刘成勋筹办成灌马路，局部动工；1926年，成灌路正式通车，一辆16座福特汽车首次由成都驶向灌县；2000年，成灌高速开通，成都至都江堰车程缩短至20分钟；2003年，老成灌路实施全面改造，与成灌高速并用。

90. 成都为什么有大石文化的印记？

成都的大石文化印记来源于古蜀国对大石的崇拜。大石崇拜发源于蚕丛氏，"蚕丛氏始居岷山石室"。当蚕丛氏从岷江上游下迁至成都平原后，空间和环境发生了很大变化，虽不再居石室，但仍以不同形式的大石建筑来寄托对祖先及其生存环境的崇拜。至今成都地区仍然保留有很多古蜀国留下的大石遗迹，如成都市的石笋、石镜、天涯石、地角石、武丁担、支机石等。

91. 成都在历史上有几次治水？分别是谁？

成都载入史册的治水工程共5次。第一次治水是传说中的鳖灵治水；第二次是在战国末年的李冰治水；第三次是西汉时期的文翁治水；第四次是唐代的高骈治水；第五次是1993年开始，历时5年的府南河综合整治工程，这次综合整治是举全市之力、集全民之智，在当时被列为一号工程。

92. 巴金的代表作叫什么？故事的发生地在今成都什么地方？在哪个地方还专门有纪念性的建筑？

巴金的代表作有：《家》、《春》、《秋》。

故事发生在今天成都的城北，为了纪念这位川籍的伟大文学家，现今人民公园内，按巴金的《家》中所描写的情况修建了桂园。

故事发生在在成都市双眼井街李公馆。在百花潭公园建有"慧园"纪念。

93. "扬一益二"是什么意思？

唐朝时长江流域的商业城市以扬州、成都（即益州）为东西两个中心。唐后期扬州成为全国最繁华的工商业城市，经济地位超过了长安、洛阳。所以有"天下之盛，扬为首"的说法。成都物产富饶，工商业地位亦很重要，故当时谚语称"扬一益二"。

94. 都江堰水网纵横多少千米？灌溉多少亩土地？

都江堰水网干渠和分干渠共38条，总长2 163千米，支渠566条，总长5 777千米，大型水库3座，中小型水库347座，灌溉1 064万亩土地。

95. 成都在历史上几次成为偏安一隅的地方政权？

成都历史上先后建有七个偏安一隅的地方政权。按顺序为：25 年，公孙述据蜀称帝，号"白帝"，国号大成，史称"大成政权"；东汉末年，221 年，刘备称帝，定都成都，国号汉，史称蜀汉政权；西晋末年，306 年，李雄在成都称帝，国号大成，338 年，其后继者改国号汉，史称成汉政权；东晋末，404 年，谯纵建立西蜀政权，亦称后蜀，约有十年之久；五代时，王建于 907 年在成都称帝，国号蜀，史称前蜀政权；934 年，孟知祥割据四川称帝，是为后蜀政权；北宋末年，994 年，北宋王小波、李顺起义建立大蜀农民革命政权；明朝末年，1644 年，明末农民起义军将领张献忠攻占成都，建立大西农民政权。

96. 贯通四川的高速公路有几条？总长是多少？

建成通车的有 11 条，共 1 671 千米。

成渝高速：成都—内江—隆昌—重庆，340 千米。

成绵广高速：成都—绵阳—广元，239 千米。

成雅高速：成都—雅安，139 千米。

成乐高速：成都—乐山，87 千米。

成灌高速：成都—都江堰（灌口），40 千米。

内宜高速：内江—自贡—宜宾，108 千米。

隆纳高速：隆昌—纳溪，88 千米。

成南广高速：成都—南充—广安—邻水，330 千米。

泸黄高速：泸沽—黄联关，47 千米。

渝达高速：重庆—邻水—达州，188 千米。

成温邛高速：成都—崇州—邛崃，65 千米。

97. 努力餐是餐吗？是谁为之取的名？在什么地方？

努力餐是中共地下党 1929 年在成都金河路开办的一家餐厅，因物美价廉得到底层人民大众的欢迎，餐厅的老板是中共四川省委书记车耀先，餐厅的收入作为地下党活动的经费。而餐厅则是地下党联络的场所，是中国共产党在白色恐怖下，用智慧开展斗争的产物。车耀先给餐厅定名为"努力餐"，源于中山先生"革命尚未成功，同志仍需努力"之意，以鼓励党内的同志励精图治、奋发有为。

新中国成立以后，该餐馆被授予"历史文物保护单位"，其独特的历史文化及精雕细琢的烹饪手艺，在成都餐饮业中独树一帜，一直保有"红烧什锦"、"宫保童鸡"、"白汁鲜鱼"等老字号传统招牌菜。

98. 唐僧是在成都出的家吗？是的话，在哪个寺？哪一年？

玄奘大师于 622 年在成都空惠寺受戒，时年 20 岁。

99. 陆游游览成都的绝句是哪一首？

陆游游览成都的绝句是《成都行》：

倚锦瑟，击玉壶，吴中狂士游成都。

成都海棠十万株，繁华盛丽天下无。

青丝金络白雪驹，日斜驰遣迎名姝。

燕脂褪尽见玉肤，绿鬟半脱娇不梳。

吴绫便面对客书，斜行小草密复疏；

墨君秀润瘦不枯，风枝雨叶笔笔殊。

月浸罗袜清夜徂，满身花影醉索扶。

东来此欢堕空虚，坐悲新霜点鬓须。

100. "金沙遗址"距今多少年？有哪些出土文物？有什么重要意义？

"金沙遗址"距今 2 800~3 200 年，与三星堆遗址处于同一时期。金沙遗址发现的国家一级文物共 5 件，分别是太阳神鸟、小金面具、金带、玉琮、玉贝。专家认为这些文物与三星堆文物之间的相似性，说明了金沙遗址很可能是三星堆文明的继承者。

（整理：黄涓；审核：徐才安）

附录 2　口试评分表（景点讲解）

中文第　　考室　　　　　　　　　　　　　　考生顺序号
准考证号　　　　　　　　　　　　　　　　　姓名

项目	分值	评分标准与各项分值		得分
景点的导向型知识	3分	景点所在的位置	0-1分	
		浏览景点的注意事项	0-1分	
		景点的参观浏览路线	0-1分	
景点的说明性知识	8分	景点的历史沿革（科学成因）	0-2分	
		景点的风景或文化特色	0-2分	
		有关景点的历史故事（传说、神话、典故等）	0-2分	
		有关景点的名人、名家、名言、名句或后人的评说	0-2分	
讲解结构及对内容的处理	25分	结构合理且重点突出	21-25分	
		结构基本合理，有重点	14-20分	
		结构不合理或存在明显错误，没有重点	0-13分	
景点讲解方法技巧	9分	应用合理	7-9分	
		应用基本合理	4-6分	
		缺乏合理性	0-3分	
语言表达	20分	普通话标准、不念别字，用词正确、恰当、符合语体环境	3-6分	
		流畅、自然、语流抑扬顿挫，非朗诵、非抒情、非背诵	4-9分	
		情态语言（肢体、面部、眼神、手势）自然、不夸张	1-5分	
问答	5分	内容完整，表述清楚	4-5分	
		内容不完整或不能回答问题	0-3分	
总体印象	5分	好	5分	
		较好	3-4分	
		一般	1-2分	
合　　　　　　　　计				
更换题目扣分			实际得分	

注意：考生对抽签题目不能讲解，可要求重新抽签一次，总分扣减 10 分（明示考生）

评委签名：
年　月　日

附录3　口试评分表（途中讲解）

中文第　　考室　　　　　　　　　　　　考生顺序号

准考证号　　　　　　　　　　　　　　姓名

项目	分值	评分标准与各项分值		得分
仪表礼仪	4分	服饰得体、仪表端庄	1-2分	
		精神面貌好、注重礼节	0-2分	
说明性知识	6分	对整条路线　　时间、距离的介绍	0-2分	
		概况的交待　　旅游资源状况的介绍	0-4分	
选点与取材	7分	选点明确，取材恰当	6-7分	
		选点明确，取材较为恰当	4-5分	
		选点不明确或取材不当、无主题	0-3分	
内容与信息	20分	内容详实，丰满，生动	17-20分	
		内容较详实，较丰满，生动	14-16分	
		内容一般，欠丰满	10-13分	
		缺乏相应内容或内容杂乱	0-9分	
方法与技巧	12分	讲解扣人心弦，善于归纳，能熟练的应用讲解方法与技巧	10-12分	
		讲解有一定引力，能较好的应用讲解方法与技巧	7-9分	
		讲解平淡，讲诉方法单一	5-6分	
		讲解枯燥、乏味，毫无吸引力	0-4分	
语言表达	16分	普通话标准，不念别字，用词正确、恰当、符合语体环境	2-4分	
		流畅、自然、语流抑扬顿挫、非朗诵、非抒情、非背诵	4-9分	
		情态语言（肢体、面部、眼神、手势）自然、不夸张	1-3分	
问答	5分	内容完整，表述清楚	4-5分	
		内容不完整或不能回答问题	0-3分	
总体印象	5分	好	5分	
		较好	3-4分	
		一般	1-2分	
	合		计	

考生　　　　　　　　　　总分

评委签名：

年　月　日

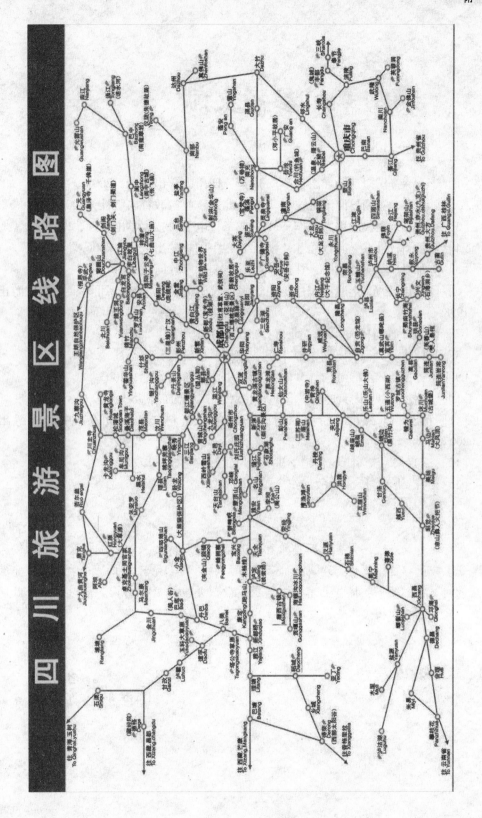

参 考 文 献

［1］李兴荣. 模拟现场导游［M］. 成都：四川大学出版社，2008.

［2］韩荔华. 实用导游语言技巧［M］. 北京：旅游教育出版社，2002.

［3］徐鸿裕. 现代应用文写作［M］. 成都：电子科技大学出版社，2008.

［4］蒋炳辉. 景点导游教程［M］. 北京：中国旅游出版社，2006.

［5］陈加林. 游遍甘孜——甘孜州景区（点）导游词［M］.

［6］国家旅游局. 走遍中国——中国优秀导游词精选［M］. 北京：中国旅游出版社，1998.

［7］四川导游词精选［M］. 北京：中国旅游出版社，2003.

［8］马树生，许萍. 模拟导游［M］. 北京：旅游教育出版社，2004.

［9］王连义. 幽默导游词［M］. 北京：中国旅游出版社，2003.

［10］陈乾康. 四川导游实务［M］. 北京：中国旅游出版社，2007.

［11］廖荣隆. 四川导游资格考试口试复习资料［M］. 北京：中国旅游出版社，2007.

［12］李兴荣. 旅游市场营销学讲义. 川北旅游学校，1999.

［13］导游讲解词. 朱德故居纪念馆. 2006 年.

为行业造就来者，为育人而作阶梯，光荣而神圣。如果这些成果及本书的编印对后学成才有所裨益，便是上述成果的著作者们共同的心愿。本书属教学使用的非营利性质教辅资料，编委会特向上述相关作者致敬，并表示衷心感谢。同时，由于时间关系，未来得急告知相关作者，并请海涵。

编 者

2014 年秋于西华师范大学